U0023177

寫給所有人的
圖說中國史

【下】

童超 ⊙ 編著

國家圖書館出版品預行編目 (CIP) 資料

寫給所有人的圖說中國史 / 童超編著 .-- 初版 . -- 新北市：繪虹企業, 2017.03
　冊；　公分 . -- (史博館；4-5)
ISBN 978-986-94254-3-8(上冊 : 平裝). --
ISBN 978-986-94254-4-5(下冊 : 平裝). --
ISBN 978-986-94254-5-2(全套 : 平裝)

1. 中國史

610　　　　　　　　　　　　　　106000602

史博館 005
寫給所有人的圖說中國史（下）

作者／童超
特約編輯／劉素芬
主編／王瀅晴
美術設計／亞樂設計有限公司
出版企劃／月之海
發行人／張英利
行銷發行／繪虹企業股份有限公司
電話／ (02)2218-0701　傳真／ (02)2218-0704
E-mail ／ rphsale@gmail.com
Facebook ／繪虹粉絲團
www.facebook.com/rainbowproductionhouse
地址／ 231 新北市新店區中正路 499 號 4 樓

台灣地區總經銷／高見文化行銷股份有限公司
電話／ (02)2668-9005
傳真／ (02)2668-9790
地址／新北市樹林區佳園路二段 70-1 號

港澳地區總經銷／豐達出版發行有限公司
電話／ (852)2172-6513　傳真／ (852)2172-4355
E-mail ／ cary@subseasy.com.hk
地址／香港柴灣永泰道 70 號柴灣工業城第二期 1805 室

ISBN ／ 978-986-94254-4-5
初版一刷／ 2017.03
定價／新台幣 450 元

第一章
崇文抑武的正負效應
宋

第二章
縱馬問鼎的崢嶸歲月
遼 西夏 金

第三章

射鵰群英的開疆拓土
元

第四章

海禁張弛與初潮拍岸
明

第五章
盛極而衰的天朝上國
清

崇文抑武的正負效應

寫給所有人的圖說中國史（下）

第一章

宋

西元960年，趙匡胤發動陳橋兵變，建立大宋王朝，定都開封，史稱北宋，於1127年亡於金國。康王趙構接續宋祚，以臨安為行在，史稱南宋，1279年為元軍所滅。兩宋共十八帝，歷三百二十年。

　　兩宋經濟發達，文化昌盛，社會生活十分活躍，在中國古代社會發展史上達到了一個新的高峰。尤其這些部分的表現特別突出：墾田面積曾擴大至五‧二億畝；人口增加到一二四六萬戶；手工業；商業繁榮；城市打破坊、市分隔；紙幣交子、會子廣泛流通，海上對外貿易無論規模、航程均大大超越了前代。科學技術居於世界領先地位，中國古代四大發明中有三項（指南針、火藥、印刷術）是在宋代發明、完善或廣泛應用的。思想文化方面也是異彩紛呈，理學融通儒、道、佛，宋詞婉約與豪放雙峰競秀，繪畫、雕塑、書法創一代新風，史學有《資治通鑑》、《通鑑紀事本末》、《通志》等名著出現。

　　在政治、社會與軍事領域，兩宋則是內憂外患、風雨交加。宋代制度創立於太祖，定型於真宗，謂之「祖宗家法」。鑑於唐末以來藩鎮割據、武夫跋扈的教訓，宋廷採取一連串有效舉措，加強了專制主義中央集權，消除了心腹（宰相與禁軍）失控與肢體（地方勢力）坐大兩大隱患。但「崇文抑武」、「強幹弱枝」、「守內虛外」的軍政體制，「重和議、輕備戰」的和戰方針，以及刻意墨守「祖宗家法」，卻讓宋王朝陷入了行政效率低下、朋黨爭鬥不已、新政變法流產、農民反抗頻發的政治危機，「冗官」、「冗兵」、「冗費」與巨額歲幣支出導致的財政危機，以及募兵疲沓不足應敵、將帥候旨貽誤戰機、當權者一味反戰求和釀成的國防危機。兩宋代忠臣良將輩出，如范仲淹、王安石、李綱、宗澤、岳飛、文天祥等人，他們的赤膽忠心、文韜武略儘管無法改變國家衰落和外敵入侵的局面，但其力挽狂瀾的宏志壯舉，令世人無不肅然起敬、擊節讚歎！

北宋 ▶ 西元 **960** 年

 人物：宋太祖趙匡胤　　　地點：陳橋驛　　　關鍵詞：黃袍加身

趙宋王朝的誕生

　　趙匡胤於建隆元年（960年）發動陳橋兵變，開創了大宋基業。「五代為國，興亡以兵」的教訓，讓以兵變起家的趙匡胤記憶猶新，他透過「杯酒釋兵權」的方法，對權臣採取「稍奪其權、制其錢穀、收其精兵」等措施來加強中央集權。透過把地方的軍權、用人權、財權等權力收歸中央，由皇帝親自掌管，北宋政府進一步加強了封建專制主義的中央集權制。但其政治、軍事與財政體制改革，也產生了「冗官」、「冗兵」、「冗費」的問題，並由此形成「積貧」、「積弱」的弊端。

◆ 宋代文官服

按照宋代典志，三品以上官員的服裝為紫色，五品以上官員的服裝為朱色，七品以上官員的服裝為綠色，九品以上官員的服裝為青色。

陳橋兵變

　　從唐末「安史之亂」到五代的兩百餘年間，中原戰亂不休，干戈不斷，民眾飽嘗了戰亂之苦，華夏大地四分五裂，「大者稱帝，小者稱王」。從唐天祐四年（907年），節度使朱溫逼迫唐帝遜位自立國號為梁（史稱後梁）之後，在中原一帶繼起的朝代分別是唐、晉、漢、周（史稱後唐、後晉、後漢、後周），合稱為五代。同時南方還存在大小不等的政權，史稱十國。這時的中華大地，正處於「豆分瓜剖」的局面。

　　趙匡胤是五代之末——後周的一員武將，他英勇善戰，軍功卓著，深受後周皇帝器重和將士們的擁戴。後周顯德六年（959年），後周世宗柴榮一病不起，年僅七歲的柴宗訓繼位，是為周恭帝。次年正月初，傳聞北漢勾結契丹入侵後周邊境，朝廷命殿前都點檢趙匡胤率軍北上禦敵。大軍到達距開封東北二十公里的陳橋驛（今河南封丘東南陳橋鎮）時，按照預謀，將領們將一件事先準備好的

皇帝登基所穿的黃袍披在趙匡胤身上，擁他為新帝。趙匡胤假意推辭幾次後便順從了將士們的意願。隨後，趙匡胤率兵變的隊伍回師開封。孤立無援的後周皇太后和幼主恭帝只好交出政權。

就這樣，正式執掌政權的趙匡胤順利登上皇帝寶位，國號為宋，定都開封（也稱汴梁、汴京或東京）。歷史上習慣把趙匡胤建立的趙宋王朝稱做北宋，年僅三十四歲的趙匡胤成為北宋的開國之君，廟號太祖。

趙匡胤建宋之後，面臨的首要問題便是如何鞏固新生政權。趙匡胤一方面籠絡先朝文武百官，以達到穩定局勢的目的，又不忘論功行賞，對擁立自己有功的將士加官晉爵、委以重任。在籠絡安撫新舊群臣、穩定朝中秩序之後，趙匡胤開始將目光投向京師之外的各個強藩。在先後平定了李筠、李重進的叛亂之後，各地還處於觀望狀態的節度使紛紛歸順。趙匡胤透過平定「二李」反叛，收到了敲山震虎、殺雞做猴的目的，先穩定和統一國家內部。

在肅清了內部的反抗勢力之後，逐步消滅地方割據勢力，實現全國統一的目標，便被納入趙宋王朝的議事日程裡。當時，趙宋政權的勢力範圍還只限於中原地區，可謂「臥榻之側，皆他人家」。趙匡胤經過持續地醞釀和考慮，制定了先弱後強、先南後北的戰略方針。

按照這樣的思路，北宋首先揮戈南下，吞併荊南、滅亡後蜀、征服南漢、迫降南唐。經過趙匡胤十餘年的南征，南方大部分地區已經歸降，統一南方只是時間問題。

◆〈雪夜訪普圖〉・明・劉俊

此圖根據《宋史・趙普傳》記載的宋太祖趙匡胤雪夜訪宰相趙普的歷史故事繪成，勾勒出了門庭寬敞、屋宇數重的豪門大宅內，趙匡胤、趙普兩人圍爐而坐，商議國家大事的儀態和心境。現藏於北京故宮博物院。

開寶九年（976年），太祖趙匡胤去世，皇弟趙光義（本名趙匡義，因避宋太祖名諱，改為趙光義，即位後改名為趙炅）繼位，史稱太宗。太宗趙光義繼續南征。不久，吳越獻地，割據漳、泉二州的陳洪進納交領土臣

服於宋，北宋政府的平南大業畫上了圓滿的句號。

勢如破竹的南征大業已順利完成，但由來已久的北方之患，則不是一朝一夕就能解決的。驍勇善戰的契丹族所建立的遼國一直虎視眈眈，黨項族政權與北宋僅是保持著名義上的臣主關係，再加上依附於遼的北漢政權蠢蠢欲動，北宋的北部邊境並不安寧。

這時，國力已比較富足的北宋初步取得北方邊境的主動權。宋軍三攻北漢，終於成功。但在隨後的兩次伐遼之役中，宋軍慘敗，「宋太宗僅以身免，至涿州竊乘驢車遁去」。宋對遼的鬥爭也由進攻變為對峙。至此，宋朝的疆域便基本成為定局，統一初具規模。

杯酒釋兵權

「五代為國，興亡以兵」的教訓讓以兵變起家的趙匡胤記憶猶新，收回兵權成為當務之急。建隆二年（961 年）和開寶二年（969 年），在丞相趙普的建議下，趙匡胤兩次設宴請石守信等舊部愛將和王彥超等各鎮節度使，「勸」諭他們交出兵權，罷鎮改官，多買良田美宅，頤養天年。在來自天子的威脅暗示和豐厚利誘之下，大將們紛紛稱病辭官，交出手中的萬千兵馬，史稱「杯酒釋兵權」。趙匡胤僅靠幾杯美酒，不費一兵一卒，就輕巧地解除了功臣宿將統帥禁兵的權力，不僅使曾與自己一起出生入死的兄弟們心存感念，還巧妙地奪回散布於地方的兵權，消除了禁軍統領發動兵變和藩鎮割據的隱患。

「杯酒釋兵權」，將兵權收歸於中央，是北宋加強中央集權的關鍵一步。隨後，趙匡胤又改革軍制，將禁軍一分為三，由「三衙」統領，統管訓練事宜；另設樞密院，執掌調遣移防之權；如需出征，另派大將擔任統領之職。握兵權、調兵權、統兵權三權分離，杜絕了武將兵變的可能，並保證了皇帝對軍隊的絕對領導權。

除了在軍事上處心積慮消除心腹之患外，趙匡胤還採取一連串加強中央集權統治的措施。首先，他重新調整中央和地方行政權力的歸屬。宰相之職被一分為三，下設數名參知政事、樞密使、三司使，以分其政、軍、財三權。地方上由中央派文官任知州、知縣，並且定期調動、更換，各州又設通判牽制知州。其次，完善科舉制度，擴大統治基礎，大量選拔文人士子進入統治階層。此外，北宋政府還規定地方財政每年賦稅收入，除支度給用外，凡屬錢幣之類，「悉輦送京師」。透過把地方的軍權、用人權、財權等權利收歸中央，北宋政府進一步加強了封建主義的中央集權制。

除在政治、軍事、財政等各方面加強中央集權外，為了防範武人跋扈篡權，北宋還實行崇文抑武的政策，建立了「滿朝朱紫貴，盡是讀書人」的文官政治，並形成文昌武優的社會風氣。北宋的政治與軍事體制政策，有利於加強國家的統一與穩定，但也產生了官僚機構臃腫、行政效率低下、財政負擔畸重，以及軍事指揮不力、軍隊缺乏戰鬥力與機動性等嚴重弊端，從而造成了北宋王朝既「積貧」又「積弱」的局面。

北宋 西元976年

人物：宋太宗趙光義　地點：開封　關鍵詞：燭影斧聲　金匱之盟

宋太宗得位疑雲

　　正當宋太祖趙匡胤躊躇滿志準備進行北伐之時，在一場「燭影斧聲」的變故中，趙匡胤意外亡故（一說為其弟趙光義所殺害）。在主少國疑之時，趙光義利用其掌握的軍政權力即位稱帝，是為宋太宗。然而，由於這次兄終弟繼的接位不合常理，疑點太多，朝野上下、市井之間非議不斷。前任宰相趙普趁機炮製出「金匱之盟」（俗作金櫃之盟）的說詞，為太宗的即位自圓其說。不論這個「金匱之盟」是否存在，它的出現確實為宋太宗即位的合法性提供了一種法理上的解釋。

燭影斧聲

　　開寶九年（976年）十月二十日凌晨，正值盛年的宋太祖忽然駕崩，時年五十歲，死前並無任何暴疾的徵兆。太祖去世前夜風雪漫天，太祖召其弟晉王趙光義入宮飲宴。左右近侍皆不得侍奉，只是在燭影搖曳中，遠遠看到晉王時而離席，好似有躲避和謝絕之意，然後又見太祖手持玉斧戳地，大聲地對晉王說：「好為之，好為之。」誰料，次日凌晨天還未亮，太祖就駕崩於萬歲殿。

　　太祖的皇后宋氏急忙派宦官王繼恩召皇子趙德芳入宮，想讓趙德芳承嗣。不料，王繼恩自作主張，中途改道去召晉王，並與早已迎候於府門外的晉王親信、醫官程德玄一起勸說趙光義入宮。當王

◆ 三彩陶舍利塔‧北宋

出土於河南密縣法海寺地宮，塔高七層，造型秀麗，釉彩鮮豔，是北宋佛教藝術精品。現藏於河南博物院。

繼恩回宮後，皇后問道：「德芳來了嗎？」王繼恩答道：「晉王到了！」宋皇后見到趙光義，知道大勢已去，且驚且怕，只能口稱「官家」（宋代俗稱皇帝為官家），央求趙光義保全母子性命。趙光義也佯裝哭泣道：「共保富貴，不要擔憂。」

開寶九年（976 年）十月二十一日，趙光義即位，是為宋太宗，並打破常例，即改當年為太平興國元年。

金匱之盟

宋太祖死得蹊蹺，宋太宗即位也令人疑竇叢生，為後人留下了「燭影斧聲」的千古謎案，使得時人議論紛紛，人心頗有不服。太宗的當務之急便是安撫人心，力求為自己的奪位之嫌找個冠冕堂皇的藉口。太平興國六年（973 年），前朝宰相、河陽節度使趙普拋出所謂的「金匱之盟」，算是給太宗解了圍。

按照民間的說法，太祖、太宗和秦王趙廷美兄弟三人的生母杜太后，在臨終前曾召當時的宰相趙普進宮聽受遺命。杜太后問太祖道：「你知道自己為什麼能得到江山嗎？」杜太后告訴他：「你能得天下，是因為周世宗讓幼兒即位做了皇帝，人心不附造成的。倘若周朝有一位年長的君主，你能得到天下做皇帝嗎？」

接著，杜太后又教訓太祖，為了防止後周那種幼兒主天下而失天下的情況出現，宋朝要繼立長君。她要求太祖死後要傳位給自己的弟弟光義，光義死後要傳位給小弟秦王廷美，廷美死後則傳位給太祖之子德昭。

◆〈宋太宗立像軸〉

宋太宗趙光義是北宋第二位皇帝，他在位期間曾兩次大舉北伐，試圖從契丹手中收復幽、雲十六州，改善中原政權在北部邊境不利的戰略態勢，但由於指揮失當，將帥不和，兩次北伐都遭遇慘敗。此後宋太宗被迫放棄攻遼，改為採用防禦戰略。現藏於臺北故宮博物院。

為了監督太祖實施，杜太后又讓趙普把自己的話記下來做為將來皇位繼承的依據。趙普隨即在杜太后床前按照太后的意思寫好了誓書，並在誓書末尾署上了自己的名字。太祖便將誓書鎖在金匱裡，交由謹慎可靠的宮人管理，祕藏宮中。

相互利用

宋太宗繼位之後，一度以皇弟趙廷美為開封府尹兼中書令，封齊王；太祖之子趙

德昭為永興節度使兼侍中，封武功郡王。同時，下詔令齊王趙廷美、武功郡王趙德昭位在宰相之上。但隨著自己地位逐漸鞏固，太宗決心傳位給自己的兒子，但是又受到「金匱之盟」的限制，左右為難。

太平興國四年（979 年），宋太宗在高梁河戰敗，一度失蹤、六軍無主，軍中竟出現擁戴趙德昭的事件，這讓宋太宗深感驚懼。太宗回到汴京，遲遲不賞消滅北漢、攻取太原的有功將士，一時朝中、軍中議論紛紛。趙德昭入宮規勸，不料太宗卻因此大怒，冷冰冰地對德昭說：「等你自己做皇帝了，再賞也不晚！」趙德昭聽了之後，惶恐異常，回府就自殺了。兩年以後的太平興國六年（981 年），趙德昭的弟弟趙德芳也不明不白地死了。太祖的兩個兒子都死了，對皇位的威脅就只剩下幼弟廷美。要打擊趙廷美，太宗在當時亟需一種完全有利於自己的輿論，和一個非常得力的助手。

趙普是太祖開國時的元老重臣，太宗正可借用他的重要地位和政治影響，來打擊廷美。而此時的趙普連遭冷落，又被宰相盧多遜逼得無處可退，甚至身家性命都岌岌可危。趙普為求自保，也瞧準太宗的需要，投其所好，拋出了「金匱之盟」修改本這張王牌。在這個版本中，杜太后的遺詔變成了獨傳於太宗，而對於趙廷美、趙德芳則隻字未提。為了繼續表現對太宗的忠心，趙普甚至以太祖為例，告太宗：「太祖已經錯了一回，你怎麼能錯第二回呢？」趙普以開國元老和「金匱之盟」唯一記錄者的身分，不但讓太宗即位變得名正言順，而且也為太宗下

一步打擊幼弟，進而實現傳位親子的計畫鋪平了道路。

當然，太宗也不忘投桃報李，恢復趙普的相位，並將其置於首相的地位，正好壓在了盧多遜的頭上。第二年，趙普向太宗告發盧多遜跟趙廷美交往密切，意圖不軌。太宗藉機大興牢獄，將趙廷美安置到房州（今湖北房縣），盧多遜則被流放到崖州（今海南三亞崖城鎮）。趙廷美的勢力被徹底滌蕩，太宗傳位親子的道路障礙至此也被掃清。

「舌尖」上的宋代飲食

中國飲食源遠流長，以五穀為主、蔬菜魚肉為副的飲食結構在宋代得到發展，形成更為豐富多彩的飲食體系。宋代的主食品種大致分為飯、粥、麵食、糕點等四大類。

宋代飯的品種增多，配料精巧，尤其是各類什錦飯獨具特色。盤油飯、二紅飯、蟠桃飯、烏米飯，都是當時流行的飯食。宋代粥品更是達到三百餘種，豆穀、花卉、瓜果蔬菜、肉類都能入粥。粥在宋代不僅是士庶民間的常見食品，還成為供奉佛祖的虔誠食品。此外，宋代菜餚中羹湯極為普及，蓮子頭羹、蝦玉鱔辣羹、集脆羹等各式羹湯深受歡迎，甜味羹湯增多也是當時的一個特點。

宋代的飲食市場極為繁盛，是都市中最大的行業。開封城中的白礬樓「乃京師酒肆之甲，飲徒常千餘人」。

北宋 西元 1004 年

人物：宋真宗趙恆　遼聖宗耶律隆緒　　地點：澶州　　關鍵詞：親征

《澶淵之盟》

　　《澶淵之盟》是宋、遼在戰略相持、雙方均無進行決戰意圖的情況下，謀求休戰與戰後和平共處的產物。對宋朝而言，這份承諾年年捐助餉銀的和約加重了北宋人民的負擔，還讓宋朝統治者從此醉心於以妥協方式達成和議；對遼國而言，在此後加快了認同與融入中原文明的進程。兩國君主相約以兄弟相稱、平等共處的《澶淵之盟》，讓宋、遼之間維持了百年的和平，並促進經貿往來和民族融合，有其積極意義，與宋、金之間的屈辱性和議有所不同。

◆ 宋代攻城使用的軍事器械——雲梯（模型）

雲梯是中國古代戰爭中一種用以攀登城牆的攻城器械。

遼軍南下

　　趙匡胤篡位成功之後建立北宋，憑藉著後周建立起來的雄厚國力，趙匡胤開始了他統一天下的步伐。但是，趙匡胤的才能比起雄才大略的後周世宗柴榮有所不足，對於當時北方強大的遼國非常忌憚，不敢首先進行北伐，而是採取先南後北、先易後難的統一戰略，企圖統一南方以後再收復遼國所占領的幽、雲十六州。當時的遼穆宗耶律璟是一個少有的昏君，在歷史上有「睡王」的稱號，他當政的時候是遼國力量最為衰弱的時期，因此後周世宗大膽北伐，奪得三關等燕南的全部土地。遼國君臣畏懼後周軍，將守幽州的遼兵後撤，眼見幽州指日可下，可惜後周世宗突發疾病，不得不撤軍，以致功敗垂成。

　　趙匡胤沒有後周世宗的膽略，白白斷送了大好時機。等北宋南征結束後，遼國的統治者早已換成了巾幗不讓鬚眉的一代女傑蕭太后，此時遼國經過了蕭太后十年的休養生息，國力早已恢復，實力強勁。趙

匡胤死後其弟趙光義繼位，此時北宋已經統一南方，開始謀畫北伐。由於北伐的大好時機已經喪失，而且趙光義的軍事才能又比趙匡胤差，兩次北伐只落得丟盔棄甲、倉皇而逃的結局。從此宋朝畏遼如虎，再不敢輕言北伐。然而，不收復幽、雲十六州，宋朝就沒有北方有利地形和長城的掩護，整個華北平原暴露在遊牧民族的鐵蹄之下，無險可守，容易被侵略。

宋太宗死後，太子趙恆即位，是為宋真宗。當年宋太宗趁著遼國蕭太后當政之際北伐，企圖「欺負」人家孤兒寡母。現在遼國也如法炮製，宋太宗剛剛去世，遼國就頻頻發兵入侵。經過多次試探性的戰鬥後，遼國於宋景德元年、遼統和二十二年（1004 年）閏九月，由遼承天太后（即蕭太后）、遼聖宗親領大兵南下，號稱二十萬大軍，經保、定二州，直取澶州（今北京密雲），威脅東京開封。

遼軍大舉攻宋，震動了宋廷。宋真宗也在邊臣不斷告急聲中感到形勢嚴峻，遂詔令調兵遣將，加強戰備。為此，宋真宗還準備「親征決勝」，召集群臣為其親征日期出謀畫策。但是，除了寇準和少數主戰派大臣，其他重臣都不同意皇帝立刻前往第一線，而真宗也並沒有下定決心親征，因此親征一事就耽擱了下來。

景德元年（1004 年）閏九月十二日，遼聖宗與蕭太后進駐固安（今屬河北），任命南京統軍使、蘭陵郡王蕭撻

◆〈歷代帝王像〉之宋真宗‧清‧姚文瀚

《澶淵之盟》後，為了粉飾太平，宋真宗進行了封禪泰山等祭祀活動，還耗費七年時間和大量財富修建了玉清昭應宮，以存放所謂的「天書」，給百姓帶來了極大的負擔。

凜、奚部大王蕭觀音奴為先鋒，進攻宋境。十五日，遼分兵攻略威魯軍、順安軍（今河北高陽東之舊高陽城），打敗了順安的宋軍。十六日，遼軍再攻威魯軍，又打敗宋軍。然後，遼軍轉兵西攻北平寨，被宋守將田敏率部擊退；再東趨保州，攻城亦不克。於是，遼先鋒將遂與聖宗、蕭太后會兵於望都（今屬河北），準備繼續南進。

面對遼軍大舉進攻，宋真宗再次召集大臣討論親征之事。然而，此時的朝廷大臣們卻大多畏懼遼軍，更有人為了一己之利鼓動宋真宗遷都。如參知政事王欽若為江南人，密請真宗遷都金陵（今江蘇南京），簽樞密院事陳堯史為蜀人，又請遷都成都。這種名為遷都，實則是趁國家危難之時給自己撈取政治上利益的建議，自然被寇準所反對，宋真宗只好停止遷都之議，決意親征，以振奮軍心，鼓舞士氣，後來的歷史發展也充分證明了這一決策的正確性。

真宗親征

景德元年（1004年）十一月二十日，遼將蕭巴雅爾、蕭觀音奴率渤海兵攻陷德清軍（今河北清豐西北）。兩日後，遼聖宗與蕭太后率主力進抵澶州城之北。遼軍主力到達澶州城外後，立即從東北西三面將澶州圍住。宋朝澶州守將李繼隆等緊急埋設勁弩，控扼要害，組織守城防禦；遼軍亦做攻城準備。就在這時，遼統軍使蕭撻凜恃其勇敢，在率輕騎觀察地形時，被宋掌床子弩（也稱床弩，一種裝在發射臺或車輛上的大型特殊弩）的威虎軍頭張環從暗處發弩射中。由於射中蕭撻凜的額頭，蕭撻凜立即從馬上墜地。遼兵眾競相前往扶救，但終因傷勢過重而死亡。對於蕭撻凜之死，蕭太后極為悲痛，遼軍士氣大受損傷，但仍以主力圍困澶州，並分兵繼續南進。同月二十五日，遼軍又攻下了通利軍（今河南浚縣東北），大有越過澶州，進逼開封之勢。

◆影青刻花注子注碗·北宋

這件做工精美的酒器，下半部分是用於溫酒的注碗，上半部分是盛酒的注子（酒壺），前端有倒酒的細頸小口，將溫酒、注酒的功能融為一體，是宋代酒具中的精品。

隨著遼軍步步緊逼，宋真宗的「親征」計畫被迫逐漸付諸實施，終於在十一月末，真宗到達澶州北城，宋軍士氣大振。蕭太后知道遼國不可能一舉滅宋，遼軍先鋒又臨陣喪命，有心求和。宋真宗派大臣曹利用去遼營談和。十二月，遼派使臣韓杞來，揚言要索還周世宗時所收復的關南地。真宗不敢再戰，但是也不願答應割讓土地，於是派曹利用再去遼營，密告可予銀絹許和。不久，約定兩國君主以兄弟相稱；宋遼立誓書，簽訂和議，宋向遼每年助餉銀十萬兩、絹二十萬匹；沿邊州軍，各守疆界，兩地人戶不得交侵；兩朝城池依舊修繕，不得增築城堡、改移河道。

和平的意義與代價

曹利用再度出使前，問真宗許給遼的銀絹數。真宗說：「如果實在不得已百萬也行！」寇準卻私下召曹利用到營帳說：「雖然皇帝說可以許百萬，但若過三十萬，我就殺了你！」和議成後，內侍誤傳為三百萬，真宗雖然大驚，但接著就說：「能就此了事也行啊！」等到曹利用入奏說是許銀絹三十萬，真宗大喜，特厚賞。

遼軍歲得銀絹，班師回朝。宋朝以妥協退了敵兵。真宗自作〈回鑾詩〉與群臣唱和，來慶祝所謂「了事」的「勝利」。從軍事上來看，宋軍在戰略上其實是占據優勢的。當時遼軍前進方向層層受阻，兵力損失很大，而自身後方卻有數個宋朝軍事重鎮未能拔除，時時威脅著遼軍的退路。如果宋軍下定決心與遼軍進行大決戰，勝負尚未可知。但宋、遼雙方都缺乏決戰的決心，最終還是以和議結束這場大戰。對宋朝來說，《澶淵之盟》與此後宋金和議不同，宋遼君主相約以兄弟相稱，平等共處，不是屈辱性的。

《澶淵之盟》後，遼國一方面由於內部統治不穩，另一方面也感到難以打敗宋朝，所以不再舉兵南下，宋遼兩國的戰事基本結束。遼國專心內政，大大加快了認同與融入中原文化的步伐。此後的一百多年間，宋遼大體上維持著和平分立狀態。這對兩國的經濟文化發展及相互交際都是利多。不過，《澶淵之盟》的簽訂對宋朝統治者卻有消極影響，就是由此醉心於以妥協方式謀求和平，而忽視整修武備，加強國防。

延伸閱讀

《武經總要》

《武經總要》是中國現存最早的官修兵書。康定元年（1040 年），宋仁宗命翰林學士曾公亮、丁度等通曉軍事者編撰，當年成書。全書共四十卷，分前後兩集，前集二十卷，其中制度十五卷、邊防五卷，分別論述了軍隊建設和用兵作戰的基本理論、制度和軍事常識，內容涉及選將科兵、教育訓練、軍隊編制、行軍宿營、古今陣法、偵查聯絡、地形地物、城邑攻守、水戰火攻、步騎應用、武器裝備，以及邊防各州的方位四至、地理沿革、山川河流、關隘道路、軍事要點等，並配有大量插圖。該書圖文並茂，堪稱中國歷史上第一部軍事百科全書，對於研究中國軍事學術史、兵器史具有重要的參考價值。

北宋 ▶ 西元 1022 年—西元 1033 年

人物：太后劉娥　　地點：開封　　關鍵詞：垂簾聽政

劉太后聽政

　　宋真宗趙恆的獻明肅皇后，名劉娥（？-1033 年），是宋朝第一位攝政的太后。劉太后一改真宗末年的種種弊端，罷免權臣，終結了勞民傷財的「天書運動」，為仁宗朝的治理打下良好基礎。後世常將其與漢之呂后、唐之武后並稱，史書稱其「有呂武之才，無呂武之惡」。

◆ 宋真宗皇后劉娥像

垂簾聽政

　　劉氏小時候雙親皆故，後來和銀匠龔美一起來到京城，被當時尚為藩王的宋真宗看中。後來真宗即位，劉氏進封德妃，一直專寵於後宮。當時一名李姓宮人服侍劉德妃，一次為真宗侍寢後懷了孕。劉氏在和真宗散步時，頭上的玉釵掉了，真宗命人取回，私下祈禱說：「如果玉釵完好無損，那就應該生男孩。」玉釵取回後完好無損，而李氏也果然生了個男孩。但劉德妃把孩子要過來，對外宣稱是自己生的，這個孩子就是日後的宋仁宗趙禎。由於真宗並不重視李氏，後宮中人也不敢違背最受皇帝寵愛的劉德妃的意願，就這樣，趙禎以劉氏之子的身分成長，對自己的身世一直毫無所知。

　　大中祥符五年（1012 年），劉德妃被立為皇后。她因為家族無人，就將帶自己進京的銀匠龔美認作哥哥，改名為劉美。劉皇后既能在後宮爭寵中獲勝，必然聰穎過人，加上她勤讀史書，記憶力又好，真宗患病後，她逐漸開始干預朝政。

　　乾興元年（1022 年）二月，真宗去世，皇太子趙禎

即位，是為宋仁宗。因為仁宗年幼，真宗遺命劉皇后為太后，垂簾聽政以輔佐仁宗。劉太后臨朝後，穿戴的禮服，出入的禮儀都和皇帝一樣。她頒布制令，雖不稱「朕」，但稱「吾」，她的生日被定為「長寧節」，普天同慶，她父親的名字舉國避諱。群臣還給劉太后上了一個同皇帝一樣冗長的尊號，叫「應元崇德仁壽慈聖太后」，儼然是個雖無其名但有其實的女皇帝。

　　不久，劉太后遇到了與武則天稱帝前相同的情況，有人為求富貴，上書請求依照武則天的舊例，為劉氏也建立七廟，但劉太后不予採納。還有人獻〈武后臨朝圖〉，勸劉太后稱帝的意圖昭然若揭。劉太后生氣地把圖扔掉，並說：「我不會做這樣辜負祖宗的事情！」最終堅持了自己對禮法的尊重。

　　劉太后頗有政治才能，她號令嚴明，恩威並用。她執政期間，政治較為清明，被後世史家尊為一代賢后。她在聽政之初，將真宗後期舉國瘋狂的天書降臨運動做了了結，把所謂的天書做為殉葬品隨真宗一起下葬。同時她還力倡節儉，懲治貪官，並禁止「獻羨餘」。所謂「羨餘」就是官吏在定額賦稅之外，巧立名目多收錢，並把這筆橫財當中的一部分貢獻朝廷，炫耀政績，以便撈取政治資本。劉太后制止這種做法，為宋朝百姓帶來了實質好處。

◆ **蹴鞠紋鏡・宋**

這件宋代紋鏡，背面有四人蹴鞠圖像浮雕。蹴鞠就是中國古代流行的類似後世足球的運動，常有女子參賽，這面銅鏡的圖案就是一名高髻女子在踢球，在她對面是一名男性，兩人背後還各有一名侍者。現藏於湖南省博物館。

厚葬李氏保太平

　　仁宗明道元年（1032 年），宋仁宗的生母李氏病故。劉太后雖然奪走她的孩子，但對她本人並沒有像對待某些朝代的嬪妃那樣加以迫害。而李氏也謙恭自保，在真宗死後默默生活在先朝妃嬪中，從來沒有因為自己是仁宗生母

而有所異動。仁宗自幼為劉太后撫養，母子感情很好，劉太后又掌握著朝政，從沒有人告訴仁宗他的生母並非劉太后。而此時李氏既死，劉太后在朝會上想對外宣布按照普通宮人的禮節將其安葬。宰相呂夷簡認為不妥，上奏請以厚葬。劉太后聽了之後，將同座的仁宗遣走，單獨召見呂夷簡，問道：「只不過一個宮人死了，相公（對宰相的尊稱）何必如此堅持呢？」

呂夷簡道：「臣既然做了宰相，事無大小，都應該參與。」劉太后怒道：「你這麼說是想離間我和皇帝的母子情誼嗎？」呂夷簡正色道：「太后難道不想保全劉家嗎？如果為了家人的日後生活著想，喪禮就應該隆重。」劉太后依然有些猶豫，呂夷簡只好挑明說道：「李宸妃生育皇帝，如果喪禮不成樣子，將來必定會有人因此獲罪，到時候不要說臣今天沒有說過！應該以皇后的衣服入殮，並以水銀灌注，也好做為將來的證據。」劉太后畢竟是個老練的政治家，馬上醒悟過來，將李氏以大禮下葬於洪福院。

在仁宗明道二年（1033年），劉太后去世了，果然有人將宋仁宗的身世披露出來，並添油加醋說李氏死於非命。仁宗在悲痛過後，一面派人去洪福院檢查生母的棺木，一面派兵包圍劉家宅邸。開棺後發現李氏穿著皇后的衣服，面容栩栩如生，仁宗這才放下心來，解除了對劉家的包圍，並且為自己竟然不信任劉太后的為人而悲傷，反而對劉家更加禮敬。

◆ ‖延伸閱讀‖

唐宋八大家

唐宋八大家指唐、宋兩代八位散文作家，即唐代的韓愈、柳宗元和宋代的歐陽修、蘇洵、蘇軾、蘇轍、王安石、曾鞏。中唐時期，講求對偶、聲韻和用典，而不注意內容的駢體文仍然占有統治地位，韓愈和柳宗元首先提倡古文，即提倡先秦兩漢時期的散文形式，反對駢文，逐漸發展成為一個聲勢浩大的「古文運動」。到了北宋時期，歐陽修鮮明地舉起了韓、柳「古文運動」的旗幟，與同時代的曾鞏、王安石及蘇洵父子等人力掃駢文餘風。歐陽修等六人的散文創作吸取了韓、柳文體改革的特點，且著重文風，創造了比韓、柳更為平易流暢的風格，並取得勝於駢體文的輝煌成果。

北宋 西元 999 年—西元 1062 年

 人物：包拯　　地點：開封　　關鍵詞：關節不到，有閻羅包老

清官的典範：包拯

　　金代詩人元好問有「能吏尋常見，公廉第一難」的詩句。其實，自古中國民間就對清正廉明、執法不阿、鐵面無私、不畏權貴、為民請命的官吏大為推崇，魏徵、狄仁傑、寇準、況鍾、包拯、徐九經、海瑞、于成龍……一個個閃耀在史冊間的名字，為後世豎立起一道清官的歷史風景線，萬民景仰、歷代稱頌。而在歷代清官中，人稱「北包拯，南海瑞」、生活在宋代仁宗年間的包拯，是清官的典型代表。

鐵面無私包青天

　　包拯（999-1062 年），字希仁，廬州合肥（今安徽合肥）人，家貧好學，仁宗天聖五年（1027 年）考取進士。包拯以進士身分入仕，歷任知縣、知州、知府、監察御史、三司戶部副使、樞密副使等職，還曾被任命為龍圖閣直學士，死後被諡為孝肅。故後世常稱他為「包公」、「包龍圖」或「包孝肅」。

　　包拯一生為官清廉，即使官至顯貴，個人生活仍儉樸，「衣服、器用、飲食如布衣時」。包拯的政績或許稍遜於同時代的北宋名臣如韓琦、富弼、范仲淹等，但其清正廉明的政風是首屈一指的。他將子孫做官不得貪贓枉法做為家法，規定「後世子孫仕宦，有犯贓者，不得放歸本家，死不得葬大塋中」，也就是說若違反了「不得貪贓枉法」的家法，將被開除族籍，即使死後也不能葬入祖墳。包拯曾出任嶺南端州（今廣東高要）知州。端州，是四大名硯之一「端硯」的產地。端硯久負盛名，素有「端州石工巧如神，踏天磨刀割

◆ 鎏銀魚龍紋鐵斧・宋

此斧前為龍首，後為魚尾。魚龍腹部以下接鑄一錐狀柄，鑄造精工，為稀世珍品，根據款識可知此斧為嘉祐元年（1056 年）製造。

紫雲」的美譽。皇室權貴、大臣學士都以家中存有幾方端硯為榮。慶曆三年（1043年），包拯離任時，當地有人精製一方好硯，贈予他做紀念。包拯婉言謝絕，「不持一硯歸」。包拯曾作詩詠志：「清心為治本，直道是身謀。秀木終成棟，精鋼不作鉤。倉充鼠雀喜，草盡狐兔愁。史冊有遺訓，無貽來者羞。」這既是對個人追求的表述，也是他「清廉立身」的人生理想的最好注腳。

包拯一生竭力主張嚴厲打擊貪官汙吏。他積極上書要求朝廷定制治貪，推行監察制度與連坐法，嚴格執法，打擊貪贓枉法行為，他自己也履責劾貪、依法懲貪。他曾向仁宗陳條七事，勸仁宗革新圖強，富國富民；並上疏〈乞不用贓吏〉，認為清廉是為人的表率，而貪贓則是「民賊」，奏請仁宗批准對貪官進行懲處。為彈劾利用權勢巧立名目、盤剝百姓的江西轉運使王逵，包拯接連上奏七次，揭露他「心同蛇蠍」，並直接指責仁宗，「今乃不恤人言，固用酷吏，於一王逵則幸矣，如一路不幸何」！強烈要求仁宗罷免王逵的官職。在當政期間，包拯還懲辦了淮南轉運使魏兼和張可久等巨貪。他還敢於犯上，對外戚張堯佐也毫不留情，三次上奏摺怒責面劾「國丈」。包拯「舉刺不避乎權勢，犯顏不畏乎逆鱗」，為後世樹立了不畏強權、肅貪懲惡的榜樣。

關節不到，有閻羅包老

包拯執法剛正，不避權貴，不論親故，不講情面，概從公斷。即便是自己的親屬也一樣依法論處，不加偏袒。包拯曾在廬州任職。廬州是包拯故里，「親舊多乘勢擾官府」。一次，包拯的表舅犯法，他依律「撻之」，毫不姑息，「自是親舊皆屏息」。包拯對權貴高官也毫不畏懼，依律彈劾處罰。如某知府攀娶皇親，喜新厭舊，拋棄髮妻。包拯得知後，奏准皇上將此人罷免官職。後世廣為傳唱的〈鍘美案〉、〈打龍袍〉等，就是根據包拯這種嚴明公正、執法如山的事蹟編撰而成。當時，開封府廣泛流傳著「關節不到，有閻羅包老」的民諺，就是對包拯執法嚴明、鐵面無私的盛讚。

嘉祐元年（1056年）十二月，包拯以龍圖閣學士權知（代理）開封府，於次年三月正式上任，至嘉祐三年（1058年）六月離任。北宋開封府雖然地處京畿，但民風粗糲，魚龍混雜，素來難治。在一年多的時間內，包拯敢於搏擊豪強、懲治權貴，嚴厲打擊無賴刁民，同時也堅決抑制開封府吏的驕橫之勢。當政期間，包拯「立朝剛毅，貴戚宦官為之斂手，聞者皆憚之」，把號稱難治的開封府，治理得井井有條。當時開封城內的豪門貴族盛行在惠民河畔修築宅院園亭，以致河水淤堵，釀成水災。包拯一紙令下，將沿河邊的建築物全部拆除。此舉觸犯了京城權貴的利益，讓他們大為不滿，於是上奏要求停止拆除，並大肆誣陷包拯。包拯不畏權勢，堅持拆除。

除了對貪官贓吏不講情面、大加鞭撻外，包拯還經常為民請命，以愛護百姓為己任，深入下層體察民情，救民於水火之中。仁宗朝曾實行食鹽官營專賣制，弊端甚多，民眾深受其苦。包拯曾前往陝西解州（今山

西運城）深入調研，上奏朝廷請求廢止官營專賣制度，實行自由貿易，既可增加國家稅收，又方便了百姓生活。包拯在出使遼國途中發現，負責迎送使者的官員常藉機在沿途勒索百姓和地方的官吏，給邊界人民帶來沉重的負擔。於是上奏仁宗，請求縮短官員在邊界的停留時間，嚴禁吃請送禮。嘉祐五年（1060 年），包拯出任三司使財政官，又上書要求罷掉「天下苛雜」，減輕賦稅。對這些能解決百姓生計問題的具體措施的宣導與推行，在本質上反映了包拯「寬國利民」的基本態度。

包拯成為為民做主的典型代表，其清名傳於天下，史書上説：「人以包拯笑比黃河清，閭里童稚婦女亦知其名。」後世的很多藝文作品中，都極力刻畫了包拯剛正不阿、鐵面無私、執法如山、斷案如神的威武形象，宋元話本中的《三現身》、《合同文字記》；元劇中《蝴蝶夢》、《灰闌記》、《後庭花》等大量的包公戲；明代小説《三現身包龍圖斷案》、《包龍圖判百家公案》和《龍圖公案》；清代的《鍘美案》、《鍘包勉》、《陳州放糧》等，更是為大眾喜聞樂見。將歷史上的包拯透過文學作品的放大，塑造成一個更完美的清官形象，這當中寄託著老百姓對清明政治、清廉官員的殷切希望和期待。

清官現象掃描

包拯並非宋王朝清官的個例，大宋三百餘年間，前後也出現不少清廉公正、為民請命的官吏。北宋初年，從太宗到真宗六十餘年間，「號為盛治，而得人甚多」，其中就出

◆ 龍圖閣學士包拯像

包拯是中國古代的「清官」典型，在京劇中，包公烏黑的臉上，勾出兩道緊鎖的白眉，表現他忠誠率直和憂國憂民的心情；腦門正中的白色月牙，則象徵他能「晝斷陽、夜斷陰」的傳奇色彩。其實歷史上的包拯是一位白面書生，而且個子不高，並無特異之處。

現過不少清正廉潔的官吏，如王旦就是其中一員。

王旦（957-1017 年），字子明，大名莘人（今山東莘縣）。咸平四年（1001 年），王旦以進士身分入仕，任參知政事，景德三年（1006 年）拜相。真宗曾評價王旦「為朕致太平者，必斯人也」。為官數十載、權傾一時的王旦以清正廉潔聞名於世。他衣著樸素，「被服質素，家人欲以繒錦飾席，不

許」。因他的住宅簡陋，真宗「欲治之」，王旦也婉言謝絕。王旦反對用手中權勢為自己牟私利，他在遺囑中表示：「忝為宰輔，不可以將盡之言，為宗親求官。」臨終前，他又告誡子弟，「我家盛名清德，當務儉素，保守門風，不得事於泰侈」，要求家人不得厚葬。王旦身故之後，真宗讚譽他為「全德元老」。

范仲淹也是宋代有名的清官廉吏。范仲淹（989-1052 年），字希文，諡文正，吳縣（今江蘇蘇州）人。范仲淹自幼孤貧，但胸懷廣大，有「士當先天下之憂而憂，後天下之樂而樂」的遠大志向。在他推行的慶曆新政中，明確規定要「明黜陟」、「擇長官」，新政中很大一部分是涉及整頓吏治的內容。他認為需要選擇賢者為官，「天下之政，唯有賢用，方可序而不亂；天下之憂，必有賢者出，才能安而不躁」。還進一步要求為官必須清廉為本，官員之間應該「濯纓交進，束帶相見」。在他的仕宦期間，吏治嚴肅，政治清明，為官清正，愛民如子。景祐二年（1035 年），范仲淹以尚書禮部員外郎身分入朝。宰相呂夷簡素知范仲淹敢言直諫，便提前警告他「汝非言官之職，不得妄議軍國大事」。但范仲淹不畏強權，寧可捨官棄命也決不姑息養奸。面對范仲淹冒死直諫，呂夷簡又藉故將范仲淹權知開封府。開封府為京都之所，皇親國戚、官宦大族、奸富猾吏，盤根錯節，向來難治。范仲淹到任後「決事如神」，大力整頓，革除弊政。每上朝言事也「多陳治亂以開人主，歷詆大臣不法者」。數月後，開封府「肅然稱治」。當

時開封城中流傳著「朝廷無憂有范君，京師無事有希文」的民諺。范仲淹權知開封府所立下的功績絲毫不遜於後來的包拯，他以自己的端方廉正為後世樹立了榜樣和楷模。

清官群體是中國歷史上一種較為特殊的現象，也是一筆寶貴的社會財富，清官精神中的為民請命、清廉剛正等精髓，已經融入中華民族的傳統美德和共同價值取向當中，雖然清官群體也有其為封建統治服務的階級侷限性，但畢竟能給社會民眾帶來一絲慰藉、一點希望。

◆ 月白釉出戟瓷尊．北宋
其為北宋五大名窯之一的鈞窯所製，器形仿照商周時期青銅尊的造型，古樸端莊，整體施有白釉，色調淡雅。現藏於北京故宮博物院。

延伸閱讀

活字印刷

慶曆年間（1041-1048 年），平民畢昇發明活字印刷術，彌補了雕版印刷的不足，大大節省了雕版所需人力，以及縮短印製時間。畢昇用膠泥刻成單字燒硬，備用。印刷時，在帶框的鐵板上塗上松香、蠟、紙灰的混合物，然後將所需活字排在框裡，排滿後就放到火上焙烤。待松香等混合物熔化後再用鐵板把字壓平成板，則可印刷。印完後，又將鐵板置於火上加熱，取下活字，以便下次使用。方便經濟的活字印刷術是中國印刷史上一次重要的技術革命，在世界上也處於領先地位。畢昇發明活字印刷術，比德國人古騰堡用活字印刷《四十二行聖經》早了四百餘年。

北宋 西元 1043 年—西元 1074 年

 人物：范仲淹　王安石　　關鍵詞：冗官　冗兵　冗費

慶曆新政和王安石變法

　　北宋中期，在發展社會政治經濟的同時，也逐漸顯現出潛伏的社會危機。土地兼併問題極為嚴重，已是「富者有彌望之田，貧者無卓錐之地」，大量的農民失去土地，農民起義頻頻爆發。西夏頻頻入侵，遼又乘機不斷要脅，北宋都是妥協求和，以求暫時安寧。由於每年歲幣、歲賦負擔沉重，加上長期的冗官、冗兵、冗費問題困擾，改革的呼聲四起，所以北宋中期出現了慶曆新政和王安石變法。

◆ 鈞窯尊．宋

尊高 18.4 公分、口徑 22 公分、足徑 21.2 公分，河南禹縣出土，為宋代鈞窯瓷器中的精品。

內憂外患中

　　北宋政權到了宋仁宗時期，內部是財政入不敷出，外有西夏不時進犯，各種社會危機開始顯現出來。雖然宋代的財政收入超過前朝，但國力並未有所增強，而是陷入了「所入雖多，國用日匱」的尷尬境地，國家財政常年出現赤字。導致國家財政赤字的原因是多方面的，其中最重要的是冗兵、冗官、冗費和日益嚴重的土地兼併問題。先說冗兵，宋朝在兵力來源上，實行募兵制，尤其在饑饉之年從饑民中招募士兵，以達到防止內亂的目的。但如此一來，軍隊成了難民收容所，隨著兵額不斷擴大，養兵費用也愈來愈高，但戰鬥力卻愈來愈弱。宋太祖開寶年間（968-976 年），禁軍與廂軍僅有三十七萬左右。到仁宗慶曆年間（1041-1048 年），兩者總數已達一百二十餘萬，國家每年收入的絕大部分都用來供養龐大的軍隊，也就造成了「冗兵」的積弊。再說冗官，北宋在立國之初就採取了一切辦法來擴大統治基礎，其科舉取士人數之多史上空前。唐代科舉進士一科歲取不過三十餘人，而宋太宗朝，歲取

數百人;仁宗一朝,共取進士四千餘人、諸科五千多人。其他各種恩蔭入仕之途,北宋也都「大開綠燈」,這都導致官僚人數激增。同時,宋代官員所享受的待遇也相當豐厚,仁宗時歲入三千九百萬緡錢,官俸支出占三分之一;而到了神宗時,歲入五、六千萬緡錢,支出完軍費後居然不夠支付官員的薪俸。冗官的存在,不僅使養官冗費不斷增加,而且還使土地兼併日益嚴重,國家財源日漸困頓。宋真宗時期實行了職田制度,各級官員的職田都免交賦稅,使國家稅收減少。到乾興年間(1022 年),官吏職田達「天下田疇之半」。各級官吏依靠特權大肆兼併土地,直接影響了國家的稅收。

在國家外部環境方面,仁宗康定元年到慶曆二年(1040-1042 年)之間,建西夏、稱皇帝的黨項首領李元昊多次對北宋發動了大規模的軍事進攻。在經歷了三川口(今陝

◆〈楷書道服贊〉・范仲淹

〈楷書道服贊〉為紙本,是范仲淹唯一傳世的楷書作品。宋代大書法家黃庭堅評價其書為「落筆痛快沉著,似近晉、宋人書」。此卷結字端謹,筆墨清健,有晉人書風。

西延安西北)、好水川(今寧夏隆德東)和定川寨(今寧夏固原西北)等三次大規模戰鬥後,宋、夏雙方損失都不小,最後在慶曆四年(1044 年)訂立和約,規定西夏取消帝號,宋朝冊封李元昊為夏國王,每年賜給西夏絹十五萬匹,銀漆萬兩,茶三萬斤,稱「歲賜」。再加上《澶淵之盟》後,宋朝每年要輸給遼絹二十萬匹、銀十萬兩的「歲幣」,這些都成為宋代經濟最沉重的負擔。為了緩解國家財政危機,宋廷自然將大宋子民做為責任承擔者。沉重的賦稅和各種差役,最終導致社會衝突的全面激化。這種種弊端讓宋仁宗、宋神宗兩位皇帝和一些士大

夫們憂心忡忡，他們準備行動起來改變「祖宗之法」。

慶曆新政

　　慶曆三年（1043 年）四月，宋仁宗將范仲淹調回京師，擔任參知政事，與樞密副使富弼、韓琦等人一同主持朝政。此時，北宋的官僚機構益發臃腫，行政效率低下，國家財政入不敷出。面對這樣嚴重的統治危機，宋仁宗幾次召見范仲淹等人，催促道：「你們為國盡心，不必有什麼顧慮，凡是急需變革的事情，都盡快提出來。」

　　范仲淹一向主張改革弊政，早在天聖五年（1027年），他就上書朝廷，提出一連串革新建議。得到皇帝的信任與委託後，范仲淹認真總結了醞釀已久的改革思想，很快呈上著名的新政綱領《答手詔條陳十事》，在其中提出了「明黜陟、抑僥倖、精貢舉、擇官長、均公田、厚農桑、修武備、減徭役、覃恩信、重命令」等十項以整頓吏治為核心的改革主張。宋仁宗和其他大臣商議後，決定將這些改革措施以詔令的形式逐步頒發全國。於是，北宋轟動一時的慶曆新政在范仲淹的領導下開始了。同年年底，為檢查各地官員的為官操守，范仲淹專門選派了一批人去四處探訪。一旦得知哪個官僚欺壓民眾、貪汙受賄，范仲淹就翻開官員們的花名冊，把這個不稱職的人勾掉。樞密副使富弼見他毫不留情地罷免了一個又一個官員，擔心他因此得罪太多的人，於是勸說道：「你一筆勾掉很容易，但是這一筆之下可要使他們一家人痛哭啊！」范仲淹聽罷，指著那些官員的名字憤慨道：「一家人哭總比一路人哭要好吧！」在這樣嚴格的考察下，眾多尸位素餐的不稱職者被清理出官場，大大

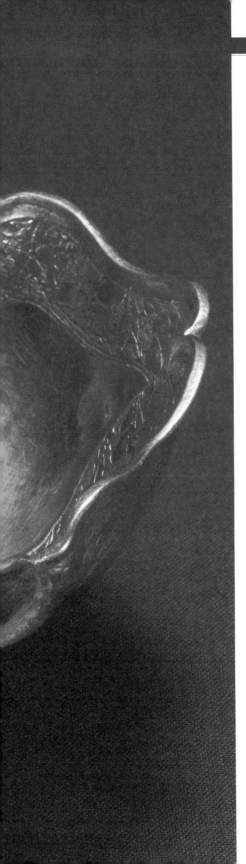

◆ 花形金盞・宋

這件金盞輪廓呈花瓣形，盞心為花蕊，形態極為生動傳神。金盞出土於安徽休寧，現藏於安徽省博物館。

◆ 王安石像

王安石為中國古代三大改革家之一，他在封建時代第一個喊出「天變不足畏，祖宗不足法，人言不足恤」的三不足宣言，但因為個人性格、舊黨階層的強烈反對，以及王安石自身用人不當，變法最終失敗。

提高了朝廷的辦事效率。

然而，慶曆新政直接損害了盤踞在北宋官場的腐朽勢力，因此他們對改革派恨之入骨。為了破壞新政的推行，這些人糾集起來一同誣衊范仲淹、富弼、歐陽修、石介等人結交朋黨，又重金賄賂宦官，讓他們不斷在宋仁宗面前散布范仲淹的讒言。樞密使夏竦在改革派官員的抨擊下丟掉了顯耀官職，惱羞成怒的夏竦讓家裡的一個丫鬟每天臨摹石介的書法，然後以石介的字跡偽造了一封密信，在這封信裡宣稱要廢黜宋仁宗，擁立一

個符合改革派心意的傀儡皇帝。在夏竦的蓄意謀畫下，改革派陰謀另立皇帝的謠言四處傳播，一時人心惶惶，宋仁宗開始動搖，雖然他不相信傳言，但面對改革中遇到的種種阻力，他還是失去了繼續改革的信心。

慶曆五年（1045年），宋仁宗下詔廢止一切改革措施，隨即解除了范仲淹參知政事的職務，將他貶至鄧州（今河南鄧州）擔任地方官。不久，富弼、歐陽修等革新派人士也相繼被外派地方。至此，歷時了一年有餘的慶曆新政以全面失敗告終。

王安石變法

宋仁宗去世後，太子趙曙即位，是為宋英宗。英宗體弱多病，在位五年就因病離世，其子趙頊即位稱帝，是為宋神宗。神宗做太子時就很欣賞法家思想，他在讀《韓非子》時曾說：「天下弊事很多，不可不改革。」如今登上帝位，自然要銳意改革，富國強兵，改變前朝遺留下來的暮氣沉沉的政局和危機四伏的現狀。熙寧元年（1068年）四月，神宗召王安石入京，變法立制。

王安石（1021-1086年），字介甫，號半山，臨川（今江西撫州）人。他在少年時，曾隨著做官的父親到過許多地方，對當時的社會問題有些感性認識。慶曆四年（1044年），王安石以進士第四名及第，步入官場。多年為官經歷，使王安石深切地意識到土地兼併是導致當時社會普遍貧困化的主要根源，更嚴重地危害到國家的長治久安。為此，憂國憂民的王安石早在嘉祐三年（1058年）就曾上萬言書——《上仁宗皇帝言事

書》，要求「改易更革」。可惜，沒有得到最高統治者的回應。到神宗時，王安石眾望所歸，責無旁貸地扛起變革大旗。為了推動變法，熙寧二年（1069 年）二月，王安石創立了一個指導變法的新機構——制置三司條例司，並與呂惠卿、曾布等人一起草擬新法，各路設提舉常平官，督促州縣推行新法。後來，廢除條例司，由戶部司農寺主持大部分的變法事宜。從此，一場在中國歷史上產生重大影響的變法運動轟轟烈烈地展開了。圍繞富國強兵這一目標，王安石先後推行了農田水利、青苗、均輸、保甲、免役、市易、保馬、方田均稅等新法。王安石變法以「富國強兵」為目的，前後推行了近十五年，收到了一定的效果，鄉村地主和自耕農都減輕了部分差役和賦稅負擔，國家增加了財政收入，朝廷內外的倉庫所積存的錢粟「無不充衍」。

王安石雖然有著改革者的勃勃雄心和堅強意志，但他做事執拗，冷面無情，人稱「拗相公」。他大刀闊斧的改革，得罪了朝野上上下下所有的既得利益者。人不和，政不通，再好的決策都難以執行。儘管王安

石並沒有絲毫的退卻，但宋神宗並不像王安石那麼堅決，他漸漸動搖起來。特別是在熙寧七年（1074 年），河北大旱，數月無雨，災民遍地。一些官員乘機散布謠言，說是變法遭到了天譴，才會發生旱災。神宗的祖母曹太后和生母高太后也在神宗面前哭訴。為此，神宗整日長吁短嘆，不知如何是好。王安石見此，憤而辭職，回江寧府（治所在今南京）去休養。

第二年二月，神宗再次召王安石回京任宰相，但是幾個月後，天上出現彗星，人們認為這是不吉利的預兆，紛紛攻擊新法。無論王安石如何為新法辯護，神宗還是猶豫不定。神宗的動搖使王安石失去了支持力量，各地對新政陽奉陰違。第二年春天，處處碰壁的王安石眼見自己的主張無法貫徹執行，再一次辭去相位。元豐八年（1085 年），神宗病死，其子哲宗趙煦繼位，太皇太后高氏聽政，以司馬光為首的保守派重新掌權，新法立刻被廢除。王安石的變法最終以失敗告終，但因對變法的態度而形成的新舊兩黨之間的相互攻擊，一直貫穿了整個北宋中後期直至北宋滅亡。

延伸閱讀

沈括與《夢溪筆談》

沈括（1031-1095 年），字存中，北宋著名的科學家。其生活的神宗年間，正是王安石變法的重要時期，他是變法的積極支持者，後因變法失敗，他被一再貶官，晚年來到潤州（今江蘇鎮江）的夢溪園，潛心著書，寫下了科學巨著《夢溪筆談》。《夢溪筆談》長達三十卷，內容廣博精深，涉及天文、地理、數學、物理、化學、文藝、歷史、哲學等方面的知識，詳細地總結了中國古代，特別是北宋時期自然科學所取得的輝煌成就，英國科學家李約瑟高度評價了《夢溪筆談》的不朽價值，他說：「沈括是中國整部科學史中最卓越的人物。」

北宋中後期

🙎人物：司馬光　蔡京　🌐地點：東京汴梁　🔑關鍵詞：元祐黨人碑

禍國的黨爭

積弊難消的北宋自從王安石變法以來，新、舊兩黨紛爭不斷。這場原本因為政治觀點、施政措施不同而爆發的政治鬥爭，逐漸異化為個人恩怨的爭執，最終墮落到成為小團體甚至個人之間的爭權奪利，惡意攻訐。

一意孤行

◆ 司馬光《資治通鑑》殘稿

司馬光（1019-1086年），字君實，陝州夏縣（今山西聞喜）涑水鄉人，世稱「涑水先生」。宋仁宗寶元元年（1038年），司馬光考中進士，歷任館閣校勘、同知禮院、天章閣待制兼侍講、知諫院、御史中丞、翰林院學士兼侍讀等職，可謂功名早就。在朝廷任職期間，司馬光與王安石曾多次共事，然而由於政治見解的不同，兩人漸行漸遠，最終反目成仇。

熙寧三年（1070年），王安石開始實施變法，因為政見不同，司馬光堅辭樞密院副使一職，宣稱自己和王安石只能有一個人留在朝堂中。宋神宗無奈之下，只得

讓他出任判西京御史臺，外遷洛陽。雖然司馬光與王安石在變法一事上存在嚴重分歧，然而就忠誠為國來説，二人並無差異，只不過在政策取向及具體措施上各有側重而已。王安石主要是圍繞著當時財政、軍事上存在的問題，透過大刀闊斧的經濟、軍事改革措施，以解決燃眉之急。司馬光則認為現在是守成時期，應該偏重於倫理綱常、官員風紀的整頓，完善和發展原有的制度，即使某些環節需要改革，也要穩妥小心，「治天下譬如居室，敝則修之，非大壞不更造也」。相對來説，司馬光的主張比較保守，但是從王安石變法過程中出現的偏差和問題來看，他的政治眼光還是有準確的一面的。

　　來到洛陽之後，司馬光開始專心修纂史書《資治通鑑》。元豐八年（1085 年）宋神宗逝世，他年僅十歲的兒子趙煦即位，是為宋哲宗，由太皇太后高氏垂簾政。高氏是王安石變法的主要反對者之一，在政治上相對保守和固執。她垂簾聽政後做的第一件事情，就是召回反對變法最為堅決的司馬光主持國事。次年，高氏任命司馬光為尚書左僕射兼門下侍郎，成為北宋王朝的宰相。司馬光出任宰相後，在高氏的支持下開始全面廢除新法，史稱「元祐更化」。當時保守派內部也有不同意見，保守派重臣范純仁並不贊同全面廢止變法措施，他對司馬光説：「王安石制定的法令有其可取的一面，不能因人廢言。」但是司馬光根本聽不進去。執政八個月後，司馬光便因病去世，但是他的舉措為其他保守派官員繼續嚴格執行。由於司馬光大量任用保守派官員，又將支持變法的大

◆ 磁州窯黄釉花卉枕・北宋

臣逐出朝廷，在很大程度上激化了統治集團的內部鬥爭。元祐八年（1093 年）九月，高太后去世，宋哲宗開始親政，同年改元紹聖（1094-1098 年）。年輕的皇帝開始重新起用新黨，並大力打擊保守派，使新、舊兩黨的政治鬥爭愈演愈烈。

元祐黨人碑

　　由新、舊兩派的黨爭所造成的大規模政局動盪，在北宋幾起幾落。黨爭之始源於神宗任用王安石在朝廷主持變法，形成新黨；反對變法的重要官僚如文彥博、司馬光、蘇軾等，或被貶謫外地，或自請外放，被稱為舊黨。神宗英年早逝後，司馬光等保守派官員回到朝廷。在此期間，舊黨對新黨的攻擊演化為毫無原則的意氣之爭，甚至開始採用文字獄等卑鄙手段來給對方羅織罪名。新、舊兩黨對政敵的打擊愈來愈殘酷，所使用的手段也愈來愈卑劣。高氏去世後，哲宗開始親政，因為怨恨在太皇太后垂簾期間自己形同傀儡，於是放棄舊黨而起用新黨。以王安石繼承者姿態出任宰相的章惇，不留餘地地整肅政敵，他甚至向皇帝提出要把司馬光的墳墓掘開，暴骨鞭屍以示懲戒。為此深感不安的同僚警告他千萬不能開這種先例，以免

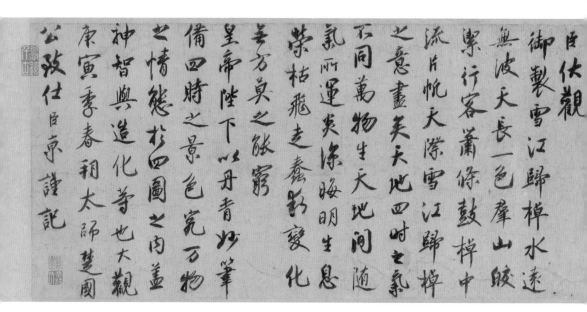

◆〈雪江歸棹圖跋〉．宋．蔡京

〈雪江歸棹圖〉是宋徽宗趙佶的畫作，題跋是指寫在書籍、字畫、碑帖等前面的文字，內容多為品評、鑑賞、考訂、記事等。這幅〈雪江歸棹圖跋〉是蔡京為徽宗畫作所書。

將來冤冤相報無法收拾，章惇方才罷手。

元符三年（1100 年），二十四歲的宋哲宗病死，端王趙佶繼位，是為宋徽宗，由厭惡新政的向太后垂簾聽政，被貶的舊黨人士紛紛官復原職。短短九個月後，向太后因病結束了垂簾聽政，徽宗在正式執掌大權後，又決定將變法繼續下去，曾經是變法派中一員，也是中國歷史上臭名昭著的奸臣、權臣蔡京被任命為宰相。為了鞏固個人權勢，蔡京主張嚴厲迫害「元祐黨人」。就在他進入權力中樞的當月，北宋政府開始禁行元祐之法，已經去世的舊黨官員削去官銜，在朝為官的一律降職流放。九月，挖空心思迫害舊黨的蔡京在端禮門立起了一塊「元祐黨人碑」，又命令全國各地的州縣都刻「黨人碑」，以此詔告天下。

「元祐」是哲宗早期的年號，在當時由舊黨掌權，他們被自己的政敵稱為「元祐黨人」。相對應支持變法的人則被稱為「元豐黨人」。所謂的「黨人碑」，就是在元祐年間（1086-1094 年）當政及蔡京所厭棄的一百二十名官員的名單。崇寧二年（1103 年）二月，徽宗接受蔡京的建議，詔令元祐黨人子弟不准前往京師。四月，下旨毀掉司馬光等人在景靈宮內的繪像，又在全國境內收繳、銷毀元祐黨人的文集。聳立在端禮門外的黨人碑是徽宗親筆寫就，在長長的名單前面著重說明這些人及其子孫永遠不得為官，皇室子女也不得與碑上諸人的後代通婚，已經訂婚的也要奉旨取消。同樣的石碑分別在全國各地樹立。立碑者的意圖相當明確，就是羞辱這些舊黨人士。

然而，民間的輿論並不受當朝宰相所左

右。在長安有一位名叫安民的石工，當地官府接到朝廷的命令後，要他按照汴京的樣式在石碑上刻字，安民拒絕接受這樣的工作。官員們向他詢問緣由，安民説道：「小民雖然十分愚昧，卻也知道立碑的意義。不過像司馬光這樣的人，海內對其正直有口皆碑。現在指斥他為奸人第一，讓小民無法理解，所以不能鐫刻。」當地官員怒叱道：「你知道什麼？朝廷有命，我等尚且不敢違抗，你區區一個石工，被官府調來服役，難道還敢違抗朝廷嗎？」安民哭泣道：「當然不敢不接受差役，但是小民的姓名，請求不要按照慣例刻在石碑背上，免得世人知道是我刻的石碑。」官員又叱責道：「你的姓名有什麼用處？哪個要你鐫上？」安民這才勉強遵命，完工後痛哭而去。

黨人碑的豎立，標誌著新、舊兩黨由治國理念之爭，徹底蛻變成私利、意氣與權力之爭。從此，北宋王朝的政治環境迅速惡化，曾經意圖強國富民的變法，在不肖的繼承者與頑固的反對者兩相扭曲下，成為謀取私利的手段和攻擊政敵的藉口。與此同時，王安石的新政在蔡京手中迅速變質，在變法的旗幟下，一個龐大的官僚集團想盡辦法為自己謀取私利。比如，原本為了減輕百姓勞役負擔的免役法，由於執行者不可告人的目的而成為增加稅收、敲詐人民的手段。當時汴京的表演藝人編排短劇嘲諷蔡京，一個丑角端坐在舞臺上做大官的樣子，這時一個和尚登場，官員要求查看和尚的度牒（合法出家人的證明文件），發現是元祐年間下發的，馬上將之撕碎，把和尚斥罵出去。一會又來了個報到的小官，該官員一查檔案，發現他乃是元祐年間出仕的，於是憤怒地把這個人趕走，宣布任何部門不許用他。這時，官員的家僕跑上臺來，説這個月朝廷發的俸祿都是元祐年間鑄造的銅錢，問應當怎麼處理？官員略一思量，囑咐僕人把元祐錢從後門抬回家。在觀眾的喝采中，丑角搖頭念道：「只要元祐錢！」

徽宗崇寧五年（1106 年）正月，某夜晚汴京的天空上出現彗星。不久，文德殿東牆上的「元祐黨人碑」遭到雷擊，被斷為兩截。迷信道教的徽宗很是恐懼，認為這是上天在表示憤怒，於是派人在深夜偷偷地把端禮門黨人碑毀壞。宰相蔡京發現此事後，惱羞成怒地説：「碑可以毀掉，但碑上的人名我永遠不會忘記的！」

延伸閱讀

《資治通鑑》

《資治通鑑》是北宋司馬光耗費十九年時間主編的一部多卷本編年體史書。全書共二百九十四卷，約三百多萬字，以時間為綱、事件為目，記載了從周威烈王二十三年（前 424 年）到五代的後周世宗顯德六年（959 年）共十六朝一千三百六十二年的歷史。宋神宗認為此書「鑑於往事，有資於治道」，即以歷史過往的得失做為今後君主治國的借鑑，所以定名為《資治通鑑》。司馬光的《資治通鑑》「鑑前世之興衰，考當年之得失，嘉善矜惡，取是舍非」，與司馬遷的《史記》並列為中國史學的不朽巨著，所謂「史學兩司馬」。

宋詞的豪放與婉約

⊙婉約之柔　⊙豪放之雄　⊙南渡之後

　　唐詩宋詞是中國古代文學的雙子星座。隨著城市經濟的繁榮、市民階層的擴大、審美情趣的多元化，興於晚唐五代的配樂演唱的長短句詩體——詞，在宋代達到鼎盛。宋詞的題材內容包羅萬象，從反映相對狹小的生活零星感悟，擴展到表現士人及現實生活的多個側面，情懷旨趣亦莊亦諧、雅俗共賞，相互影響融合，形成了詞調各異、詞體多樣、流派繁多的宋詞盛景。流傳至今的宋詞作品有兩萬餘首，可考作者一千五百餘人，出現晏殊、柳永、蘇軾、秦觀、賀鑄、周邦彥、李清照、朱敦儒、辛棄疾、姜夔等大批優秀詞人。宋代詞作風格多樣，「婉約以易安（李清照）為宗，豪放惟幼安（辛棄疾）稱首」，既有婉約之柔，又有豪放之雄，代表著中國古代詞體文學的最高成就。

婉約之柔

　　在宋代，源於市井歌謠的詞由於文人雅士的介入而逐漸雅化，向精緻、婉約發展。宋代詞作中婉約之風以柔美、婉曲、隱約、微妙為特點，講究音律和語言的和諧、意境營造的空靈飄逸、情趣表達的迂迴婉轉，內容多為男女情愛，離愁別緒，傷春悲秋。宋末沈義父曾對婉約手法做個小結：「音律欲其協，不協則成長短之詩；下字欲其雅，不雅則近乎纏令之體；用字不可太露，露則直突而無深長之味；發意不可太高，高則狂怪而失柔婉之意。」宋人也有以婉約手法抒寫愛國壯志、時代感慨的，如辛棄疾的「更能消幾番風雨」，多用「比興」象徵手段來抒發情懷，旨意朦朧隱晦，耐人尋味。

　　婉約之風是宋代詞壇的主流，晏殊、歐陽修、柳永、秦觀、李清照等詞壇名家，大致上都可歸諸婉約範疇。柳永是北宋第一個

◆ 南宋詞人陸游像

專力作詞的詞人，多作慢詞，長於鋪敘，是婉約派的早期
代表。一闋「多情自古傷離別，更那堪冷落清秋節。今宵
酒醒何處，楊柳岸、曉風殘月。此去經年，應是良辰好景
虛設。便縱有千種風情，更與何人說」的經典之作〈雨霖
鈴〉，引發萬千離愁，淒清冷落之意躍然紙上。北宋中後
期，「專主情致」的秦觀吸取了柳詞的營養，擅長「將身
世之感打併入豔情」之中，將情詞中的悲苦與文人士大夫
的人生悲劇完美結合。慶湖遺老賀鑄之詞則「雍容妙麗，
極幽閒思怨之情」，詞采華麗、濃豔，有「妖冶」之風。周
邦彥的詞作縝密典麗，「愈勾勒愈渾厚」，既有人工精巧，
又包含自然圓潤。婉約一派至南宋李清照達到極點。她提
出詞「別是一家」之說，自闢途徑，語言清麗。論詞強調
協律，崇尚典雅、情致，前期多寫其悠閒生活，後期多
悲嘆身世，情調感傷，以一句「知否？知否？應是綠肥
紅瘦」，「無限淒婉，卻又妙在含蓄，短幅中藏無數曲折，
自是聖於詞者」。後期所作「尋尋覓覓，冷冷清清，悽悽慘
慘戚戚」，仍是言有盡而意無窮。在宋詞發展過程中，講求
「陰柔」的婉約一派占據著相當突出的地位，對宋詞詞風
影響極深。

◆ 蘇軾像

豪放之雄

　　宋初詞壇延續五代花間詞派及南唐令詞小曲的遺風，
多渲染豔情別緒，以迎合士大夫歌舞宴樂的需要。晏殊、
歐陽修等人逐步將士大夫特有的生活感受入詞，極力表現
文人優游詩酒的愜意人生，促使詞進一步雅化。隨著士大
夫階層視野的擴大，更加豐富的內容被引入詞中，詞體形
式和表現方式也有所創新，自柳永開始，極力鋪陳渲染內
心感情，對都市生活的刻畫也漸為盛行，飽含市民階層欣
賞旨趣的詞作大量增加。而宋詞的婉約之風也逐漸盛行，
最終達到鼎盛。

　　首創宋詞豪放之雄的北宋大文豪蘇軾對詞作內容的豐

◆〈清明上河圖〉・北宋・張擇端

張擇端，字正道，東武（今山東諸城）人，宋徽宗時期翰林圖畫院畫家。〈清明上河圖〉是張擇端在宣和時期（1119-1125年）所繪的名卷，以其宏偉壯闊的畫面，真實地描繪了北宋宣和年間汴河及其兩岸在清明時節的風貌。全卷所繪人物五百餘位，牲畜五十多隻，各種車船二十餘輛艘，房屋眾多，道具無數，場面巨大，用筆細緻，為後世了解、研究宋朝城市社會生活提供了重要的歷史資料。

富發揮了篳路藍縷的作用，他致力於反映士大夫更為廣闊的思想空間，在詞中言志抒情、記遊懷古，使詞突破了「聊佐清歡」的侷限和詩詞有別的人為分割，從內容到形式真正獨立，形成雅俗分流的局面。「大江東去，浪淘盡，千古風流人物。故壘西邊，人道是，三國周郎赤壁。亂石穿空，驚濤拍岸，捲起千堆雪。江山如畫，一時多少豪

傑！」蘇軾一曲〈念奴嬌・赤壁懷古〉豪放大氣、氣勢雄渾，是宋代豪放派詞作的代表。蘇軾力主「句句警拔，詩人之雄」，率先宣導豪放之雄，經由南宋辛棄疾的發展和創新，豪放詞派在宋代詞壇得到了空前的發展。

蘇軾在詞作中往往慷慨淋漓地抒發胸臆，如：「老夫聊發少年狂，左牽黃，右擎蒼。」、「酒酣胸膽尚開張，鬢微霜，又何妨！」這些詞句表現出「親射虎，看孫郎」的豪邁和「會挽雕弓如滿月，西北望，射天狼」的壯志。蘇軾所開創的新風也直接影響到後世詞家，他們更多將個人感懷、身世歷程融入詞作當中，詞風進一步雅化，豪放之作在詞壇振起雄風。

南渡之後

至靖康之變後，中原動盪，宋室南渡，蘇軾所開創的豪放詞風又進一步與文人士大夫滿腔的愛國熱情、宦官政治生涯相結合，詞風更為坦蕩磊落、開闊大氣，更洋溢著強烈的愛國精神。張元幹首先將民族危亡的愛國題材與收服故土的熱烈情感入詞，「欲挽天河，一洗中原膏血」，創造了一闋闋慷慨悲歌。前所未有的悲愴之情大大擴展了意境，豐富了豪放派詞作的內容。出生於南渡之後的張孝祥繼承前輩愛國主題，一闋〈六州歌頭〉「淋漓痛快，筆飽墨酣，讀之令人起舞」，主戰派張浚讀罷此作，大為感動，不久之後就主持北伐，張孝祥詞作的影響力可見一斑。南宋詞人辛棄疾，與蘇軾並稱為「蘇辛」，則是宋室南渡後豪放派詞作的領軍人物。其詞作熱情洋溢，慷慨悲壯，筆力雄厚，一聲「我最憐君中宵舞，道男兒到死心如鐵。」感情飽滿，痛快酣暢；而「舉頭西北浮雲，倚天萬里須長劍」中揮戈北伐、收服故園的愛國之心可昭天日。蘇、辛等人「壯詞」先後輝映，為宋代詞壇增添了雄渾剛毅之彩。

宋詞中婉約、豪放兩種風格流派使宋代詞壇呈現雙峰競秀的氣象。兩種風格相互有別又相互融合，辛棄疾的「青山意氣崢嶸，似為我歸來嫵媚生」便是佳例。平易清淺而意味深厚的宋詞，在婉約和豪放中，展現出永久的文學藝術魅力。

北宋 ▶ 西元 1126 年—西元 1127 年

 人物：宋徽宗趙佶　宋欽宗趙桓　　地點：開封　　關鍵詞：花石綱　方臘起義

靖康之恥

　　宋徽宗是中國歷史上最著名的書畫皇帝，他做為書畫家是成功的，但做為皇帝卻是極其失職的。他排斥正直之士，肆意打擊「元祐黨人」，任用以蔡京為首的「六賊」等大批奸佞小人，奢華好物，怠棄朝政，最終導致了靖康元年（1127 年）閏十一月二十五日，北宋的首都開封被金軍攻破，立國一百六十八年的北宋王朝在風雨飄搖中轟然倒塌。宋徽宗趙佶和他的兒子欽宗趙桓，相繼成為金軍的俘虜。這個在中國歷史上汙天垢地的大變動被稱為「靖康之恥」。

◆陳十五娘造釋迦佛坐像・北宋

徽宗之昏

　　元符三年（1100 年）正月，宋哲宗趙煦去世。由於哲宗無子，兄終弟及，端王趙佶（1082-1135 年）繼承了皇位，次年，改元建中靖國，這就是北宋歷史上有名的宋徽宗。即位之初，宋徽宗曾經有一番作為，他平反冤獄，選賢任能，反對黨爭，大有中興之主的氣象。然而，隨著蔡京出任左僕射兼門下侍郎，成為朝廷首相，徽宗統治下的朝政逐漸走入黑暗深淵。

　　蔡京出任首相後，在宋徽宗的授意下，打著「紹述」（繼承）宋神宗改革事業的旗號，開始全面打壓元祐黨人。崇寧元年（1102 年）九月，經過徽宗的同意，蔡京將文彥博、司馬光等一百二十位及元符年間恢復舊法的官員登記為元祐奸黨，由徽宗御筆親書刻石於端禮門，已經死了的削去官銜，活著的一律降職流放。透過詳定元祐黨籍，正直的官員幾乎全部被排擠出朝，而蔡京的同夥卻步步高升，一舉把持朝政。以蔡京為首的這個奸邪小人集團，被時人稱為「六賊」，共有：蔡京、王黼、童貫、梁師成、朱勔、李彥六人。他們打著紹述新法的旗號，逢迎徽宗的心意，肆意妄為：一方

面，引導徽宗盡情享樂，興建艮岳，大興「花石綱」；一方面，在朝中公然賣官鬻爵，在地方巧立名目，增稅加賦，搜刮民財。

崇寧元年（1102年），重享受的宋徽宗下令在杭州設立「造作局」，這個擁有數千名工匠的皇家手工業工廠專門為皇室製造各種奢侈用品，所需的原料、工錢，悉數從民間無償徵取。三年後，醉心於園林藝術的宋徽宗降下旨意，在蘇州設立「應奉局」，這個機構的任務是在江浙一帶為皇帝搜羅珍奇物品與奇花異石，由此在中國的史書上留下一個特殊的名詞——花石綱。為了找到品相奇特的花石向皇帝邀寵，各地官吏如狼似虎地到處搜尋，不論是在高山峻嶺還是在深宅大院，只要有一石一木稍稍值得玩味，便有官府差役在上面做出皇家記號，於是這件物事就成了呈獻皇帝的供品。如果它在百姓家中，那麼在起運前主人就必須妥善保護，稍有不慎就會被官僚以大不敬的罪名處治。運輸時又往往拆牆毀屋，更有貪官汙吏藉此上下其手、盤剝百姓，為此傾家蕩產者不計其數。北宋的花石綱前後持續了二十多年，形成了一場波及全國的大災難。

宣和二年（1120年）十月，在應奉局官吏頻繁光顧的睦州青溪（今浙江淳安縣），世代傳習明教的平民方臘不堪忍受官吏勒索，藉宗教名義發動了一場聲勢浩大的起義。方臘自稱「聖公」，擔任起義軍統帥，定年號為永樂，起義將士包著黃色頭巾做為標誌，旬日之間聚眾十餘萬。幾個月之內，方臘起義軍就席捲東南地區，得到近百萬民眾的群起響應。為了欺騙民眾，徽宗下了一道罪己詔檢討自己，並下令裁撤造作局和應奉局。而在此同時，他將原本準備討伐遼國、由童貫率領的十幾萬大軍先行派遣到江浙，務求一舉蕩平方臘「逆賊」。就在方臘起義前後，宋江領導的起義軍也活躍於河

◆《聽琴圖》・宋・趙佶

畫中主人公，居中危坐石墩上，黃冠緇服做道士打扮，雙手置琴上，輕輕地撥弄著琴弦。此圖現藏於北京故宮博物院。

◆ **阿嵯耶觀音像‧宋**

這件觀音像體態修長，上身袒露，帶臂釧、項圈，下著薄長裙，赤足。左手下垂，右手上揚做彈指狀。頭光和背光內圈飾鏤空的六瓣花紋，外環為跳動的火焰紋。觀音造型與南詔〈中興圖卷〉所繪梵僧所鑄「聖像」一致，是富有地方特色的佛教造像。

北、山東、淮南一帶。他們打出「劫富濟貧」的旗號，在所過之處，誅殺貪官惡霸，將他們的財產分給貧苦百姓，因而得到廣大群眾的支持和擁護。宋江起義軍人數不多，卻作戰勇敢，屢次以少勝多擊敗宋軍，他們轉戰各地，產生了很大影響。南宋時，說唱藝人以此編出《宋江三十六人贊》的評書，他們的事蹟在民間輾轉流傳，慢慢演變成「梁山好漢一百零八將」的故事。方臘起義和宋江起義雖然最後都被鎮壓了下去，但它們卻給了北宋王朝一次沉重的打擊。

而宋徽宗得知各地皆被撲滅後，不但沒有吸取教訓，反而變本加厲地在東京汴梁設置應奉司，命令各地官員加緊搜刮「四方珍異之物」，為自己修築美輪美奐、空前絕後的皇家藝術園林「艮岳」。同時，昏聵的徽宗還採納了遼人馬植的獻策，準備從遼國手中收復幽、雲十六州。

北伐慘敗

幽、雲十六州，指的是五代時期被後晉石敬瑭割讓給契丹的華北北部幽州（今北京）與雲州（今山西大同）一帶的州縣。失去這一地區，使整個中原門戶洞開，地勢平坦的華北平原完全暴露在北方遊牧民族的威脅之下。後周世宗開始，中原王朝多次試圖收復十六州的故土，然而除了莫州（今河北任丘）和瀛州（今河北河間）兩地之外，其他十四州始終沒有再次納入中原王朝的版圖。宋太宗曾對遼國發動過兩次大規模的進攻，兩次都遭到慘敗。其中一次宋太宗御駕親征，結果宋軍大敗，在激戰中中箭受傷，坐在一輛驢車上狂奔才得以逃生。

進入十二世紀之後，北宋一雪前恥的機會似乎來到了。徽宗政和元年（1111 年），大宦官童貫奉命出使遼國。在其回國的途中，遼國漢人馬植向童

貫獻上收復故土的計策。童貫聽到後喜出望外，於是囑咐馬植繼續留在遼國，見機行事。三年後，女真首領完顏阿骨打因為不滿遼國統治者的壓榨，於白山黑水之間起兵反遼，幾年內所向披靡，日暮西山的遼國在女真人凌厲的攻勢下不堪一擊。馬植認為時機已經成熟，於是在政和五年（1115年）叛逃北宋，得到宋徽宗的親自接見，欣喜不已的宋徽宗任命馬植為祕書丞，賜國姓，從此馬植改名為趙良嗣。隨後，被虛幻的勝利景象沖昏頭的北宋君臣，貿然撕毀與遼國的盟約。重和元年（1118年），北宋派遣使者馬政渡海來到金國，與金人謀求結盟。兩年後，北宋再派特使趙良嗣前往金國，商議南北夾擊滅遼。經過討價還價，金太祖完顏阿骨打口頭答應在破遼以後，宋收回燕京（今北京）一帶原屬唐朝的漢地，但要將原來付給遼國的「歲幣」原額轉交金國，這就是歷史上著名的「海上之盟」。

宣和四年（1122年）三月，十五萬宋軍終於浩浩蕩蕩地踏上征程，然而窮途末路的遼軍在將領耶律大石的率領下仍屢次擊敗宋軍，甚至反擊到北宋境內。這時，擔任遼國常勝軍統帥的郭藥師帶著八千部屬以涿州（今河北涿州）投降北宋，引導宋軍再次進攻燕京，結果宋軍在燕京城下又被打敗。為逃避兵敗的罪責，童貫祕密派遣使者前往金營，請求金軍出兵燕京。十二月，金軍一舉攻下燕京，這時完顏阿骨打提出，燕京可以交還，但是北宋需要另外支付一百萬貫錢財。宋徽宗無奈只好應允，從此北宋每年除了要向金國繳納歲幣五十萬以外，又增加了一百萬貫的「代稅錢」。金軍撤走前，在燕京城大肆搶掠財物，又把大批

居民擄去做奴隸，北宋接收到的只是一座殘破的城池和少量衣衫襤褸的百姓。然而，就算是這樣的「勝利」，也讓汴京的君臣們非常得意。背叛遼國的郭藥師則官拜太尉，獲封燕山郡王，鎮守燕京。

屢戰屢敗的宋軍終於接收了這些滿目瘡痍的城市。汴京派遣來的文武官員以解救者自詡，有意無意地將倖存的居民視為異己。幽、雲十六州的漢族居民認為自己不但得不到信任，甚至受到北宋駐軍的歧視，「北人（契丹人）指曰漢兒，南人卻罵作番人」。金軍在撤離當地前，大肆擄掠青壯勞力，已在故土生活了上百年的漢族居民被迫隨軍北遷。這些人固然怨恨入侵的異族女真，但也同樣仇視與女真結盟的北宋，不正是因為北宋想要這片土地才造成他們背井離鄉嗎？幾年之後，決定南侵的金軍利用北方漢人的這一心態，將他們編入南下的軍隊。面對滾滾而來的鐵騎，擁兵自重的郭藥師又一次背叛了自己的君主，成為金軍進攻北宋的先導。

靖康之恥

在聯金滅遼的過程中，宋軍的腐敗無能讓金朝統治者看在眼裡，後者在俘獲了遼天祚帝耶律延禧，掃清了除西遷的耶律大石外的遼殘餘勢力後，終於決定南下伐宋。宣和七年（1125年），金軍主力分東西兩路南下，東路以宗望為主帥，從南京直撲燕山，西路以宗翰為主將，從大同府攻取太原，一場大戰就此爆發。經過象徵性的抵抗後，北宋在幽、雲地區的守將郭藥師率所部投降，搖身一變成為金軍南下的先鋒。除了太原一

城之外，整個北方地區如同摧枯拉朽一般讓金人橫掃而過，數以萬計的宋軍譁變、投敵。告急文書像雪片一樣飛到宋徽宗面前，這位藝術家皇帝不但沒有著手準備防禦外敵，居然宣布退位，讓心不甘、情不願的皇太子趙桓即位，是為宋欽宗。面對敵人咄咄逼人的攻勢，開封的滿朝文武嚇得不知所措，膽怯的宰相白時中、李邦彥兩人勸說欽宗南逃，這時主戰的太常少卿李綱站了出來，擔起東京防務的責任。靖康元年（1126年）正月初八，金軍抵達東京城下，李綱親自到城牆上督戰，幾次打退了攻城的敵人。此時，各地勤王的軍隊陸續趕到東京，河北、山東義軍也奮起抗金，形勢對孤軍深入的金軍極其不利，金軍主帥宗望反過來進行誘降。宋金和談剛剛結束，不甘受辱的一支宋軍「違約」襲擊了金軍大營。為了平息金人的憤怒，昏庸無能的欽宗罷免主戰派中的李綱等人，結果金軍並沒有因而退走。開封上下群情激憤，在太學生們的帶領下，上萬人來到宣德門外為李綱鳴冤，欽宗只得將李綱官復原職。李綱復職後，終於遏制了金軍的囂張氣焰。然而，直到此時欽宗依舊沒有堅決抗戰的意志，他不顧群臣反對，最終還是同意了金人的議和條件，割讓太原（今山西太原）、中山（今河北定州）、河間（今河北河間）三鎮，並大量賠款。

在第一次東京保衛戰結束後的六個月，金軍再一次大舉南侵。靖康元年八月，金軍西路統帥宗翰從雲中（今山西大同）出發，東路統帥宗望從保州（今河北保定）發兵。兩路大軍長驅直入，連續攻克太原、洛陽、真定、中山等北方大城，分別於當年閏十一月抵達東京城下。此時的東京亂作一團，不久前擊退金軍的李綱已被貶出京師，文武百官意見不一又相互推諉，居然聽信了神棍郭京的謊言，找來幾千名地痞無賴組成了所謂的「六甲神兵」出城迎敵。結果不但沒有打退金兵，連開封的城牆都被金軍占領。靖康元年（1126年）十二月初二，宋欽宗親自前往金營呈上降表。這一次和談，金人的要求比從前苛刻了許多，除割地之外，他們還索要黃金、白銀各一千萬錠，布帛一千萬匹。身陷敵手的欽宗一一答應。兩天後欽宗被釋放回城，北宋朝廷開始著手籌備金銀，更派欽差到河東、河北去交割土地。然而，金銀籌集工作卻不順利，從靖康元年（1126年）十二月拖延到第二年正月，依舊沒有湊足金人要求的數量。等待不及的金軍將欽宗再次招到金營，然後對隨行官員說，他們要將皇帝扣為人質，直到金銀如數交出後才能放回。被囚禁的宋欽宗只得下詔，要求宗室、豪族、內侍、僧道、娼優等，務必將家中蓄存的金銀全部交出。到靖康二年（1127年）正月十九日，東京城內的官吏們總共搜刮到黃金十三萬八千兩、白銀六百萬兩、綢緞一百萬匹。

靖康二年二月六日，金下令將欽宗和徽宗貶為庶民。四月初，滿載而歸的金軍挾持徽、欽二帝和其他四百多名皇室成員，以及拒絕降金的官員、工匠數千人北去，留下了一座殘破的東京城，這便是後來岳飛立志要洗雪的「靖康之恥」。

南宋時期

人物：宋高宗趙構　　地點：應天府　臨安　　關鍵詞：《紹興和議》

南宋的偏安

　　靖康之變後，「漏網之魚」宋徽宗的第九子趙構，成為繼承皇位的不二人選。然而，為了鞏固皇權，趙構無視父兄被擄的奇恥大辱，無心收復江山，而是越江遠避，在金人面前一味求和，搖尾乞憐。偏安一隅的南宋在建國之初，就表現出了不思進取、苟且求和的軟弱無能。

江南避禍

　　靖康之恥後，徽、欽二帝和皇族、官吏數千人，被押到了金國。國不可一日無君，宋朝殘存的官民發現徽宗的後裔中有人僥倖逃過金兵的追捕，就是康王趙構。趙構，字德基，宋徽宗趙佶第九子，宋欽宗趙桓之弟，宣和三年（1121年）封為康王。趙構的母親韋氏，在徽宗的後宮中地位較低，並不受徽宗的寵愛。因此，趙構在皇子中的威望也不高，本與皇位無緣。欽宗靖康元年（1126年）春，金兵第一次包圍開封時，他還曾以親王身分在金營中做過一段時期的人質。開封解圍之後，趙構與張邦昌出使金國，代表北宋政府與金國談判，希望能夠割地議和，罷兵休戰。但是，金兵第二次南下包圍開封，全國民眾積極要求武力抗金，不允許任何賣國求和的行為。因此，當趙構一行到達磁州（今屬河北）時，磁州的百姓攔住了趙構的隊伍，不讓他到金國去求和。地方官宗澤也對趙構說：「金人要殿下去議和，這是騙人的把戲。他們已經兵臨城下，求和又有什麼用呢？」趙構自己也回想著自己在金營的歲月，害怕

◆ 背子復原圖

背子是宋人一種形式美觀、穿著方便的實用便裝，尤其受到仕女們的青睞。此圖是根據出土磚刻、陶塑復原繪製而成的，從中可窺見當時流行的服飾特點。

◆〈中興四將圖〉・南宋・劉松年

中興四將指的對南宋政權有救亡之功的四位著名將領，從右頁至左頁分別為劉鄜王光世、韓蘄王世忠、張循王俊、岳鄂王飛。歷史上關於中興四將的人選一直有所爭議，吳玠、李顯忠、劉錡等將領，也被認為是中興四將的人選。但無論哪種說法，岳飛都是中興四將之首，韓世忠也是戰功赫赫，而劉光世素有逃跑將軍之稱，張俊則與秦檜合謀「岳飛謀反」的冤獄，兩人入選均有濫竽充數之嫌。

再次被金朝扣留，於是他順應民意留了下來，自任河北兵馬大元帥，駐守相州（今河南安陽）。然而，當朝廷危難之際，趙構卻沒有率軍救援京師，而是移師河北大名府，觀望局勢，保存實力。隨後，趙構又轉移到山東東平府，以避敵鋒。第二年，發生靖康之變，趙構成為全國上下公認的合法繼承人，被推到了皇帝的寶座上。無論這個皇帝本身的素質如何，他在戰亂中發揮了凝結人

心的作用，把被戰事打亂的各方力量重新團結起來，成為宋朝軍民新的希望所在。

《紹興和議》

靖康二年（1127 年）五月，眾望所歸的趙構在南京應天府（今河南商丘）登基，改元「建炎」，成為南宋第一位皇帝，是為宋高宗。此後，直到紹興三十二年（1162 年），禪位於孝宗。趙構在位三十六年，對南宋初年國家政局的走向有著重大影響。

高宗在位初期，年輕氣盛，有意抗金，收復河山。他任命主戰派大臣李綱為相，軍民士氣大振。但是，沒過多久，這個眾望所歸的「中興之主」就令大家失望了，他罷免了李綱，面對咄咄逼人的金軍，只會一味逃跑、求和。建炎元年（1127 年）和建炎四年（1130 年），金軍兩次大舉南侵，試圖活捉趙構，滅掉南宋。高宗不顧眾臣反對，拋下

（今江蘇盱眙西北）繳納。做為交換，金朝則歸還河南和陝西一部分地區，並送還徽宗梓宮和在「靖康之難」中被擄去的高宗生母韋太后。

《紹興和議》是南宋與金訂立的一項屈辱和約，南宋王朝俯首稱臣，以沉重的代價換來了宋、金之間維持了二十年的和平時期。此後雙方雖也發生過衝突，但是規模已大不如前。

中原眾多的百姓和廣大的國土，一路逃難，先後到過越州（今浙江紹興）、明州（今浙江寧波）、定海（今浙江鎮海）等地避難，甚至還一度漂泊到了海上。直到建炎四年金兵撤離後，高宗才回到江南。

紹興元年（1131年），驚魂初定的高宗回到行在臨安（今浙江杭州）。此後，他縱情聲色，大興土木，極盡享樂，縱容奸臣秦檜弄權。為了鞏固皇位，高宗還殺害了一心北伐的名將岳飛，與金國人屈辱求和，簽訂了《紹興和議》。雙方約定宋向金稱臣，金「賜予」宋土地，雙方東以淮河中流為界，西以大散關（今陝西寶雞）為界，南屬宋，北屬金；南宋割讓唐州（今河南唐河）、鄧州（今河南鄧州）二州給金，以及商州（今陝西商縣）、秦州（今甘肅天水）的大半土地；此外，宋每年向金朝納貢銀二十五萬兩、絹二十五萬匹，在每年春季送至泗州

延伸閱讀

絢麗多彩的製瓷藝術

宋代手工業和科學技術的高度發達，將製瓷藝術推到了一個前所未有的高度。宋代瓷器種類繁多、質地精良、釉色豐富、式樣新穎、工藝精湛。經兩宋三百餘年的發展，出現了鈞窯、汝窯、哥窯、官窯、定窯等五大名窯，構成了定窯、磁州窯、鈞窯、耀州窯等八大窯系。其中瓷都景德鎮所燒製的瓷器更是名揚四海、享譽八方。宋代陶瓷，以其古樸深沉、素雅簡潔，同時又千姿百態、各競風流的氣象，為中華民族在世界工藝發展史上矗立起一座讓世人景仰的豐碑。

南宋 西元 1142 年

人物：岳飛　地點：臨安　關鍵詞：莫須有

岳飛之冤

　　在南宋初年，因為與金國戰爭不斷，南宋優秀的軍事將領也如井噴般地出現。比如取得和尚原（今陝西寶雞西南）、仙人關（今甘肅徽縣東南）大捷，為南宋保住巴蜀的西軍將領吳玠，比如在順昌（今安徽阜陽）之戰中大破十萬金軍，力挫鐵浮圖的東京留守劉錡，都是一時瑜亮。然而，無論是官方史書，還是民間口碑，南宋抗金第一名將的榮譽還是當之無愧地歸屬了悲劇將領岳飛。這位生活儉樸、愛護士卒、軍紀嚴明、善於用兵的一代名將，在所謂的南宋「中興四大將」中年齡最輕、資歷最淺，在德才方面卻最為優秀，軍事成就最引人矚目，他的冤屈也成了千古之殤。

百戰名將

　　岳飛（1103-1142 年），字鵬舉，相州湯陰（今屬河南）人。岳飛少年時向同鄉周同學習槍術、箭術，不到二十歲就已經能拉開三百斤的強弓。靖康元年（1126 年），岳飛在相州從軍。當年十二月，趙構在相州建立大元帥府，岳飛就在大元帥府擔任下級軍官的職務。次年五月，趙構在應天府即位稱帝，岳飛迫不及待地上書，請求高宗趙構出兵恢復中原，卻被以「越職言事」的罪名罷去軍職。然而，岳飛並沒有因此放棄保家衛國的志向，在建炎元年到

◆ 巢車（模型）

巢車是中國古代一種設有望樓，用以登高觀察敵情的車輛。因為車上高懸望樓類似鳥巢，所以得名為巢車。

建炎二年間（1127-1128 年），他先後效力在河北招討使張所、八字軍首領王彥、東京留守宗澤等人的麾下，在討伐曹成、王善、孔彥舟等「游寇」的過程中屢立戰功，積累了寶貴的軍事經驗，形成了個人的指揮風格和軍事班底。建炎四年（1130 年），在大將張俊的推薦下，岳飛出任通泰鎮撫使兼泰州知州，正式成為南宋的中級軍官。紹興元年（1131 年），因為平定「巨寇」李成有功，岳飛被任命為神武副軍統制，成了獨當一面的大將，岳飛所部也由雜牌軍躍升為南宋朝廷的主力部隊。

南宋建炎四年（1130 年）到紹興五年（1135 年），因為不滿南宋政權和地主豪強的壓迫與剝削，兩湖地區爆發了聲勢浩大的鍾相、楊么起義。建炎四年（1130 年）二月，鍾相稱帝，定國號為楚，自稱楚王，建立了農民政權。後來，鍾相戰死，餘部在楊么的領導下繼續在洞庭湖一帶堅持戰鬥，屢次擊敗南宋軍隊。紹興五年（1135 年），對義軍無計可施的宋高宗，只能派已是神武後軍都統制的岳飛前往鎮壓義軍。當年五月，岳飛率軍趕到了鼎州（今湖南常德）前線，他採用剿撫並用的手段，招降了義軍黃佐、楊欽等人。針對義軍水軍強大，尤其是車船戰力出眾的特點，岳飛命令砍伐附近君山上的樹木製作木筏，堵塞湖道，再以草木投入湖中，使

◆〈岳飛像〉‧現代‧徐菊庵

宋岳忠武王像

維武穆王天賜勇智氣吞強胡力扶宋季桓、師旅元戎是寄行將恢復遭讒所忌生既無枉死亦何愧萬古長存惟忠與義

忠武王滿江紅詞云 怒髮衝冠憑欄處蕭兩歇捲塵仰天長嘯壯懷激烈三十功名塵与土八千里路雲和月莫等閒白了少年頭空悲切 靖康恥猶未雪臣子恨何時滅駕長車踏破賀蘭山缺壯志飢餐胡虜肉笑談渴飲匈奴血待從頭收拾舊山河朝天闕

吳山兆史徐菊庵敬繪

中華民國三十三年甲申春

車船不得行駛。當年六月，岳飛所部攻破了楊么最後的根據地夏誠寨，楊么投水自盡。鎮壓了楊么起義後，岳飛本人升任招討使。同時，岳飛所統率的軍隊也因為收編了數萬投降的義軍，實力大增，被南宋朝廷改為後護軍，與韓世忠、張俊、劉光世、吳玠四人的部隊，同為南宋政權的王牌主力。

　　紹興六年到紹興七年（1136-1137年），岳飛所部與金國扶植的偽齊政權多次交鋒，屢戰屢勝。岳飛的武階官（表示官員等級、確定品位和俸祿而無實際職務的虛銜）升為武臣中最高的太尉，職官（實際的職務）也升為宣撫使，其部下轄前軍、後軍、左軍、右軍、中軍、游奕軍、踏白軍、選鋒軍、勝捷軍、破敵軍、水軍、背嵬軍共十二軍，二十二位統制官，大小將領二百五十二人，岳飛和他的岳家軍已經成了南宋最強大的軍事力量。然而，個人榮辱和地位的改變，並沒有讓岳飛忘記北伐中原、收復河山的軍人使命，他在紹興九年（1139年）上書高宗，明確表示反對與金國議和。這時的高宗已經厭倦了在金軍的追擊下東奔西跑、如同驚弓之鳥的日子，他任命投降派大臣秦檜擔任右相兼樞密使，全權主持議和事務。岳飛的上書不但沒有獲得高宗的認同，還讓後者愈發忌憚，力主議和的秦檜更是對岳飛恨之入骨。岳飛見高宗不納忠言，卻打算用「稱臣、每歲納銀、絹五十萬兩、匹」來換取和平，憤懣滿胸，於鄂州（今湖北武漢武昌）寫下了千古名篇〈滿江紅〉以宣洩心聲。

◆〈岳飛簪花圖〉・清・呂煥成

此圖繪岳飛端坐在涼臺上，神態安詳，上挑的眉眼及雍容的儀態仍不失英雄氣概。右側站一頭髻高挽、手捧花瓶的貴婦。左側一侍從手持月牙斧，神態威儀。此圖現藏於天津市藝術博物館。

撼岳家軍難

令人感慨的是，最終讓岳飛能重新走到抗金前線的，不是勵精圖治的南宋君主，反而是背信棄義的金國君臣。紹興十年（1140年），金國發生政變，主戰派的宗弼等人掌握政權。五月，金國撕毀和議，決定發兵南下，大舉攻宋。當年六月，驚慌失措的宋高宗急令岳飛、韓世忠、張俊等人進攻河南諸州，以策應被宗弼大軍圍攻的順昌（今安徽阜陽）劉錡所部。但沒等岳飛等人動手，劉錡就在順昌大敗金軍，金軍主力退回開封。高宗得到這個消息後，認為危機已經解除，立刻要求前線各軍採取守勢，以便和金朝再開和議。六月下旬，司農少卿李若虛趕到德安（今湖北安陸），傳達高宗退兵的旨意。此時岳飛已經做好了北伐中原的準備，他堅決不同意撤兵，李若虛為岳飛的慷慨陳詞所打動，表示願意支持岳飛北伐。

不久，岳飛所部迅速北上河南，連續功克潁昌、陳州、鄭州等地，距離金軍在中原地區的戰略中心開封只有四十餘里。七月一日，岳家軍再取洛陽。然而，由於張俊、劉錡等人已經奉詔班師，岳家軍的側翼失去了友軍的保護。金軍主帥宗弼察覺宋軍的態勢，親率女真精銳騎兵「拐子馬」（左右兩翼騎兵部隊）、「鐵浮圖」（或稱鐵浮屠，重裝騎兵）共計一萬五千人，偷襲岳飛在郾城的指揮部。當時岳家軍各部都在外線作戰，岳飛手下只有背嵬親軍和游奕馬軍的一部分，敵我力量極其懸殊。但岳飛毫無懼色，指揮若定，他以精銳的重裝步兵拖延、消耗敵軍，用麻扎刀（亦稱麻札刀）對付金軍的重裝騎兵，然後再命長子岳雲率五百騎兵從側翼反覆衝殺，最終大敗金軍的精銳騎兵。此役過後，金軍主帥宗弼對部下痛哭說：「從海上之盟起兵後，我一直靠著『拐子馬』取勝，到今天終於全部覆滅了！」從此以後，南宋民謠中就有「金人有金兀朮（宗弼），我有岳少保；金人有拐子馬，我有麻扎刀」的詞句。

郾城之戰後，岳家軍前鋒三百人於臨潁城南小商橋與金軍遭遇，被團團包圍。領兵將領楊再興毫無懼色，奮勇殺敵，竟然斬殺金兵二千餘人，直至中箭而死，金人焚燒他的屍體，從灰燼中挑出箭整整兩升。楊再興殉國後，張憲等部隨後殺到，再次大敗金軍。不甘心失敗的宗弼集合了部將韓常等四個萬戶（職官名）共三萬騎兵再次圍攻潁昌（今河南許昌）。坐鎮潁昌的岳家軍將領王貴以踏白軍、選鋒軍守城，自己帶領岳雲、姚政和岳家軍中精銳的游奕軍、背嵬軍出城迎戰。雙方從早晨一直殺到中午，勝負未分，守城的董先、胡清趁機出城，從外線衝殺敵陣，金軍全面潰敗。此戰殺死金國統軍上將軍夏金吾及千戶（職官名）五人，活捉大小首領七十八人，俘擄二千人，殺死五千人，繳獲戰馬三千匹，鎧甲器械不計其數。

經過潁昌大捷，宗弼主力已不堪再戰，金軍甚至已經打算撤離開封。然而，高宗、秦檜卻依舊嚴令各軍班師，甚至把駐紮在順昌的劉錡也調回鎮江。岳飛眼見友軍紛紛後撤，並且後方的糧草也逐漸停止供應，只得放棄費盡千辛萬苦才收復的郾城、潁昌等地，退守淮中防區。

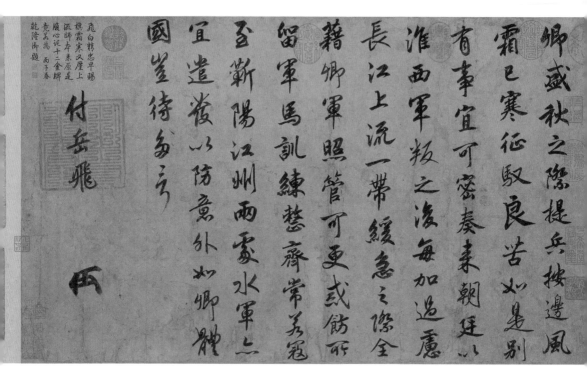

右事宜可密奏來朝廷以

淮西軍叛之後每加過慮

長江上流一帶緩急之際全

藉卿軍照管可更戒飭所

留軍馬凱練整齊常為寇

至蘄陽江州兩處水軍亦

宜遣發以防意外如卿體

國當待筭言

卿盛秋之際提兵按邊風

霜已寒征馭良苦如是別

（右側小字）飛自精忠早賜
機霜寒又屢上
流師亦未原是
顧心記十二金牌
竟莫為冤子春
乾隆御題

付岳飛

◆〈賜岳飛批劄卷〉‧宋‧趙構

這幅卷軸是宋高宗趙構寫給岳
飛的手札，大意為將長江上流
一帶的防禦交給岳飛所部，同
時要求岳飛整訓軍馬，派出蘄
陽、江州水軍防備意外發生。
從內容推斷，書札約書於紹興
四年（1134年）前後，當時
岳飛和高宗關係尚屬密切，岳
飛所部也被視為南宋朝廷的重
要國防力量。此卷現藏於臺北
故宮博物院。

千古之冤

在紹興十年（1140年）的一連串大戰中，宋軍頻頻
奏凱，宋高宗意識到金軍已經不能威脅到南宋政權的存
亡，這讓他心中稍安。但另一方面，他又不願意徹底擊敗
金朝，以免宋欽宗被釋放，威脅他帝位存在的合法性。因
此，高宗和秦檜這對君臣一拍即合，他們決定收回抗金大
將們的兵權，尤其是岳飛和韓世忠的兵權。紹興十一年
（1141年），高宗召岳飛等人前往臨安，以賞功的名義，
升韓世忠、張俊為樞密使，岳飛為樞密副使，同時收回三
人的兵權。接著，高宗和秦檜開始炮製罪狀，打擊主戰將
領，首選目標原定是韓世忠。但岳飛不予配合，反而為韓
世忠訴說冤屈，這讓高宗和秦檜把矛頭又對準了岳飛。當
年八月，岳飛被罷官免職。然而，秦檜等人並不打算就此
放過岳飛，秦檜利用岳家軍內部衝突，威逼利誘都統制王
貴、副統制王俊先出面首告張憲「謀反」，繼而牽連岳飛。

當年十月，岳飛和愛將張憲被抓入大理寺監獄。為了偽造岳飛謀反的「鐵證」，秦檜與大將張俊相勾結，還收買了岳飛的心腹將領王貴，試圖建立一個「完整」的「證據鏈」來處置岳飛。然而，當主審官何鑄審問岳飛時，岳飛脫下上衣，露出其母早年在其背上刻下的「盡忠報國」四個大字，一切誣陷都顯得蒼白可笑。隨後，何鑄向秦檜報告岳飛無罪，秦檜立即改派心腹萬俟卨擔任主審。當年十二月，秉承秦檜旨意的主審官萬俟卨判定岳飛為謀叛罪。當時已經賦閒在家的韓世忠找到秦檜，追問有何證據證明岳飛謀叛，秦檜含糊其詞地回答說「莫須有」，這三個字最終決定了中國歷史上的一起特大冤案。紹興十一年（1141 年）大年除夕，三十九歲的岳飛被處死在大理寺獄中，其子岳雲、部將張憲被斬首，家產籍沒，家屬被流放今廣東、福建一帶。

表面上看來，岳飛是死在秦檜手下，但實際上卻是高宗趙構打壓南宋初年武將勢力、維護皇權的一種狠辣手段。岳飛本人剛直倔強，長於謀國而短於謀身，在與高宗的君臣相處中，犯下了不少令皇帝忌諱的錯誤。比如高宗在逃避金軍途中遭遇苗劉兵變，失去了生育能力，岳飛卻一再進言希望皇帝盡快確立太子，武將干涉皇室的繼承問題是皇家的大忌，岳飛的行為給了趙構猜忌的理由。紹興七年（1137 年），大將劉光世病死，高宗準備將劉光世的部隊劃歸岳飛指揮。但因為宰相張浚的反對，高宗食言而肥，岳飛一怒之下辭職，回到廬山給母親掃墓守孝。

這種負氣的做法落入張浚等人攻擊岳飛的口實，也讓高宗產生了岳飛要脅皇帝的感覺。紹興十年（1140 年）的北伐結束後，岳飛的聲望如日中天，他文武雙全，不貪財，不好色，不喜物質享受，又深得軍心民心，這樣的人如何不被當時的統治者所猜忌？

紹興三十二年（1153 年），宋孝宗即位後，追復了岳飛少保、兩鎮節度使的職務，岳飛諸子中的岳雲、岳雷、岳霖被追復官職。孝宗淳熙五年（1178 年），岳飛被追謚為武穆，後又被追封鄂王，這段千古冤獄終於得到了昭雪。

延伸閱讀

火藥的使用

火藥是中國古代的偉大發明，早在商周時期，木炭就被運用在冶金中，春秋戰國時期，硫黃和硝石的性能又漸漸被人們掌握。隨著煉丹術的長期發展，至遲到唐代，火藥最終成形。火藥的大規模運用是在宋代，並在軍事上顯現出巨大威力。慶曆四年（1044 年），由曾公亮、丁度編撰的《武經總要》裡首次記載了毒藥煙球、蒺藜火球、火炮等三種火藥武器的配方。宋代火藥武器經歷了由製造火藥箭、火炮等燃燒性武器，到製造霹靂炮、震天雷等爆炸性武器的重大發展。在接連的戰爭中，霹靂炮被廣泛使用。除火炮、火藥箭外，宋代還出現了管形火器。開慶元年（1259 年），用竹筒內裝火藥製成的突火槍問世。

南宋 ▶ 西元 1163 年—西元 1207 年

 人物：宋孝宗趙昚　韓侂胄　　地點：符離　　關鍵詞：《隆興和議》

符離之戰與開禧北伐

明末清初的思想家王夫之曾經說過：「南宋高宗朝有恢復之臣，無恢復之君；孝宗朝有恢復之君，無恢復之臣；寧宗朝既無恢復之君，也無恢復之臣。」這話說得恰如其分。宋高宗時，國有良將，但高宗無心收復北方故土，所以最終是偏安一隅。宋孝宗時，君主一心北伐，但主持北伐的大臣和前線將領缺乏足夠的才幹，所以才有了符離之戰的慘敗。到了宋寧宗時，權柄操縱在韓侂胄手中，北伐成了其鞏固權位、提高聲望的手段，最後的結果必然是覆師折將、身死國衰。

孝宗下令北伐

宋金紹興和議之後，軟弱的宋高宗和投降派大臣對這種偏安局面十分滿意，將收復失地的使命忘得一乾二淨。然而，金國統治者滅亡南宋的野心並未泯滅，紹興十八年（1148 年），海陵王完顏亮發動宮廷政變，自立為帝。紹興三十一年（1161 年）七月，完顏亮組織六十萬大軍，分四路大舉南侵。完顏亮親自率領其東路主力兵臨采石（今屬安徽），企圖渡江滅宋。然而，南宋參謀軍事虞允文在采石之戰中指揮若定，屢次挫敗了金軍的渡江企圖。不久，金軍發生兵變，完顏亮被殺，南宋這才僥倖逃過一場兵劫。

采石之戰後的第二年，宋高宗退位為太上皇，將皇位內禪於太子趙昚，是為宋孝宗。孝宗登基後，和貪圖安逸的高宗不同，他年輕氣盛，立志光復中原，收復河山。他恢復名將岳飛的諡號「武穆」，追封岳飛為鄂國公，並罷斥一批秦檜的黨羽，明確表示自己主戰反和的立場。隆興元年（1163 年），孝宗任命主戰派大臣張浚為樞密使，都督江淮兵馬，

◆ 花卉紋銀六角盤·南宋

全權負責南宋前線的軍事指揮。孝宗本打算讓張浚整頓軍務，再伺機與金人一戰。但張浚到任沒多久，金左副元帥紇石烈志寧就致書給張浚，語氣傲慢地要求南宋履行《紹興和議》的內容，將海、泗、唐、鄧、商五州等地割讓給金國，並支付當年的歲幣。孝宗嚴詞拒絕了金人的要求，反而提出要重議疆界、雙方地位必須平等的要求。惱羞成怒的金人一看宋朝皇帝如此「不識時務」，立刻兵陳虹縣（今安徽泗縣）、靈璧（今屬安徽），一副大軍即將南下的姿態。

面對金國咄咄逼人的態勢，張浚主張一改以往消極防禦的戰略，先發制人，搶先對金發起進攻，但這一主張立即遭到了主和派的強烈反對。平心而論，此時確實不適合北伐，一方面是高宗和大批的主和派大臣在內部對北伐有巨大的牽制力；另一方面承平日久，宋軍士兵缺乏訓練，裝備很差，能征慣戰的宿將也大多故去，政治、軍事兩方面都存在嚴重的隱患。但孝宗錯估形勢，輕率地認為恢復中原在此一舉，於當年四月命令張浚督軍北伐。五月，張浚命部下李顯忠、邵宏淵率軍渡淮河北上，正式拉開了孝宗朝北伐的序幕。

戰鬥剛一開始，金軍因為輕敵無備連連失利，宋軍則一路奏凱。李顯忠攻克靈璧，邵宏淵也攻克了虹縣。金右翼軍都統蕭琦、泗州知州薄察徒穆向宋軍投降。為了鼓舞將士鬥志，張浚也隨即渡河督戰。五月中旬，李顯忠率軍猛攻淮北重鎮宿州（今屬安徽），斬殺金軍數千人，攻占宿州城。這一消息傳回南宋，無論是孝宗、朝中主戰派大臣，還是普通百姓都極為振奮。孝宗下旨提升李顯忠為淮南、京東、河北招討使，邵宏淵為副使，並犒賞北伐軍士。

就在南宋君臣為宿州大捷而興奮的時候，失敗危機已經悄悄地逼近。首先，功臣李顯忠對士兵賞賜不厚，宿州參戰的士兵每人得錢不過三百，大大折損了士兵的作戰積極性；其次，大將邵宏淵自詡功勞不在李顯忠之下，卻只是個招討副使，心懷怨恨，私下散布謠言，動搖軍心。此時，金朝已從開始的驚慌失措中調整過來，金世宗急令左副元帥紇石烈志寧率領數萬金軍進攻宿州。宋金雙方在宿州城外連番苦戰，傷亡都很慘重，邵宏淵的兒子邵世雄帶頭逃跑，宋軍其他將領也大批逃亡，李顯忠只好率部撤入宿州。面對金軍的猛攻，邵宏淵依然坐視不援，反而一再勸李顯忠撤軍南還。李顯忠孤掌難鳴，只好下令北撤。宋軍撤出宿州沒多久，就在符離（今安徽宿州）被金軍追上，十幾萬大軍傷亡殆盡，輜重全部留給了金人，李顯忠、邵宏淵二人則是僥倖逃脫，史稱此役為「符離之戰」。

符離的慘敗，給了南宋內部的主和派攻擊孝宗北伐戰略的口實，他們大肆攻擊張浚，高宗也不斷地斥責孝宗，要求和議。孝宗無法抵擋來自高宗和主和派的雙重壓力，只好下詔稱「朕以太上聖意，不敢重違」，開始進行和議，並一度降張浚為江淮東西路宣撫使。儘管手中籌碼不多，孝宗卻始終想以較好的條件和議。他一面積極部署宋軍防務，一面撤換了懦弱無能的和議正使盧仲賢，罷斥主和派大臣湯思退，與金人展開了

外交戰。隆興二年（1164年），宋金正式達成和議。這份名為《隆興和議》的協議商定：宋不再向金稱臣，雙方為叔姪之國，改歲貢為歲幣，減十萬。儘管《隆興和議》是宋金所有和議中屈辱色彩較為淡化的一個，但畢竟不是基於同等國力的平等協議。儘管此後孝宗念念不忘北伐雪恥，但直至他逝世也未能實現這一願望。

開禧北伐

孝宗長期受太上皇高宗挾制，等到高宗去世，他也已是個年至花甲的老人，失去了銳意恢復的信心。淳熙十六年（1189年）二月，孝宗傳位於「英武類己」的太子趙惇，是為宋光宗。不料趙惇卻是個妻管嚴，懼怕皇后李鳳娘，在悍妒的皇后壓迫下，他與孝宗的關係也日益疏遠。紹熙五年（1194年）五月，宋孝宗病重，但是受李皇后挑撥的宋光宗卻拒絕前往孝宗居處重華宮探望。六月，宋孝宗在遺憾與寂寞中病逝，光宗再次以自己有病為由拒絕主持孝宗的喪禮。消息傳出，不滿的大臣們聚集在宗室、知樞密院事趙汝愚的周圍，開始策畫政變，迫使光宗禪位，擁立皇子嘉王趙擴為帝。廢立之事必須獲得太皇太后吳氏的支持，趙汝愚便請外戚、與內廷關係密切的韓侂胄（韓侂胄父親是太皇太后吳氏的妹夫）助一臂之力。在韓侂胄的努力下，太皇太后終於同意下詔。

當年七月初五，太皇太后下詔宣布光宗內禪，嘉王趙擴在孝宗靈前被披上黃袍，即位稱帝，是為宋寧宗。政變是成功了，但為了搶奪政治權力，趙汝愚和韓侂胄卻反目成

仇。韓侂胄是外戚身分，深得寧宗信任，拉攏了一批大臣為其所用；而趙汝愚卻因為以宗室任宰相、專擅國政而受到寧宗的猜疑，終於在慶元元年（1195年）二月被罷相，貶往永州（今屬湖南）安置，後死於該地。趙汝愚被罷相，理學人士多有上疏論救，為了鞏固權勢，韓侂胄將理學領袖朱熹等人的學說列為偽學，下令禁止，列為偽學黨籍的官員紛紛被貶官，史稱「慶元黨禁」。

此時北方的金朝漸漸衰落，內有農民起義蜂起，外有蒙古侵擾邊境，陷入內憂外患之中。欲立下不世功業的韓侂胄認為可以乘機北伐，恢復中原。為了製造北伐的輿論，嘉泰四年（1204年），朝廷追封岳飛為鄂王，兩年後又削去秦檜的王爵，改諡繆醜。消息傳出，朝野振奮。次年，改元開禧，取的是宋太祖「開寶」年號和宋真宗「天禧」年號的頭尾兩字，表示了南宋朝廷的恢復之志。韓侂胄為全面主持北伐，出任平章軍國重事。他下令各軍密做準備，同時拿出朝廷封樁庫（內庫）的金錢做軍需，又命大將吳曦練兵巴蜀，為西路主將，趙淳、皇甫斌準備出兵取唐、鄧，郭倪指揮宋軍渡淮。

戰事首先在淮河沿岸打響，在這裡南宋出現了一個難得將才，他便是畢再遇。畢再遇是岳飛部將畢進之子，史稱其「武藝絕人」，能拉開兩石的硬弓，曾受到孝宗的召見，賜予戰袍。開禧二年（1206年）四月，畢再遇隨武鋒軍統制陳孝慶渡淮攻泗州。畢再遇頭戴鬼面具，率領敢死隊一舉登上泗州東城，殺敵數百，金軍潰亂，從北門逃出。畢再遇再攻西城，樹大將旗，高聲喊道：

「大宋畢將軍在此，爾等乃中原遺民也，可速降。」金軍聞之膽寒，開城出降。不久，他又在靈璧為掩護撤退的宋軍，手揮雙刀，直插敵陣，以四百八十騎大破金軍五千人。此時，陳孝慶率部攻占虹縣，江州統制許信攻下新息縣（今屬河南），光州義軍攻下褒信縣（今河南新蔡西）。宋軍連戰皆勝，形勢一片大好。這年五月，寧宗正式下詔宣布北伐。北伐詔下，群情激憤。愛國詩人陸游這時已經八十二歲，聞聽朝廷北伐，欣喜不已，作詩言志道：

> 中原蝗旱胡運衰，王師北伐方傳詔。
> 一聞戰鼓意氣生，猶能為國平燕趙。

宋軍只求速勝，軍事準備十分不足，韓侂冑既沒有練出一支精兵，又無出眾的參謀，也沒有做好長期作戰的準備。他所任用的陳自強、蘇師旦都是其親信，才能不堪擔當軍國重事。東路雖有畢再遇一柱擎天，但是大部分宋軍自符離之敗後久已不遭戰陣，戰鬥力低下，而且又缺乏出眾的將帥，已不堪支撐滅敵的重任。果然，宋軍在其後的作戰中連連失敗，多數一戰即潰，甚至不戰自潰。只有畢再遇一軍取得多次勝利。這時西線傳來噩耗，鎮守四川的大將吳曦企圖割據，早就與金軍暗通款曲。雖然開禧三年（1207年），吳曦便被所部將士殺死，但是這卻打破了北伐的原有部署。

金軍解除西線後顧之憂後，以主力渡淮南下，攻至長江北岸。中路出唐、鄧攻襄樊，西路全軍分駐川陝邊界。三路並進，連連陷落南宋許多州縣。此時剛被起用的兩淮宣撫使丘崈面對不利形勢，認為無法戰勝，於是祕密與金軍商談和議。面對南宋的議和使臣，金朝虛聲恫嚇，說要以長江為界；斬元謀奸臣（指韓侂冑等），函首以獻；增加歲幣，出犒師銀，方可議和。韓侂冑聞聽大怒，決意再度整兵出戰。但是這時朝中的反韓力量已在禮部侍郎史彌遠和寧宗皇后楊氏的聯絡下結合起來。開禧三年（1207年）十一月初，在史彌遠策畫下，先是透過寧宗御筆罷韓侂冑平章軍國重事。次日，乘韓侂冑入朝奏事時，中軍統制、殿前司公事夏震發動突襲，把他劫持至玉津園夾牆內殺害，而宋寧宗直到三天後才知道這一陰謀。同時史彌遠又殺死韓侂冑的親信蘇師旦，將兩人頭顱割下送給金朝。

嘉定元年（1208年），宋金再度達成和議，兩國關係由叔姪關係降為伯姪關係，增歲幣銀三十萬兩，絹三十萬匹。同時加犒軍費二百萬貫，開禧北伐徹底失敗了。開禧北伐的失敗首在倉促出兵，當時宋軍並未完全做好準備，各路宋軍缺乏訓練與配合，又長期不作戰，導致畏敵如虎。同時又沒有選擇好時機，當時金朝雖有內憂外患，但是並沒有嚴重到分崩離析的地步，還擁有相當的實力。其次韓侂冑用人失當，缺乏幹練的將才。西路主將叛變，東路主將主和，最終導致全盤皆輸。

◆ 官窯六瓣花口瓶・南宋

理學的興盛

⊙創始人周敦頤　⊙二程奠基　⊙學以致用的張載　⊙理學集大成者朱熹　⊙陸九淵的心學

　　宋代的理學名家輩出，成就非凡，代表人物有北宋的周敦頤、程顥、程頤、張載和南宋的朱熹、陸九淵等。其中又可分為程朱理學、陸九淵心學和張載的「氣」一元論三派。程朱理學是客觀唯心主義，陸九淵心學是主觀唯心主義，張載的「氣」一元論是唯物主義，其中占支配地位的是程朱理學。理學是在儒、佛、道三教互動融合的基礎上孕育形成的，標誌著儒學發展史上的一個新高峰，影響深遠。

創始人周敦頤

　　周敦頤（1017-1073 年），字茂叔，北宋道州營道（今湖南道縣）人。他繼承《易傳》和部分道家及道教思想，寫成《太極圖說》和《通書》，提出「無極而太極」，「太極」一動一靜，產生陰陽萬物的宇宙構成論。周敦頤認為人是萬物生成之一，但又有區別，「萬物生生而變化無窮焉，惟人也得其秀而最靈。形既生矣，神發知矣，五性感動而善惡分，萬事出矣。聖人定之以中正仁義而主靜，立人極焉」。他又模仿「太極」而建立「人極」，以「誠」做為道德本體的最高境界，強調人只有透過主靜、無欲，才能達此境界。其學說對後世理學發展影響極大，後世凡提及宋代理學，周敦頤及其學說當列為首位。

二程奠基

　　程顥（1032-1085 年）字伯淳，後世稱其為明道先生。宋神宗時為太子中允監察御史，在洛陽講學十餘年，弟子有「如坐春風」之喻。程頤（1033-1107 年）字正叔，後世稱其伊川先生，官至崇政殿說書，講學達三十餘年。其學以「究理」為主，認為「天下只有一個理」，突出一物之理即萬物之理，此說開南宋理學之先河。程頤還用儒家的「理」來規定人的本性，提出了著名的「性即理」論點，並主張「涵養須用敬，進

◆〈周敦頤賞蓮圖〉（局部）‧明‧劉俊

學在致知」的修養方法來「格物窮理」，目的在「去人欲，存天理」。程頤也有一些為後世詬病的觀點，他曾提出「餓死事極小，失節事極大」，反對寡婦再嫁，較為偏激。

二程為胞兄弟，亦稱大程、小程，因皆為河南洛陽人，其所創學說也被稱為「洛學」。「洛學」後來為朱熹所繼承和發展，世稱程朱學派。二程學說的核心是「理」，即「唯心理」，關鍵命題是「一草一木皆有理」，但「萬物皆只是一個天理」，「天理」就是人類社會永恆的最高準則。二程由此對封建倫理道德進行新的闡釋，將三綱五常視為「天下之定理」。二程從哲學上論證「天理」與「人欲」二者的關係，達到規範行為維護封建秩序的目的。程顥、程頤所創建的「天理」學說，在中國古代哲學思想史上具有重要地位，後來的朱熹、陸九淵、王陽明，便是在二程開闢的方向上發展理學。

◆ 程頤像

學以致用的張載

張載（1020-1077年），字子厚，鳳翔縣（今陝西眉縣）人。因在縣橫渠鎮講學，故人稱橫渠先生。他曾講學關中，所以其學派被後世稱為「關學」。張載抱負遠大，提出「為天地立志、為生民立道、為去聖繼絕學、為萬世開太平」。其所創關學注重「學以致用」，十分重視自然科學，以自然科學知識來論證其宇宙觀，帶有樸素的唯物主義思想。張載提出「太虛即氣」的學說，肯定「氣」是充塞宇宙之實體，「氣」的聚散變化，形成世間各種事物現象。張載提出「義理之學」必須向縱深發展，「蓋惟深則能通天下之志」。「關學」特別重視躬行禮教的道德實踐，強調「學以變化氣質」，反對把「心性之學」僅當作空談，主張「德性所知，不萌於見聞」。這些思想對後世理學具有開創意義。清朝學者全祖望曾說：「橫渠先生勇於造道，其門戶雖微有殊於伊、洛，而大本則一也。」

◆ 程顥像

理學集大成者朱熹

朱熹（1130-1200 年），字元晦、仲晦，號晦庵，徽州婺源（今江西婺源）人。是中國古代最著名的哲學家、經學家之一，宋代理學的集大成者。朱熹在歷代儒者中的地位及實際影響，僅次於孔子和孟子，其思想學說自元代開始就被定為官方哲學。

朱熹一生著述極豐，《四書章句集注》是最具代表性的傳世之作，對後世影響深遠。《四書章句集注》是朱熹為《大學》、《中庸》、《論語》、《孟子》所做的注，又簡稱為《四書集注》。朱熹用畢生精力撰寫和反覆修改《四書集注》，前後凡四十年。朱熹透過注釋和序來闡釋理學的基本範疇和命題，強調天理綱常和名分等級的永恆性，以宣揚從孔孟到二程的道統思想。自此，《大學》、《中庸》、《論語》、《孟子》被稱為「四書」，與「五經」一起列為科考的必備書目，成為封建社會最重要的經典著作。

朱熹集理學之大成，繼承周敦頤的「太極」陰陽、二程的「理」、張載的「氣」，並援佛、道入儒，構築了一個更為博大精深、結構完備的理學邏輯體系。在理氣論上，朱熹堅持理氣不可分離、理先於氣而存在的客觀唯心主義觀點。朱熹認為道心即「天理」，惡的人心就是「人欲」。他主張「存天理、滅人欲」，並指出了「正心、誠意」的「修身」方向，指明世人自覺意識「天理」的實踐途徑。

朱熹一生歷仕南宋高、孝、光、寧四朝，但實際從政時間不過十載，其餘時間都在講學和著書。朱熹一生門徒眾多，在《朱子語類》中有名可考的筆錄者就有九十多人。朱熹十分重視讀書教育，他曾重建廬山白鹿洞書院，並邀請其時的論敵陸九淵來此講學，回響極大。這次極負盛名的講學，成為後世學者論辯的楷模。朱熹以「格物致知」視為為學之道的起源，認為「為學之道，莫先於窮理；窮理之要，必在於讀書；讀書之法，莫貴於循序而致精；而致精之本，則又在於居敬而持志」。朱子學說在明、清兩代被確立為儒學正宗，對後世影響至深。

◆〈與允夫手札〉‧南宋‧朱熹

陸九淵的心學

陸九淵（1139-1193年）字子靜，江西撫州金溪（今江西臨川）人，後世稱象山先生。他是宋代主觀唯心主義理學的代表人物。陸九淵的哲學根本命題是「心即理」，認為「萬物森然於方寸之間，滿心而發，充塞宇宙，無非此理」，故稱「心學」。他主張「吾心即是宇宙」，斷言天理、人理、物理只在吾心之中，「人皆有是心，心皆具是理，心即理也」，往古來今，概莫能外。陸九淵以此來論證封建等級秩序、道德規範等「天理」，都發自人本心而恆久不變的。

◆ **朱熹像**

在山東曲阜孔廟大成殿中，供奉有十二位儒家哲人，其中包括子貢、子路等十一位孔子的親傳弟子，唯一不是孔子親傳弟子卻位列其中的就是朱熹，可見其人在儒學中的地位。

陸九淵的主觀唯心主義論調與朱熹的客觀唯心主義「理氣論」迥異，但都是「同植綱常，同宗孔孟」。儘管兩人「所學多不合」，曾在信州鉛山（今屬江西上饒）鵝湖寺展開過有關「理」與「氣」的大辯論，但是兩人私交甚好，書信往來，論辯不已。

在治學方法上，陸九淵也主張由本心出發，只需「發明本心」，不必多讀書外求，他認為「學苟知本，六經皆我注腳」。同時，他也主張「格物」，但是他的格物不是研究事物本身，而是內求於自己的本心。陸九淵這些哲學思想被明代的王陽明發揚光大，發展成「知行合一」和「致良知」。

南宋後期

人物：史彌遠　賈似道　　地點：臨安　　關鍵詞：湖上平章

宋末權臣：史彌遠與賈似道

　　北宋初年，為了限制宰相的權利，將相權一分為三，財權劃歸三司使，軍權劃歸樞密使，宰相只剩下了行政權。然而到了南宋時期，因為與後金戰事頻繁，宰相兼任樞密使已成為慣例（秦檜死後高宗朝曾短暫將其分開）。軍權與行政權的過分集中必然會導致權臣產生，再加上孝宗之後的南宋帝王不是體弱多病，就是年幼登基，外戚勢力干預政治益發明顯，這才催生了秦檜、韓侂胄之後另外兩大權臣的發跡，也就是獨掌大權二十五年的史彌遠和歷經三朝的「湖上平章」賈似道。

◆〈歷代帝王像〉之宋理宗・清・姚文瀚

宋理宗原名趙與莒，後被立為寧宗弟沂王嗣子，賜名貴誠。而後被立為寧宗皇子，賜名昀，是南宋的第五位皇帝。

第一權相

　　史彌遠（？-1233 年），字同叔，是孝宗朝右相史浩的養子。由於攀附曾經擁立寧宗為帝的權相韓侂胄，在其升任平章軍國事後，史彌遠也隨即得到重用，從六品的司封郎中一躍升為禮部侍郎，並兼任太子趙曮的翊善（教導皇子的一種官職）。

　　但史彌遠之志絕不止此，他的野心隨著權位的迅速升遷而迅速膨脹。開禧北伐失敗之後，力主抗戰的韓侂胄威信大減。南宋被迫遣使議和，金國提出以韓侂胄首級做為議和的條件，這理所當然遭到韓侂胄的拒絕。但主張投降政策的史彌遠卻認為有機可乘，他利用太子趙曮向寧宗建議誅殺韓侂胄，意在藉機取而代之，但寧宗不予理睬。於是，史彌遠繞過寧宗，和對韓侂胄懷恨在心的楊皇后結為聯盟，楊皇后偽造寧宗的御批密旨，矯詔派遣中軍統制、殿前司公事夏震在玉津園殺死了韓侂胄。

誅韓之後，史彌遠升任宰相，他破壞了北宋以來文武二府分掌大權的祖制，以宰相而兼樞密使，並使之成為南宋後期的固定制度，造成了南宋後期皇權不振、權臣專政的惡劣影響。自此，史彌遠不但以宰相而兼樞密使，集文武二府軍政大權於一身，而且在寧宗、理宗二帝時代獨霸相位長達二十五年，創兩宋歷史上權臣主政時間之冠。

然而，當年協助史彌遠殺害韓侂胄，對金乞降求和的太子趙曮，卻在嘉定十三年（1220 年）突然死去。次年，宋寧宗另立趙竑為皇子。史彌遠並不希望趙竑成為皇位繼承人，因為平日裡趙竑已經對史彌遠的擅權跋扈表示出強烈的不滿情緒，甚至對身邊人說，將來即位之後要把史彌遠貶斥到八千里外的新州（今廣東新興）或者恩州（今廣東陽江）。這都被史彌遠安置在趙竑身邊的耳目所告發，而趙竑卻渾然不覺。史彌遠在寧宗面前誹謗不成的情況下，便開始著手策畫廢掉趙竑，另立他人為寧宗的繼承人。嘉定十六年（1223 年），史彌遠收買國子學錄鄭清之，企圖在寧宗去世時，廢太子趙竑而另立宗室趙貴誠為帝。為此，他安排鄭清之做為趙貴誠的老師。嘉定十七年（1224 年）八月，寧宗突然病重不起，再也無法處理朝政，史彌遠遂加快了策畫宮廷政變的步伐。在寧宗彌留之際，史彌遠一方面透過鄭清之轉告趙貴誠即將立他為帝，一方面在夜裡急召翰林學士入宮，草詔二十五道以應付寧宗崩後的局面。在宋寧宗病死的當晚，史彌遠派人召趙貴誠入宮，並透過楊皇后的家人威脅楊皇后說：「史彌遠已命殿帥夏震派兵看守皇宮及趙竑，如果不同意廢立，禍變必生，楊家也會被滅族。」楊皇后權衡利害關係之後，被迫同意。接著，史彌遠偽造寧宗遺詔，宣布：「廢趙竑為濟王，立趙貴誠為太子，即皇帝位。」為了證明趙貴誠即位的合法性，史彌遠對外宣稱：寧宗在世的八月分，即已詔令以貴誠為太子，賜名昀。趙昀即位，是為宋理宗。至此，史彌遠實際上已經完全控制了南宋政權，即使是理宗本人也只不過是他手中的傀儡。在二十五年的獨相專權的時間裡，他變更中樞舊制以決朝政，把持將帥任免以專軍權，控制臺諫（中央監察系統）以打擊異己，植黨營私以布局天下。就其專權程度而言，即使是高宗朝的秦檜也難以望其項背。

湖上平章

邵定六年（1233 年），權臣史彌遠病死，但南宋出權相、奸相的「傳統」並沒有中止，宋理宗、宋度宗、宋恭帝三朝又出了一位有「湖上平章」之稱的末代宰相——賈似道。

賈似道（1213-1275 年），字師憲，臺州天臺（今屬浙江）人。其父賈涉，在寧宗朝曾官至淮東制置使。在父親死後，缺乏家教的賈似道「少落魄，為遊博，不事操行」，後來以父蔭入官補嘉興司倉。嘉定四年（1211 年），因為其姊賈貴妃得寵於理宗，從此官運亨通。

寶祐二年（1254 年），不學無術的賈似道竟然升為同知樞密院事，此後幾年步步升遷，到了寶祐六年（1258 年），升任樞密

使、兩淮宣撫使，擔任起保衛南宋兩淮邊防的重任。開慶元年（1259年）正月，賈似道以樞密使改兼京西、湖南北、四川宣撫大使，都提舉兩淮兵甲，湖廣總領，江陵知府，集長江中上游地區的軍事、民政、財政大權於一身，又負責兩淮的軍事，全面負責南宋抵抗蒙古大軍的前線防務。

寶祐二年（1254年）二月，蒙古大汗蒙哥親自率南侵的西路軍進攻合州（今重慶合川）釣魚城，屢攻不克，蒙哥於七月被擊斃在釣魚城下。與此同時，蒙哥之弟忽必烈此時正率東路軍圍攻江淮重鎮──鄂州。為此，理宗任命賈似道為右丞相兼樞密使，率軍由江陵（今屬湖北）至漢陽（今屬湖北武漢），又進入鄂州，督師抗擊。恰巧此時，忽必烈接到密報，得知蒙哥陣亡，蒙古汗廷人心浮動，遂決心北返以爭奪汗位。賈似道也私下遣使，以南宋願稱臣納幣、割讓長江以北土地等條件求和。忽必烈由於急著回師，就順水推舟同意了賈似道的求和要求，率軍北返，鄂州之圍遂解。

賈似道隱瞞向蒙古乞降、簽訂和約的真相，而以戰勝蒙古軍報功。昏庸的理宗竟然相信了他的謊話，認為他對社稷有再造之功，進封少師、衛國公。景定元年（1260年），忽必烈派郝經入宋，索取賈似道答應的「歲幣」。賈似道害怕暗中乞降的情況被元使洩露，命人將使臣郝經一行拘留於真州（今江蘇儀徵）。這激怒了忽必烈，但此時蒙古內部叛亂不斷，因此沒有立刻興兵南下。鄂州之戰，對於賈似道個人是個難得的良機，此後他便開始了長達十六年的獨霸宰

執、專政擅權的時期。

蒙古軍北返之後，南宋小朝廷又進入到一個相對安寧的階段。以理宗和賈似道為首的整個統治集團，對近在咫尺的亡國威脅渾然不覺，很快又重新過起了鶯歌燕舞的日子，而全然不顧這種歌舞昇平的背後隱藏著何等巨大的危機。景定五年（1264年）十月，理宗因病去世，賈似道奉遺詔擁立太子趙禥即皇帝位，是為宋度宗。度宗即位後，南宋國勢更加嚴峻，滿朝君臣卻依舊陶醉於西湖歌舞的喧囂熱鬧之中。賈似道因為定策之功，其權力和地位更加穩固。度宗為了追求享樂安逸，把朝政大權拱手讓給賈似道，甚至尊稱賈似道為「師相」，加號平章軍國重事，賈似道則儼然如同太上皇一般。咸淳三年（1267年），宋度宗特許賈似道可以三日一入朝，又將位於西湖旁葛嶺的別墅賞賜給賈似道，讓其養尊處優，賈似道將其擴建，命名為「半閒堂」。但即便如此，賈似道也只是五天才入朝辦公一次，他置朝政於不顧，每日唯以鬥蟋蟀為樂，並著有《蟋蟀經》，描述自己養蟋蟀、鬥蟋蟀的經驗。此外，他還貪貨好色，為了一條陪葬的玉帶，竟將功臣余玠的墓塚挖開，甚至強取宮女葉氏為妾。賈似道的大部分時間，幾乎都是在半閒堂和西湖上遊戲取樂中度過的，於是時人藉此編兒歌譏諷說：「朝中無宰相，湖上有平章。」

咸淳十年（1274年），宋度宗去世，在賈似道的主持下，扶立度宗嫡子、年僅四歲的趙㬎為帝，是為宋恭帝，賈似道仍然主持朝政大權。當時元世祖忽必烈已經派大將伯

顏率軍南下滅宋，賈似道先是隱瞞不報，後
又在蕪湖督戰時棄師而逃，導致南宋軍隊大
敗，軍士死傷逃亡不計其數，天下輿論大
譁。在強大的壓力下，太皇太后謝氏被迫將
賈似道免職，貶往循州（今廣東龍川西）。
在前往循州的路上，賈似道被會稽縣尉鄭虎
臣所殺。

◆ **緙絲牡丹（局部）• 宋**

緙絲是一種具裝飾性、欣賞性的工藝品，以彩
色絲線交錯織成花紋，其花紋高雅，富有筆
意，並且具有強烈質感，圖案有如雕刻，甚至
享有「一寸緙絲一寸金」的聲譽。這件牡丹
圖，色彩配色濃淡似真。現收藏於遼寧省博
物館。

南宋後期

人物：余玠　呂文煥　　地點：釣魚城　襄陽　　關鍵詞：襄樊之戰

釣魚城之戰和襄陽保衛戰

　　釣魚城之戰和襄陽保衛戰是南宋抵抗蒙元南下的兩次重要戰役，對於中國歷史乃至世界歷史都有著重要的意義。在釣魚城之戰中，蒙古大汗蒙哥意外身亡，使得蒙古的侵宋戰爭功虧一簣，南宋王朝得以再延續二十年；而襄陽保衛戰的失利，則意味著南宋江淮門戶洞開，南宋的滅亡已經為期不遠。

血戰釣魚城

　　宋理宗端平元年（1234 年），南宋與蒙古聯手滅亡了金國，然而南宋的君臣們很就快發現自己換了一個更為凶狠的鄰居。滅金之後，驕橫的蒙古統治者獨占了原來金國的全部土地，幻想收復中原的南宋決心出兵河南，卻被蒙古軍隊殺得潰敗而還。滅金次年，在報復南宋「侵犯疆土」的名義下，蒙古大軍兵分兩路，分別從陝西和淮河下游進攻南宋。在這次戰爭中，四川地區（包括今四川省和重慶市）被蒙古軍隊破壞得最為嚴重。

　　不久，窩闊臺汗去世，南下的蒙古軍隊相繼北返，南宋才因而得到喘息的機會，加緊對各條防線進行休整和充實。淳祐二年（1242 年），在兩淮抗蒙戰爭中戰績頗著的余玠，被宋理宗派遣到四川主持軍政事務。為了鞏固西部防線，余玠在四川採取了政

◆ **建窯耀斑兔毫盞‧南宋**
建窯也稱「建安窯」，是宋代名窯之一，以燒黑釉瓷聞名於世。因為其釉面多條狀結晶紋，細如兔毛，又稱「兔毫盞」。

治、經濟和軍事等措施，並依據山區地形修築了諸多城堡，其中最為重要的，就是釣魚城。

釣魚城建築在今天重慶市合川的釣魚山上，這座小山突兀聳立，山下嘉陵江、渠江、涪江三江匯流，南、北、西三面環水，地勢十分險要。釣魚城既有山水之險，又有交通之便，透過水陸可以通達四川各地。到任之後的第二年，余玠便採納當地軍民的建議，於山上修築了這座城堡。釣魚城分內城和外城，外城建築在懸崖峭壁上，城牆是用條石壘成的。城內有大片的農田和豐富的水源，周圍的山麓也有許多可以耕作的土地。這樣完善的防禦體系，再加上複雜的地形，使釣魚城成為一座易守難攻的軍事要塞。

寶祐五年（1257年），蒙古大汗蒙哥再次派遣大軍南下進攻宋朝，並親自率領主力攻打四川。到了第二年秋天，蒙古軍已經占領了四川的絕大部分城池，只剩下釣魚城等仍在堅守。南宋開慶元年（1259年）二月，殺掉蒙古人的招降使者後，南宋守軍憑藉要塞屏障，開始了極其激烈的釣魚城大戰。雖然蒙古軍的攻城器具十分精備，無奈釣魚城地勢險峻，多數器械根本發揮不了作用。南宋守軍在主將王堅及副將張珏的協力指揮下，擊退了蒙古軍一次又一次的進攻。蒙古軍雖然幾次登上城頭，但都被拚死鏖戰的將士們殺退。強攻不得的蒙古人打算圍困釣魚

◆ 嵌金八寶龍紋鐵盔・元

城，迫使其開城投降。但是幾個月之後，在南宋守軍的嘲笑聲中，兩尾三十斤重的鮮魚，以及一百多張麵餅被丟到山下的營寨中。宋軍投書蒙古軍，宣稱即使再圍困十年，蒙古軍也沒辦法拿下釣魚城。

此時蒙古軍久屯於堅城之下，又正值酷暑季節，畏暑惡溼的蒙古人由於水土不服，各種傳染病開始在軍中流行起來。按照《元史》記載，蒙古大汗蒙哥在當年六月也得了重病，不過當地的地方誌則是記載，蒙哥是被南宋守軍擊成重傷。無論哪個記載是當時的真實情況，蒙哥再不能指揮軍隊是無疑的事實。到了七月，蒙古人開始從釣魚山下撤退，大軍北行到金劍山溫湯峽（今屬重慶）時，蒙古大汗蒙哥去世。

做為山城防禦體系的典範，釣魚城在冷兵器時代充分表現了其強大的防禦作用，成為敵軍難以攻克的堅固城堡。自蒙哥之後，釣魚城幾次頂住了蒙古人的進攻，直至最終守將開城投降才落入敵手。

襄樊之戰

釣魚城之戰後的第二年，北返的忽必烈在開平（今內蒙古正藍旗東）即汗位。當年四月，忽必烈建元稱帝，是為元世祖。建立元朝後，元世祖滅亡南宋、一統中國的野心並沒有削弱。為了實現這一目標，他將進攻

◆ **朱漆戧金蓮瓣形人物花卉紋奩 · 宋**

奩是古代婦女梳妝時使用的鏡匣。這件漆奩由蓋、盤、身及底四部分套合而成，平面呈六瓣蓮花形狀。奩身為折枝花卉，奩蓋面為仕女在花園中遊樂的圖像，主人衣著華美，手持扇，女婢持長頸瓶侍立，圖像生趣盎然。在奩蓋內有銘「溫州新河金念五郎上牢」十字，是作器匠人的名號商標，為南宋時做為商品的日用器物所常見。現藏於江蘇常州市博物館。

的重點從四川改為襄樊（今屬湖北）。

襄樊位於南陽盆地南端，一條漢水流過襄陽和樊城之間，人稱「跨連荊豫，控扼南北」，地理位置十分險要，自古就是兵家必爭之地，也是南宋抵抗蒙古軍隊的邊防重鎮。咸淳三年（1267 年），投降蒙古政權的南宋將領劉整向忽必烈進獻攻滅南宋策略，「先攻襄陽，撤其捍蔽」，他認為如果南宋「無襄則無淮，無淮則江南唾手可下也」。根據劉整的建議，忽必烈開始實施針對襄陽的戰略包圍。首先，蒙古政權統治者派人用玉帶賄賂負責襄陽防禦的南宋荊湖制置使呂文德，請求在襄樊城外置商業往來的榷場（在邊境設立的戶市市場），得到南宋方面的應允。不久蒙古人又以防備盜賊、保護貨物為名，要求在襄樊周邊築造土牆，目光短淺的呂文德再次同意了這一要求。於是，蒙古人在襄陽東南的鹿門山修築土牆，又在土牆內建築堡壘，建立了圍困襄樊的第一個據點。

咸淳四年（1268 年），蒙古將領阿術（又譯阿朮）等人又在襄陽附近修築兩座城堡，切斷宋軍從陸路救援這座城市的道路。咸淳六年（1270 年），蒙古

軍隊依據襄樊西、南兩面的山嶺，修築圍牆和十座堡壘，徹底切斷襄陽與西北、東南的聯繫，使其成為一座孤城。期間，蒙古軍隊還大力營建水軍。咸淳六年（1270年），劉整與阿術上書忽必烈皇帝：「我精兵突騎，所當者破，惟水戰不如宋耳。奪彼所長，造戰艦，習水軍，則事濟矣」。忽必烈當即責令劉整負責「造戰船，習水軍」，很快便組織了一支擁有五千艘戰船的龐大艦隊。

南宋為了救援襄陽，於咸淳三年（1267年）任命呂文德的弟弟呂文煥為襄陽知府，兼京西安撫副使。次年年底，為突破敵人的圍困，呂文煥組織襄陽守軍主動進攻蒙古軍隊，卻被敵人打得大敗，宋軍傷亡慘重。僅在咸淳五年（1269年），南宋將領張世傑、夏貴、范文虎等人就幾次揮師襄樊，意圖突破蒙古軍隊的封鎖，但是無不慘敗而歸。至此，宋軍與蒙古軍隊已經在襄樊周邊進行了長達三年的拉鋸戰。然而，這時蒙古軍隊對襄陽的包圍已經形成，南宋組織的援軍屢戰屢敗，襄樊守軍的反攻也不能取得勝利，當地軍民只好困守兩城。

咸淳八年（1272年）年初，元軍對樊城發起總攻，著名的「襄樊之戰」正式開始。三月，元軍攻破樊城外城，宋軍只得退到內城繼續堅守。到了四月，南宋京湖制置大使李庭芝招募襄陽府、郢州（今湖北鍾祥）等地民兵三千餘人，由張順、張貴等人帶領，經水路星夜支援襄陽。臨行前，張順激勵士卒道：「這次救援襄陽的行動十分艱巨，每個人都要有必死的決心和鬥志，你們當中的有些人並非出於自願，那就趕快離去，不要

影響這次救援大事。」士兵們群情振奮，紛紛表示要奮勇殺敵。經過浴血鏖戰之後，宋軍擊破元軍的封鎖，成功進入被困達五年之久的襄陽城，極大地鼓舞了城中軍民的鬥志。然而，戰鬥中張順英勇犧牲，幾天以後襄陽守軍在江水中撈到他的屍體，悲憤的軍民將他安葬後立廟祭祀。

不久，張貴在另一次意圖打破包圍的戰鬥中被元人俘擄，英勇犧牲。為了盡快攻下襄樊，元軍用計燒毀了樊城與襄陽之間的漢水浮橋，從而切斷了兩城之間的聯繫，失去支援的樊城很快陷落。樊城失陷後，襄陽的形勢更加危急，呂文煥多次派人到朝廷告急，卻始終沒有盼到援兵。咸淳九年（1273年）二月，困守襄陽的呂文煥被迫向元軍開城投降。歷時五年的襄樊保衛戰結束。

指南針的使用

指南針同火藥一樣，也是中國古代的偉大發明。早在戰國時期，中國就出現了用磁石製作的指南工具「司南」。到宋代，人們使用磁性鋼針做為指南工具，宋代科學家沈括在《夢溪筆談》中記載了裝置指南磁針的四種方法：水浮、指爪、碗唇、縷懸。指南針的改進給航海事業帶來了劃時代的影響。依託著先進的指示工具和精良的航行設備，宋朝成為當時海上貿易的大國。指南針技術被阿拉伯人傳到歐洲，後世麥哲倫的環球航行、哥倫布發現美洲新大陸等，都借助了指南針的神奇力量。

延伸閱讀

南宋 ▶ 西元 1279 年

人物：張世傑　張弘範　　地點：厓山　　關鍵詞：海戰

厓山海戰

　　厓山海戰，又稱崖門戰役，是宋朝末年南宋與元朝的最後一次戰役。對於元軍而言，這是一次以少勝多的大戰，宋元雙方投入軍隊三十餘萬，最終宋軍全軍覆滅。此次戰役之後，宋朝也隨之覆滅。南宋軍民十餘萬人在海戰失敗後投水殉國，上演了兩宋抗戰史上最為壯烈的一幕。

◆ 元世祖忽必烈像

在忽必烈的努力之下，建立了幅員遼闊的統一多民族國家——元朝，定都大都。

臨安失守

　　元軍占領襄陽後，於次年六月大舉伐宋，以伯顏為統帥，兵分三路南下江淮。不久，宋度宗病死，其年僅四歲的兒子趙㬎即位，是為恭帝，由理宗皇后謝道清以太皇太后的身分垂簾聽政。宋德祐元年（1275 年），元軍順江直下，沿江宋軍、城邑相繼投降。當年二月，南宋宰相賈似道在朝野內外的巨大壓力下，率戰艦兩千餘艘、將士七萬前往抗擊元軍。結果在丁家洲（今安徽貴池北）一戰中，元軍騎兵從左右兩翼突襲宋軍，賈似道棄軍逃往揚州，宋軍大敗。當年十一月，伯顏將大軍分成東、西、中三路，直撲臨安，伯顏親率中軍進攻常州。南宋知州姚訔、通判陳炤、將官王安節等奮勇守城，姚訔在城破時戰死，陳炤、王安節率宋兵展開巷戰，都英勇戰死。另一路元兵攻取安吉（今屬浙江）東南的獨松關，附近州縣宋兵皆聞風而逃。

　　德祐二年（1276 年）正月，伯顏率領的中路軍攻至皋亭山（今浙江杭州東北），宋朝派員求和，伯顏不允，還扣留了前來交涉的南宋右丞相兼樞密使文天

祥。當年二月，伯顏率軍進入臨安。宋恭帝、全太后及官僚和太學士被俘，押送到大都（今北京）。恭帝被元世祖廢為瀛國公，後來入寺為僧。太皇太后謝氏因病暫留臨安，不久也被押往大都。

繼續抗元

南宋大將張世傑、劉師勇及蘇劉義等將領，以朝廷不戰而降為恥，各自領本部兵馬撤出。宋度宗的楊淑妃在國舅楊亮節的護衛下，帶著自己的兒子益王趙昰、廣王趙昺出逃，在金華與大臣陸秀夫、張世傑、陳宜中、文天祥等會合，重整兵馬，封趙昰為天下兵馬都元帥，趙昺為副元帥。元軍統帥伯顏率大兵窮追不捨，二王一路逃到福州。不久剛滿七歲的趙昰登基，是為端宗，改元「景炎」，尊生母楊淑妃為楊太后，加封弟弟趙昺為衛王，張世傑為大將，陸秀夫為簽書樞密院事，陳宜中為丞相，文天祥為少保、信國公並組織抗元工作。

趙昰做皇帝以後，元朝加緊消滅南宋殘餘勢力的步伐。景炎二年（1277 年），福州終於被攻陷，端宗的南宋流亡小朝廷直奔泉州。泉州市舶司、阿拉伯裔商人蒲壽庚與張世傑不和，張世傑要求借船，但是蒲壽庚陽奉陰違，導致船隻不足。張世傑於是沒收蒲壽庚所屬的船隻和貨物出海，蒲壽庚大怒，殺盡留在泉州的南宋諸宗室及士大夫，南宋流亡小朝廷逃往廣東。端宗準備逃到雷州

◆ **鐵鑲銀腰牌・元**
腰牌上的文字是元代的八思巴文，也就是元世祖忽必烈時期由「國師」八思巴創制的蒙古新字，它的創制推廣在一定程度上推進了蒙古社會的文明進程。

（今屬廣東），不料遇到颱風，帝舟傾覆，端宗差點溺死，因此得病。左丞相陳宜中建議帶端宗到占城（今越南南部），並自己前往占城，最後逃到暹羅（今泰國）並死在那裡。端宗死後，他七歲的弟弟衛王趙昺登基，年號「祥興」。趙昺登基以後，南宋小朝廷想占領雷州卻失敗，於是在陸上已無立足之地，因此左丞相陸秀夫和太傅（皇帝的老師）張世傑護衛著趙昺逃到厓山（今廣東新會南海上），建立基地，準備繼續抗元。不久，在廣東和江西兩省抗元的文天祥在廣東海豐的五坡嶺兵敗被俘，在陸地的抗元勢力終於覆滅。

祥興元年（1279 年），張弘範率元軍水師對南宋行朝進行最後的圍剿，文天祥也被挾持到了厓山。張弘範企圖借重文天祥的影響力，說服行朝投降，這當然遭到了文天祥的拒絕。文天祥在零丁洋上（廣東中山南邊的海面）寫下了著名的〈過零丁洋〉一詩作為自己的回答，詩云：「辛苦遭逢起一經，干戈寥落四周星。山河破碎風拋絮，身世飄搖雨打萍。惶恐灘頭說惶恐，零丁洋裡嘆零丁。人生自古誰無死，留取丹心照汗青。」

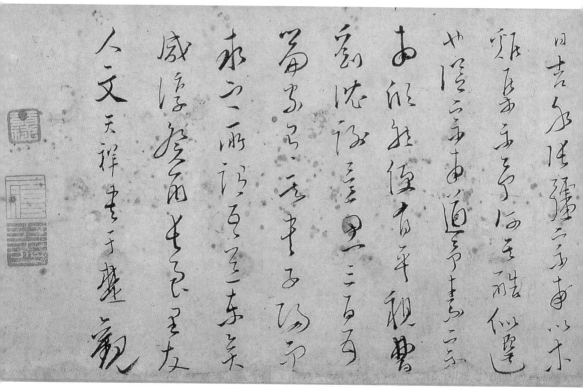

◆〈木雞集序〉・南宋・文天祥

這是文天祥應同鄉好友張疆的邀請而寫的文章，文中強調學習應從難從嚴，先學《詩經》後讀《文選》才能有所收益。寫完這篇〈木雞集序〉的半年後，文天祥就投入了抗元戰場，最終慷慨殉國。現藏於遼寧省博物館。

張弘範讀後慨嘆：「好人好詩！」

　　此後，文天祥被押解到元朝首都大都（今北京）。元世祖忽必烈非常敬重他的人品和才學，指示有關官員加緊進行勸降工作。元人先後以其妻女、弟弟勸降，甚至派出投降了的宋恭帝和另一位狀元宰相留夢炎出來做說客，都遭到文天祥的斷然決絕。忽必烈仍然不甘心，再派平章政事阿合馬出面勸降，開出元朝宰相的價碼來利誘文天祥，

文天祥終究不為之所動。至元十九年（1283年）十二月，誓死不屈的文天祥最終在大都菜市口英勇就義，時年四十七歲。

最後一戰

　　祥興二年（1279年），張弘範大舉進攻趙宋朝廷臨時駐地厓山。雙方兵力對比為張弘範統領的元朝水軍有戰船五百艘，這時只到達三百艘，而張世傑有戰船一千艘，兵民二十餘萬，紙面勢力來看宋軍占有優勢。然而，從戰略方面來看，宋軍沒有大陸的依靠，孤立無援，得不到補充，而元軍已經占領了整個大陸，軍需給養源源不斷，宋軍縱然能打退一次兩次的進攻，但是在大海之上後勤斷絕，後援全無，必然失敗。再從戰術

角度來講，宋軍雖然有龐大的海軍，但卻沒有機動靈活地發揮戰船數量上的優勢，反而將千多艘船隻以「連環船」的方式連貫在海灣內，也正是這一點導致宋軍後來的失敗。

海戰開始後，元軍戰船大舉猛攻，但是宋軍連環船隊防禦嚴密，元軍攻不進去。於是又乘風以小船載茅草和火油，縱火衝向宋船。但是宋船上均塗滿了泥，並用長木防禦元軍的火攻。元朝水師火攻不成，就封鎖海灣，斷絕宋軍給水及砍柴的道路。宋軍水道斷絕，沒有淡水可用，士兵們吃乾糧只能飲用海水，多嘔吐腹瀉，戰鬥力和士氣頓挫。張弘範乘機三次派人到張世傑處招降，均被嚴詞拒絕。二月六日，張弘範將軍隊分成四部，乘著潮水發動南北夾攻，宋軍大敗。這時張世傑見大勢已去，抽調精兵，和蘇劉義帶領餘部十餘隻船艦斬斷大索突圍而去。趙昺的船在船隊中間，此時天色已晚，風雨交加，迷霧大起，咫尺之間不能辨認。而元軍又殺至，大臣陸秀夫背起九歲的趙昺，一起投海身亡。不少後宮侍從和大臣亦相繼跳海自殺，南宋軍民共計十餘萬投水殉國。

當時張世傑希望以楊太后的名義再找宋朝趙氏宗親為主，以圖後舉；但楊太后在聽到宋帝趙昺的死訊後亦赴海自殺。張世傑收太后屍身，葬於海濱。幾天後，海上颶風驟起，部下們都勸張世傑上岸避風，以圖再戰。滿心悲涼的張世傑卻嘆息說：「此時此刻，還用避風嗎？我為大宋江山已經盡了全力，一位皇帝去世，我再立一位，現在新皇帝又死，這是天要亡我大宋吧。」不久風浪愈來愈大，座船傾覆，張世傑溺亡於海上，這位抗元名將飲恨於大海之中，宋朝也正式滅亡。

延伸閱讀

紙幣出現

北宋前期，四川地區出現「交子」，這是世界上最早的紙幣。宋仁宗天聖元年（1023 年），宋廷將「交子」的發行權收歸政府，在益州（今四川成都）設立交子務，由政府負責印製和發行，從而使紙幣制度更為完善，避免了假幣的出現。南宋紙幣發行量很大，逐漸成為與銅錢並行的貨幣。紙幣的產生，為商業的發展提供了便利條件。南宋時政府為了應付銅錢短缺的局面，於紹興三十一年（1161 年）在臨安設立了「行在會子務」，正式在東南各路發行會子，稱為「東南會子」。

紙幣在南宋時成為普通流通的貨幣，但隨著財政狀況每況愈下，為了彌補巨大的財政虧空，南宋政府不得不發行大量的紙幣來緩解危機，但這也導致通貨膨脹現象時有發生。

寫給所有人的圖說中國史（下）

第二章

縱馬問鼎的崢嶸歲月

遼西夏金

本章敘述了遼、西夏、金三個縱馬問鼎中原的少數民族政權興亡史。

遼為契丹族所建。契丹是遊牧於北方草原的古老民族，自西元四世紀初見諸於中國史籍，至十世紀初，契丹社會經過幾百年的發展，由氏族制轉型為奴隸制。西元916年，契丹迭剌部首領耶律阿保機（遼太祖）稱帝，國號契丹（後改為遼）。其子耶律德光（遼太宗）繼承父志，南下爭霸中原，立「因俗而治」之制。到遼太后蕭燕燕主政，遼國進入鼎盛時期，與北宋簽訂《澶淵之盟》，加快了契丹融入中原文化的進程。1125年，金兵俘擄遼天祚帝，遼國亡。遼經九帝，歷二百一十年。

西夏為黨項族所建，黨項原為羌人的一支。從唐末到北宋初年，黨項拓跋氏歷任中原王朝的節度使，統領以夏州為中心的五州之地。至1031年，李元昊不再襲封，並於1038年正式稱帝、國號大夏。西夏共十一帝，歷一百九十年，先後與遼、北宋、金對峙而立。黨項原以畜牧狩獵為生，後來受漢族影響，大力發展農業並很快成為主要經濟部門。黨項長期接受中原文化薰陶，漢化程度較深，尊孔子為文宣帝即為西夏首創，其文字亦仿漢字創制。1227年，蒙古滅西夏，城邑、陵墓被毀，從此西夏文化湮沒於歷史塵埃之中。直至二十世紀初，才徐徐揭開了其神祕的面紗。

金為女真族所建，十二世紀時期女真族繁衍生息於白山黑水之間，主要從事漁獵、畜牧。1115年，女真完顏部首領阿骨打稱帝，國號大金。女真實行猛安謀克制度，兵民合一，善於騎射，首先消滅了遼國。1127年，金又大舉攻滅北宋，還多次入侵南宋。金國在問鼎中原、長驅江南的征戰過程中，也不斷接受漢文化的影響，崇儒尊孔，推行文治。蒙古崛起後，金國衰落，於1234年被蒙古消滅。金共十帝，歷一百二十年。

遼朝 ▶西元916年

👤人物：耶律阿保機　📍地點：上京　🗝關鍵詞：北南面官制　四時捺缽

阿保機建遼

　　遼是由契丹族建立的王朝，疆域極盛時「東至於海，西至金山，暨於流沙，北至臚朐河，南至白溝，幅員萬里」，據有北方草原和華北農耕地區的北緣。契丹族定渤海、伏女真，或和宋以制夏，或聯夏以衡宋，在縱橫捭闔中，歷九帝，延續達二〇九年。後其支裔又在中亞建立西遼。但是這個偉大的民族，在其滅亡之後，歷經金、元，卻在歷史上消失了蹤跡，在它給人們帶來不少驚喜的時候，也留下了諸多的困惑。

◆ 契丹大字銀幣・遼

這枚銀幣的契丹文字上下左右順讀，其意思並不一致，一般解釋為「天朝萬順」、「天祿通寶」或「千錢直萬」等。

契丹的興起

　　對於「契丹」一詞的涵義，史學界歷來眾說紛紜，至今尚無定論。一說「契丹」為「鑌鐵」、「刀劍」之義；一是從語言學的角度，認為「契丹」是「奚東」的轉寫或為「秦」字的緩讀。此外，尚有十幾種其他的類似說法。

　　關於契丹族的族源，大致有「匈奴說」和「東胡說」兩種意見。目前，大家基本傾向於契丹為東胡系統東部鮮卑宇文部後裔。鮮卑是一個複雜的民族共同體，大致可分為東部鮮卑、北部鮮卑和西部鮮卑，總人口數達兩百多萬。其中東部鮮卑經過檀石槐、軻比能等部落聯盟時期，後來發展成為慕容氏、段氏、宇文氏。宇文部分布於濡源河（今灤河上游）以東，柳城（今遼寧朝陽西南）以西，即今內蒙古東部的西拉木倫河和老哈河流域，古稱「松漠」。最初，鮮卑慕容部力量較弱，常遭宇文部、段部的侵擾和掠奪。西元四世紀，慕容部勢力漸強，前燕王慕容皝於西元 344 年率二十萬大軍親征宇文部，大獲全勝。宇文部首領宇文逸豆歸逃走，

死於漠北，其部眾五萬餘落（帳落）被遷至昌黎（今屬河北），餘眾或逃入高麗，或奔匿松漠。經過數十年繁衍生息，逃奔松漠的部落漸強，不時侵襲北魏邊界。388 年，北魏道武帝拓跋珪北征，與遊牧於松漠地區的原宇文部戰於弱落水南，「大破之，獲其四部雜畜十餘萬」。此後宇文部眾遂分為庫莫奚和契丹兩部分，各自獨立發展。

大約在隋末唐初，契丹人組建了大賀氏聯盟。628 年，契丹酋長大賀氏摩會擺脫突厥控制，率部落降附於唐。唐太宗把旗鼓賜給摩會。在北方諸族中，旗鼓從來是部落聯盟長的象徵，頒賜旗鼓即表示對部落聯盟長的承認。648 年，唐朝又在契丹住地設置松漠都督府，加給契丹聯盟長窟哥以松漠都督的稱號，並賜姓李氏。契丹歸附唐王以後，部落聯盟長的當選資格並不分屬於各部落長，而是只限於大賀氏這一氏族，因此稱為大賀氏聯盟。此後契丹部落聯盟首領由大賀氏家族中「世選」產生，依靠唐賜旗鼓統領八部，平時各部單獨從事畜牧、漁獵等活動，遇有調發攻戰，則「八部聚議」。大賀氏聯盟一直存在到 730 年。史載這一時期契丹首領先後為咄羅、摩會、窟哥、阿卜固、李盡忠、李失活、娑固、郁于、吐于、邵固等十餘任。

大賀氏首領接受唐王朝的庇護，避免了突厥的侵擾，勢力得以增強。在唐武則天統治時期，契丹族進一步發展。696 年，唐營州都督趙文剛愎驕橫，坐視契丹饑饉不予賑濟，對聯盟首領又不能待之以禮，激起了松漠都督李盡忠、歸誠州刺史孫萬榮的不

滿。他們殺死趙文，聯合起兵叛唐。李盡忠採用突厥部落聯盟長的稱號，自稱「無上可汗」。武則天先後命梁王武三思、建安王武攸宜率軍出征；後來又借助突厥的力量，終於在 697 年將反叛鎮壓下去。孫萬榮被殺後，契丹不能自立，就降服突厥，與唐朝斷絕來往近二十年。714 年，大賀氏聯盟首領李失活遣使隨近鄰奚人（北方少數民族庫莫奚族，居住在老哈河上游一帶）入朝，玄宗倍加撫慰，第二年復置松漠都督府，以李失活為都督，後又封他為松漠郡王。李失活死後，軍事首長可突于專權，累廢其首領。唐朝採取懷柔政策，多次答應其要求。730 年，可突于殺首領邵固，另立屈列為首領。可突于殺邵固立屈列，意味著契丹社會的統治權由大賀氏轉移到遙輦氏家族手中，大賀氏聯盟為遙輦氏所取代。可突于率領契丹和奚的部眾投奔突厥，再次斷絕了與唐的關係，契丹社會進入遙輦氏部落聯盟時期。

遙輦氏部落聯盟自西元 730 年屈列被推為民族政治領袖，直到 907 年最後一任可汗欽德被罷免，共一百七十七年，歷十任首領。

阿保機建國

唐末國勢衰微，契丹族日益強盛，契丹八部之一的迭刺部涅里重建聯盟有功，所以聯盟的軍事首長夷離堇世世代代由耶律氏家族擔任，阿保機就誕生在耶律家族。在遙輦氏聯盟後期，耶律阿保機被推為迭刺部的夷離堇時，遙輦氏的最後一個可汗痕德堇也同時成為聯盟的可汗。這時的阿保機只有三十歲，手中卻掌握了聯盟的軍事大權，專門負

責四處征戰。他充分利用本部落的實力，接連攻破室韋和奚等部落，同時南下進攻掠奪漢族聚居地區，俘獲一些漢人和大量的牲畜、糧食，使本部落的實力大增，這又為阿保機建立軍功、樹立權威創造了有利條件。

不久，阿保機的伯父耶律釋魯被其子滑哥所殺，阿保機繼承了伯父的于越（地位僅次於可汗，史稱「總知軍國事」，高於夷離堇，掌握聯盟的軍事和行政事務，相當於中原王朝的宰相）的職位，獨掌部落聯盟的軍政大權。阿保機還進一步向中原地區擴充勢力，和河東的李克用締結盟約。907年，阿保機取代遙輦氏，當上聯盟的可汗，並於916年正式稱帝，建元神冊，以契丹為國名。阿保機委派漢人在臨潢（今內蒙古巴林左旗）興建都城，稱上京，又創制文字，制定法律。阿保機在位期間，先征服鄰近的奚族，繼而討平漠北諸部室韋，並於926年，攻滅了史稱「海東盛國」的渤海國。

阿保機的一連串活動，不僅締造了遼帝國的制度基礎，也開拓了遼帝國的生存空間。

西元926年，阿保機逝世，次子耶律德光（即遼太宗）嗣位。時值後唐河東節

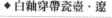

◆ 白釉穿帶瓷壺‧遼

出土於遼代重臣耶律羽（?-941年）墓中，其獨特之處在於壺體兩側有兩條帶槽的凸棱，可以用繩索穿入，便於騎馬時攜帶，具有濃郁的遊牧民族特徵。

度使石敬瑭與後唐末帝不合，謀奪帝位，遂求援於契丹，允以稱臣、稱兒、割地，並許歲貢絹帛三十萬匹為條件。936年，契丹遣使至太原，冊立石敬瑭為帝，是為後晉高祖。後晉與契丹聯合攻滅後唐，晉高祖石敬瑭如約割讓幽、雲十六州。自此中原王朝失去了長城、燕山屏障，無險可守，而北方民族南侵則大為便利。

占據幽、雲十六州後，遼國走出草原，開始中原民族的融合。其控制區域既有「畜牧畋漁以食，皮毛以衣，轉徙隨時，車馬為家」的契丹人和其他遊牧部族，也有「耕稼以食，桑麻以衣，宮室以居，城郭以治」的漢人和渤海人。在開拓疆域的同時，遼國的統治者不斷吸收各族統治者的治國經驗，學習各族的文化和制度，以完善遼國的統治機構。遼國的政治制度建設大致因循了這樣途徑：阿保機時期，制度初建；建都上京，創制文字，制定法律；北、南面官制初露端倪，但遼、漢官制的區分還不明確。太宗時，遼朝統治制度初步形成，北、南面官制正式確立。世宗承前啟後，設置北、南樞密院做為北、南面官的最高機構，實現了契丹部落聯盟向中央集權的轉變。經穆、景、聖三朝，統治制度逐漸完備，機構基本健全。

做為北方少數民族政權，遼朝有著自身獨特之處，並非匈奴、突厥一類純粹的遊牧帝國，也不像北魏那樣完全移入中原農業區，而是一個半牧半農的國家，兼有兩種不同的社會經濟形態，並且兩種經濟形態在國家經濟和社會生活中比重相當；反映到政治制度上，也與前兩類北方民族政權有別，其

主要特徵，就是北、南面官制。

遼朝與金、元兩朝同為北方民族所建立，時代相接，也常與後者並列，但就制度體系而言，實有較大差距。遼朝雖占有大片漢族聚居的地區，但統治重心總體來看仍在草原。皇帝四時捺缽，流動理政，政府官分南北，雙軌治國，其國家體制表現出明顯的二元性。相比之下，金、元的統治重心已經進入中原，其制度雖也有二元色彩，但兩種不同來源的制度並非各自獨立，單成系統，而是被配置在同一運轉體系當中協調運作，其體系就整體而言，仍是傳統的中原制度。

北南面官制與四時捺缽

遼朝官制有所謂「北面」、「南面」之分，指的是官衙與皇帝殿帳的位置關係：契丹人拜日，殿帳東向，一側為南，一側為北。如同中原封建王朝官制分左右一樣，遼朝也是只有「隨駕」的官員才分南北，部族官、方州官不隨駕，因此也就無所謂「北面」、「南面」。

官分南北是遼統治者為適應對從事遊牧業、農業兩種不同經濟類型居民的管理，「因俗而治」，在統治機構設置上採取的措施。遼國從中央到地方都有兩套平行的政權機構——北面官和南面官。「北面治宮帳、部族、屬國之政」，處理契丹各部和其他遊牧、漁獵部族事宜，長官由契丹貴族擔任，辦事機構在皇帝御帳的北面；「南面治漢人州縣、租賦、軍馬之事」，管理漢人、渤海人事務，長官由契丹貴族、漢人和渤海人中的上層擔任，辦事機構在皇帝御帳的南面。

北南面官分而治之，「以國制治契丹，以漢制待漢人」。但北面官是統治重心，契丹國的統治大權集中在北面官手中，是遼朝政權體制中的一個重要特點。

遼聖宗（982-1031 年在位）時，遼朝已建有上、中、東、南四京。1044 年，遼興宗升後晉所割讓的雲州為西京，於是五京俱備。遼初，以上京為首都。中京建成，遂取代上京成為遼朝的都城。但是，遊牧的契丹人所建的國家，具有行國的基本特徵。它的政治中心其實並不在具有城國特徵的五京。五京是用來統轄州縣的，治理重點是漢人和渤海人。五京各有特點，作用也不盡相同。上京臨潢府是遼太祖創業之地，是遼國內部四部族的遊牧地。後又遷入了大批漢人和渤海人，農業、手工業、商業都有一定發展。東京遼陽府用以控制渤海、女真，備禦高麗。西京大同府備禦西夏和西南各遊牧部族。中京大定府、南京幽州府經濟發展水準略高，多設財賦官，對遼國的經濟有舉足輕重的影響。

遼國雖然建立了漢族模式的王朝，但皇帝仍然保持著先人的遊牧生活傳統，居處無常，四時遷徙。大部分貴族和高級官員皆隨從皇帝而行，捺缽（行所在、行宮）成為國家政治中心，又稱「行朝」。遼朝皇帝以及大部分貴族和高級官員一年四季往返於四時捺缽之間，遼聖宗以後更成為定制。「捺缽」是整個遼國的政治中心，不僅有關遊牧各部的重大問題要在這裡決策，漢地一切重要政務也都要從這裡取旨處理。遼國的政治中心也隨著皇帝的行蹤轉移。

遼朝 西元 926 年—西元 1081 年

人物：述律氏　耶律重元　耶律乙辛　地點：遼國境內　關鍵詞：欽哀之亂　灤河之變

遼宮變亂

　　契丹建國後，可汗的世選制雖已被皇帝制度所取代，但在帝位承襲中還殘存著明顯的世選制痕跡。太祖阿保機至景宗五朝屢屢發生的帝位之爭，就是由於皇位繼承人不確定的緣故。直到聖宗以後，皇權世襲制才最終確立。世選制造成的契丹王位繼承不固定，引起統治集團內部新舊勢力的矛盾衝突與爭權奪利的鬥爭，對遼朝政治產生巨大的影響。

皇族內亂

　　遼太祖阿保機有嫡子三人，長子耶律倍立為太子。遼滅渤海國後，改其名為東丹國，耶律倍奉太祖命主東丹國事。耶律倍仰慕漢文化，尊崇孔子和儒家思想。次子耶律德光為天下兵馬大元帥，掌征伐和兵馬大權，「事母淳欽皇后述律氏甚孝謹」。少子李胡殘忍好殺，不得人心，卻很得淳欽皇后述律氏的偏愛。

　　西元 926 年，遼太祖阿保機死於黃龍府。述律氏稱制，權決國事。述律氏在太祖建立政權的活動中曾發揮過重要作用，在皇位繼承上，她傾向於次子德光。選汗儀式進行時，她讓太子耶律倍和耶律德光分別乘馬，立於帳前，稱官員們願意選擇誰，就去執誰的馬轡。由於群臣事先都已經摸清了她的意向，故爭相為耶律德光執轡，於是她宣布耶律德光為皇帝，即遼太宗，這為以後的權力爭奪埋下了隱患。述律氏曾乘阿保機下葬之機，要求一些官僚殉葬，從而打擊政敵，為自己掌權奠定基礎。但述律氏的殘忍好殺，引

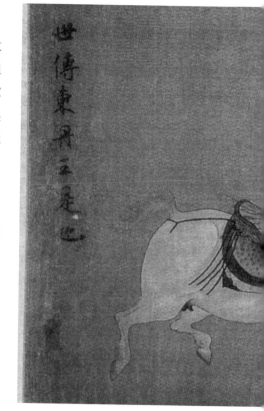

起在朝官員的恐懼。同時，為削弱和控制東丹王耶律倍的勢力，遼太宗將東丹國的政治重心自牡丹江流域移至遼東，同時加強對耶律倍的監視和防範，耶律倍憤而投奔後唐。

947 年，太宗耶律德光滅晉後回軍，病死欒城（今屬河北）。東丹王耶律倍之子永康王耶律阮被隨軍諸將擁立，在鎮州（今河北正定）即位，是為遼世宗。述律氏對東丹王奔唐心懷不滿，又偏愛幼子李胡，加上與耶律阮政見分歧，因此拒絕接受軍中的決議。她與李胡率兵據潢水（今內蒙古西拉木倫河）之北，與世宗在潢水橫渡夾河對陣。最後由主持皇族事務的惕隱耶律屋質居間調停，為雙方陳述利害。一觸即發的橫渡之戰

以和平告終。不久，述律氏又與李胡祕密策畫奪權，被世宗囚禁。

遼世宗在遼朝歷史上是個承前啟後的皇帝，他致力於建立遼的統治機構和完善制度，完成了由契丹部落聯盟向中央集權的轉變。由於世宗多用後晉降臣而輕慢契丹貴族，且不顧中原後周國勢漸盛的事實，堅持

◆〈東丹王出行圖〉・遼・耶律倍

東丹王耶律倍是遼太祖耶律阿保機的長子，在皇位鬥爭中敗於遼太宗耶律德光，後於西元 928 年投奔後唐。由於長期居住中原，其畫風對後世影響很大。畫中人物形象似胡人，各具姿態，衣冠、服飾、佩戴亦各有不同；馬匹矯健、豐肥；東丹王神情憂鬱，若有所思，正合其棄遼投唐後的處境。

進行征服中原的戰爭，招致了契丹貴族的反對。在他執政期間，契丹貴族的謀殺行刺事件不斷發生，嚴重干擾了他建立統治秩序的活動，並最終結束了他的統治。951 年，遼世宗率軍南征後周，大軍行至歸化州祥古山火神淀（今河北宣化西），泰寧王耶律察割（又作察哥）與牒臘（又作述軋）等在行宮殺世宗，立牒臘為帝，史稱「火神淀之變」。耶律屋質逃出，遣人召諸王和侍衛軍平亂，殺察哥、牒臘，立太宗之子耶律璟，是為遼穆宗。

穆宗「好遊戲，不親國事；每夜酣飲，達旦乃寐，日中方起，國人謂之睡王」。他既無政治才能，又無治國求賢之志，卻心胸狹隘，任人唯親，造成遼統治集團人心不穩。穆宗後期更喜怒無常，經常殺戮身邊的服役者，手段殘酷，結果在 969 年被廚師、隨從和盥人聯謀刺殺於行宮。世宗子耶律賢即位，是為遼景宗。

景宗與皇后蕭綽「任人不疑，信賞必罰」，卻仍不能使遼宗室諸王的奪權行動稍事收斂。諸王的爭權行動嚴重干擾了遼朝秩序的穩定和統治的鞏固，也牽制了遼與宋在河北、河東的爭奪。982 年，遼景宗駕崩，遼聖宗即位，蕭綽被尊為皇太后攝政。

蕭綽，又名燕燕，即歷史上有名的「蕭太后」。在遼代，皇室耶律氏和蕭氏世為婚姻，皇后多為蕭氏，故遼朝歷史上有多位「蕭太后」。蕭綽之所以能將蕭太后之名據為「專利」，要歸功於小說《楊家將》的流傳。蕭綽輔佐病弱的景宗，決斷軍國大事十四年，又監護年幼的聖宗，臨朝攝政

二十七年，並開創了統和、開泰年間的繁榮局面。在她統治期間，主張改革，傾向漢化，與北宋達成《澶淵之盟》，使遼朝達到鼎盛時期，完成了封建化進程。

欽哀之亂與灤河之變

蕭綽死後，由於遼聖宗缺乏統治經驗，皇后蕭菩薩哥及時填補了權力真空，參與國政。不幸的是，其所生的兩個兒子皆夭亡。1016 年，宮人蕭耨斤生耶律宗真，皇后養為己子。聖宗在世時，蕭耨斤多次向聖宗寢帳投送誣告皇后私通宮廷樂工的匿名信，聖宗明知係耨斤所捏造，亦不加罪於她。此時母以子貴的觀念，在契丹貴族漢化日深的情況下，正在遼朝宮廷生活中發揮作用。1031 年，遼聖宗病死，長子耶律宗真即位，是為遼興宗。聖宗遺命蕭菩薩哥為皇太后，而宗真生母蕭耨斤卻自立為皇太后。蕭耨斤素與蕭菩薩哥不睦，既為太后，把持朝政，便著手陷害。她指使護衛馮家奴、耶律喜孫誣告北府宰相蕭浞卜（又作蕭鋤不里）、國舅蕭匹敵與蕭菩薩哥等奪權謀反，殺浞卜、匹敵，遷蕭菩薩哥於上京，並藉此誅除舊臣，引諸弟參政。於是，蕭耨斤完全把持了政權，臨朝聽政。

遼興宗認為蕭菩薩哥侍奉聖宗，撫育他本人，功在社稷，不可能謀反，於是與生母蕭耨斤爭辯。蕭耨斤恐生後患，索性將蕭菩薩哥殺掉。1033 年，皇太后蕭耨斤與北院樞密使蕭孝先謀廢興宗，立少子耶律重元為帝，重元卻將陰謀向興宗報告。興宗與太后的親信耶律喜孫定謀，廢掉太后，幽禁於慶

◆ 鎏金銀面具 · 遼

契丹貴族死葬，面部往往會覆罩一件金屬片面具，軀體則用錦彩絡纏或用銀銅絲網絡絡住，做為喪葬的殮服。這件面具出土於遼代陳國公主墓中，埋葬時覆蓋於死者面部。現藏於內蒙古自治區文物考古研究所。

州，史稱「欽哀之變」。政變發生後，興宗封重元為皇太弟，並許諾傳位給他，使他判北、南院樞密使事，賜金券。此後，重元日益驕縱不法，且久處戎職，握有兵權，對興宗和後來的道宗都是很大的威脅。

1055 年，遼興宗死，其子耶律洪基即位，為遼道宗。道宗聽政的第二天，就冊封重元為皇太叔，享有入朝免拜、不稱名的特殊待遇。第二年又任他為天下兵馬大元帥，1057 年再賜金券，寵信倍至。但是，這些措施並未奏效，重元奪取皇位的陰謀正在緊鑼密鼓地策畫之中。

1061 年，重元及其子涅魯古策畫讓重元稱病，請道宗至帳視疾，乘機行刺，但未成功。1063 年，道宗秋獵太子山，住灤河行

宮。重元父子認為有機可乘，遷他們的行帳逼近道宗行宮。道宗得知重元的陰謀，便遣使召涅魯古，涅魯古卻扣留使者而不赴召。幸好契丹人都隨身帶著割肉用的餐具刀，使者割破帳幕得以逃回。道宗知事情緊急，倉促組織平叛。在南院樞密使耶律仁先、知北院樞密使事耶律乙辛等人的領導下，皇帝的宿衛士卒成功地抵禦了叛軍的進犯。役後涅魯古被殺，重元負傷，逃入大漠後自殺。

灤河之變，重元叛黨多被治罪，消除了三十年來其勢力對皇位的威脅。但遼朝統治集團內部鬥爭並沒有結束。此後接二連三地又有陷害皇后、太子的悲慘事件發生。

◆ 應縣木塔

應縣木塔是目前世界上現存最高、最古老的純木結構建築，這座九百多年前建於遼代的木塔，完全沒用一根鐵釘，千年承重數千噸而不下沉，堪比義大利的比薩斜塔。

耶律乙辛擅權

灤河之變平息後，道宗論功行賞，分別授封耶律仁先、耶律乙辛為晉王、魏王，賜功臣名號。乙辛逐漸專恣，排擠仁先，培植個人勢力，專權跋扈。

1075 年，皇太子耶律浚奉詔總領朝政，整飭法令制度，乙辛的權勢受到了威脅和限制。乙辛於是與大臣張孝傑合謀誣陷太子之母宣懿皇后與伶人趙惟一私通。其證據是皇后手寫的〈十香詞〉及〈懷古詩〉。〈十香詞〉格調低下，淫俗不堪，與皇后的身分、教養及性格絕不相類，明眼人一看就知是栽贓陷害。至於說〈懷古詩〉，更是肆意曲解。詩云：「宮中只數趙家妝，敗雨殘雲誤漢王；惟有知情一片月，曾窺飛燕入昭

陽。」誣陷者以詩中有「趙惟一」三字，硬說是私通的證據。道宗把此案交給原是幕後策畫者的乙辛及其同黨張孝傑共同審理，遂以所誣為實，陷皇后於死地。乙辛又盛稱其黨蕭霞抹的妹妹美麗、賢慧，使道宗納為皇后，做為自己的黨援。

皇后死後，乙辛加緊了陷害太子的行動。1077 年，乙辛指使同黨誣告南院大王耶律撒剌、知北院樞密使事蕭速撒等八人謀立皇太子。道宗查無實據，但令蕭速撒出為上京留守，貶耶律撒剌為始平軍節度使。六月，乙辛又指使其同黨謊稱耶律撒剌等謀害乙辛，欲立皇太子，他們都曾參與這一陰謀，只因害怕事發連坐，故當時未敢自首。道宗又使乙辛、張孝傑等審理。於是囚皇太子，殺蕭速撒、耶律撒剌等數十人。不久，又廢皇太子為庶人。十一月，乙辛同黨殺太子於囚所，以病死上奏。太子死後，乙辛開始策畫確立一個將來可以玩弄於股掌的傀儡做為繼承人。他建議立道宗同母弟和魯斡的兒子為嗣，但是當時遼朝已經確立了嫡長子繼承的宗法制度，嫡長子先亡，則應立嫡孫。已故太子耶律濬有子延禧，正可儲位。又有朝臣從旁勸阻說：「舍嫡不立，是以國於人」，道宗猶豫，才使乙辛的陰謀沒有得逞。乙辛又企圖透過操縱立后來左右道宗立儲。前面提及的乙辛同黨蕭霞抹的妹妹被立為后，但是並未生子。新皇后還有一個妹妹，本已嫁乙辛之子。乙辛深諳道宗求子心切，稱其「宜子」，於是把兒媳送入宮中。安排既定，他一方面盼望蕭霞抹的兩個妹妹早生「龍子」，一方面擔心皇孫延禧被立為

儲嗣，因此千方百計加以陷害。1079 年，道宗出獵，乙辛請將皇孫延禧留在宮中。道宗在北院宣徽使蕭兀納的提醒下，才略有醒悟，帶皇太孫隨行。後來，道宗親見隨行官員多捨己而追隨乙辛，才意識到問題的嚴重性。不久，道宗令乙辛出任知興中府事。次年，耶律延禧被封為梁王，確立為儲嗣。1081 年，耶律乙辛因私藏兵器被處死。

耶律乙辛擅權十四年之久，凡不與他結黨或敢於揭露他的人，先後被排擠出朝或陷害致死，時諺稱「寧違敕旨，無違魏王白帖子」，以致皇后、太子被誣陷致死，造成了遼朝歷史上統治集團中最大的冤案，和道宗本人最大的悲劇。

延伸閱讀

應縣木塔

在中國建築史上，獨特風格的遼金佛塔是不可忽視的藝術奇葩，而在眾多的遼代佛塔中，山西應縣佛宮寺的木塔最為著名。應縣佛宮寺位於山西應縣縣城的西北隅，佛宮寺內的木塔是中國現存最為古老和高大的木結構塔，無論是從建築規模還是建築藝術上講，它都有著特殊的地位，可稱為中國乃至世界古建築中的珍品。木塔為平面八角形，外觀看上去是五層，內夾暗層四級，實際為九層。它總高為 67.13 公尺，底層直徑 30 公尺，遠望壯觀而有氣魄。登上塔頂遠眺，整個應縣縣城的景致盡收眼底。千年來，木塔曾經歷了七次大地震的考驗，仍巋然不動，由此可見木塔的堅固非同一般。

遼朝 西元 1125 年

人物：遼天祚帝耶律延禧　耶律大石　　地點：夾山　　關鍵詞：西遼

天祚帝亡國

　　天祚帝（1075-1128 年），即耶律延禧，字延寧，契丹名阿果，遼道宗之孫，昭懷太子耶律浚之子。壽昌七年（1101 年），遼道宗病死，延禧即位稱帝，號天祚皇帝，改元乾統。天祚帝即位之時，正值女真族日漸強大，其首領完顏阿骨打反遼之意日漸明顯，天祚帝對此毫無察覺，反而寵信奸臣蕭奉先等人，致使遼國陷入了內外交困的局面。天慶五年（1115 年），天祚帝率軍征討女真，結果在護步達岡（今黑龍江五常西）慘敗，遼軍主力覆滅。此後，女真大軍不斷進攻，天祚帝只得向西逃竄。保大五年（1125 年）二月，被金軍俘獲，遼國亡。天祚帝亡國後，遼國宗室耶律大石率部眾遠走萬里，在中亞地區又建立了西遼王國。

遼國敗亡

　　壽昌七年（1101 年），遼道宗死，皇太孫耶律延禧即位，是為天祚帝。耶律乙辛擅權給遼朝統治造成了極大的創傷，道宗宣懿皇后和皇太子的冤案是遼朝後期的一大政治事件，它涉及面廣，影響深遠，不同於以往皇室內部的矛盾衝突。因此，徹底清除乙辛黨羽和他們對遼朝政治的影響，提拔勇於抵制乙辛的官僚、將領是爭取人心、振興朝政、扭轉世風的關鍵所在。

◆ 二龍戲珠鎏金銀冠·遼

出土於遼寧省建平縣張家營子，現藏於遼寧博物館。冠中央是在雲朵上承托一顆大火焰寶珠，左右兩側各有一龍，後肢蹲踞，前肢直立，全身呈蹲坐姿態，翹尾昂首，形態生動，莊重而華美，為遼代契丹貴族的頭飾。

◆〈射騎圖〉·遼

可惜庸碌無為的天祚帝沒有意識到這一問題的重要性，也沒有徹底解決問題的興趣和勇氣。他雖然在即位之初下了一道命令，「詔為耶律乙辛誣陷者，復其官爵，籍沒者出之，流放者還之」，但對處理乙辛餘黨，清除他們的影響，卻無一字提及，這讓盼望振興的遼國官民無不灰心與失望。

天祚帝沉湎於遊畋，不恤政事，親佞人而遠賢臣。北府宰相蕭兀納在乙辛猖獗之際，曾冒死保護天祚帝，有保護、輔導之功。但在天祚帝即位前，他曾多次因直言，使得這位未來的皇帝大為掃興。因此天祚帝即位伊始，首先出蕭兀納為遼興軍節度使，而加「守太傅」虛銜，令其出守地方。見天祚帝對蕭兀納不滿，有勢利小人竟誣告蕭兀納曾借用內府犀角未還，天祚帝也居然小題大作，令人清查，將其降為寧邊州刺史。天

遼國軍隊大致分為宮帳軍、部族軍、京州軍和屬國軍四部分。宮帳軍是遼國皇帝親軍，裝備最為精良；部族軍主要由契丹以外的部族青壯組成，主要負責戍邊及征戰；京州軍，主要由遼國五京道各州縣的漢族、渤海族的壯丁組成；屬國軍則由臣屬國壯丁組成。

祚帝對待乙辛餘黨問題上，已經讓忠直之士大為失望。而其親小人、遠賢臣，不辨忠奸，卻不只是大失人心的問題，失掉的是延續兩百年的江山社稷。

正當遼朝在天祚帝的腐朽統治下日漸衰敗時，東北部的女真族正在迅速崛起。遼朝的民族壓迫政策，令日益強大的女真族忍無可忍。阿骨打於1113年擔任完顏部首領後，便決心擺脫遼的控制。阿骨打對遼朝發動的幾次襲擊，連連得手，於1115年建國，國號為金。同年九月，金軍攻陷遼黃龍

◆ 包銀木馬鞍・遼

契丹做為北方遊牧民族，非常擅長馬具兵器的製作，當時「契丹鞍」與宋朝名產蜀錦、定瓷、浙漆等，並稱「天下第一」。圖中的這具契丹馬鞍長 56 公分，胎為木質，外鑲包貼金銀飾，是遼代馬具的代表作。

府（今吉林農安）。此時遼朝奸臣用命，忠臣良將或被清洗，或離心離德，天祚帝只好御駕親征。但其盲目自大，不知兵貴精強，結果全軍潰敗。親征失敗後，遼統治集團內部的分裂加速：先有耶律章奴圖謀廢天祚帝而立耶律淳為帝；隨後有大將耶律余睹叛遼降金，北遼自立，大石西遷，而天祚帝則疲於奔命。東京失陷，軍隊譁變，乾州、顯州失守之際，天祚帝正在中京遊獵。他不做保衛上京、中京的部署，卻私下命人打點珠玉、珍玩五百餘囊，選擇駿馬二千餘匹，做逃跑避敵之計。他認為：「若女真必來，吾有日行三五百里馬若干，又與宋朝為兄弟，夏國舅甥，皆可以歸，亦不失一生富貴。」殊不知宋、金正在籌畫「海上之盟」，而西夏則不明虛實，不敢輕易出兵。政治上的無能，對形勢判斷的錯誤，用人的失當，使天祚帝的措置連連失誤，軍事上處處失利。

天祚帝一路退逃，金軍窮追不捨。及至保大二年（1122 年）四月西京失陷，天祚帝無以為據，遂逃往夾山（今內蒙古五原西北）。次年四月，金軍與遼軍戰於白水泊（今內蒙古哈爾右翼前旗的黃旗海），圍天祚帝的輜重於青塚（今內蒙古呼和浩特南昭君墓），俘獲其子秦王定、許王寧、趙王習泥烈和后妃、公主及從臣多人。保大五年（1125 年），天祚帝出夾山，投奔黨項，於應州（今山西應縣）新城東六十里被金國大將完顏婁室軍所俘。金降天祚帝為海濱王，徙於內地，遼朝滅亡。

西遼建立

耶律大石，契丹人，學識豐富，通契丹文、漢文，自幼善騎射。遼天祚帝耶律延禧天慶五年（1115 年）中進士，出任翰林承旨，契丹語翰林稱「林牙」，故亦名「大石林牙」，此後歷任泰、祥州刺史和遼興軍節度使。女真族完顏阿骨打起兵滅遼後，天祚帝於保大二年（1122 年）自鴛鴦濼（今河北張北西北安固里淖）敗走夾山（今內蒙古薩拉齊西北大青山）。皇族耶律淳留守南京析津府（今北京），耶律大石與宰相李處溫等在南京擁立耶律淳為帝，號天錫皇帝，這個小朝廷史稱「北遼」。耶律淳稱帝三個月病死，其妻蕭德妃權主朝政。不久，金兵攻陷南京，蕭德妃西奔天德軍（今內蒙古烏拉特前旗北）謁天祚帝，被殺。耶律大石在居庸關抗金之役中為金軍俘獲，保大三年（1123 年）九月逃至夾山見天祚帝。天祚帝雖赦其擅立之罪，但耶律大石心不自安。保大四

年（1124年）七月，天祚帝自夾山率師東伐，打算收復燕雲。耶律大石勸阻，天祚帝不從，於是耶律大石自立為王，率二百騎北走，過黑水（今蒙古國愛畢哈河），得到白達達部（汪古部）的資助，馳至遼西北重鎮可敦城（今蒙古國土拉河畔）。耶律大石在可敦城召集邊境內威武等七州和大黃室韋、烏古里、敵剌、達密里、阻卜、密兒紀等十八部部眾，組成新軍，得精兵萬餘，戰馬萬匹，繼續西征。

保大四年（1124年）二月五日，耶律大石在新疆的葉密立（今新疆維吾爾自治區額敏縣）稱帝，改元「延慶」，同時採用突厥族稱號曰「古兒汗」或譯「葛兒汗」，這就是中國史上所稱的「西遼」政權，阿拉伯史家稱為「哈剌契丹」或譯「喀剌契丹」。延慶三年（1126年），耶律大石以八剌沙袞（今吉爾吉斯的托克瑪克東南）為都城，稱虎思斡耳朵（意為強有力的宮帳）。之後，耶律大石連續向四方用兵，順利地拓地立國。康國元年（1134年）三月，以六院司大王蕭斡里剌為兵馬都元帥，蕭查剌阿不為副元帥，耶律燕山為都部署，耶律鐵哥為都監，率騎兵七萬東征金朝，準備洗雪前仇。大軍至喀什噶爾（今新疆喀什）、和闐（今新疆和田）後，行程萬里，途中牛馬多死，被迫還師。

康國四年（1137年）五月，耶律大石揮師進攻統治尋思干（今烏茲別克撒馬爾罕）的西哈剌汗王朝的馬合木汗，敗之於忽氈（今塔吉克列寧納巴德）。馬合木汗退到尋思干後，重整武備，並求援於其舅父呼

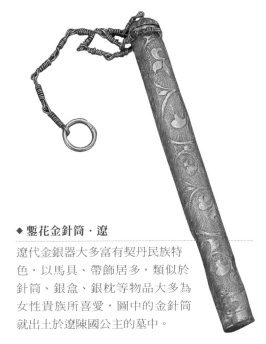

◆ 鏨花金針筒・遼

遼代金銀器大多富有契丹民族特色，以馬具、帶飾居多，類似於針筒、銀盒、銀枕等物品大多為女性貴族所喜愛，圖中的金針筒就出土於遼陳國公主的墓中。

羅珊的塞爾柱算端桑賈爾。康國八年（1141年）夏，桑賈爾渡過阿姆河，舉兵十萬來攻，耶律大石率契丹、突厥、漢軍迎戰於尋思干以北的卡特萬草原。九月九日，桑賈爾大敗，全軍覆沒，遺屍數十里，桑賈爾與馬合木汗僥倖脫逃。耶律大石乘勝北攻不哈剌（今烏茲別克布哈拉），不哈剌和尋思干的宗主權從桑賈爾手中轉到耶律大石手中，耶律大石封馬合木汗之弟易卜拉欣為「桃花石汗」，並留下一名「沙黑那」，監督其統治。於是，西哈剌汗王朝也成為西遼的附庸。同年，耶律大石命其將軍額兒布思進攻花剌子模，花剌子模沙赫阿即思也降服做了西遼的藩屬，進貢大量金幣、畜產。至此，西遼的疆域已相當遼闊：東起哈密，西至鹹海，北達葉尼塞河上游，南抵阿姆河，成為中亞地區的一個強大帝國。

西夏 西元 1038 年—西元 1227 年

人物：李元昊　李仁孝　關鍵詞：黨項　以儒治國

神祕的西夏王國

　　西元十一至十三世紀，在中國西部廣袤的疆土上生存著一個繁盛的王朝——西夏。它擁有自己的文字和燦爛的藝術，並與中原王朝有著密切聯繫，對中國各民族之間的融合及中國統一的多民族大家庭的形成，做出了積極的貢獻。然而，在延續了一百九十年後，蒙古人的鐵騎把西夏王朝的一切都踏在腳下，其毀滅之徹底，讓後人難尋其蹤，難覓其實。加上蒙元建朝之後，不為其修史，西夏文明由此成為塵封於中國文明史上一段既輝煌又神祕的往事。直至近代考古發掘，才讓世人得以重睹它的風采。

◆ 西夏文「敕燃馬牌」青銅敕牌

黨項興起

　　黨項是中國古代北方少數民族之一，本是西羌諸部之一，又稱黨項羌。黨項羌是由漢魏後居於今青海、甘肅南部和四川西北的西羌諸部發展而來的，是居於這些地區的西羌在北周後的泛稱。北周滅亡後，黨項不斷發展壯大。唐時控制區域「東至松州（今四川松潘北），西接葉護（今新疆若羌），南雜春桑、迷桑（今青海、四川交界處）等羌，北連吐谷渾（今青海北部），處山谷間，亙三千里」。在遼闊的草原上，黨項羌按姓氏結成大小不同的部落，各自分立。著名的部落有細封氏、費聽氏、往利氏、頗超氏、拓跋氏等八部，其中以拓跋氏最為強盛。

　　北周時，黨項乘中原南北紛爭之際不時侵襲鄰近漢地。隋王朝建立後，吐谷渾協同黨項再次騷擾中原。西元 581 年，隋文帝派兵在半利山（今青海湖東）擊敗吐、黨聯軍，招撫了部分黨項部落。585 年，黨項首領拓跋寧叢等率部到達旭州（今甘肅洮水發源處）請求內附，隋授予其大將軍的官職。此後，黨項時

叛時服，隋王朝則剿撫並用，在黨項居住區設置州郡，加強管理。唐朝在中早期，對黨項基本上採取保護政策，加速了黨項政治、經濟、文化的發展。629年，黨項細封部首領細封步賴率部歸附，唐朝在其住地設軌州（今四川省松潘境內），任細封布賴為刺史。黨項其他部落首領也紛紛效法，率部請求內屬，唐朝在其地分別設立、奉、岩、遠四州，仍各以其首領為刺史。631年，最強大的拓跋部，也在首領拓跋赤辭率領下歸附唐朝，唐在其駐地設置了三十二個羈縻州，以歸屬的部落首領做刺史，以拓跋赤辭為西戎州都督，賜國姓「李」。從此，今青海黃河河源積石山以東的地方都納入了唐王朝的版圖，黨項羌成為唐朝的屬民。

西元七世紀中，由於受到日益強盛的吐蕃的威脅，一部分黨項部族開始向北遷徙。到680年前後，吐蕃逐步占領黨項居住的地方，黨項內徙達到高峰。安史之亂爆發後，內徙的黨項族又進行了一次大規模的遷徙活動，在綏、延二州地區的黨項，形成了以野利部為主的六府（州）部；黨項拓跋部地在慶州隴山之東的稱東山部，以夏州為中心的稱平夏部，居、延二州之北山地一帶的稱南山部。881年，黨項平夏部首領拓跋思恭協助唐王朝鎮壓黃巢農民起義軍，被唐朝升任為夏州定難軍節度使，統轄夏、綏、銀、宥、靜五州之地。884年，拓跋思恭又晉爵夏國公，復賜「李」姓。夏州地區的黨項拓跋氏成為名副其實、稱雄一方的藩鎮。

907年，唐朝滅亡，中國歷史進入「五代十國」的分裂割據時期。自唐末拓跋思恭

◆ 佛像壁畫 · 西夏

早在西夏建國前，黨項族內便已流行佛教。1037年，李元昊下旨規定每年四個孟朔日（立春、立夏、立春、立冬）為「聖節」，屆時西夏官吏和百姓必須拜佛，為其誦經求福，並廣建佛寺。此後歷代西夏君主大多崇信佛教，開鑿興建大量的石窟、寺院。

占領夏州以來，歷經五代，黨項拓跋部利用藩鎮割據混戰的機會，逐漸發展自己的勢力，到五代後周末年，已經形成一個以夏州為中心的地方割據勢力。在其割據範圍內，拓跋部不僅徵收賦稅，而且任命官吏，「雖未稱國，而自其王矣」。

西夏建立

北宋初期，夏州政權內部發生了爭奪權

力的鬥爭。西元 982 年，時任定難軍節度使的李繼筠死，其弟李繼捧襲位。李繼捧的族弟李繼遷反對內附宋朝，率眾逃到夏州東北的地斤澤（今內蒙古鄂托克旗東北），抗宋自立。他率領部眾不斷襲擾宋朝邊境，同時稱臣於遼，受遼冊封為夏國王。1003年，李繼遷攻打西涼時，被吐蕃人射死，其子李德明即位。

1006 年，宋、夏雙方言和。李德明利用當政的二十八年，大力發展生產，休養民生。同時，他對外加強與宋朝、西域的經濟往來，使西夏快速發展。1031 年，李德明死，其子李元昊繼位。為了稱帝建國，李元昊採取了一連串措施：拋棄中原王朝所賜李、趙二姓，改本家族姓氏；創制獨具風格的西夏文字；恢復民族舊俗；擁兵達五十餘萬。1038 年，李元昊正式稱帝，國號大夏，建元「天授禮法延祚」，並定都興州，升為興慶府，與宋、遼王朝鼎足而立。

對李元昊擁兵自立，宋王朝採取強硬措施，削奪他的官爵，關閉互市，並在邊界張貼文告，能擒李元昊或斬其首者即為定難軍節度使。從此宋、夏雙方戰事重開。在交戰中，宋

◆ 褐釉剔花瓶·西夏

這件瓷瓶底色為淺棕黃色，表面施有褐色釉，瓶體腹部飾有折枝花紋主題，瓶體下部繪有鹿紋。現藏於鄂爾多斯博物館。

軍屢敗，且國家財力窘迫；西夏雖勝，但戰爭的擄掠不足以抵償其耗費和過去透過榷場從宋取得的物資，因此雙方在 1044 年達成和議。宋冊封李元昊為「夏國主」，李元昊對宋稱臣；宋歲「賜」西夏絹十五萬匹，銀七萬兩，茶三萬斤，重開榷場貿易，恢復民間商販往來。

太后與外戚專權

自李元昊之後，西夏王國繼帝位者大多年幼，母后干政，外戚專權，成為常態，圍繞著爭奪皇位展開了激烈的鬥爭。

李元昊死後，其子諒祚即位，年僅周歲，是為夏毅宗。毅宗的母舅沒藏訛龐自任國相，並仗著自己的女兒為皇后，操縱皇室，總攬國政。毅宗年長後，企圖透過漢人的勢力擺脫訛龐的控制。訛龐父子陰謀殺害諒祚，奪取皇位，被訛龐的兒媳梁氏告密，毅宗殺訛龐父子及沒藏皇后。

夏毅宗當政六年，於 1067 年病死，由年僅八歲的夏惠宗秉常繼位，梁太后攝政。後者任命其弟梁乙埋為國相，政權落在梁氏手中。1076 年，惠宗親政，但實權仍掌握在梁氏兄妹手中。1081 年，夏將李清勸惠宗秉常與宋朝結好，以削弱梁氏。梁太后得知後，設計害死李清，囚禁了惠宗，使夏國出現嚴重分裂的局面。後來迫於國內嚴重的政治危機，梁氏只好讓惠宗復位。1086 年秋，惠宗死，由年僅三歲的夏崇宗乾順繼位，仍由梁氏掌握朝政。這時，握有兵權的嵬名阿吳、仁多保忠與梁氏間，形成了西夏執掌軍政大權的三大家族，彼此間又展開了相互傾軋的角鬥。梁太后與其兄梁乙逋也發生了爭奪皇權的鬥爭，梁太后令大將嵬名阿吳、仁多保忠率兵殺死梁乙逋。1099 年，梁太后被遼國使者毒死，崇宗開始親政。

夏仁宗以儒治國

西夏在崇宗、仁宗時進入鼎盛時期。崇宗乾順親政後，一方面為鞏固皇權的統治，極力削弱領兵貴族的權力，剷除支持梁太后對外擴張的勢力。另一方面採取中原宋王朝的封王制度，下令國中建「國學」，教授儒學。這些措施加速了西夏封建經濟的發展，並促使西夏建立了較完備的封建政治制度。乾順之世，外部政治局勢急劇地動盪變化，西夏也適時地調整自己的對外方針，由依遼抗宋，到援遼抗金，最後臣附於金朝。

乾順親政前的十多年中，梁氏兄妹就依靠遼國的援助，連年對宋朝發動戰爭。乾順當政後，在政治上更加依附於遼國。當時宋朝徽宗在位，宰相蔡京和宦官童貫大權在握，對外實行開邊政策。從 1104 年到 1119 年期間，西夏不斷受到宋朝的攻擊。乾順經常向遼求助，依靠厚禮和姻親關係，促使遼出面斡旋或對宋施加壓力，才頂住了宋朝的壓迫，保住了西夏的江山。後來，遼兵南下攻宋，西夏曾兩次出兵援助遼國。

1124 年 3 月，乾順見遼國滅亡已成定局，為了保全西夏，就派出使臣向金國奉表稱臣。金把原屬遼的西北一帶「陰山以南、乙室耶刮部吐祿泊至西」地區割讓給西夏。從 1126 年到 1136 年的十年間，西夏利用宋、金交戰的時機，積極擴張領土。

◆ 西夏黑水城遺址

黑水城曾是西夏重要的農牧業基地和邊防要塞，西夏十二監軍司之一的黑山威福司的治所就設在黑水城。西夏亡國後，元朝將黑水城改造為河西走廊通往嶺北行省的驛站要道。

1139 年 6 月，乾順死，其子仁孝立，即夏仁宗。仁宗在位時，在注意保持與金朝的友好關係時，也努力發展與南宋的交往。1144 年，仁宗派遣使者赴南宋朝廷祝賀天中節，貢獻珠玉、金帶、綾羅、紗布、馬匹等物品，恢復與宋朝中斷了近二十年的往來。同年十二月，仁宗又向宋廷進獻金酒器、綾羅、紗等物，逐步緊密與南宋的關係。宋朝的儒家文化對仁宗有著相當的吸引力。同年六月，仁宗下令在各州縣設立學校，進學的子弟多達三千人，比崇宗設立的「國學」人數增加了十倍。仁宗又在皇宮中設立「小

學」，讓宗室貴族七歲至十五歲的子弟全部入學，接受先進的中原教育。他與皇后還經常去學校察看，督促訓導。第二年，仁宗命樂官李元儒，參照漢族樂書，結合西夏現行制度，重新修訂國家樂律。新樂律編修成後，仁宗賜名《新律》。1146 年 3 月，仁宗尊漢人孔子為文宣帝，下令各州郡建立孔廟，祭祀孔子。不久，仁宗又仿照宋朝科舉制度，正式策試舉人，並設立「童子科」，逐步完善透過科舉選拔官吏的制度。

在提倡以儒治國的同時，仁宗也注意到加強法律制度的建設。天盛年間（1149-1169年），他專門組織人員編纂法典：在舊有法律的基礎上，重新編修了二十卷的《天盛改舊新定律令》。這是一部參照唐、宋律令，結合了西夏實情，包括民法、行政法、刑法、訴訟法、經濟法、軍事法在內的綜合性

法典。新法典完成後，立即用西夏文刻印頒布通行。為了適應經濟和文化的飛速發展，仁宗還進一步完善了朝廷和地方的官制機構及吏治建設。仁宗執政期間，遼亡金興，宋室南渡，夏則處於金國的包圍之中。在這種情況下，仁宗採取了附金和宋之策，極力避免戰爭。仁宗在位五十四年，在位期間，文化繁榮，國力蒸蒸日上，疆域亦有了前所未有的拓展。這些均歸功於他的正確戰略——對內，以儒治國；對外，能伸能屈，為自己營造了一個和平的發展氛圍。

西夏的衰落與滅亡

1193 年，仁孝死，子純繼立，即夏桓宗。從桓宗開始，西夏皇室日趨腐朽衰弱，外部又有蒙古強敵威脅，因此在短短的三、四十年間，政變迭起，帝位五易，西夏王朝衰落和滅亡之勢已不可逆轉。

桓宗大體奉行仁宗時期的政治和外交方針，對內安國養民，對外附金和宋。但隨著國家的安定和封建關係的發展，黨項貴族開始貪圖安逸，日益腐朽墮落。同時，桓宗統治時期正是蒙古興起並日漸強大的時期，來自蒙古的嚴重威脅加速了夏國由盛而衰的歷史進程。1196 年，仁宗族弟李仁友卒，其子李安全上表，宣耀其父粉碎任得敬篡權分國陰謀之功，要求承襲越王爵位。桓宗不許，反降封他為鎮夷郡王，李安全遂生篡奪皇位之心。

1206 年，李安全發動宮廷政變，自立為帝，是為夏襄宗。襄宗在位期間，由於蒙古興起並開始入侵夏國，故初行附金抗蒙

政策。但是在 1209 年蒙古進攻西夏的戰役中，金朝坐視不救，夏國於次年攻打金朝與西夏交界的葭州（今陝西佳縣）進行報復，致使夏金關係破裂。

1211 年，齊王李遵頊發動宮廷政變，廢黜襄宗李安全，自立為帝，是為夏神宗。神宗即位後，一改桓宗時附金抗蒙的政策，開始攻金，進而附蒙攻金，並企圖乘蒙古進攻金國的時機，擄掠財物，擴張領土。西夏在進攻中往往占不到便宜，而蒙古卻又對其不斷攻圍，遵頊亂了方寸，又時而聯金抗蒙，時而聯宋抗金，反覆無常。1223 年 12 月，遵頊在蒙古軍的威逼下，被迫將皇位傳給次子德旺，自己成了夏國歷史上唯一的太上皇。

獻宗德旺即位以後，改變遵頊依附蒙古的政策，重新和金朝修好，共抗蒙古。1224 年、1225 年，他先後兩次派使節與金朝議和，商定雙方相互支援。但這時蒙古已經兵臨金都城下，金朝危在旦夕，自顧不暇，已無力援助西夏。而這時德旺又收留了成吉思汗的仇敵赤臘喝翔昆，並不肯派遣質子。成吉思汗以此為藉口，在 1226 年親率大軍，攻破黑水城，向其都城興慶府進發。在內憂外患的形勢下，遵頊病死。當年七月，德旺也因受到過度驚嚇而死，德旺的姪子南平王李睍繼皇位，即夏末帝。面對蒙古軍的強大攻勢，末帝雖然組織抵抗，終究於事無補。1227 年春，李睍被蒙古軍圍困在中興府。半年後，糧盡援絕，李睍向蒙古請降，被蒙古軍殺死。蒙古軍進入中興府屠城，西夏滅亡。

神祕的西夏王陵

⊙王陵初現　⊙九大王陵　⊙王陵布局

　　關於西夏帝陵的記載最早見於《宋史·夏國傳》，但僅記九個陵號，而不記其方位。其次是明代《嘉靖寧夏新志》卷二記載：「李王墓，賀蘭山之東，數塚巍然，即偽夏所謂嘉、裕諸陵是也。其制度仿鞏縣宋陵而作。人有掘之者，無一物。」儘管史書中不乏西夏王陵的記載，但因都沒講清它們的具體位置，加上早年碑刻被毀等原因，這個「東方的奇蹟」數百年來一直沉睡地下。

王陵初現

　　1972 年 5 月，蘭州軍區某部正在寧夏賀蘭山下建築一座小型軍用飛機場，然而他們意外地挖到了幾個破碎的陶罐，還有一些形狀較為規則的方磚，方磚上面竟刻有一行行方塊文字。部隊將這一情況迅速通報寧夏回族自治區博物館。十天之後，一座古老的墓室終於在這個坑道下重見天日。墓室中發現了巧奪天工的工筆壁畫武士像，同時還出土了一些精巧的工藝品及方磚等陶製品。方磚上布滿了一個個方塊文字。經過考古人員仔細地研究和測定，認為這是一座古代西夏時期的陵墓，出土的方塊文字正是如天書一般的西夏文，考古人員立即在這片荒漠中跋涉，以求新的發現。結果沒有讓他們失望，連綿的賀蘭山背景下，一片無垠的野性大漠托起一個又一個金字塔形高大的黃土建築，在廣闊的西部天空下顯得格外雄偉。這裡竟是史書中記載的西夏王朝皇帝陵園所在地，其規模與河南宋陵、北京明十三陵相當，且

在中古時期的喪葬文化史上獨樹一幟。

九大王陵

　　已發現的西夏王陵位於寧夏回族自治區首府銀川市以西約三十公里的賀蘭山東麓，現存帝陵九座、陪葬墓四百多座、大型建築

遺址一處，整個陵區總面積達五千多公頃。西夏王陵中的陵墓是個等級森嚴的巨大陵區，不同級別的陵墓有不同的建築制式和建築材料。有人把西夏王陵分成甲、乙、丙、丁四個等級。甲類中的九座陵墓，其規模巨大，每座陵墓占地約十五萬平方公尺，現主墓高二十多公尺，均有角臺、鵲臺、獻臺和碑亭等輔助性建築，有寬大的圍牆，類似一座座神祕的古代城堡。專家認為，這九座建築應是西夏九位帝王的陵墓。

王陵布局

西夏王陵在蒙古鐵騎滅夏戰爭中遭到嚴重破壞，地面建築全毀，碑刻、磚雕都成了碎片。然而，外形雖毀，骨架尚存。宏偉的規模，嚴謹的布局，殘留的陵丘，仍可顯示出西夏王朝特有的時代氣息和風貌。西夏王陵與明十三陵的規模相仿。整座陵墓，按地形由南向北分為三區，南區二陵，中區四陵，北區三陵。這裡早已見不到高大的牌坊、宏偉的殿宇，有的只是荒塚累累、殘垣斷壁。每座帝陵，都各自成為一個獨立的完整建築群，面積均在十萬平方公尺以上。各個陵園的布局大致相同，方向都朝南略有偏東。陵園地面建築均由角樓、門闕、碑亭、外廊、內城、獻殿、塔狀靈臺等單個建築組成。平面總體布局呈縱向長方形，按照中原傳統的以南北中線為軸、力求左右對稱的格式排列。

◆ 西夏王陵

西夏王陵位於寧夏回族自治區銀川市西約三十公里的賀蘭山東麓，是西夏王朝的皇家陵寢。在方圓五十多平方公里的陵區內，分布著九座帝陵，四百多座陪葬墓，是中國現存規模最大、地面遺址最完整的帝王陵園之一。

金朝 西元 1115 年

○人物：完顏阿骨打　○地點：黃龍府　○關鍵詞：《海上之盟》

阿骨打建金抗遼

　　金是繼遼之後又一個統治北方廣大區域，並且與中原王朝長期對立的少數民族政權。相對於遼而言，其征服力量更為強大，勢力範圍更為廣闊；相對於宋而言，金在軍事方面更為主動，扮演著征服者的角色。但是，金朝在這一時期既表現出前所未有的軍事強勢，又表現了強烈的政治弱勢。甫一接觸中原文化，金王朝就經歷著從民族廝殺向民族融合轉化的歷程。

女真族的興起

　　女真開始以族稱出現，是在遼、五代時期，但它的歷史源遠流長。中國北方居住的古老的肅慎人，就是女真人的先祖。「女真」的名稱，在不同的中原王朝，有不同的音譯，因而史書所載，各異其名。除前述「肅慎」外，後漢時稱「挹婁」，南北朝時稱「勿吉」。南北朝時，勿吉有粟末、伯咄、安車骨、拂涅、號室、黑水、白山等七大強部。唐武則天時，粟末首領大祚榮建立渤海國，隔斷了黑水部與唐的聯繫，其餘五部也歸附於渤海。五代時，渤海為遼所滅，居民南遷，黑水部則自黑龍江中下游南遷至渤海故地，並以女真之名見於記載。其後，由於避遼興宗耶律宗真諱，改稱「女直」。

　　當時女真人有生、熟之分，直接隸屬於契丹籍，和契丹聯繫較為密切的為熟女真，反之則為生女真。生女真居住在混同江（今黑龍江）、長白山地區，也就是所謂的「白山黑水」。生女真人平時由本部首領統轄，專期向遼貢獻馬匹、東珠和海東青（一種類似鷹的猛禽，善捕天鵝）等特產；遇有軍事征伐，則需按遼國的旨意，派兵從征。遼朝中期，數十部女真人逐漸形成了蒲察、烏古論、紇石烈、完顏等幾個部落聯盟，開始由原始社會向階級社會的過渡。

◆ 木雕加彩菩薩立像．金

十一世紀末至十二世紀初，居住在按出虎水（今黑龍江阿什河）一帶的生女真完顏部強大起來，逐步統一了生女真以及鄰近各部，並吸收部分渤海遺民，形成民族共同體。

　　建立金朝的始祖名函普，因為成功調解了完顏氏與鄰族的糾紛，被吸收為完顏部人。後來，函普率領完顏部遷至按出虎水，完顏部在此地逐漸發展壯大起來。函普以後，女真已進入親屬部落聯盟，為由部落制向部族制、由親屬部落聯盟向統一龐大的軍事聯盟邁出了重要一步。到其四世孫獻祖綏可統治時期，完顏部改變了黑水部夏逐水草、冬則穴處，遷徙無常的原始狀態，定居於按出虎水之側，從而加快了發展步伐。綏可之子石魯，以「條教」治理完顏部，部落勢力漸強，並綏服鄰近部落，組成了以完顏氏為核心的生女真完顏部部落聯盟。大約在遼聖宗時，完顏部成為遼朝的屬部。遼以石魯為惕隱（遼官名，管理宗室事務），使之管理完顏部聯盟。石魯之子烏古乃則繼續擴大完顏氏部落聯盟，建立起統一的軍事聯盟。

　　此時完顏部的控制區域已擴大，組織力量也已增強。他們名義上仍然接受遼的封號，如烏古乃被授為「生女真節度使」。烏古乃在位期間，不肯繫籍（入遼國戶籍），使生女真在很大程度上保持了自己的獨立性；但他又以

◆〈六駿圖〉• 金 • 趙霖

興起於北方的遊牧民族女真，以騎兵戰術見長，但和契丹騎兵以輕騎為主不同，女真騎兵的「撒手鐧」卻是身披重甲、衝鋒陷陣的重甲騎兵。南宋將領吳玠曾提到女真有「四長」，分別是騎兵、堅忍、重甲和弓矢，其中重甲和堅忍就是女真騎兵最大的特點。每當戰陣之時，女真騎兵可以反覆攻擊敵軍，循環往復，一天內能連續衝擊百餘次。

「節度使」的名號，利用遼國的實力，確立和發展本部的實力。烏古乃死後，他的三個兒子劾里缽、頗刺淑、盈哥相繼為首領。其中盈哥在健全制度、統一女真部方面又前進了一步。

盈哥之後，他的兩個姪子烏雅束、阿骨打相繼擔任聯盟長都勃極烈，繼續兼併未服諸部。由於遼國經常派兵到女真地區索取海東青，對女真進行騷擾和侮辱，激起了女真各部的極大憤慨。而阿骨打本人曾在遼天祚帝舉行的頭魚宴（遼歷代皇帝春天外出遊獵捕獲第一條魚後所舉行的宴會）上拒不服從天祚帝要他起舞的命令，天祚帝多次想除掉他，這些事情促使阿骨打決心擺脫遼國的控制。

建金抗遼

烏雅束繼為節度使後，吞併了曷懶甸、蘇濱水一帶的女真部落，鞏固了聯盟的東南諸部。1113 年，烏雅束死，其弟阿骨打為節度使。阿骨打胸懷大志，義氣雄豪，曾在前一年遼帝春捺缽頭魚宴上，拒絕為遼帝歌舞助興，與遼的矛盾、衝突公開化。1114 年，阿骨打在掌握了遼朝東北邊防的實情後，毅然決定對遼用兵，發動了對遼邊城的攻擊。諸軍集於淶流水（今黑龍江拉林河），阿骨打登山誓師，揭露遼朝罪惡，又激勵女真將士，諸軍士氣高漲。至遼境，與遼部署的渤海守軍激戰，阿骨打身先士卒，諸軍勇氣倍增，遼軍大潰，乘勝進軍寧江州（今吉林扶餘東石城子）。阿骨打以二千五百人誓師，攻克寧江州。寧江州之戰的勝利，使女真人

受到極大鼓舞，部分女真貴族提出建國自立的主張。

遼朝在寧江州失利後，遣軍屯駐距寧江州不遠的出河店（今黑龍江肇源西）以備女真。阿骨打利用遼軍的麻痺思想，出其不意搶渡鴨子河（松花江一段），以甲士千餘人突襲遼軍於出河店，又獲全勝。出河店戰役對遼朝的影響很大：天祚帝受到北院樞密使蕭奉先的矇騙，按照蕭奉先的建議赦免了戰敗的兵將，使諸軍認為「戰則有死而無功，退則有生而無罪」。從此以後士無鬥志，遇敵即潰逃。

在統一女真諸部和抗遼鬥爭中，女真貴族鍛鍊和培育了一批能征善戰的將領，組織了一支敢打敢拚的軍隊，在寧江州、出河店兩次大戰後，又以俘獲的人口、裝備充實了軍力，實力迅速發展。遼人曾說過：「女真兵滿萬，則不可敵。」至此，這支令遼軍喪膽的女真大軍，兵力驟增至萬人。與遼軍的兩次較量，使女真人對遼朝政治的腐敗、軍事的無能、士氣的低落、民心的渙散有了更進一步的認識。

議和之路

完顏阿骨打率領的女真軍隊雖然出師告捷，但是，他們面對強大的遼王朝，還沒有勝算的把握。在這種情況下，阿骨打一方面於 1115 年建國，國號為金，建元收國；另一方面以「和議佐攻戰」，進一步發展了自己的實力。雙方的議和活動從 1115 年正月就開始了，阿骨打提出議和的先決條件是：「若歸叛人阿疎（女真紇石烈部首領，完顏

部夙敵，流亡於遼國），遷黃龍府（今吉林農安縣）於別地，然後議之。」其實，歸還阿疎只是一個藉口，阿骨打所提的條件，其實質性內容是第二點，即「遷黃龍府於別地」。參校其他各種史料來看，完顏阿骨打起兵反遼，主要是因為不堪忍受遼朝的壓迫，在他起兵之初，並沒有推翻遼朝並取而代之的打算，而只是想爭取女真族的獨立地位罷了。從收國元年（1115年）正月開始的議和活動，持續到當年九月。其間雙方使節至少往返四次，但各自提出的條件相距太遠，談判沒有結果。

阿骨打見和談無望，於是在當年九月攻克了軍事重鎮黃龍府。天祚帝見黃龍府失陷，下令親征，率遼軍、漢軍十餘萬，號稱七十萬，討伐女真。由於遼國內部發生耶律章奴的廢立行動，天祚帝的親征軍沒有與金人接觸便撤回，女真軍以輕騎兩萬奮勇追擊。兩軍戰於護步答岡，遼軍大潰，「死者相屬百餘里，金軍獲輿輦幄兵械軍資，寶物馬牛不可勝計」，天祚帝逃往長春州（今吉林大安西北）。收國二年（1116年），遼國神將、渤海人高永昌自立於東京（今遼寧遼陽）反遼，他抵擋不住遼軍的壓力，遣使向金求援。金太祖乘機占領瀋州（今遼寧瀋陽）、東京，擒高永昌，將東京州縣和南路繫籍女真納入完顏部統治之下，完成了女真各部的統一。

繼攻陷東京之後，金軍又攻陷了長春州，遼東北面諸軍不戰自潰，緊接著，泰州（今吉林白城市東南）也被攻下。長春州是

◆〈牽馬圖〉

這是一副中國古代繪畫，牽馬的女真獵手旁邊是倒地的獵物。圖中的馬是蒙古馬，身體粗壯，額寬腿短。在中國古代，射藝一直是非常重要的軍事技藝，俗語稱「軍器三十有六，而弓為稱首；武藝一十有八，而弓為第一」。無論是漢代的匈奴、南北朝時的鮮卑，還是遼、金兩代，無一不以騎射為立國之本，金代就曾要求每名女真騎兵出征時要攜帶三張弓、箭矢四百枝。

遼朝皇帝春季捺缽之處，而遼朝的二元政治體制，使得捺缽成為遼朝的政治中心。攻下長春州，對於遼、女真都是一個相當重大的事件。至此，女真貴族認為已經具備了與遼分庭抗禮的資格。阿骨打認為此時女真人的力量還沒有強大到取遼而代之的地步，於是

◆ 玉帶・金

玉帶通常是指用玉裝飾的皮革製的腰帶，即革帶。北方草原民族非常喜愛腰飾，無論是契丹還是女真貴族，腰佩玉帶的風尚都非常流行，玉帶上的圖案大多為山水、獵狗、天鵝、海東青等。

和遼又進行了一連串的議和活動。此次議和大約始於1118年初，一直持續到1120年三月，圍繞著冊封問題討價還價，雙方互遣使節不下十次。金太祖天輔四年（1120年）春，宋、金達成夾攻遼朝的「海上之盟」，雙方約定翌年共同夾擊遼國。此時女真人才終於下定滅遼的決心。同年四月，阿骨打率軍親征遼上京臨潢府（今內蒙古巴林左旗南），拉開了與遼決戰的架式。

取遼代之

北宋的介入，改變了女真對遼的態度，使他們由初期脫離遼朝控制，進一步發展為取遼而代之。天輔四年（1120年）三月，金朝單方面停止議和，五月，陷遼上京，同時分兵攻慶州。次年，遼都統耶律余睹降，金對遼軍情、國情有更深入的了解，增強了必勝的信心。十二月，太祖以幼弟忽魯勃極烈完顏杲為內外諸軍都統，大舉伐遼，以實現「內外一統」的政治目標。

天輔六年（1122年）正月，金軍陷遼中京大定府（今內蒙古寧城西大明城）。天祚帝逃往西京（今山西大同市）。三月，金軍西進，天祚帝遁入夾山，耶律淳在燕京（今北京市）稱天錫皇帝。四月金軍攻陷西京。六月，耶律淳病死。此時，遼的歸化（今河北宣化）、奉聖（今河北涿鹿）和蔚州（今河北蔚縣）相繼投降，金太祖阿骨打率軍攻南京。十二月，北遼留守燕京的漢官樞密使左企弓等人獻城投降，阿骨打率軍入城。天輔七年（1123年），北遼平州節度使時立愛以州降。燕京既然已經攻下，根據與北宋的協議，金軍席捲當地居民、財物後北撤。至此，遼五京皆不守，女真的進攻目標便是追襲逃進夾山的遼天祚帝。

女真國號為「金」。關於「金」國號的由來，目前主要有這幾種意見：一種解釋是「遼以鑌鐵為號，取其堅也。鑌鐵雖堅，終亦變壞，惟金不變不壞。金之色白，完顏部色尚白，於是國號大金」。還有專家認為「大金」一名源自女真完顏部世代生息的按出虎水，女真語稱「金」為「按出虎」，按出虎水以產金而得名，「大金」國號即來自按出虎水。

天輔七年（1123年）八月，金太祖阿骨打逝世，其弟諳班勃極烈吳乞買即位，是為金太宗。九月改元天會。金太宗一面鞏固已占領的州縣，繼續擴大戰果，一面使西南、西北路都統經略西夏，與之建立宗藩關係。天會三年（1125年），金軍俘擄了遼天祚帝，遼朝滅亡。

金朝 ▶ 西元 1127 年

人物：宗翰 宗望　地點：開封　關鍵詞：靖康之變

金滅北宋

　　金國建立後，其周圍先後並立著宋、遼、西夏等政權。多民族政權的盤根錯節讓當時的局勢錯綜複雜。天會三年（1125 年），遼國滅亡。女真族長期遭受的奴役、盤剝從此結束。金國在長城以北的廣大地區確立了統治地位。然而，這對於金的統治者來說一切才剛剛開始，為了謀求更多的財富，占領更為廣闊的土地，它又把鐵騎踏向了中原地區。1127 年，金滅北宋。

《海上之盟》

　　金國滅亡遼朝以後，與北宋王朝有著錯綜複雜的關係，這就得從《海上之盟》說起。1111 年，宋徽宗派童貫使遼。童貫在這次出使中，認識了燕京人馬植。馬植原是世家大族子弟，任過遼朝光祿卿官職。他見遼朝滅亡在即，便叛遼投宋，向童貫獻取燕京之策，深受童貫賞識。馬植改名李良嗣，隨童貫回到宋都開封。李良嗣向北宋朝廷陳述了遼天祚帝的荒淫腐敗和金兵已迫近燕京的情況，並建議說，宋如果這時能從登萊（登州和萊州）渡海，與女真結好，相約攻遼，則燕地可取。宋徽宗立即召見了他，賜以國姓，改姓名為趙良嗣，並給他加上朝議大夫、祕閣待詔的職銜。此後，宋便開始了聯金滅遼，謀圖收復燕雲地區的活動。天輔二年（1118 年），北宋與金國商議攻遼問題。雙方經過幾次往來商議，於天輔四年（1120 年）最後商定：宋、金夾攻遼國。長城以北的中京，由金軍負責攻取；長城以南的南京和西京，由宋軍負責攻取。滅遼之後，燕雲地區歸宋；宋將原來輸遼的歲幣如數轉送給金國，這就是歷史上宋金《海上之盟》。

　　《海上之盟》簽訂後，阿骨打中止與遼朝的議和活動，大規

◆ 元帥之製官印・金

模進攻遼國。根據協定，燕京的北遼政權由宋軍負責攻取。但是，宋朝派去攻打燕京的童貫、蔡攸二人指揮無能，導致宋軍在白溝（今屬河北）遭到遼將耶律大石所部重創。天輔六年（1112年）九月，遼易州知州高鳳降宋，涿州留守郭藥師隨後以所部八千士兵降宋。在此大好形勢下，宋朝內部仍無鬥志，臨陣怯敵，致使二度攻燕失敗。童貫只得以燕京租稅一百萬貫給金國為條件，邀請金軍攻燕。最後燕京為金軍單獨攻占。

天輔七年（1113年），宋遣趙良嗣再次使金，與金商議交割燕京問題。在交涉過程中，爭議激烈的是平州（治今河北盧龍）、營州（治今昌黎）和灤州（今河北灤縣）的問題，金太祖最終同意將燕京所屬六州地讓給宋。同時，也面許待俘獲天祚後，將西京所屬州縣歸於宋朝。同年四月，宋軍進駐燕山，並繼續遣使要求交割西京，然而這時卻發生了張覺之變。

張覺原為遼國平州守將，燕京失陷時投降金朝，金人改平州為南京，命張覺為留守。天輔七年五月，遼降官左企弓等率燕京降官、富戶北遷，途經平州。燕人不願遠離故土，哭訴求救於張覺。張覺遂殺曹勇義、左企弓、康公弼等人，起兵反金。宋安撫司乘機遣人招諭，張覺以平、營二州歸宋朝。宋朝任用張覺為泰寧軍節度使，世襲平州。八月，金太祖死，西京地沒來得及交割。九月，金將完顏宗望攻下平州，獲得宋賜給張覺的詔書，掌握了宋朝破壞盟約的物證。金將宗翰等奏請不再割西京地於北宋，宗望也因為宋軍進至燕山，拒不交出逃入宋地的燕

地戶口，要求加兵於宋朝。後來，張覺逃入燕地。金移文索取，宋朝不得已殺張覺，割下他的首級裝在盒子裡獻給金。

滅宋戰爭

根據宋、金約定，平州歸金，那麼宋朝納金朝降將張覺，顯然違背了盟約；特別是當金攻下平州，還掌握了宋朝誘降張覺的證據，自然引起了金朝君臣的憤慨。為了徹底擊垮遼朝，金國暫時沒有對宋採取行動。金太宗按照盟約規定，象徵性地歸還了西京的武州（今山西神池）、朔州（今屬山西）給宋。天會三年（1125年）三月，金軍俘獲遼天祚帝、滅亡遼朝後，便下詔南下攻宋。金軍第一次南下在天會三年（1125年）十一月，分兵兩路，東路軍由宗望率領，從平州向西南攻燕京；西路軍由宗翰率領，從雲中（今山西大同）南下攻太原，兩路軍準備在開封會師。西路軍在太原遭到北宋軍民的堅決抵抗；東路軍則因宋朝的燕京守將郭藥師投降並做嚮導，得以順利南進。消息傳到開封，宋徽宗急令各地軍隊勤王，並禪位給其子趙桓。趙桓即位（即欽宗），以次年（1126年）為靖康元年。

當年十二月底，金東路軍連下相州（今河南安陽）、濬州（今河南濬縣），抵黃河北岸。守河宋軍見金軍到來，不戰自潰，金軍順利過河，宋徽宗南逃鎮江。欽宗也想逃跑，被主戰大臣李綱等勸阻，勉強留下。不久，金軍圍攻開封，李綱率領全城軍民殺傷數千攻城金兵，挫敗了宗望破開封、滅北宋的企圖。但是宋欽宗和李邦彥、張邦昌等投

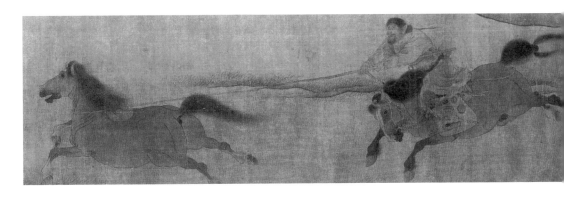

降派官僚畏懼金軍，極力主張求和。金軍乘機提出苛刻條件，欽宗一一答應，還把主戰派的主要人物李綱解職。宋朝統治集團這種投降行為激起了開封軍民的憤怒，軍民不約而同地聚集了數十萬人，呼聲動地。欽宗迫於壓力，又恢復了李綱等人的職務，這時各地援兵已臨近開封。宗望感到形勢不利，即匆忙北撤燕京。宗翰久攻太原不下，也率軍退回雲中。

金軍北歸不久，復又進行第二次南侵。東路軍仍由宗望率領，先破真定（今河北正定），天會四年（1126 年）十一月渡黃河，直抵開封城下。西路軍仍由宗翰率領，繼續圍攻太原。太原城破後，西路軍亦南下渡過黃河，與東路軍會師開封城下。宋欽宗依靠投降派大臣，一直希望與金軍議和成功，甚至制止各地兵馬來援，開封城內外兵力很少。在此緊急關頭，欽宗無計可施，聽信妖人郭京之言，用「六甲法」退敵兵。欽宗命守兵都撤下城來，郭京出城戰鬥，宋軍大敗，郭京乘亂逃走，開封為金軍占領。

此時，北宋軍民紛紛要求與金兵決一死戰，但欽宗仍夢想議和。金人提出要宋廷收繳民間武器，並索金一千萬錠、銀二千萬

◆〈牧馬圖〉‧金

對於中原政權來說，馬匹具有重要意義，一方面國家需要騎兵，而騎兵不可缺少馬；另一方面國家需要資訊的傳遞，在舊時代也主要是靠馬匹來傳遞。東北地區是中國歷史上的重要產馬地，遼國曾在東北養馬達百餘萬匹，金世宗時東北七處群牧所養馬達四十七萬匹。

錠、帛一千萬匹。欽宗全部答應。天會五年（1127 年）初，金軍藉口金銀數不足，在開封城內外大肆剽掠焚殺，並將徽宗、欽宗二帝扣留。三月，金國立張邦昌為帝，國號「楚」，做為傀儡政權。四月，金國擄徽、欽二帝及后妃、宗室、大臣三千餘人，及其所掠大量金銀財寶、儀仗器物等北歸。史稱此事為「靖康之變」，至此，北宋滅亡。

女真自 1115 年建國，連續征戰，歷時十三年，相繼滅亡遼和北宋。天會五年（1127 年）五月，宋徽宗第九子康王趙構在宋廷群臣擁戴下在應天府重建宋政權，史稱南宋。天會八年（1130 年），金國立劉豫為「齊」帝，統治河南、陝西，成為金朝的附庸，並配合金朝與南宋對抗。中國歷史繼遼與北宋對峙之後，又進入了金與南宋的對峙時期。

金朝 西元 1135 年—西元 1196 年

●人物：金熙宗完顏亶　金世宗完顏雍　　●地點：燕京　　●關鍵詞：大定明昌之治

熙宗改制與大定明昌之治

　　金國滅遼和北宋後，占領的區域不斷擴大，其中混居著契丹、渤海以及大批的漢人。為了鞏固金國的統治，金熙宗順應形勢需求，不斷改革統治制度。後來，熙宗被宗室完顏亮所殺，後者即位稱帝，史稱海陵王。不久，完顏亮死於南下攻宋的兵變中，金世宗完顏雍即位。金朝在世宗統治期間達到了鼎盛階段，政治相對清明，政局穩定，經濟恢復並趨於繁榮，頗有盛世景象，史書將金世宗大定年間（1161-1189 年）及其繼承者金章宗初期（年號明昌，1190-1196 年）稱為「大定明昌之治」。

熹宗改制

天會十三年（1135年），金太宗逝世，金熙宗完顏亶（太祖之孫）嗣位。此時金朝統治中心仍在東北，故以宗磐（太宗長子）為代表的一批貴族決定將河南、陝西等地歸還南宋，換取宋朝納幣稱臣。而完顏宗弼等人則仍然主張用兵。天眷二年（1139年），宗弼一派得勢，誅殺宗磐，撕毀了與南宋的協議，發兵復攻河南。金軍雖曾為岳飛等擊敗，但由於南宋朝廷下令撤軍，金朝重得河南、陝西之地。天眷四年（1141年），金與南宋簽訂了《紹興和議》，劃定淮水、大散關一線為邊界，南宋繼續向金稱臣納幣。

金熙宗即位後，為了鞏固統治，不斷進行改革活動，其中主要的內容就是廢除勃極烈（女真語職官名，清代改譯為貝勒）制度，由三省制度取而代之。金朝初期，朝廷的中樞機構是在皇帝之下，由出身宗室近親、地位顯赫，並具有終身職務的幾名勃極烈組成的會議。它是帶有氏族殘餘的貴族議事機構，皇帝依賴它來裁決國家事務。在勃極烈制度下，國家大事更多地取決於參加勃極烈會議的宗室貴族的共同意見，而皇帝的個人意見，有時發揮不了決定性的作用。因此，熙宗決定加以改革。天會十三年（1135年），金熙宗參照唐、宋及遼的模式，首先

◆〈燕京八景圖〉之居庸疊翠・清・張若澄

「燕京八景」的說法最早出自金章宗明昌年間（1190-1196年），所謂燕京八景指的是居庸疊翠、玉泉垂虹、太液秋風、瓊島春陰、薊門飛雨、西山積雪、盧溝曉月、金臺夕照這八景。這是金朝時的名稱。

在中央實行了三省六部制。在皇帝之下設三師，即太師、太傅、太保，三師位高而無實權，專用來安置位尊權重的大臣；在尚書、門下、中書三省之上，又設置領三省事一職，仍無實權。熙宗透過這樣的改革，把軍權和行政權區分開來──一些勢力龐大的軍事貴族被安插在此，軍權被剝奪。這樣一來，軍事大權悉數收歸中央，舊貴族能發揮的作用被大幅削減。在三省制度中，以尚書省為新的行政中樞機構，中書省和門下省的長官均由尚書省官員兼任。尚書省的最高長官為尚書令，其下設左、右丞相及平章政事。這一連串的改革，大大加強了最高統治者的權威，亦提高了行政機構的運作效率。它分工明確，直接對皇帝負責，完全成為皇帝實行君主專制統治的工具。

新的官職頒布後，熙宗又著手對朝廷的禮儀制度進行改革。天眷二年（1139年）三月，熙宗命百官制定詳盡周密的禮制，開始著重改革。這次革新，前後用了近十年的時間，但凡宗廟、社稷、祭祀、尊號、朝參、車服、儀衛及宮禁等多方面，都進行了大量的建設。如宮廷禁地，親王以下者不能佩刀入內；新的朝參禮儀啟用後，每月朔望日為朝參日，餘下為常朝。不論朝參還是常朝，臣子都必身著漢式朝服，依照複雜的儀式行禮，然後才能奏事等。

君位繼承方式的改革，也是金熙宗改制的重要內容。從前女真的傳統繼承方式是兄終弟及，從金景祖烏古到金太祖阿骨打，全部都是以兄終弟及的方式在家族中傳承。即使太宗完顏晟在世時，仍然是立弟弟完顏

呆為儲嗣。後來完顏呆病逝早夭，做為嫡長孫的熙宗才得以繼承皇位。皇統二年（1142年）三月，熙宗將兒子濟安立為皇太子，正式確立了父子相傳的皇位世襲權。這一革新，對皇權的加強有著重要的意義。金熙宗時期的政治改革，對金國的發展產生了巨大的影響。熙宗以後，直至金國滅亡，這套制度基本上沒有變更，成為金代的定制。

世宗即位

熙宗皇統九年（1149年），宗室完顏亮（熙宗堂弟）發動政變，殺死熙宗，奪取帝位，是為海陵王。

金朝建立以來，滅遼擊宋，版圖不斷擴大，大批猛安謀克（參見116頁）進入中原，「方疆廣於萬里，以北則民清而事簡，以南則地遠而事繁」，但是首都一直設在上京會寧府，位置偏遠，經濟上則「供饋困於轉輸，使命苦於驛頓」，十分不便。海陵王即位後，下令擴建燕京城，修築宮室，於1153年正式遷都於此，定名中都大興府。同時，海陵王還下令拆遷上京宮殿，將宗室貴族及其所屬猛安謀克盡行遷入內地，太祖、太宗陵寢一併遷入至中都近郊。此舉標誌著金朝政治中心的轉移，也是北京在歷史上第一次成為王朝首都。海陵王還罷黜中書、門下二省，僅保留尚書省做為最高行政機構，並進一步規範其餘官制，職有定位、員有常數，終金一代，世守不變。正隆六年（1161年），海陵王完顏亮率軍大舉進伐南宋，企圖蕩平江南，完成他「萬里車書一混同」的夙願。但他在位期間統治殘暴，漸成眾叛親

離之勢。宗室完顏雍在東京（今遼寧遼陽）發動兵變，自即帝位，改元大定，是為金世宗。當年十一月，海陵王攻宋失利，軍中人心思變，兵部尚書完顏元宜趁機發動兵變，完顏亮死於亂軍之中，金國進入了金世宗統治時期。

金世宗即位之初，時局極不穩定。西北的契丹大起義如火如荼，與南宋的戰爭也在進行中。有海陵王之失在前，想要建立一個穩固的統治集團，必須採取新的措施。世宗分析了當下的形勢，首先決定，集重兵鎮壓契丹農牧民起義。大定元年（1161年）十二月，義軍首領窩斡稱帝，建年號天正，並領導契丹起義軍轉戰臨潢府與泰州（今吉林洮南一帶）之間，聲勢浩大，屢創金軍。大定二年（1162年），世宗任僕散忠義為平章政事兼右副元帥、紇石烈志寧為元帥右監軍統率諸軍，傾盡精銳鎮壓窩斡軍。六月，金軍與起義軍在花道（今內蒙古赤峰東南）、嫋嶺（今喀喇沁旗西南）一帶決戰，金軍大獲全勝。八月，再敗起義軍。世宗在派兵鎮壓的同時，不斷派使者進行招撫誘降。義軍中的大將軍斡里裊、猛安七斤、蒲速越等人，先後降金。契丹起義被鎮壓後，世宗下詔廢除契丹猛安謀克，編入女真猛安謀克中。參加起義的契丹人被陸續遷徙到女真內地，與

◆ 坐龍・金

金會寧府（今黑龍江阿城）遺址出土，龍呈後肢伏地的躬身蹲坐姿態，這種靜坐姿態的龍，通常只出現在建築物等的飾件中。龍的形態較粗放，尖吻，張口露齒，鬃毛向後飄揚，左前足直立踏地，右前足上抬，以足爪扶按雲朵，姿態呆滯，具有地方造型特色。

◆ 磁州窯人物故事圖枕‧金

中國古代最早是以石塊製作枕頭，後來發展到用木、玉、銅、瓷等材料來製作。瓷枕最早出現於隋唐時期，兩宋及金、元時期最為鼎盛，到了明清時期退出歷史舞臺。宋金瓷枕上一般用彩釉繪成精美的圖畫或題有詩句，形狀也非常多樣，有長方形、花瓣形、雞心形、橢圓形等。

女真人雜處，接受女真官員的直接統治。不久，河北、山東、河東等路北方各族的起義亦相繼被平定，統治秩序很快恢復如初。

　　雖然國內的形勢穩住了，但是對外的戰爭還沒有停止。世宗吸取海陵王窮兵黷武的教訓，將南侵被征的兵士撤編遣散，僅在邊界屯守兵力十萬。為了能盡快與宋休戰，世宗再派使者與宋和談。時值南宋孝宗當政，由於急於收復失地，正準備興師北伐，於是世宗期盼的和談失敗。大定三年（1163年），南宋發兵北伐，金朝調派左丞相僕散忠義、左副元帥紇石烈志寧統率重兵進行反擊，宋軍連敗。五月，雙方大戰於符離（今安徽宿州），宋軍慘敗。宋孝宗被迫遣使求和。到十一月，和議基本達成。大定五年（1165年），雙方正式議和：宋向金稱姪，每年給付歲幣二十萬兩、帛絹二十萬匹。從此，雙方三十年間沒有再發生大規模的戰爭。

大定明昌之治

　　局勢陸續穩定下來後，世宗開始在國內進行大刀闊斧的革新。首先在用人上，世宗採取了相容並包的措施。不論曾經是受過海陵王重用，還是曾經反對過他又降附的人，也不論是女真貴族、漢人還是渤海人，只要有才能，均一視同仁，予以任用：海陵王時期的尚書令張浩，仍被封太師、尚書令紇石烈志寧、白彥敬等曾率重兵鎮壓契丹起義，又謀畫進攻完顏雍，並連殺完顏雍派去的使者九人。降服後，世宗愛其將才，不計前嫌，仍令其統兵，委以重任。這些政策的頒行，深得人心，統治階級內部的關係很快得以理順，混亂的局面逐漸結束。世宗在位三十年，任用了宗室完顏貴族七人，非宗室女真人十五人，漢族十四人，契丹、渤海兩人。與前朝帝王相比，切實做到了唯賢是舉、人盡其才。

　　在政治制度上，世宗基本沿襲了海陵王時的成制，只是在施政方針上做了相應的變更。海陵王崇尚吏治，剛愎自用；金世宗崇尚仁政、寬政，虛心納諫。他多次下詔內外大小官員上書直言，為其選拔人才出謀獻計。世宗還在前朝的官職、禮儀制度基礎上，做了進一步修訂。比如，海陵王時尚書省宰執為七人，並廢除了熙宗時的平章政事官職。世宗則改為增設九人，並恢復平章政事一職。在文化上，世宗摒棄先人的部分做法：從前的政令推崇漢學，輕視女真的固有文化。對此，世宗採取相容並蓄的做法，既不拋棄女真文化，又利用、吸收漢文化以提

高女真民族的文化水準。在經濟上，世宗也做了一定程度的改革。金代以農為本，為了促進農業生產，世宗在平定契丹起義、結束對南宋戰爭後，大量撤編裁軍，令其歸農。由於海陵王時期苛捐雜稅多如牛毛，民生艱難，世宗即實行輕徭薄賦、與民休息的政策。遇到災年，則免除租稅，減免勞役。

與宋議和後，金陸續恢復並增設與南宋、西夏的榷場，保證了國內經濟、貿易的穩定發展。世宗統治期間，政局相對穩定，經濟也得到了較快的發展，倉廩充實，人民生活安定，文化開始走向繁榮。大定二十九年（1189年）正月，金世宗病故於中都福安殿，終年六十七歲。金世宗去世後，皇太孫完顏璟即位，是為章宗。章宗生長在金國的盛世時期，深受儒家文化的浸染，在繼承祖父治國方略的同時，極力效仿北魏孝文帝的漢化改革方式，不再因循祖父相容並蓄的做法。大定二十九年（1189年）二月，章宗剛即位，就解決了金國歷史遺留下來的奴隸問題。金國的奴隸地位極其低下，不僅要向國家納稅，又要向寺院納租。隨著向封建制的發展，奴隸制的存在已成為制約生產發展的嚴重障礙。章宗經過一番努力，使絕大多數的奴隸變成了平民。不久，章宗還下令減少民間地稅的十分之一，照顧了百姓生存的不易。

除了解決民生問題，章宗根據金國猛安謀克的現狀，進行調整。猛安謀克是獨具女真人特點的軍事制度。他們在金國開疆拓土、滅遼伐宋的歷史中，產生了不可忽視的作用。然而隨著昇平日久，猛安謀克的不務正業和自由散漫逐漸暴露出來。對此，章宗設立新規定：他剝奪了猛安謀克在世襲制上的特權，並淘汰一批庸碌無能的猛安謀克，一定程度上提高了猛安謀克的素質和效率。金章宗還設立了許多新的機構，如學校處、提刑司等，完善了法制方面的建設。這些措施對於安定社會、發展，經濟以及維護統治階級的利益，都發揮了積極的作用。

由於金章宗繼承金世宗的部分統治理念，取得了一定的成就。明昌二年（1191年），金國財政收入不斷翻新，人口數量亦達到巔峰：明昌六年（1195年），金國境內的女真、契丹、漢戶比世宗大定二十七年（1187年）增加了一百萬餘戶，近千萬人。金世宗年號大定（1161-1189年），金章宗初期年號明昌（1190-1196年），這段時期在歷史上被稱為「大定明昌之治」。

《泰和律議》

《泰和律議》是金朝法制建設中最具成就的一部法典。它是金章宗時期制定的，以《唐律疏議》為藍本，並取《宋刑統》的疏議加以詮釋，其篇目與唐律相同，共十二篇三十卷，但內容有所不同。內容共計五百六十三條，包括：祠令四十八條，戶令六十六條，學令十一條，選舉令八十三條，封爵令九條，封贈令十條，宮衛令十條，軍防令二十五條，儀制令二十三條，衣服令十條，公式令五十八條等。《泰和律議》是金代常行的法典，但由於金代戰事頻繁，法律在實際生活中並未被貫徹執行。

金朝 ▶ 西元 1196 年—西元 1234 年

◎人物：金章宗完顏璟　金哀宗完顏守緒　　◎地點：蔡州　　◎關鍵詞：三峰山之戰

金國衰亡

　　金章宗後期，黃河三次決口，而統治者養成奢靡之風，政治趨於腐敗，財政上逐漸出現入不敷出的局面。同時，蒙古不時侵擾金朝北部邊境，金朝疲於應付。等到金宣宗時期，內有權臣操縱政局，外有蒙古軍頻繁來攻，劫掠財物和人口，金朝統治搖搖欲墜。宣宗之子哀宗即位後，雖然企圖勵精圖治，然而用人不當，腹背受敵，已難以挽回頹勢。哀宗天興元年（1232 年），蒙古軍占領開封，哀宗逃往蔡州（今河南汝南）。兩年後，蒙古與南宋合兵攻破蔡州，哀宗自縊而死，金朝滅亡。

◆ 木雕加彩菩薩坐像・金

▌避戰南遷

　　金章宗是一位有所作為的皇帝，但主要多體現在他的文治上。然而，國內的權力之爭仍然沒有消除，對外則邊患不斷。十三世紀初，北方蒙古族崛起，不斷和金發生戰事。由於戰爭不斷，軍費開支日巨，朝廷的賦稅收入不堪重負，便大量發行紙鈔和鑄造貨幣。由於幣制陷入極度混亂之中，給社會經濟造成了巨大的損害。人民貧困交加，加上蒙古鐵騎不斷從北方滋擾，金朝由極盛開始不可避免地走向衰亡。

　　泰和八年（1208 年）十一月，章宗病死於金中都安福殿，終年四十一歲。由於沒有子嗣，章宗的叔父衛紹王完顏永濟取得皇位。至寧元年（1213 年）八月，權臣紇石烈執中（又名胡沙虎）和他的黨羽發動政變，弒殺衛紹王，擁立世宗之孫完顏珣為皇帝，改元貞祐，是為金宣宗。

　　金宣宗即位時，內有朝中權臣柄政，外有蒙古大軍進逼中都，他本人懦弱，對弒君亂國的紇石烈執中，

不但不能果斷處置，反而拜為太師、尚書令兼都元帥，國政完全操縱在這位權臣手中。貞祐元年（1213年）十月，蒙古軍兵臨中都城下，金軍兩次戰敗。元帥右監軍術虎高琪趁機發動兵變，殺死紇石烈執中。金宣宗繼續執行鴕鳥政策，任命術虎高琪為左副元帥，拜平章政事，後來還升官至尚書右丞相。術虎高琪為相後，把持朝政，作威作福，金朝陷入更深的衰亂之中。面對蒙古軍隊的強大攻勢，金朝統治者放棄積極抵抗，選擇投降、逃跑。貞祐二年（1214年）三月，金朝接受蒙古的條件：獻納童男童女各五百名，繡衣三千件，御馬三千匹，大批金銀珠寶，並以完顏永濟之女為岐國公主進行和親。城下之盟的和議達成後，感到金國尚有較強防禦能力的蒙古軍暫時退兵，中都解圍。

解圍之後，金宣宗認為中都離蒙古軍太近，隨時可能遭受攻擊而深感不安，於是以國都破舊，資金和資源都吃緊，中都沒法長期駐守為由，決定遷都於南京開封府（今屬河南）。朝中的官員和太學生都力陳不可遷都，認為中都是金國的根本，放棄中都而南遷，北方諸城必將缺乏援助，無法抵禦蒙古軍的進攻。然而宣宗一意孤行，倉促離開中都，遷往南京開封府。宣宗南遷，極大地動搖了民心，致使駐守在東北的金朝將領和漢族地主為了自保，與金朝分裂，降附蒙古。貞祐二年（1214年），錦州（今屬遼寧）張

◆ 陶版四件・金

建築組件，泥質灰陶，版面刻有武士和鳳紋。人物手持兵器，雙目圓睜，神態十分生動。

鯨、張致兄弟聚眾十餘萬叛金，殺節度使自稱王，在木華黎率蒙古軍攻入東北後投降蒙古。契丹人耶律留哥叛金，與蒙古軍聯結，自稱遼王，成為蒙古軍攻占東北地區的先鋒軍。貞祐三年（1215年），遼東宣撫蒲鮮萬奴叛金獨立，建立大真國，改元天泰，稱天王，金朝在東北的統治隨之分崩離析。

金宣宗在南遷以避蒙古軍的同時，盲目往南方擴張，連續發兵攻宋，企圖透過剽掠南宋來彌補蒙古軍造成的損失。這無異緣木求魚的軍事行動，不但分散了北面抵抗蒙古的兵力，更徹底失去金、宋攜手抗蒙的可能性。此外，南遷也加重了山東、河北等地人民的負擔，進一步激化衝突，高舉抗蒙抗金大旗的紅襖軍起義風起雲湧，聲勢浩大。

以山東楊安兒、李全等人領導的起義軍為中心，很快席捲河北、河南、山西等地。雖然在宣宗調集兵力的血腥鎮壓下，起義軍屢屢遭受重創，但各地起義軍前仆後繼，連綿不斷，使金朝僅餘的一點較強兵力也消耗殆盡，難以再對蒙古軍做出更有力的抗擊。

元光二年（1224年），金宣宗去世，金朝北方防線全面崩潰，蒙古鐵騎轟然南下，金國統治階層分裂還在加劇，農民起義不斷削弱金朝的統治基礎，金朝在內外交困下迅速走向衰亡。《金史》評價宣宗南遷稱：「再遷遂至失國，豈不重可嘆哉！」可見這次南遷可謂哀宗遷蔡州的前兆，算是徹底關上了金朝中興的大門，而開啟了滅亡的道路。

哀宗失國

元光二年（1224年）十二月，金宣宗去世，太子完顏守緒即帝位，是為金哀宗。面對登基時內憂外患的嚴峻現實，哀宗不願當亡國之君，力圖振作。軍事上，他迅速停止對宋、夏的戰爭，先後提拔了完顏陳和尚、楊沃衍等主戰派將領，全力抗蒙；政治上，他打擊奸佞之臣，努力廓清吏治；文化和經濟上，他倡儒學，課農桑。這些措施的採取，在一定程度上緩和了當時的民族衝突，提升了金國的國力。

可惜哀宗畢竟不是一個英明果決的皇帝，聯結宋、夏卻缺乏有力的措施，致使宋朝最終拒絕了金的議和；打擊奸佞的同時，卻任用白撒、張文壽等奸臣；任用抗蒙將領，卻不能善始善終，進而造成內政外交和軍事上的一連串處置失當。開興元年（1232

年），在蒙古軍三路進攻金朝的時候，哀宗妄圖透過大決戰的方式，正面擊退蒙古軍，導致鈞州（今河南禹州）三峰山戰役失敗，大批將領戰死，金軍主力盡沒，再也沒有能力抵抗蒙古鐵蹄的踐踏了。

開興元年（1232年）三月，蒙古軍圍攻開封。在哀宗的激勵、慰勞下，將士「人自激奮，爭為效命」，終於打退蒙古軍的進攻，保住開封，使金王朝的壽命又延長了兩年。蒙古軍退卻後，開封缺糧，為籌集軍糧，哀宗又錯誤地實行「括粟」政策，滿城搶奪百姓口糧，大失民心。哀宗看到汴京援絕糧盡，不待蒙古軍來攻，已無以為繼，只好於天興二年（1233年）正月出奔歸德（今河南商丘）。六月，哀宗又逃至蔡州。蔡州地處淮水支脈汝水之畔，與宋朝接壤，又面臨著宋朝的威脅。因為，此時宋朝已和蒙古達成協議——聯合滅金，金亡後，河南地歸宋，河北歸蒙古，宋朝的大軍已經向金朝出發了。八月，宋軍圍攻唐州。攻下唐州（今河南唐河）後，又進兵息州（今河南息縣）。哀宗見宋朝助蒙攻金，派皇族完顏阿虎帶去宋朝談和，但宋朝拒絕和議。蒙古軍由塔察兒率領，宋軍由孟珙率領，分道向蔡州進攻。九月，蒙古兵到達蔡州城下。十一月，宋將孟珙率兩萬兵至蔡州，運糧三十萬石供應蒙古大軍軍需，宋、蒙兩軍會師。十二月初九日，蒙古軍攻破蔡州外城。十九日，蒙古軍攻破西城。二十四日，哀宗率領兵士夜出東城逃跑，到城柵處，與蒙軍相遇，被迫退回。蔡州被圍三個月，城中糧盡。哀宗殺上廄馬五十匹、官馬一百五十匹

賞給將士食用。城中居民則食用人畜骨和芹泥充飢。

天興三年（1234年）正月初九日，蒙軍在西城鑿通五門，整軍入城，完顏仲德督軍巷戰。直到傍晚，蒙古兵暫退。哀宗眼看蔡州是守不住了，悲哀地說：「我為金紫光祿大夫十年、太子十年、人主十年，自己也知道沒有大的過失，死了也沒什麼恨事。只恨祖宗傳下來的國家一百多年了，到我這裡滅絕了。」又說：「自古以來，沒有不滅亡的國家。亡國之君往往被人當俘虜關押起來，或者在勝利者的宮殿堂上受盡凌辱。我絕對不至於此。你們看著吧！」當夜傳帝位給東面元帥承麟，說：「我身體肥胖沉重，不

◆ 盧溝橋

盧溝橋位於北京西南郊永定河上，始建於金大定二十九年（1189年），距今已有八百多年的歷史。它是北京地區現存最古老的石拱橋，全長266.5公尺、寬9.3公尺，橋上雕刻有大小石獅四百八十五隻。

便於騎馬奔突。你一向身手矯捷，有將略，萬一能逃走，使國家不至於滅絕，是我的志願。」第二天早晨，承麟受詔即皇帝位。正在行禮，城南已樹起宋軍旗幟。諸將急忙趕出來作戰。宋軍攻下南城，蒙古塔察兒軍攻破西城。完顏仲德領精兵千餘巷戰，自卯時堅持戰鬥到巳時。哀宗見此情景，就自縊而死，承麟也被亂兵殺死，至此金亡。

猛安謀克制度

⊙猛安謀克　⊙軍事編制　⊙猛安謀克制度的漢化

　　十二世紀初的女真人，曾經創造過如神話般的歷史：以二千五百人起兵的完顏阿骨打，僅用了十二年的時間，就將遼和北宋兩大強國征服。然而，未及百年，女真人就盡失其昔日的勇銳，在蒙古軍面前不堪一擊，直至被蒙古軍消滅。同為軍事起國，但時過境遷，結果亦異。元人修撰的《金史》總結稱：「金以兵得國，亦以兵失國，可不慎哉，可不慎哉！」由此可見，金朝的兵制對金朝有著至關重要的影響。而在金朝兵制沿革中，猛安謀克制度的變化，直接影響了金朝的興衰。

猛安謀克

　　按女真語義，「猛安」本意為千，初為千夫長即千戶長；「謀克」本意為族，族長，在女真諸部由血緣組織向地域組織轉化後，又有鄉里、邑長之意，再引申為百夫長、百戶長。有金一代，「猛安謀克」一詞至少有五種意思：做為女真人戶的代稱；做為兩種榮譽爵位；做為女真族的社會組織單位；做為女真社會組織單位的首領，後實際上成為地方行政長官；做為金軍兩級編制單位……猛安謀克雖然有多種涵義，但我們通常所稱的猛安謀克，一般指女真戶或女真編制。猛安謀克是金代女真族的軍事和社會組織單位，有時做為女真人戶的代稱，或做為職官名。它們是原始社會後期由於征掠、圍獵的需要而設置的軍事首領，隨後發展為固定的軍事組織。

軍事編制

　　猛安謀克做為軍事編制單位，其人數實際上多少不定。金國建立的前一年（1114年），金太祖始定制以三百戶為一謀克，十謀克為一猛安。大概在 1133 年左右，金統治者設立屯田軍，將在東北地區的女真猛安謀克遷入內地。他們自成組織，不屬州縣，

◆〈騎射圖〉‧金

計其戶口，授以官田。這種屯田猛安謀克人戶實際上是以女真人充任的世襲職業軍戶。猛安謀克人戶平時在訓練之餘，從事農業生產，有戰事則丁壯接受徵發，自置鞍馬、器械出征。大批猛安謀克戶遷居中原各地後，便成為軍事、行政、生產三位一體的組織。分散各地的女真猛安謀克戶往往將所授田土租給漢人佃農耕作，猛安謀克不事生產又疏於訓練，戰鬥力逐漸衰弱。

猛安謀克制度的漢化

而猛安謀克做為女真創建的一種社會組織和制度，在前期產生過積極作用。首先，它把分散的女真各部結成為一個統一的女真族。其次，以地域、血緣為紐帶的猛安謀克，形成了強大的親兵集團，在滅遼攻宋戰爭中，增強了女真軍隊的戰鬥力。最後，由於猛安謀克是一種軍政合一的社會組織，所以女真貴族能隨著新占領地區的不斷擴大，迅速將大批女真人遷到新占領地區屯駐，從而鞏固了對新征服地區的統治。但是，在女真貴族把猛安謀克遷到中原地區做為統治人民的工具，並逐漸漢化後，它又變成了阻礙社會發展、束縛女真人發展和進行民族剝削壓迫的工具。

金滅北宋後，將猛安謀克編制下的女真戶南遷。這些南遷的女真戶入居中原既久，多習漢語，穿漢服，效仿漢族生活、享樂習慣，本民族原有的尚武精神逐漸淪喪，由此走向積弱。世宗有鑑於此，力圖保留女真舊俗，提倡節儉、率直、騎射等「女真舊風」，但終究未能阻止女真人的全盤漢化。在世宗、章宗時期，猛安謀克戶貧困化成為金朝統治的一大痼疾。金廷為保護猛安謀克這一「國本」，搜集良田授予後者。但猛安謀克戶倚仗國家優待，從不認真耕種，往往最後還是任其荒蕪，政朝廷則重新為之括地。如此往復，成為惡性循環，軍日驕而民日困，民族衝突也因此更加惡化，加速了金朝的衰亡。

◆ 磁州窯三彩虎枕·金

虎形枕主要流行於宋金時期，特別是金代，一方面因為在中國的傳統文化中崇拜老虎是一種社會風俗，另一方面則因為金人善於騎射，一向有「秋捺缽」（秋天狩獵）的生活習俗，這兩種原因使得虎形枕很自然地在金代流行開來。

◆ 磁州窯白地彩繪牡丹紋碗·金

元

射鵰群英的開疆拓土

第三章

元朝是入主中原的少數民族在中國古代歷史上建立的第一個統治全中國的政權，前身是大蒙古國的大汗直轄領地。

蒙古族的歷史最早可以追溯到唐代，史稱蒙兀，後從額爾古納河上游西遷至圖勒、克魯倫、鄂嫩三河源頭的蒙古大草原，從事遊牧。蒙古乞顏部首領鐵木真統一蒙古各部、征服草原後，於1206年建立大蒙古國，被推奉為成吉思汗。他與其繼任者拖雷、窩闊臺、蒙哥等用鐵騎與馬刀，建立起一個包括大汗直轄領地和四大汗國、橫跨歐亞、威震四海的世界性大帝國。

1260年，成吉思汗之孫忽必烈捷足先登，繼承大蒙古國汗位，並於同年仿漢制稱皇帝，建年號中統，1271年改國號為大元，1274年定燕京為大都。忽必烈定鼎中原、推行漢法，顯示元朝已從整體上不同於大蒙古國模式的草原汗國，而是延續了漢唐以來中原王朝的「大統」。歷史學家將其改易國號之年或建元中統之年定為元朝開國之年。西元1368年，明軍攻入大都，元朝滅亡。元朝共十一帝，歷九十八年（或一〇九年）。

西元1279年，元滅南宋，結束了自唐末以來古代中國版圖分裂了三百年的局面，實現了「北逾陰山，西極流沙，東盡遼左，南越海表」的全國統一。元朝透過行省制度和便捷的驛站交通系統，大大加強了中央與地方、內地與邊疆的聯繫。漢族與內遷的蒙古族、西北諸族交錯雜居，民族大遷徙帶動了民族大融合。國內外貿易空前繁榮，元朝與亞歐各國的經濟交流與人員往來非常頻繁，中華文明與異域文明交融互鑑，異彩紛呈。

元朝始終奉行民族分化與民族歧視的四等人制度，蒙古權貴與各級官吏驕橫跋扈、窮奢極欲、貪贓枉法，導致各種社會衝突空前惡化。元末紅巾軍大起義，吹響了推翻元朝的號角。

蒙古 西元 1162 年—西元 1227 年

人物：成吉思汗　　地點：蒙古草原　　關鍵詞：怯薛軍　《大札撒》

一代天驕成吉思汗

　　數百年來，蒙古大草原上眾多的遊牧部落間互相廝殺掠奪，紛爭迭起。出身於蒙古乞顏部貴族世家的鐵木真乘勢而起，統一了整個蒙古草原。鐵木真被推舉為成吉思汗，建立了空前統一的大蒙古國。成吉思汗透過創建一系列法令典制，實現了大蒙古國秩序化、規範化的管理。接著，為了鞏固在漠北草原的霸主地位，他征服西夏、收復西北諸部、西征花剌子模，拉開了大蒙古國對外擴張的帷幕。

◆ 蒙古騎兵使用的箭袋

按照西方史學家的記載，蒙古騎兵外出作戰時攜帶了大量的裝備，每人要攜帶兩到三張弓、三個裝滿了箭矢的箭袋、還有戰斧或者彎刀等近戰武器。

鐵木真統一草原

　　史籍所載蒙古族的歷史最早可以上溯到唐代，他們生活在東北黑龍江流域，史稱「蒙兀室韋」。大約在唐代末年，他們逐漸遷徙到蒙古大草原，並在水草豐美的草原上很快發展壯大逐漸形成為與其他部族分庭抗禮的一方勢力。在蒙古族勢力壯大的同時，草原上其他族群在長期的衝突與融合中，也形成了幾個強大的聯盟。其中主要有分布在呼倫湖、貝爾湖附近地區的塔塔兒部，土拉河、鄂爾渾河和杭愛山一帶的克烈部，以及阿勒臺山一帶的乃蠻部，色楞格河和鄂爾渾河下游一帶的蔑兒乞部等。其中，塔塔兒部歷史悠久，人口眾多；而克烈部的勢力在遼、金時期的蒙古草原，則是首屈一指。這幾個大族群相互毗鄰，時常為爭奪人口和牲畜而發生戰爭。

　　鐵木真（1162-1227 年）出生於蒙古乞顏部貴族世家，他的父親也速該是合不勒汗的孫子，有拔都（蒙古勇士）的稱號，是乞顏部的首領。也速該曾在戰爭中俘獲塔塔兒部的首領，後來被塔塔兒人毒死。也速該死後，九歲的鐵

木真和幾個弟弟與母親相依為命，度過了數年艱難的生活。成年之後，他與父親的老盟友弘吉剌的女兒孛兒貼結婚，並開始著手召集父親的舊部。為了尋找機會東山再起，他曾依附勢力強大的克烈部首領脫里（曾被遼封為「大王」，故又稱王罕），將父親的舊部重新召集一起；又和札答闌部首領札木合結為安答（結義兄弟），隨他遊牧放馬。在此期間，蔑兒乞部曾搶走了鐵木真的妻子和家人，他借助王罕和札木合的幫助，攻打蔑兒乞部而大獲全勝，戰爭的勝利使他的勢力進一步壯大。與此同時，鐵木真籠絡人心，招徠人馬，最終脫離了札木合，逐步發展自己的勢力，建立自己的斡耳朵（宮廷營帳），逐步復興了乞顏部。1189 年，鐵木真被推舉為乞顏部的首領。

鐵木真勢力的逐漸壯大，引起了蒙古其他部落對他的攻伐。蒙古泰赤烏部聯合鐵木真昔日的義兄札木合部攻打鐵木真。鐵木真竭其所能，組織十三翼軍隊進行對抗，這就是著名的「十三翼之戰」。由於力量對比懸殊，鐵木真戰敗。但泰赤烏部首領對部下的殘暴和鐵木真對部下的寬厚體恤，使得泰赤烏部一些部眾脫離了泰赤烏部，前來投靠鐵木真，進一步壯大了鐵木真的勢力。此後，鐵木真在王罕的支持下，先後擊敗了泰赤烏部和札木合部，統一了蒙古各部。而後，鐵木真開始了與草原其他族群的征戰。此時他面臨三方勁敵：東面是宿敵塔塔兒部；中部有稱雄一時的克烈部；西面則是發展程度較高的乃蠻部。

◆ 成吉思汗陵內供奉的金馬鞍

鞍和馬鐙是馬具中重要的發明，正因為它們的出現，騎手們可以在高速的奔馳中隨心所欲地使用刀劍和長矛劈砍或刺殺，也促進了騎兵時代的到來。

塔塔兒部是蒙古草原東部最強大、富庶的族群之一；同時他們又投靠於實力強勁的金國，因而成為鐵木真的東方勁敵。因為塔塔兒部與鐵木真有殺父之仇，早在 1196 年，鐵木真就曾趁塔塔兒叛金之機打敗過塔塔兒部；在統一蒙古各部落之後，他便向塔塔兒部發起新的進攻。1202 年，鐵木真率蒙古部眾進攻塔塔兒部。在成為蒙古聯盟首領後第一次大規模的戰爭，鐵木真取得了決定性的勝利，他殺死所有的戰俘，徹底地消滅了宿敵。

中部的克烈部此前是鐵木真依附的對象，正是利用了克烈部的勢力，鐵木真才完成了蒙古的統一。但是，鐵木真勢力的壯大，引起了克烈部的疑忌，雙方的戰爭很快於 1203 年春在阿蘭賽（今內蒙古東烏珠穆沁旗北境）展開。鐵木真寡不敵眾，率領四五千殘兵退至班朱泥河（今蒙古國克魯倫河上游）休整。克烈部王罕獲勝後，驕傲輕

敵，鐵木真因此得以恢復元氣，並趁克烈聯盟分裂之際進攻，擊潰了王罕主力，王罕在逃跑途中被乃蠻兵所殺。

乃蠻部是蒙古草原西部最強大的族群，他們較早建立了國家機構，還設置了文官武將，是發展程度較高的遊牧族群。克烈部的滅亡使乃蠻部非常震驚，乃蠻部的太陽罕於1204年收集其他族群殘兵，攻打蒙古，但因軍紀渙散，各部又不齊心，因此進攻失敗。太陽罕受傷而死，乃蠻部也大勢漸去。

至此，雖然蔑兒乞和乃蠻的殘部仍在繼續反抗，但強敵均已歸附，其他小族群也紛紛投奔而來。鐵木真征戰十幾年，終於取得了蒙古草原的統一。

◆ 蓮花紋高足金杯·元

金杯高 14.4 公分、口徑 11.1 公分，杯腹部刻有蓮花，杯足為荷葉紋，為蒙古貴族的用具。

建立蒙古國

1206 年，鐵木真在斡難河河源（今蒙古人民共和國鄂嫩河）搭建大帳，召集所有部眾，建九白旗，舉行了規模浩大的忽里臺大聚會。鐵木真被推舉為成吉思汗，意為「眾汗之汗」，成為草原上的最高統治者。成吉思汗以本部落名稱為國號，建立了大蒙古國。元朝把這一年認為是本朝的開始，鐵木真也被追諡為元太祖。大蒙古國的建立，也實現了蒙古草原的空前大統一，真正地把所轄各族納入一個有效政權的管理之下，為統一的多民族國家的形成奠定了基礎，也為中國北部的邊疆勾勒出大致的輪廓。

鐵木真被推舉為成吉思汗之後，先就各部的治理問題進行初步規畫，創立千戶授封制度。千戶授封制度就是打破各部原來的氏族組織，按照十進位進行編組，把蒙古各部牧民統一劃分為十戶、百戶、千戶三級，一共劃分出九十五個千戶，並劃定各千戶的範圍。在此基礎上實行領戶分封制，將千戶以封賞的形式授予那些有功的貴族和大臣們，千戶的首領稱為「那顏」。千戶那顏是大汗任命的軍事和行政長官，千戶是他們的世襲領地。全國普通民眾則全部被劃歸到各千戶內，只能在劃定範圍內放牧。此外，鐵木真還創立了怯薛制度（大汗貼身護衛隊）。

成吉思汗即汗位後，為了加強蒙古的兵力和大汗的權力，特意從貴族子弟和一部分平民子弟中，挑選身強力壯、武藝精良的青年，對原來的護衛軍加以擴充，形成了一萬人的怯薛軍。它包括一千名宿衛、一千名箭

筒士和八千名散班。這支軍隊紀律嚴格，也享有非同一般的特權。每個成員都由成吉思汗親自挑選，主要是各百戶長、千戶長及其他官員子弟，這也具有以人質控制部下的功能。怯薛長由成吉思汗最親信的博爾忽、博爾朮、木華黎、赤老溫四家子弟世襲擔任。這支軍隊由成吉思汗直接統領，又稱「大中軍」，是蒙古軍隊的精銳，也是控制地方的主要武裝力量。

隨著統治地域的擴大、勢力的崛起，鐵木真也逐漸感到文字和法律的重要性。鐵木真重用俘獲的畏兀兒人塔塔統阿，創立畏兀兒體蒙文，此後又下令教授蒙古貴族子弟學習這種新創制的蒙古文。直到元世祖忽必烈命帝師八思巴創制的蒙古字頒行之後，官方文書才停止使用。文字的創制是蒙古族發展過程中的一件大事，原來的各個部落與族群因為有了共同的文字而聯繫更密切，對統一的蒙古族的形成有很大的推動作用。文字的創制無疑為法律的制定創造了條件。1210年，成吉思汗聽取臣下的意見，仿照漢人的成文法形式，制定並頒布蒙古歷史上的第一部法規《條畫五章》。雖然這是一部很粗糙、很原始的法律綱目，但在蒙古的立法史上有著重要的意義。1219年，成吉思汗召集大會，命人將自己的訓言、法令和傳統體制寫在紙卷上，進一步規範化，定名為《大札撒》（命令或法令，蒙語音為札撒）。在西征歸來之後，成吉思汗正式頒布大札撒，並要求後世的大汗、王公大臣以至平民百姓都要遵守。凡新大汗即位或者諸王共議國家重大事情都要先誦讀《大札撒》。除此之外，

早在建國之初，成吉思汗就設置了大斷事官。大斷事官蒙古語稱「札魯忽赤」，就是大蒙古國中央的司法行政長官，由成吉思汗的養弟失吉忽禿忽擔任，主要職責是主持分封民戶、判決各種案件等。大斷事官與《大札撒》相互作用，完善了大蒙古國的法律體系。

對外征服和擴張

鐵木真建立蒙古國的時候，北方草原上還有其他幾個比較強大的政權。黨項族建立的西夏、女真人建立的金國等，都有比較強大的經濟和軍事實力，他們的社會和文化發展程度也遠遠高於蒙古國。除此之外，蒙古國的西北還有一些部落沒有臣服；與花刺子模的較量也早已暗中醞釀⋯⋯

鐵木真在統一漠北的過程中，因實力和精力所限，還沒有與西夏王朝發生直接聯繫。蒙古國建立之後，他所面臨的一個重要問題，就是擺脫金國的統治。但是，此時金國的實力尚且強勁。因此，鐵木真審時度勢，決定先消滅西夏政權。早在建國前一年（1205年），鐵木真就曾對西夏邊境發動了第一次掠奪性進攻，搶奪了大量人口、牲畜，可以說這是一次以探虛實的接觸戰。在建國後的第二年（1207年），成吉思汗再次發動了擄掠戰爭，卻因糧草不濟而退兵。1209年，蒙古再次進攻西夏，雙方相持兩個多月，互有勝負，最後以西夏納女求和、年年進貢而告終。此後在1217年和1224年，成吉思汗先後兩次發動對西夏的進攻，並在戰爭中逐漸占據上風，西夏喪失了河、瓜、

◆ 元太祖成吉思汗像

《元史．太祖本紀》對成吉思汗的評價是「帝深沉有大略，用兵如神，故能滅國四十，遂平西夏。其奇勳偉績甚眾，惜乎當時史官不備，或多失於記載云」。

甘、肅、涼諸州。1226 年，蒙古西征勝利後，成吉思汗藉口西夏遲遲不納人質，以六十五歲高齡親率大軍第六次攻打西夏。戰爭異常激烈殘酷，西夏先後失去靈州、鹽州，江山岌岌可危。1227 年正月，成吉思汗發動了對西夏的最後一擊。六月，西夏遭遇嚴重的地震和瘟疫，走入窮途末路；而成吉思汗也在六盤山區的清水（今甘肅清水）患了重病，在西夏投降前不久病亡。西夏末帝李睍投降後，蒙古諸將根據成吉思汗遺命，殺死所有西夏王室權貴，西夏就此滅亡。西

夏的滅亡為蒙古脫離金朝統治、南下中原掃除了後顧之憂，也為其後人稱霸黃河流域和最終統一中國開闢了道路。

滅亡西夏後，蒙古的兵鋒開始指向金國。早在建國之前，成吉思汗就對金國的政治腐敗、兵備鬆弛、內部衝突嚴重等情況，已有所了解。1208 年金章宗死後，衛紹王永濟繼位。衛紹王是一個庸碌無為之人，因而成吉思汗更加輕視金朝。1211 年春，蒙古開始進攻金國。1211 年二月，成吉思汗在龍駒河誓師伐金，越沙漠南行，以東、西兩路成鉗形進攻。他親率大軍從東路進攻，其子朮赤、察合臺、窩闊臺組成西路軍，沿途攻克了不少州城，並對金中都（今北京）形成包圍之勢，擄掠了大量的人口、牲畜和財物而退。

成吉思汗此後連續三年對金用兵。數年之間，蒙古軍攻破九十餘郡，迫使金把都城從中都遷往開封，並向蒙古進獻公主、金帛、馬匹等。1214 年秋，成吉思汗再次帶兵南下，攻破了金中都，並掠奪大批財物而還。1215 年夏，蒙古軍又占領了中都。次年春天，蒙古大軍退回漠北後，緊接著於 1217 年，封木華黎為太師國王，命他「招集豪傑，勘定未下城邑」，統領諸軍專征金朝。木華黎剿撫並用，金朝北部地方武裝紛紛歸降，木華黎率兵一度打到了長安、鳳翔一帶。此後，蒙古軍主力轉向西征，成吉思汗也於 1227 年病逝。雙方以黃河為界進行著拉鋸戰，金國得到二十餘年的苟延時間。鐵木真在統一漠北草原的時候，除了前面講到的一些強大部落之外，西北部還有許多小部

落。比如乃蠻部被鐵木真打敗之後，其首領屈出律（太陽罕之子）逃到西遼，篡取了西遼的政權，繼續與蒙古對抗。1218年，成吉思汗派大將派哲別前去征討，屈出律被當地人民抓住交給了蒙古軍，西遼國土也由此歸屬了蒙古國。

平定西北諸部為蒙古國打開了入侵中亞、歐洲的通道，與中亞強國花剌子模開始進行激烈的武力較量。花剌子模國原是裡海之東阿姆河下游的一個比較古老的小國，其舊都在蒙古語中稱作「玉龍傑赤」（今土庫曼〔Turkmenistan〕烏爾根奇〔Urgench〕）。鐵木真統一蒙古各部的同時，花剌子模國也因為一位優秀的國王——摩訶末的繼位而逐漸強大起來。花剌子模在奪取西遼西部地區，吞併波斯、阿富汗等周圍各國後，建新都於撒馬耳罕（今烏茲別克的撒瑪律罕），達到全盛時期。在蒙古進攻金國的時候，摩訶末國王曾派使節到中都，會見過成吉思汗，以了解蒙古國的情況。之後，成吉思汗也派使節回訪，雙方武力還締結了和平通商協定。但是友好的協定並不能阻止這兩個草原王國的擴張雄心，而雙方的武力較量也很快就發生了。1218年，花剌子模訛答剌城（在今哈薩克境內）守將殺死了成吉思汗派往花剌子模進行交易的四百多名商人。成吉思汗當即派木華黎主持對金國的戰爭，他本人於1219年秋，親率大軍二十萬出征花剌子模。

成吉思汗統率大軍越過阿勒臺山，兵分四路大舉進攻花剌子模：命察合臺、窩闊臺圍攻訛答剌；阿剌黑那顏率一軍攻錫爾河上遊各城；尤赤率一軍攻錫爾河下游各城；成吉思汗與拖雷統率中軍徑趨河中府。摩訶末企圖分散蒙古兵力，收以逸待勞之效，因而把決戰地域放在撒馬耳罕。不料卻被成吉思汗的迂迴包圍戰略各個殲滅，很快攻下了不花剌（今布哈拉）城和舊都花剌子模城。與此同時，尤赤已攻克錫爾河下游各城，察合臺等已攻克訛答剌，他們率軍前來協助成吉思汗。於是，成吉思汗直接圍攻新都撒馬耳罕。摩訶末慌忙逃離撒馬耳罕，退到阿姆河之南。成吉思汗下令圍城五日，迫使守軍獻城投降。成吉思汗下令將投降的官兵三萬人全部殺掉，並挑選居民分給了諸子和將領。占領新都後，成吉思汗立即派哲別和速不臺領兵三萬，對摩訶末窮追不捨。摩訶末逃往裡海的一個小島，1220年底病死在島上。此後，其子札蘭丁繼位，並先後兩次打敗了前來追擊的蒙古軍。成吉思汗被迫親征，札蘭丁不敵，逃往印度，蒙古軍最終吞併了花剌子模。

成吉思汗雄才大略，史家有「深沉有大略，用兵如神」的讚譽。在近五十年的戎馬生涯中，他用智慧、膽略和才能征服了整個北方草原。在他奠定的堅實基礎上，他的後代建立了橫跨歐亞大陸的世界大帝國，為中西文化、宗教、經濟等方面的交流開闢了暢通的管道。另一方面，戰爭具有野蠻殘酷性，成吉思汗的偉大功業就是建立在這種殘酷性上。征戰中大規模屠殺本地居民，毀滅城鎮田舍……不論蒙古人民還是其他被征服的人民，都為此付出了慘重代價。

蒙古 西元 **1229** 年—西元 **1252** 年

◎人物：窩闊臺　◎地點：亞歐兩大洲　◎關鍵詞：長子西征　四大汗國

蒙古帝國的亞歐大擴張

　　成吉思汗在征戰途中病逝，他的子孫們承襲了他對外掠奪、擴張的傳統。其後繼者們秉承祖先遺業，不遺餘力地進行了大規模的征伐戰爭。於是，在成吉思汗奠定的堅實基礎上，蒙古騎兵血腥的鐵蹄踏出了遼闊的疆域。透過不斷地征戰，四大汗國聳立在歐亞大陸上，一個橫跨歐亞的大帝國形成了。

◆ 元太宗窩闊臺像

窩闊臺統治期間，蒙古政權進行改革，設立課稅所和中書省，任命耶律楚材為中書令，這也象徵了蒙古政權封建化改革的開始。

滅金伐宋

　　成吉思汗去世後，按照蒙古傳統慣例，應當由幼子繼承財產和權利，因此由第四子拖雷暫時監國攝政。但是，成吉思汗在死前曾宣布由三子窩闊臺繼承汗位。1229 年，拖雷召集忽里臺大會，與王室成員和重要大臣共同商議推舉蒙古國大汗。許多宗王認為應當遵守蒙古族慣例，推舉拖雷為大汗；而以耶律楚材為首的一些大臣堅持按成吉思汗的遺願辦事。拖雷為了避免可能發生的蒙古國分裂，也大力支持窩闊臺，窩闊臺於是登上了蒙古汗位。1229 年，窩闊臺大汗登基後不久，按照成吉思汗的滅金戰略遺言，立即發動對金朝的進攻。他首先派使臣去勸諭金朝向蒙古繳納「歲貢」，遭到金國的拒絕。於是，窩闊臺就以此為藉口，率軍渡過大漠南進，第二年正月，就與金軍展開了大戰。

　　在 1229 年冬到 1231 年夏之間，蒙、金進行了慶陽（今甘肅慶陽）、衛州（治今河南汲縣）、潼關鳳翔三次交鋒，雙方互有勝負。1231 年 5 月，窩闊臺召集眾將商議滅金戰略，計畫分兵三路合圍開封（今

◆〈蒙古騎兵押送戰俘圖〉

這幅具有西域特色的古畫，描繪了蒙古軍隊在西征中用木枷押送戰俘的畫面。該畫是波斯史學家拉施德丁（Rashid al-Din Hamadani）《史集》（*Jami' al-tawarikh*）中的插圖。

河南開封市），意欲一舉消滅金朝。中路由窩闊臺親自帶領，直指河中府；左路由斡陳那顏率領向濟南進發；右路則由拖雷率領從鳳翔攻入寶雞，直指開封。蒙古軍分三路，無疑給金朝巨大的壓力，因此金朝不得不拉開戰線，分路迎擊。蒙古軍在沿途均受到金軍的埋伏和襲擊，損失不小，而金軍主力也損失殆盡，元氣大傷。蒙古軍以強勢兵力包圍了開封。雖然金朝軍民誓死保衛開封，但是由於金統治集團不敢堅持抵抗，開封、中京（今河南洛陽）相繼陷落。

1233 年，蒙古又與南宋達成了聯兵滅金的協定。開封陷落前，金國皇室貴族紛紛逃到了蔡州，因此蒙宋商議決定，雙方出兵，分道進攻蔡州。蔡州之戰相持數月，金哀宗傳帝位給東面元帥完顏承麟，自縊而死。1234 年春，蔡州破，蒙古軍入城，殺死金末帝完顏承麟，金朝滅亡。從此，窩闊臺統一了中國北方，而蒙古的地界也開始與南宋接壤。

按照蒙古與南宋達成的聯合對金作戰

的協定，滅金以後，蔡州以南歸屬南宋，而蔡州以北的地區則應當屬於蒙古。因此在戰後，窩闊臺暫時令蒙古軍返回休整。在蒙古軍撤回北方之後，南宋朝廷卻違背協議，想單獨出兵，以收復失去的三京（洛陽、開封、歸德）。而蒙古方面，與南宋聯盟對付金朝同樣只是一個作戰策略。在滅金之後，窩闊臺便開始籌畫對南宋用兵。1234 年 6月，開封官民殺死蒙古設置的官員投降南宋，南宋軍隊於是西進駐紮，洛陽軍民也紛紛打開城門迎接南宋軍隊。此舉使窩闊臺有了攻宋的藉口，決定大舉南侵。他先派塔察兒率軍擊潰宋軍，以武力收復了洛陽和開封。與此同時，窩闊臺指責南宋違約，日落西山的南宋無力申辯和抵抗，只能寄希望於議和。

1235 年，窩闊臺兵分東、西兩路，正

式對南宋發起進攻。以窩闊臺第三子闊出等為首的東路軍，於八月分輕取唐州（今河南唐河縣），十月攻陷了棗陽（今屬湖北），同時對鄧州和襄陽進行大肆劫掠。西路軍在窩闊臺次子闊端的帶領下，分為兩部分向西南進發。到 1241 年，蒙古軍已經破四川二十餘城，屠殺劫掠殆盡。隨著領土的擴張，窩闊臺汗也加緊了對中原地區的治理，重用儒臣、學習漢法，確立了對中國北方地區的有效統治。所有這些，都為元帝國的最終形成奠定了堅實的基礎。窩闊臺汗死於 1241 年十一月，被追謚英文皇帝，廟號太宗。

長子西征

長子西征是蒙古國的第二次西征，也是蒙古國向西方擴張領土的一次重要戰爭。自成吉思汗時期西征花剌子模之後，蒙古國的疆土進一步向西拓展，越過中亞，逐漸與歐洲接壤。

蒙古滅金之後，在黃河以北地區建立了穩固統治，而隨著對宋戰爭的順利進展，窩闊臺便決定繼續西征，開疆拓土。1235 年，窩闊臺召集諸王大會，決定征討也的里河（今伏爾加河）以西的欽察、斡羅思（今俄羅斯）等國。

此次西征，窩闊臺派朮赤（成吉思汗長子）的長子拔都、察合臺（成吉思汗次子）的長子拜答兒以及自己的長子貴由、拖雷（成吉思汗四子）的長子蒙哥四人各率領本王室軍

隊，要求萬戶以下各級那顏（首領、貴族通稱）也派長子率軍從征，這就是「長子西征」的由來。所有軍隊以拔都為首，老將速不臺為主帥。此次西征軍隊共有十五萬大軍，窩闊臺命令各支軍隊各自出發，規定 1235 年秋季抵伏爾加河東岸集合。此後各軍進展順利，很快滅掉了不里阿耳（今保加利亞）、欽察等國，攻下了斡羅思也烈贊（今俄羅斯梁贊〔Ryazan〕）、莫斯科、羅思托夫〔Rostov〕）等十餘城。1240 年，拔都親統大軍攻下了乞瓦（今烏克蘭基輔城），對其城內軍民進行屠殺和掠奪之後繼續西進。

第二年春，蒙古軍除三萬戰士留守斡羅思之外，其他十二萬兵分兩路，一路由諸王拜答兒、大將兀良合臺率領，攻亭烈兒（今波蘭）；一路由拔都、速不臺率領攻入馬札兒（今匈牙利）。拜答兒軍與歐洲其他國家組成的聯軍進行了著名的列格尼卡（Legnica，今德國柏林東南 220 公里，捷克布拉格東北 160 公里）之戰。戰勝聯軍之後，拜答兒繼續乘勢南進，與拔都會合。而拔都一軍也進展順利，先後攻下許多城堡，並連環追擊馬札兒王別剌四世。此時，由於窩闊臺的死訊傳到軍中，拔都便火速率軍東還，於 1243 年初到達也的里下游的營地。而成吉思汗諸子孫忙於關注汗位繼承人，拔都便以此為基地，鎮守欽察地區。蒙古軍第二次西征就此結束。

◆ 填漆花鳥紋皮箱·元

長子西征進一步拓展了蒙古國的疆域，勢如破竹的蒙古大軍使歐洲諸國十分震驚，而此次西征也奠定了金帳汗國的基礎。在蒙哥汗死後，拔都便以薩萊城（今阿斯特拉罕〔Astrakhan〕附近）為國都，建立了自己的汗國，統治斡羅思達兩百餘年。

吐蕃和大理的臣服

窩闊臺死於 1241 年冬，六皇后乃馬真氏利用諸子和宗室忙於爭權的機會，得以攝掌國政。數年之後，乃馬真氏迫於壓力，支持窩闊臺長子貴由繼任汗位。貴由繼位後不久，就在行軍途中突然死去。拔都以長支宗王身分召集大會商議推舉新汗，拖雷的長子蒙哥被推舉為大汗。蒙哥繼位後，蒙古國的統治體系就由窩闊臺系轉到了拖雷系，於是出現了一個國家權力重新分配的過程。蒙哥開展了一場激烈殘酷的汗位保衛戰爭，他毫不手軟地處死異己的宗室諸王、后妃和那顏達三百多人。同時，他以瓜分封地的方式極大地削弱了窩闊臺家族的封國。

在鞏固了個人統治之後，蒙哥開始對外擴張，吐蕃和大理在蒙古國這一波擴張中表示臣服。吐蕃位於今天的西藏、青海，以及四川西北部一帶，從唐朝以來就與中原王朝密切往來。早在成吉思汗滅西夏和窩闊臺攻伐四川的時候，蒙古國的鐵蹄就征服了吐蕃東北部一些靠近四川西北的部落。窩闊臺次子闊端的封地在四川靠近吐蕃地界的涼州。1240 年，他派部將朵兒達帶領軍隊深入到烏思藏（今西藏）地區，不久退回。1244 年，闊端再遣朵兒達入藏，召請最有影響的佛教首領薩斯迦班智達來到涼州。1247 年雙方達成協議，吐蕃歸附蒙古。蒙古在吐蕃地區清查戶口、賦役。從此西藏歸入中國版圖，成為中國領土不可分割的一部分。

南宋雖大勢已去，但依然有著中原王朝經濟和社會發展程度上的優勢，蒙古一時還難於輕取，只能先從其邊遠地區入手。1252 年秋天，蒙哥派忽必烈率領大軍開始向南進發，並在第二年秋天兵分三路從吐蕃地界向南宋西部一帶開進。忽必烈在兩年多的時間裡，先後征服了一些少數民族部落，並攻入了大理城，遂回師北方，僅留兀良合臺繼續攻略大理未服諸部。不久兀良合臺攻下了善闡（今雲南昆明），俘擄大理段氏，整個大理國也臣服於蒙古。

四大汗國

透過兩次西征，蒙古勢力已經擴展至中亞和歐洲。但是此時的歐亞大陸交接地區還有一些沒有臣服的國家，尤其是波斯境內的木剌夷國（今伊朗北部馬贊德蘭〔Mazandaran〕省）、以巴格達為國都的黑衣大食王國（又稱報達國），以及西部的敘利亞等國。蒙哥繼位後，決定第三次西征。

1252 年，蒙哥命旭烈兀進攻波斯。此次西征，旭烈兀的軍隊連續滅掉了木剌夷國、黑衣大食王國和敘利亞等國，一度還到達了地中海諸國，使這些地區大為震動。東羅馬朝廷和西歐諸國紛紛派來使者結盟。但是此時，蒙哥死訊傳來，旭烈兀率軍回至波斯，留先鋒怯的不花鎮守敘利亞，自己率部而歸。同年九月，怯的不花軍隊被密昔兒（今

埃及）軍隊打敗，怯的不花也戰死沙場，第三次西征到此結束。

早在成吉思汗西征勝利後，便將征服的土地分封給長子朮赤、次子察合臺、三子窩闊臺。在當時，這既是為了避免諸子爭奪財產和統治範圍而產生不必要的內亂，同時也是成吉思汗黃金家族鞏固統治的一種方式。

成吉思汗分封的這些土地都有比較大的自主權利，分別由各個兒子管理，因此，以這些土地為基礎，逐漸形成了欽察汗國、察合臺汗國、窩闊臺汗國。而後來汗位爭奪戰爭中的一些衝突和紛爭，也在逐漸加強各汗國之間的獨立性。蒙哥死後，忽必烈與阿里不哥爭奪汗位，遠在西征的旭烈兀雖然也急忙趕來，卻沒有直接加入爭奪汗位的戰爭，而是建立了自己的汗國，這就是伊利汗國，從而出現「四大汗國」並立的局面。四大汗國與大汗直轄領地組成的蒙古帝國，是一個龐大的軍事行政聯合體。

四大汗國本來是大汗管轄下的一部分，但隨著蒙古國對外征服戰爭的加強和疆域的空前擴大，各汗國之間的距離也愈加遙遠，而且各汗國之間生產力發展水準不一致，先前的民族、語言、生活方式和風俗習慣等，也不盡相同。加上蒙古大汗也無力顧及龐大帝國的每一個地區，因此諸王逐漸擁兵自

重,甚至與中央王朝相對抗,以致與中央汗
國原有鬆散隸屬關係的四大汗國逐漸發展成
為各自獨立的汗國。

　　其中,欽察汗國原是成吉思汗長子朮
赤的封地,此後父子相傳,到拔都兄弟統
轄時,又經過分封,其中以拔都所轄勢力最
大,稱金帳汗國。察合臺汗國是成吉思汗次
子察合臺的封地,察合臺死後,由其長孫合
剌旭烈兀繼承,到十四世紀初,汗國逐漸分
裂。窩闊臺汗國是成吉思汗第三子窩闊臺的
封地,窩闊臺繼承為蒙古大汗後,封地被授
予貴由。1251 年蒙哥被擁立為大汗時,以窩
闊臺系諸王作難為由,把封地分割。到十四

◆〈狩獵出行圖〉·元

在蒙古帝國和元朝時期,狩獵有兩種方式:一
是大規模的圍獵,二是個人或少數人的行獵。
前者是由君主或部族長們領導執行的,後者是
個人的行動。狩獵還可以分為虎獵、狐狸獵、
黃羊獵、兔獵、野豬獵、狼獵等。

世紀初,其領土部分併入察合臺汗國,部分
歸附金帳汗國,部分被併入了元朝。伊利汗
國是拖雷第五子旭烈兀建立的汗國,它地跨
歐亞大陸,既是歐亞文化薈萃之地,又是重
要交通樞紐,十四世紀末被帖木兒帝國所
滅。

元朝 西元 1271 年—西元 1279 年

人物：元世祖忽必烈　　地點：大都　　關鍵詞：行省制度

忽必烈建元統一

　　成吉思汗之後，四大汗國各霸一方，擁兵自重，甚至與中央政權相抗衡。此時，又出現了一位具有雄才大略的君主，他就是元世祖忽必烈。忽必烈順應歷史發展的潮流，最終定鼎大都即今日的北京，改蒙古國號為大元，開始了蒙古族在中華大地的統治，一個統一的多民族國家在真正意義上形成了。這是中國歷史上第一個由少數民族建立的全國性政權。

元朝的建立

　　蒙哥於 1259 年 7 月死於合州，他後來被追諡為桓肅帝，廟號憲宗。蒙哥死後，他的同母弟弟忽必烈、阿里不哥開始為爭奪汗位做準備。當時，忽必烈正奉命攻打南宋的鄂州（今湖北武漢），聞訊後，立即召集謀士商議。他聽從漢人建議，一方面迎蒙哥靈車，取得大汗寶璽；另一方面與南宋權相賈似道祕密達成和議撤軍。阿里不哥當時留守北方，認為忽必烈和旭烈兀都遠征在外，正是奪取汗位的大好時機。他一方面派人安撫忽必烈，另一方面則匆匆在漠北召開宗王大會，企圖捷足先登。忽必烈此時也已從南宋撤軍北還，到達燕京附近，召集諸王和大臣，決定與阿里不哥爭奪汗位。忽必烈先下令疏散阿里不哥徵集的軍隊，然後於 1260 年三月召集東、西兩道諸王，在開平城召開忽里臺大會，宣布繼位，稱薛禪汗，建年號為「中統」。四月，阿里不哥也在諸多宗王的支持下於和林召集忽里臺大會，宣布繼位。雙方由此展開了正面的爭奪，經過連續不斷的激烈戰爭，忽必烈取得了最後的勝利。

　　忽必烈是拖雷的次子，早在做藩王的時候，他便用心學習

◆ 釉里紅蓮花式大盤 · 元

中原文化。蒙哥繼位之後，對子弟進行了分封，忽必烈總理漠南漢族地區事務。忽必烈治理漢地非常用心，此前他已經聚集了一批漢族謀士，忽必烈聽取漢族謀士的建議，懲辦貪官汙吏，約定法制，獎勵農桑，使北方地區社會逐漸安定，經濟恢復發展。

忽必烈繼位之後，忙於與阿里不哥爭奪汗位的戰爭，將南方事務暫時擱置。漢蒙交界地區的一些地方勢力乘機發起動亂，這使忽必烈意識到，這些長久以來掌握實權的地方勢力是新王朝有效地鞏固和強化自身統治的極大障礙。他當機立斷，平定山東李璮的叛亂，並以此為由，採取了一系列的措施。首先，為了分散地方勢力之權，他實施兵民分治制度，很多地方勢力都被奪去兵權，只保留文職；其次，他取消地方勢力職務的世襲制度，把軍權集中控制在中央政府的手中，從而有效地遏制了地方割據勢力。

此後，忽必烈逐漸開始按照中原封建王朝的傳統模式進行制度性調整。他先後為官員的升遷、職位等級，以及俸祿、考核等，都制定了一整套制度；同時以燕京（今北京）為中都，設置中央機構和地方行政區劃，制定百官禮儀制度，頒布新的國家法令。所有這一切，逐漸讓北方地區重新納入了秩序化、規範化的統治體系。至元八年（1271 年）十一月，忽必烈將「大元」國號頒行天下，第二年，又重新改稱中都為大都，做為元朝首都。在經歷多年的戰亂之後，在中原大地上一個統一的中央政府逐漸形成了。

◆ 元世祖察必皇后像

察必皇后（1227-1281 年），蒙古弘吉剌氏人，元世祖忽必烈的皇后，太子真金的生母。根據《元史》記載，察必皇后生性節儉，曾經將宮中廢棄的羊皮縫補為地毯，還帶領宮人將廢弓弦加工織成布匹。

統一全國

忽必烈在北方的統治逐漸穩固後，對南宋的征伐便列為下一個計畫。忽必烈督造船隻、整編軍隊，積極準備消滅南宋。忽必烈在總結窩闊臺及蒙哥攻宋得失的經驗裡，制定了先取襄樊、實施中間突破、沿漢入江、直取首府臨安的滅宋方略。

當時襄陽、樊城兩城夾漢水對峙，江中造有浮橋，可互相應援，地理位置十分險要，被南宋視為國脈所在，苦心經營多年，城牆堅固、兵精糧足。因此，對襄、樊兩城的得失，關係到整個戰爭的成敗。忽必烈為此做了長時間的準備，並聽取南宋降將劉整

◆〈元世祖出獵圖〉·元·劉貫道

此圖是元世祖至元年間（1264-1294 年）的畫家劉貫道根據元世祖忽必烈於深秋初冬之時，率隨從出獵時的情景所繪，畫中騎黑馬衣著白裘者，應為元世祖。與世祖並轡衣白袍者，似為皇后。其餘男女八騎，應是其侍從，或彎弓，或架鷹，或縱犬，或攜獵豹。現藏於臺北故宮博物院。

的策略，焚毀浮橋斷絕兩城聯繫。至元十年（1273 年）正月，元軍攻破樊城，二月襄陽守將投降。

　　襄樊的陷落震動了南宋朝野，把戰略防禦重點退移至長江一線。但是蒙古軍在打開了通往南宋的堅固大門之後，步步緊逼，增兵十萬，繼續南征。到至元十一年（1274年）十二月，元軍主將伯顏以聲東擊西、避實擊虛之策強渡長江成功，戰爭局勢從而有了決定性的轉折。此後蒙古軍隊節節勝利，

先後攻下了南宋的許多重要城鎮，包括建康在內。建康失守之後，南宋的長江防線也徹底崩潰。忽必烈命右丞相阿里海牙攻湖南，左丞相阿術攻揚州，伯顏率主力直取臨安（今浙江杭州）。至元十三年（1276 年）正月，三路大軍會師於臨安郊外。二月，南宋恭帝率百官降元。

　　為了徹底消滅南宋，忽必烈仍派兵對南宋王室進行追討，直至至元十六年（1279年），最後消滅了流亡在厓山的南宋殘餘勢力，完成了全國統一。

推行行省制度

　　忽必烈建立的元朝實現了中國歷史上一次新的大統一。元朝的疆域是中國歷史上最大的，超過了漢唐盛世。元代行省制度的確立，也是中國行政制度的一項重大變革。元

朝的中央政務機構中書省直轄河北、山東、山西，這些地方稱為「腹里」。其他地方劃為十個行中書省，分別稱為嶺北、遼陽、河南、陝西、四川、甘肅、雲南、江浙、江西和湖廣。行中書省簡稱行省，又簡稱省。開始時，蒙古統治者在一些地方設行省做為臨時的軍政機構。忽必烈滅南宋以後，逐漸把行省的設置固定下來。元代每個行省的轄區一般要比現在的省大得多。當時的行省是皇帝的派出機構，其官員配置與中書省大體相同，品級也相當，設丞相一員、平章政事二員、右丞一員、左丞一員、參知政事一員。但是為了防止外職過重，行省的丞相職務往往是空缺的。行省的職責是「統郡縣，鎮邊鄙，與都省為表裡……凡錢糧、兵甲、屯種、漕運、軍國重事，無不領之」。行省的主要官員直接向皇帝負責。行省以下，則有路、府、州、縣。與前代相比較，元代的行政管轄範圍進一步擴展到了許多邊疆地區，比如嶺北、遼陽、甘肅、雲南等地。

除了已設行省的地方以外，元廷還對新疆、西藏等地進行了有效的行政管轄。忽必烈即位以後，為鎮壓西北諸王的叛亂，以阿力麻里（今新疆霍城西北）為軍事重鎮，並一度在這裡設置行中書省。滅宋後，忽必烈進一步加強對天山南北的治理，至元十八年（1281 年）設北庭都護府於哈喇火州，至元二十年（1283 年）又設別失八里、和州等處宣慰司。元廷在這裡設驛站、立屯戍、行交鈔、徵賦稅，其治理方式基本上與內地一樣。此外，塔里木盆地南緣的斡端（今新疆和田）等地，也是忽必烈與西北叛王爭奪的場所，從至元十五（1278 年）、十六年（1279 年）起忽必烈派兵進駐，至元二十三年（1286 年）設置了四驛。

從九世紀中葉起，西藏長期處於割據紛爭的局面，這種情況一直延續到蒙古興起的時候。十三世紀中葉，駐在涼州（今甘肅武威）的蒙古宗王闊端與西藏喇嘛教薩迦派座主薩迦班智達建立了密切聯繫。蒙哥汗三年（1253 年），忽必烈從涼州延請八思巴到他在漠南桓州的王府。他即位後即封八思巴為國師，後又稱帝師，依賴八思巴實現對西藏的治理。至元初，他設總制院，後改為宣政院，由他任命的帝師執掌。官政院有兩重任務，一方面要管理全國釋教僧徒，一方面要管理西藏的「軍民財穀事體」。在藏族聚居地方，宣政院設有多處宣慰使，以及宣撫使、安撫使、招討使。

延伸閱讀

郭守敬與「授時曆」

元朝統一以後，忽必烈在至元十三年（1276 年）設立太史局，開始編制更為精確的曆法。至元十七年（1280 年）冬至，由科學家郭守敬主持的新曆製作完成，忽必烈賜名為「授時曆」。「授時曆」的編成是中國古代天文學上的一大突破，其中最具代表性的成就是郭守敬求得一個回歸年長為 365.2425 日，這個數字與地球公轉的週期只相差 26 秒，與 1582 年羅馬教宗所頒行的迄今仍為世界通用的西曆（格里曆〔Gregorian calendar〕）完全一致，但它的出現卻比歐洲早了三百年。

元朝 西元 1275 年—西元 1291 年

人物：馬可波羅　地點：大都　關鍵詞：《馬可波羅遊記》

《馬可波羅遊記》中的中國

　　至元十二年（1275 年），義大利旅行家馬可波羅隨同父親和叔父來到中國。至元二十八年（1291 年），他們隨波斯出使元朝的使臣離開中國返回故鄉威尼斯。之後，馬可波羅在參加對熱那亞的戰爭中被俘。為了消磨在獄中的艱難時光，他向獄友講述了他在東方的見聞。其中有一位精通法文的小說家魯思蒂謙（Rusticiano）對馬可波羅的見聞非常感興趣，於是由馬可波羅口述，魯思蒂謙筆錄，寫下了這部被譽為「世界一大奇書」的《馬可波羅遊記》（以下簡稱《遊記》），第一次向歐洲人揭開了東方世界奇異而神祕的面紗，全面地介紹了中國高度發展的物質文明和精神文明，對世界歷史產生了深遠影響。

高度發達的政治文明

　　馬可波羅（Marco Polo, 1254-1324 年）在中國整整待了十七年，受到世祖忽必烈的賞識和信任，還在元朝擔任官職。因此，他對元代的行政管理制度十分熟悉，如《遊記》對元代驛傳制度、宴饗制度、巡迴制度等記載，都是以歷史見證人身分留下的珍貴歷史資料。

　　元帝國疆域遼闊，為了通達邊情、傳達政治命令，元朝政府建立了堪稱當時世界上最完備的驛傳制度。《遊記》記載當時全國有驛站一萬多個，驛馬二十多萬匹。每個驛站都設有專門管理站務的驛令、臣外、提領、司吏等政府官員。沿途驛站配備的馬匹、食宿物品及乘驛者應享受到的供應標準，都有明確的規定。這種依靠人力輾轉傳遞文書的辦法，當然相當落後，效能也有限；但在當時，卻是世

◆ 螭虎紋玉璧‧元

界上很先進、有效的傳遞制度，《遊記》盛讚其為一種「偉大創舉」。

元朝時期，國家定期舉行盛大慶典，王室、大臣都要來朝見，並要舉行宴饗之禮。馬可波羅曾見到皇帝在壽辰的盛大晚會上，穿上華麗無比的金袍，足足有兩千名王公貴族陪同出席，這便是元代皇室宴饗活動中的一個重要環節——質孫宴（又稱詐馬宴，內廷大宴）。當宴會完畢時，把所有的桌子撤去，全體琴師起立，一起奏起美妙的曲調。

◆〈通惠河漕運圖卷〉・元

通惠河是元代由郭守敬挖建的漕運河道。通惠河開挖後，行船漕運可以到達積水潭，因此積水潭包括現今的什剎海、後海一帶，成為大運河的終點，商船百船聚泊，熱鬧繁華。在元朝中後期，每年最高有二、三百萬石糧食從南方經通惠河運到大都。這條河道在明朝和清朝都有進行維護，一直沿用到二十世紀初葉。

元朝初年，實行兩京巡迴制度。皇帝每年往返於上都和大都之間，即在上都避暑，大都過冬。皇帝在起程去上都之前都要舉行一種儀式，《遊記》稱之為「灑馬」。這種儀式為每年八月二十四日舉行祭祀天地，在《元史》上稱為「灑馬子」。儀式是這樣的：「用馬一，羯羊八，彩段練絹各九匹，以白羊毛纏若穗者九，貂鼠皮三，命蒙古巫覡及蒙古、漢人秀才達官四員領其事，再拜告天，又呼太祖成吉思汗御名而祝之。」《遊記》對此的描述雖是寥寥幾筆，不太詳細，但成為今天人們研究元朝皇帝祭祀活動的重要佐證資料。

燦爛神奇的中國文化

馬可波羅還多次做為欽差大臣去巡視各省，足跡幾乎遍及中國的大江南北，他每到一地，都留心當地的風土民情、奇聞逸事，並做了很多細緻的觀察和記述，從飲食文化到秀麗風景，再到奇風異俗，《遊記》中這

◆ **青花釉裡紅花卉瓷蓋罐・元**

青花和釉裡紅是製瓷中的兩種工藝，能如此完美地施加在一件瓷器上，難度極大，是元代製瓷藝術的傑出代表。現藏於河北省博物館。

樣的記載隨處可見。

　　在東西方飲食交流史上，《遊記》至今還閃爍著歷史的光芒。在《遊記》中提到過的飲料就有馬乳、駱駝奶、米甜酒、藥酒、葡萄酒及其他的飲料。馬可波羅認為世界上再沒有比米甜酒更令人心滿意足的飲料了。在他看來，米甜酒溫熱之後，比其他任何酒

類都更容易使人沉醉。馬可波羅還認為米中加入香料和藥材釀成的酒，不但醇美芳香，還有良好的養心安神功效。馬可波羅的介紹對中國藥酒風行歐洲產生了重要作用。《遊記》中記敘了非常豐富的元代食物種類：既有米、麵等主食，也有畜品、飛禽等肉食；既有民間的，也有宮廷的；既反映出蒙古人的生活食俗，也反映了漢族人的特色飲食，構成一幅烹飪王國的美食畫面。

　　中國的秀麗景色更是在《遊記》中，被描繪得淋漓盡致。元代皇城大都的景色無疑是最漂亮的。太液池風景區（今北京北海和中海的總稱）青山、翠樹、綠亭，渾然一體，形成一幅令人心曠神怡的園林奇景。大明殿很寬廣，這座宮殿壯麗富贍，布置精良。同樣，馬可波羅對杭州美景的讚譽不亞於大都，從繁榮的城市到秀麗的山湖景色都有熱情洋溢的描繪。《遊記》特別提到杭州人面目清秀，皮膚白皙，大多穿絲綢的衣服，整個城市非常整潔，人們很講究禮貌、衛生。馬可波羅尤其對充滿詩情畫意的西湖和湖上方便遊人的設施，留下了深刻的印象。在他的眼中，西湖碧波蕩漾，湖上畫舫遊船穿梭其間，湖邊離宮別墅、院廟寺宇林立，簡直就是人間天堂。

　　馬可波羅對中國各地風俗習慣和宗教信仰也有細緻的觀察。如談到中國人從出生到長大、經商外出、婚姻等，請風水先生占卜吉凶，人死之後實行土葬，焚燒紙錢，在佛像面前禱告。在雲南的時候，他看見了毒蛇大蟒，《遊記》將怎樣捕捉毒蟒的方法也不厭其煩地記下。在福建的時候，馬可波羅

看見當地人用生薑調味，也感到十分新奇。他還見到一種奇怪的雞，顏色與貓一樣，卻沒有羽毛。據考證，這種雞叫烏骨雞，營養豐富且味道鮮美。馬可波羅發現，元朝政府對各種宗教採取相容並蓄的態度。大都的喪葬禮俗，都是依死者的不同宗教信仰而有所不同。

馬可波羅將多姿多彩的東方文化介紹到西方，打開了中古時代歐洲人的視野，引起了西方世界對中國的嚮往。

繁華富庶的城市經濟

做為一個商人，馬可波羅對元代繁華富庶的經濟，更是讚不絕口。

元朝的首都大都，交通四通八達，是當時世界聞名的大都會，商業市場星羅棋布。市內主要有三大市場，一為今積水潭東北岸上的斜街市，二是今北京西四附近的羊角市，三為今東四附近的樞密院市。這些市場每日百貨輸入，川流不息，天生地產，山奇海怪，四方雲集，僅生絲一項，每天就有近千車。可見元大都的商業繁榮非同一般。

杭州的商業也很繁盛。城中有大市十所，沿街的小市更是難以計數，每週有三天為市集之日，有四、五萬人來到集市，交換物品，買賣東西。到了市集的日子，整個集市，車船運貨，絡繹不絕，市場上有麋鹿、兔子等走獸，有鷓鴣、野雞、家雞、鵪鶉等飛禽。杭州人非常喜歡吃魚，各種各樣的魚品種繁多，數量之大，令人咋舌，但很快就傾銷一空。店鋪裡擺滿了琳琅滿目的商品，包括各種名貴香料、首飾、珠寶等，令人目不暇給。

福建工商業發達、經濟繁榮，同樣給馬可波羅留下很深的印象。據《遊記》載，當時福建建寧的紡織業興盛；德化的瓷器精緻美觀、廉價實用；泉州的「刺桐緞」更是聞名於國內外，暢銷於南洋、印度及歐洲等地。泉州對外交通發達，外國商人、傳教士、旅行家接踵而至，亞非各國商船往來頻繁，運載著香料、珠寶、綢緞及其他貴重物品出入此口岸。元朝還在泉州設立市舶司，管理商人、船舶來往和貿易業務，以及徵集稅收等事項。

《遊記》有關元代繁華富庶經濟的資訊在歐洲傳播開來後，刺激了西方早期殖民者的侵略野心。

延伸閱讀

元設澎湖巡檢司

臺灣和澎湖地區，自古就是中國的領土。元代時，臺灣與大陸之間的關係有了新的發展。至元二十九年（1292年）到至元三十一年（1294年）之間，元朝政府在澎湖設立了巡檢司，隸屬福建泉州晉江縣，管理澎湖列島和臺灣地區，並在當地徵收鹽稅。這是中國中央政府首次在臺灣地區建立正式的行政機構。元代，澎湖巡檢司一直做為管轄臺灣、澎湖地區的有效機構而存在。明朝建立以後，洪武二十年（1387年）將澎湖地區的居民遷移到泉州，廢除了澎湖巡檢司，一直到明嘉靖四十二年（1563年），為加強對臺灣的管理，才又恢復了澎湖巡檢司設置。

元曲和南戲

⊙散曲　⊙雜劇　⊙南戲

　　元朝疆域遼闊，城市經濟繁榮，工商業興盛，使市民社會異常活躍。因此，繼唐詩、宋詞之後，元曲蔚為一代文學之盛。元曲因文體的不同又有散曲和雜劇之分，以元曲「四大家」為首的一大批文學家都是曲劇皆精。與盛行於北方的元曲相對應，元代的南方也出現了一種新的劇種，稱為南戲。它的出現，同樣是市民生活豐富多彩的反映，也是中國戲劇藝術發展史上的重要篇章。

散曲

　　散曲興起於金末元初，是從民間流行的俗謠俚曲發展而來。散曲以通俗靈活的語言，表達出真摯豐富的情感，代表了元代詩歌創作的最高成就，被稱為中國詩歌藝術的第三個高峰。

　　散曲的語言既有一定的格律，又注意保留了口語通俗易懂、自由靈活的特點，同時它又不太講求精練，而多用敘述、鋪襯手法，因而有質樸鮮明、音韻粗獷、語言流暢等特點。元代散曲創作大致可分為前後兩個時期。前期散曲作家的活動中心在北方的大都，此時的元曲題材豐富、渾樸自然，富有新意和表現力，也顯得自由粗獷。關漢卿、馬致遠、白樸等，都是這一時期的代表人物。元代後期，隨著經濟重心的南移，南方的杭州等城市出現了一批專攻散曲的作家。在他們的研究和雕琢下，元曲曲風逐漸趨於雅正典麗，但也失去了前期的生命力。後期的著名代表人物有張可久、喬吉等。

雜劇

　　中國的戲劇從先秦歌舞、漢魏百戲，以及唐、宋以來的說唱藝術，到金末元初，

◆ **青釉雙耳瓶·元**

這件鈞窯雙耳瓶瓶體上有兩處紫斑，肩部有兩個虎頭狀鋪首，應為元代鈞窯瓷器中的精品。現藏於首都博物館。

終於發展成了一種比較成熟的戲劇形式，並取得了輝煌的成就，這就是元雜劇。元雜劇在表現手法上包含有「唱」「念」、「做」等多種戲劇樣式，其中的念白部分受唐、宋以來的戲劇傳統的影響，常有插科打諢的片斷，通俗易懂、幽默活潑。劇中也有角色分工，塑造人物形象較為生動。從內容上來看，元雜劇所反映的社會生活比以前的文學廣泛而深入，尤其突出地反映了一些社會地位低下的普通民眾的形象，其中很多作品都包含著對民眾的同情，因而它首先贏得了普通民眾的喜愛。

雜劇在金末元初出現之後，到成宗元貞、大德年間（1295-1307 年），創作和演出方面進入了鼎盛時期。在其繁榮過程中，湧現出眾多的優秀作家和經典作品，代表人物就是著名的元曲四大家關漢卿、王實甫、白樸、馬致遠等人。元雜劇的著名代表作品有關漢卿的《竇娥冤》、王實甫的《西廂記》、馬致遠的《漢宮秋》等。

◆ 龍泉窯青釉印花龍戲珠紋盤・元

南戲

南戲是指宋元時期用南曲演唱的一種戲曲形式，因為它最早起源於浙江溫州一帶，所以得名。宋代就已經有了比較成熟的南戲表演，一般認為「南戲」確立了中國戲劇的獨特藝術形式，所以中國戲曲的歷史一般是從南戲產生算起。它的曲調由宋詞、唱賺和民間小曲綜合發展形成，在表演藝術上以民間歌舞戲為基礎，其角色也有「生」「旦」、「外」、「貼」、「丑」、「淨」、「末」之分。與雜劇不同的是南戲的各個角色都可以使用唱腔，還可以合唱，唱腔音調和節奏也較舒緩婉轉，具有濃厚的南方氣息。元代的南戲吸收了北曲的一些特點，因而更加成熟。元末明初出現的著名南戲有《荊釵記》、《白兔記》、《拜月亭記》和《殺狗記》，被稱為「四大傳奇」，此外還有著名的《琵琶記》，它們代表了元代南戲的最高藝術成就。明代前期，南戲逐漸向傳奇演進。

◆ 朱漆描金纏枝牡丹紋八角三層奩・元

元朝 ▶ 西元 1235 年—西元 1280 年

🔘人物：八思巴 　🔘地點：西藏　大都　　🔘關鍵詞：烏斯藏行政　八思巴文

帝師八思巴

　　八思巴（1235-1280 年）是藏傳佛教薩迦派第五代法主，藏族著名的佛學家，同時又是一位具有遠見卓識的政治家和學者。他在中國元朝歷史上占有十分重要的地位，不但為元朝的統一事業有所貢獻，而且還促進了漢、蒙、藏三個民族之間宗教、經濟、文化的交流，推動了西藏地區的發展。因此，八思巴畢生為國為民的功德、業績雖在元代，卻澤被後世，值得緬懷。

八思巴及其家世

　　據《紅史》、《漢藏史集》等藏文史書記載，八思巴於 1235 年出生在後藏昂仁一個顯赫的薩迦款氏家族。八思巴自幼就得到薩迦班智達的悉心照料和教育，深受薩迦第四代法主薩迦班智達的影響，這對八思巴的成長有著十分重要的作用。1244 年，受窩闊臺第二個兒子闊端的邀請，薩迦班智達帶八思巴來到了涼州，商妥吐蕃歸附蒙古事宜。按闊端的安排，八思巴繼續跟隨薩迦班智達學習西藏佛教文化。但是薩迦班智達此時年事已高、身體虛弱，很多事情不得不交於八思巴處理。在涼州生活期間，八思巴曾經代替薩迦班智達會見忽必烈，這為兩人以後進一步發展關係打下了基礎。

　　1252 年，蒙哥命令忽必烈遠征大理，繞道迂迴進攻南宋，藏族地區是其必經之路。1253 年，由於忽必烈需要了解藏族地區的情況，派人到涼州請來了八思巴。次年，八思巴與忽必烈相會於六盤山。他

◆銅鎏金獨占鰲頭筆架．元

向忽必烈介紹了藏族的歷史、宗教和文化，將佛教「慈悲護持眾生」的思想與忽必烈的「思大有為天下」的思想結合，企圖說服忽必烈接受佛教的護佑。但是，忽必烈此時關心的是攤派差役、徵集糧餉，為進軍大理做準備，因此他沒有理會八思巴。八思巴心中不悅，便要離開。關鍵時刻，忽必烈的王妃察必出來斡旋，說八思巴佛學高深、知識淵博，要求將八思巴留下來。察必還向八思巴請求傳授薩迦派的密宗喜金剛灌頂法。這樣，八思巴就成了王妃的宗教老師。後來察必又積極促使忽必烈接受八思巴的宗教思想。1254 年，年僅二十二歲的八思巴正式成為三十八歲的忽必烈的宗教老師。此時，兩人的關係逐漸深化。

然而，八思巴真正取得忽必烈的信任和賞識，主要取決於兩個重要因素：第一個就是八思巴取信於危難之中。蒙哥即位後，命忽必烈管理中原漢地。忽必烈在漢地招賢納士，實行新政，很得人心，這引起了蒙哥的猜忌。1256 年初，蒙哥汗藉故忽必烈有足疾，解除了他的兵權，令他在家休養，又羅列罪名捕殺忽必烈的親信，形勢變得十分嚴峻。但是，八思巴此時沒有選擇離開忽必烈，而是繼續待在忽必烈營帳中，在新年照常向忽必烈一家寫新年祝詞。這一方面是八思巴與忽必烈關係深化的結果；另一方面也是八思巴在向忽必烈表明自己是一位盡職盡責的忠心之臣，以贏取忽必烈的信賴。

第二個原因是八思巴在釋道辯論中的傑出表現。1258 年，佛、道兩教衝突深化。蒙哥命令忽必烈在開平（今內蒙古正藍旗

◆ 青花蒙恬將軍玉壺春瓶・元

蒙恬將軍玉壺春瓶出土於湖南常德市，現藏於湖南省博物館。瓶身描繪蒙恬頂盔貫甲，面相威嚴，端坐在椅上審訊戰俘的畫面。蒙恬滿面鋼髯、端然穩坐的姿態，以及背後高高樹起的大旗，展現了巍然肅殺之氣。

東）主持佛、道兩教辯論《老子化胡經》的真假。這次辯論會陣勢龐大，佛教有三百多人，道教也有二百多人。在辯論中，年僅二十四歲的八思巴反應靈敏、有膽有識，充分展現了自己的才華，迫使道教承認失敗，

會後有十七名道士削髮為僧。從此，八思巴在佛學界聲名鵲起，更贏得了忽必烈的賞識。同時，透過這次辯論，八思巴對中原的佛教、道教有了更深刻的認識，為以後擔任國師、掌管全國佛教事務創造了條件。

封為國師

1260 年十二月，忽必烈戰勝阿里不哥後返回中都，立即封八思巴為國師，頒給玉印，令他掌管全國佛教。此時八思巴年僅二十六歲，可以說，他的成功，既有偶然的因素，又有必然的因素。首先，蒙古王室向來信仰宗教，需要宗教領袖做為自己的精神支持，忽必烈也不例外。然而，有所不同的是，忽必烈需要的不只是宗教領袖，還需要西藏地區的政治代表。封賜國師的目的是為有效地管理西藏地區，因此國師其人必定在藏傳佛教中選取。

其次，在選擇藏傳佛教領袖時，忽必烈一開始的選擇並不是八思巴。噶瑪噶舉派的噶瑪拔希曾處於比八思巴更有利的地位。但是噶瑪拔希一開始就不願意追隨忽必烈，後來又與忽必烈為敵，幫助阿里不哥爭奪汗位，這引起忽必烈對他的極大不滿與憤恨，從而更加信賴八思巴。因此，正是錯綜複雜的歷史造就了八思巴的國師地位。

當上國師後，八思巴既是忽必烈家庭宗教上的老師，又是元朝的高級顧問。在職期間，八思巴做出了以下三點職責和貢獻：首先，為忽必烈全家及皇室成員傳法受戒，傳授喜金剛灌頂法，為國家昌盛、社稷穩定祈福；其次，發現並培養大批佛教人才，其中

一些人成為元朝的棟樑之材，對元朝和西藏地區的經濟、政治、文化的發展做出了巨大貢獻；最後，做為藏族地區的代言人，八思巴還直接參與或間接影響了中央對西藏的施政，為鞏固西藏地區統一於祖國立下了汗馬功勞。

晉封帝師

1269 年，八思巴向忽必烈進獻自己創制的蒙古新字。忽必烈欣喜有加，次年下詔封八思巴為帝師。元代以前有國師而無帝師，如果說忽必烈封八思巴為國師，只是沿襲舊有的傳統，那麼晉封八思巴為帝師，的確是忽必烈的首創。帝師制度也就成為元朝近百年歷史的一項重要制度。元朝滅亡後，帝師制度也隨之消失，因此帝師制度也可算是佛教史上的一個特例。

實際上，八思巴從國師晉封為帝師，職責和權力並沒有相應增大。兩者都是為皇帝及皇室成員傳授喜金剛灌頂法；都是帶領僧人為皇帝進行各種各樣的法事活動，為國家社稷祈福；都是管理天下釋教徒眾和處理西藏事務，同時負責薦舉僧人及西藏地區的行政官員。但設置帝師卻是十分必要的，因為古往今來「君天下者皆有師」。忽必烈由蒙古大汗改稱元朝皇帝，晉封八思巴為帝師是必然之事，同時這也是出於政治上的考慮。帝師位極人臣，受百官崇信、頂禮膜拜，但他的權力再大，也是世祖忽必烈賦予的。至多是世祖忽必烈任命的一個特殊官員，而他所管轄的西藏地區，也只是世祖忽必烈統治下的一個行政區域，這也正是忽必烈的用意

所在。

八思巴是元代傑出的宗教活動家和社會活動家。他一生的貢獻很多，除了在宗教上繁榮佛教文化事業外，在政治和語言文字學方面也有非常突出的貢獻。第一是建立烏斯藏行政體系。1264年夏，八思巴離開大都返回西藏，經過長途跋涉，於第二年元旦到達西藏拉薩，在向忽必烈致新年賀歲後便趕回薩迦，立即著手建立烏斯藏行政體系。

在薩迦，八思巴建立了「剌讓」制度，設立十三名侍從官，即司禮官、掌內室和服飾之官、司宗教儀式之官、司禮賓官、司座經官、掌運輸之官、掌馬官、掌犏牛官、掌犬官等。表面上看來，這些都是負責八思巴起居與日常生活的官職，但這些官職的設置類似於蒙古王室的怯薛軍組織。事實上，這些組織是八思巴代表元朝有效管理西藏的政治、軍事組織。

它的職能主要有：管理各教派的僧人，使帝師的法旨與皇帝的命令並行於西藏；依據皇帝的授權，給有功人員賞賜，對反對元朝和帝師的貴族加以處罰；向元朝皇帝推薦和任命西藏各級官員。這一體系對元朝統治西藏發揮了積極作用，以及順應了歷史發展的要求。

第二，是創制蒙古新字。1269年，八思

◆ 密集金剛像唐卡・元

西藏唐卡是用彩緞裝裱而成的卷軸畫，具有鮮明的民族特點、濃郁的宗教色彩和獨特的藝術風格，歷來被藏族人民視為瑰寶。密集金剛，又稱集密金剛，是根據《密集經》織成的佛教密宗本尊像。

巴回到大都，受到真金太子和王公大臣的熱烈歡迎。八思巴此次遠道而來的目的不是講經誦法，而是向世祖獻上新創的蒙古字。八思巴所創制的文字在一定程度上彌補了元朝沒有自己成熟文字的缺陷，維護了元朝的威嚴，並了卻元朝皇帝忽必烈的一椿心願。緊接著，忽必烈下詔頒行天下。

元朝時期

人物：元世祖忽必烈　　地點：大都　　關鍵詞：四等人制度

推行漢法與四等人制度

　　蒙古族原是一個以遊牧經濟為主的民族。當蒙古鐵騎一踏入中原，漢化也就被蒙古統治者列入計畫內的事項之一。因為軍事上的勝利並不能解決農業文明與草原遊牧文明的強烈衝突。面對先進的農業文明，蒙古統治者要統治中原，勢必需要改變落後的遊牧經濟，採用漢族先進的生產方式、國家制度和政治制度。

◆〈歷代帝王像〉之元成宗

元成宗是元朝的第二位皇帝，元世祖忽必烈之孫、太子真金的兒子。

改漢制、興漢法

　　改漢制、興漢法肇端於成吉思汗時期。1219 年，正在中亞征戰的成吉思汗邀請全真教領袖邱處機北上論道，表面看來，是要向邱處機學習長生不老之術，但他真正感興趣的卻是全真教治國安民之術。邱處機也坦率地說，他沒有長生不老之術，只有養生之法。在和成吉思汗的密談中，他針對蒙古軍隊的屠殺掠奪，一再闡釋治國應「以敬天愛民為本」、長生應「以清心寡欲為要」的政治觀點。他勸誡成吉思汗釋放「驅口」（也作驅丁，漢人戰俘奴隸），尊重漢地習俗，重視農業等。成吉思汗指令耶律楚材將談話記錄下來，說是要傳給他的子孫。這說明成吉思汗對漢法開始有所重視。邱處機離去後，耶律楚材也多次向成吉思汗進言採用漢法。由於忙於征戰，成吉思汗無暇考慮怎樣有效地治理統治區，因此，耶律楚材最初並沒有得到重用，但成吉思汗晚年曾對窩闊臺說：「此人天賜我家，爾後軍國庶政，當悉委之。」

這為窩闊臺後來採納耶律楚材的漢化政策創造了有利條件。窩闊臺時期，耶律楚材參照漢法，建議軍民分治，建立賦稅制度，廢除屠城舊制，漢化取得初步成果。

忽必烈受過很深的漢文化教育，在爭奪汗位和統一全國的殊死爭鬥中，又得到漢族知識分子的大力支持。這使他深深意識到漢法維護對其統治的重要性。忽必烈即位後，在全國推行漢法。具體而言，忽必烈在初期推行的漢法主要包括三個方面。

第一，定國號及禮儀制度。忽必烈之前的成吉思汗、窩闊臺汗等，都沒有紀元年號。忽必烈即汗位後，便採用中國傳統的年號紀年法，定年號為「中統」。阿里不哥歸降後，改年號為「至元」。至元八年（1271年）十一月，忽必烈採納劉秉忠等漢人文臣的建議，定國號為大元，設太廟，祭祀祖先，仿照宋、金朝禮儀制度制定節日、慶典的朝儀，將皇權提高到神聖不可侵犯的地位。

第二，建立中央集權的官僚政治體制。在漢族知識分子的幫助下，元世祖忽必烈參照宋朝制度，建立了一套中央集權的統治機構。中央設中書省，管理全國政務，其長官為中書令，下轄吏、戶、禮、兵、刑、工六部，處理具體事務；設樞密院管理軍事，長官

◆ 影青釉自在觀音像·元

這座觀音頭戴寶冠，面容慈祥，微含笑意，身著佛衣，袒胸赤足，平和自然，形態及釉色極為精美，是元代瓷類造像中罕見的珍品。

為院使、副使；設御史臺，負責監察百官，長官為御史大夫。除大都及附近地區由中書省直接管轄外，其他地方設行中書省，簡稱「行省」或「省」。各行省下轄路、府、州、縣，分設總管、知府、知州、知縣。從加強中央集權來說，元與宋的統治機構是一脈相承的。但宋朝的制度在加強皇權的同時，重點在於對地方的防範；元朝的制度在加強皇權的同時，還讓地方機構發揮積極作用。元朝行省制的確立，是中國歷史上地方行政機構的重要改革，對以後各朝代產生了深遠的影響。明代雖改行省為布政使司，但習慣上仍稱為「行省」。今日之省，也是由元代行省制度演變而來的。

第三，重用儒士，尊崇儒學。蒙哥汗時期，忽必烈奉命管理漠北漢地。他開始廣泛延攬天下儒士，諮詢治國方略。這樣，許多懷才不遇的漢族知識分子如竇默、姚樞、許衡、劉秉忠、郝經等，紛紛歸附忽必烈，為他出謀獻策。他們積極地用「以儒治國」的思想，來影響忽必烈。劉秉忠向忽必烈灌輸「以馬上取天下，不可以馬上治天下」的儒家思想，同時又進言「孔子為百萬師，立萬世法」，應尊崇孔子；姚樞向忽必烈提出建立學校、重視儒學、培育人才的建議；郝經提出「行中國之道，即為中國之主」等。忽必烈都一一採納了這些建議，並重用這些儒臣，如劉秉忠官拜光祿大夫；竇默官拜大學士，累贈太師和魏國公；郝經、姚樞等都被給予高官厚祿。

漢化與反漢化

忽必烈早期對儒學有很大興趣，但體會粗淺。後期在理財問題上與儒臣發生分歧，他便認為儒臣不識時務，漸漸疏遠了他們。蒙古舊貴族趁機掀起反對漢化的熱潮。從忽必烈後期到元朝滅亡，漢化與反漢化的鬥爭都十分激烈，在太子真金之死和南坡之變中表現得最為突出。

太子真金是忽必烈的兒子，深受漢文化的薰陶。真金為燕王時，由王恂講解儒學的三綱五常和治國之道，許衡講經史。至

元十六年（1279年）十月，真金開始參與政務。他選用了許多儒士為幕僚，以「仁」治國，凡是擾民的苛治，一旦聽説，即刻廢除。他對阿合馬、桑哥等舊貴族視若仇人。因此，真金的仁政招來了許多仇視漢法、堅持蒙古舊制的守舊勢力的反對。在忽必烈晚年，他們離間忽必烈和真金的父子之情，使忽必烈懷疑太子真金陰謀奪位，便嚴厲追查。太子真金在憂懼中死去，漢化受挫。

元英宗時期崇尚儒學，大興漢法，任用漢文化素養較深的拜住為相，同時又不斷削弱守舊勢力的力量，推進漢化的進程。但隨著漢化的深入，反對力量也漸漸彙集到以鐵失為代表的守舊勢力的麾下，對抗英宗的漢法政策。至治三年（1323年）八月初，英宗南還，在上都南面的南坡（距上都三十里）駐營，鐵失等守舊派調集所管轄的軍隊，發動兵變，包圍英宗大帳。鐵失先殺中書省右丞相拜住，再殺英宗，後世稱之為「南坡之變」。繼位的泰定帝實際上是保守的草原遊牧貴族集團利益的代表，這反映了蒙古統治

◆〈浴馬圖〉・元・趙孟頫

元代唯一集詩、書、畫三絕的大家，趙孟頫在繪畫技巧上別有創意。他的〈浴馬圖〉描繪了奚官浴馬的場景，全畫描述了九人十四馬，人物皆為唐裝，馬匹豐肥圓潤，神態輕鬆自如，是難得的藝術精品。此畫在1964年由鄭洞國將軍捐給北京故宮博物院收藏。

集團內部漢化和反漢化的激烈衝突。

不管元朝中後期反漢化的鬥爭如何激烈，元朝推行漢法政策是歷史的必然趨勢，也取得了一些成就。首先，是尊奉孔子。忽必烈雖採取過一些崇儒措施，但對孔子沒有特加尊崇。成宗即位後，下令尊崇孔子，稱「孔子之道，垂寬萬世，有國家者，所當尊奉」。武宗即位後，又稱孔子為「大成至聖文宣王」，超過了歷代王朝對孔子的尊奉。仁宗時，命令國子監劉賡到曲阜，乙太牢（牛牲）祭祀孔子。皇慶二年（1313年）又以宋儒周敦頤、程顥、張載、司馬光、朱熹等從祀孔廟。次年又封孔子第五十三世孫襲封衍聖公，以表示對儒學的尊崇。

其次是正式實行科舉。早在世祖忽必

烈時期，朝廷便圍繞科舉的行廢問題展開討論。一直到皇慶二年（1313 年）中書省上言實行科舉，以經學取士。這年十一月，仁宗才下詔正式開科取士，規定各地推舉年二十五歲以上的舉人經鄉試後，次年二月在禮部會試，然後御試，以後科舉每三年開試一次。科舉考試內容以《大學》、《中庸》、《論語》、《詩經》等「四書五經」為主。與前代相比，元代科舉在考試程序和內容上都有一定的發展和完善。元代開科取士，在政治上多少滿足了漢族知識分子要求廣開仕途的願望，也使漢文化在蒙古人中得到進一步發展。

最後是編纂和刊刻書籍。漢文化造詣比較高的元文宗圖帖睦爾即位不久，就創設奎章閣學士院，專門研究和鑑定書畫，同時又設藝術監，負責校正、刊刻儒家書籍。從天曆二年（1329 年）到至順二年（1331 年），文宗組織一大批文人，編纂了《經世大典》。這是一部集元朝典制之大成的著作。元順帝時，又編纂金、宋、遼三國史書，另又修訂《大元通制》，書成更名為《至正條格》，這是元朝在漢化過程中取得的最後一項比較大的成就。

四等人制度

儘管元朝中後期陸續取得了一些漢化成就，但由於守舊勢力的阻礙，使元朝的漢化呈現兩種局面，大量不適應漢地情況的蒙古舊制繼續存在，比如投下制度、怯薛制度等。但最為史書詬病的是元朝統治者推行民族等級制度，也就是所謂的四等人制度。

元朝建立之後，做為統治民族的蒙古族，自然首先要確立本民族的社會地位。忽必烈依照民族成分、被征服的先後順序，以及對蒙古統治者的歸附程度，將全國居民劃分為四個等級，由高到低依次是蒙古人、色目人、漢人、南人。各等級在政治、經濟上的權利和義務有很大的差別。第一等級的蒙古人在政治、經濟等多方面享有許多特權，擁有大量的土地和人口，還可以任高官而受輕罰。第二等級的色目人主要指西夏人，也包括中亞、東歐地區的各個被征服民族。第三等級為漢人，主要指女真、契丹及原金朝統治下的北方漢族人。他們在各方面受到的限制比較多，缺少政治特權。第四等級為南人，也稱新附人，是元代社會地位最低的一個社會等級，主要指原南宋治下的各族，以漢族為主體。

元朝在將各族人民劃分等級之後，又把所屬人口按照應服差役的不同、繳納貢賦的品種，以及種族、宗教等區別，分為民戶、軍戶、匠戶、冶金戶、打捕戶、葡萄戶、畏兀戶、也里可溫戶等，分別承擔不同的徭役，稱為「諸色戶計」。按照不同的職業，元朝將人民分為十個等級，從上到下分別是：官、吏、僧、道、醫、工、匠、娼、儒、丐。儒指儒家知識分子，在歷代封建社會中是四民之首，元代卻排在娼妓之後的第九位，可見元代統治者對文化知識的輕視。等級制結合了諸色戶計等方法，共同構成元朝的社會組織網路。這種劃分具有強烈的民族歧視性質，是元朝民族分化政策的具體體現。

元朝 西元 **1351** 年－西元 **1368** 年

☸人物：元順帝妥歡貼睦爾　劉福通　朱元璋　☸地點：黃河　大都
☸關鍵詞：開河變鈔　紅巾軍

紅巾軍起義與元朝覆亡

　　元世祖忽必烈於至元三十一年（1294 年）去世，已故太子真金的兒子鐵穆耳登基，是為成宗。他在位十三年，尚能力守成憲，政權還算鞏固。成宗死後，元朝統治者為了爭奪帝位，互相殘殺，在短短二十六年中（1307-1333 年）連續換了八個皇帝，大大削弱了元王朝的統治能力。最後一個皇帝妥歡貼睦爾於至順四年（1333 年）嗣位，年僅十三歲，是為元順帝。他面臨一個政治腐敗、財政枯竭、民不聊生的困難局面，再也無力回天。由階級與民族等衝突交織而成的紅巾軍起義，於至正十一年（1351 年）爆發，吹響了元朝滅亡的號角。

開河變鈔引民變

　　至順四年（1333 年）六月，十三歲的妥歡貼睦爾即帝位，是為元順帝。這位元朝最後一個皇帝面對的是一個權臣當道、吏治腐敗、財政崩潰、民怨沸騰的政治局面，為了延續王朝統治，元順帝決定先剷除權臣伯顏。

　　伯顏在順帝登基的過程中立有大功，受封中書右丞相、太師、秦王。然而大權在握後，伯顏日益驕狂，對順帝也是頤指氣使，君臣之間的關係變得惡劣。伯顏懷有狹隘的蒙古貴族獨尊的意識，對漢人、南人充滿鄙視和猜忌。他曾下令停止科舉考試，還提出要殺盡張、王、劉、李、趙五姓漢人，讓民族衝突更加惡化。此外，伯顏在統治階層內部大肆排除異己，在

◆ 青花魚藻凸花牡丹大盤・元

◆〈人馬圖〉‧元‧趙雍

趙雍，字仲穆，元代書畫家趙孟頫的次子，其人擅長山水、人物鞍馬畫，這幅〈人馬圖〉描繪了元代西域長髯奚官雙手牽著一匹白馬，畫面生動，人物栩栩如生。

經濟上濫發紙幣、收斂錢財，已經成為統治階層必須拋出的「棄子」。至元六年（1340年）年初，伯顏率領親衛出城打獵，順帝聯合伯顏的姪兒脫脫發動政變，將大都城內伯顏的親信一網打盡，然後一紙詔書將伯顏發配到南思州陽春縣（今屬廣東），伯顏走到江西，病死於驛館內。

伯顏死後，元順帝提拔脫脫當政，改元至正，宣布「更化」，歷史上稱為「脫脫更化」。脫脫的改革主要措施有：第一，恢復伯顏廢黜的科舉制。第二，置宣文閣，恢復太廟四時祭。第三，平反昭雪一批冤獄。第四，開馬禁、為農民減負，放寬政策。脫脫上臺以後，下令免除百姓拖欠的各種稅收，放寬了對漢人、南人的政策。此前民間禁止養馬，脫脫上臺廢除了這一禁令。第五，主持編寫宋、遼、金三國史書。

脫脫在四年多時間的改革中，使元朝末年的昏暗政治一度轉為清明，取得了不少成績。至正四年（1344年），脫脫因病辭位。五年後，即至正九年（1349年），脫脫再被起用。此時，災荒頻繁，國庫吃緊，為解救危機，脫脫更改鈔法，印行至正交鈔，以替換百姓手中日益貶值的至元寶鈔。然而，由於新鈔發行額度過大，造成了通貨膨脹危機，國家財政沒有任何好轉，政府的信譽卻一落千丈。同時，從元順帝至正四年（1344

年）開始，黃河連年氾濫，災民遍野，脫脫只得派工部尚書賈魯負責開挖和疏通河道。賈魯徵發十五萬民工日夜勞作，而監工們經常扣發口糧，修河所用的物資也就近攤派到遭受水災的災民頭上。治理黃河，本來是一件利國利民的好事，反倒因此弄得天怒人怨，民間宗教團體白蓮教趁機組織河工起義，掀起了一場燎原烈火。

紅巾軍起義

白蓮教的基礎是佛教淨土宗的分支「彌勒宗」，又摻雜了明教的部分信仰，宣揚世道混亂到極點後，將有「明王出世」，拯救

萬民。白蓮教主要在江淮一代傳播，信徒很多，主要的傳教者，淮東有韓山童，淮西有彭和尚。

　　賈魯開河後，韓山童及其信徒劉福通等人開始籌畫起義。他們首先散播流言，說明王即將出世，然後刻了一個石頭人，只鑿了一隻眼睛，背上還刻字說「莫道石人一隻眼，此物一出天下反」，悄悄埋在黃河河道中。至正十一年（1351年）五月，河工們在疏通河道時，果然挖出此物，一時間人心惶惶。韓山童等人看時機已經成熟，就聚集了三千餘人於潁州潁上縣（今安徽阜陽潁上縣），殺黑牛白馬，祭告上天。韓山童自稱

是「宋徽宗八世孫，當為中國主」，而劉福通則冒充南宋大將劉光世的後裔，眾人共推韓山童為「明王」，待時起義。想不到消息洩露，元朝派兵鎮壓，韓山童被捕身亡。劉福通等人衝出重圍，率眾攻占了潁州，正式樹立反元旗幟。他們發布文告，指出當時社會極端不公，要以「虎賁三千，直抵幽燕之地；龍飛九五，重開大宋之天」。因為起義軍頭裏紅巾，所以得名「紅巾軍」。潁州起義成功後，北方引發連鎖反應，芝麻李在徐州起義，郭子興在濠州（今安徽鳳陽東北）起義，各路義軍皆以紅巾為號，四處打擊元軍。就在北方紅巾軍發動大起義的同時，南

方的白蓮教教主彭和尚也在淮西發動徐壽輝、陳友諒等人起義，南方各地的白蓮教徒紛紛響應。至正十一年（1351年），徐壽輝建國稱帝，國號「天完」，其意是想要蓋倒「大元」，這也是元末農民起義中建立最早的農民政權。

面對紅巾軍大起義的浪潮，元朝政府不斷派出大軍進行血腥鎮壓。然而，由於元軍腐敗無能，屢次進攻都以失敗告終。至正十二年（1352年），元相脫脫親率大軍南征，聯合各地主武裝，首先攻克徐州，芝麻李被俘後遇害。次年十一月，彭和尚戰死在瑞州（今江西高安市），天完政權的都城蘄水（今湖北浠水）也被元軍占領。就在紅巾軍的起義停滯時，鹽販張士誠在泰州（今屬江蘇）起義，相繼攻占泰州、高郵（今屬江蘇）等地，自稱誠王，建國號大周。為了消滅張士誠部，元相脫脫率領蒙古諸王的部屬、各地元軍，號稱百萬，圍攻高郵。眼見高郵就要被攻破，元順帝聽信了寵臣哈麻的誣陷，下詔削去脫脫的兵權，貶往雲南。這個突然的變故，讓高郵城下的百萬元軍士氣全無，一時四散潰逃，元朝再也沒有力量糾集如此數量的軍隊鎮壓起義軍，今後只能依靠地主武裝來維持其搖搖欲墜的統治。

北伐與失敗

高郵之戰後，元末農民起義軍出現了一個轉捩點。至正十五年（1355年）二月，劉福通把在碭山（今安徽碭山）避難的韓山童的兒子韓林兒接到亳州（今屬安徽），正式建立政權。因為他們號召要恢復宋朝，所以

政權的名字為宋，年號龍鳳，韓林兒被擁立為皇帝，號「小明王」。至正十七年（1357年）夏天，劉福通派出三路大軍同時北伐，進攻大都，試圖一舉推翻元朝。

西路軍是最早出發的一支部隊。先由李武、崔德率領，後來又由白不信、大刀敖、李喜喜等人率領，他們經過河南到達陝西，被地主武裝察罕帖木兒打敗，後向元朝軍閥李思齊投降。中路軍由關先生、破頭潘等人率領。他們越過太行山，進入山西。原來的計畫是從山西配合東路軍毛貴進攻大都，由於元軍的堵截，只得轉戰攻克上都（今內蒙古正藍旗東北），接著中路軍又攻克遼陽，並以之為基地，進入高麗（今朝鮮），後關先生等人在高麗戰死，破頭潘等人戰敗被俘，中路軍也歸於失敗。東路軍主將毛貴奪取元朝的海船，從海路攻下膠州（今屬山東），在短短幾個月的時間裡，占領了山東大部分地區。至正十八年（1358年）二月，毛貴繼續北伐，紅巾軍的前鋒一度抵達柳林（今北京市通州南），直逼大都。然而，由於毛貴孤軍深入，元軍四方來援，毛貴軍敗於元將劉哈剌不花，退回濟南。不久，毛貴被部將趙均用殺害。至正二十一年（1361年），地主武裝察罕帖木兒所部開始進攻山東紅巾軍。第二年六月，一度投降元軍的紅巾軍將領田豐、王士成發動兵變，殺死察罕帖木兒。但後者的義子擴廓帖木兒很快接手軍隊，最終將山東紅巾軍全部鎮壓了下去。

在發動三路北伐的同時，劉福通部攻克了中原重鎮汴梁，將其改為宋的都城。然而，由於三路北伐皆歸失敗，元軍一步一

◆ 影青透雕人物紋瓷枕・元

這件長方形瓷枕的枕體雕出三開間殿堂建築的形狀，還塑貼有各種人物像十八個，姿態各異，堪稱元代瓷枕中的藝術精品。

步地縮小對汴梁的包圍，劉福通只好孤軍奮戰，衝破敵人重圍，保護韓林兒逃到安豐（今安徽壽縣南）。至正二十三年（1363年）二月，投降元朝的原江浙起義軍首領張士誠，趁安豐空虛的機會，派大將呂珍來攻。劉福通一面派人向朱元璋求救，一面堅持抵抗。朱元璋親率大軍救出小明王和劉福通，把小明王和劉福通安置於滁州。至此，宋政權已經名存實亡。至正二十六年（1366年）十二月，朱元璋命廖永忠迎小明王、劉福通至應天（今江蘇南京），途經瓜步（江蘇六合東南）時，廖永忠將他們推入水中溺死。

削平群雄

就在北方紅巾軍起義遭到沉重打擊的同時，南方的朱元璋部起義軍卻得到發展壯大的機會。朱元璋（1328-1398年）出生於濠州鍾離（今安徽鳳陽）一個貧苦農民家庭，幼年時給大戶人家傭耕放牧，也曾出家做過和尚。至正十二年（1352年）三月，朱元璋投奔濠州的郭子興部義軍，在其帳下擔任親兵。郭子興見朱元璋有膽略又有見地，就把養女馬氏嫁給他。從此，朱元璋的地位更加穩固，也是在這時他正式取名元璋，字國瑞。之後，朱元璋回到家鄉濠州鍾離招兵買馬，少年時的夥伴和同鄉徐達、周德興、郭興等人，都紛紛前來投效，朱元璋很快募兵七百多人。此後，透過不斷地招撫和收編，朱元璋的隊伍迅速壯大。至正十五年（1355

◆〈出圉圖〉•元•任仁發

任仁發（1255-1327年），松江府青龍鎮（今屬上海市）人，元代著名畫家，以善於畫馬聞名，人物和花鳥畫也有很高成就。這幅〈出圉圖〉描繪了三名圉官（養馬的小官）引四匹駿馬出廄的情景，畫風柔麗精細，深得唐代畫家的筆法和用色之妙。

年）三月，郭子興病死，郭子興的兒子郭天敘掌握其部屬。不久，郭天敘戰死，朱元璋接管了郭子興的舊部。至正十六年（1356年），朱元璋所部攻占集慶，破城後改名應天之後，朱元璋採納老儒生朱升「高築牆，廣積糧，緩稱王」的建議。在「緩稱王」上，自覺力量尚弱的朱元璋遙奉韓林兒為「大宋皇帝」，接受江南行省左丞相、吳國公的封賞。這種始終寄名於宋政權之下的做法，為朱元璋獲取保護、增強個人在軍隊當中的影響力都產生了作用。而在「高築牆」和「廣積糧」方面，朱元璋一面大修應天城牆，加強自己地盤的防禦；一面興兵屯田，大修水利，全力發展生產，營建了一個鞏固的根據地，為日後削平群雄奠定了基礎。

至正二十年（1360年），天完政權建立者徐壽輝被部下陳友諒殺死，陳友諒自行稱帝，立國號為大漢。隨後，陳友諒率軍東下，攻打朱元璋的根據地應天，但被朱元璋擊敗，悻悻而退。後經兩年的準備，陳友諒於至正二十三年（1363年）五月，再次率領六十萬大軍、戰艦五百餘艘進攻洪都（今江西南昌）。朱元璋動用全軍來救，以火攻之策大敗陳友諒的艦隊，戰鬥中陳友諒被流箭射中頭顱而死。次年，朱元璋率大軍進攻武昌，陳友諒之子陳理投降，大漢割據政權滅亡。消滅了陳友諒之後，朱元璋又陸續消滅了淮東、浙西的張士誠，浙東的方國珍，以及福建的陳友定等割據勢力，除了四川、雲南外，長江以南地區基本上都被朱元璋所統一。

明軍北伐

就在朱元璋南征北伐之時，困居北方的元朝政府並沒有採取任何措施來挽救其統治。元順帝沉溺於聲色中，不理朝政；皇太子愛猷識理達臘和皇后奇氏謀奪皇位；地方上擴廓帖木兒和孛羅帖木兒兩大軍閥爭搶地盤，宮廷鬥爭和軍閥爭鬥相互交錯。

擴廓帖木兒，漢名王保保，元末將領察

罕帖木兒的外甥，因察罕無子，後收其為義子。至正二十二年（1362年），察罕帖木兒在圍攻山東紅巾軍時被降將田豐刺殺，擴廓帖木兒統領其父所部兵馬。在鎮壓了山東的紅巾軍後，元朝地方軍閥之間的衝突日益明顯，尤以擴廓帖木兒和孛羅帖木兒之間的鬥爭最為顯著。至正十七年（1357年）十二月，孛羅帖木兒的父親，和察罕帖木兒同為元末大將的答失八都魯病死，孛羅帖木兒繼承了其父的軍隊和職務。此後，孛羅帖木兒和察罕帖木兒為了爭奪山西、河北等地，多次爆發戰鬥，後經元廷調解，這才罷兵休戰。察罕帖木兒遇刺身亡後，孛羅帖木兒率軍爭奪河北、山西地盤，雙方再次爆發大規模的戰鬥，其間元順帝多次下詔勸解，但雙方的衝突卻愈來愈深。

就在地方軍閥之間爭鬥不斷的同時，元廷中樞也爆發了權力鬥爭。元順帝的舅舅、御史大夫老的沙和知樞密院事禿堅帖木兒得罪了皇太子愛猷識理達臘，皇太子想要處死兩人，兩人就逃奔到大同，為孛羅帖木兒所收留。丞相搠思監、宦官朴不花等人依附太子，依靠擴廓帖木兒為外援，多次向孛羅帖木兒索要老的沙，雙方鬧得不可開交。至正二十四年（1337年），搠思監、樸不花誣陷孛羅帖木兒、老的沙圖謀造反，元順帝下詔撤銷了孛羅帖木兒的兵權和職務。孛羅帖木兒拒不從命，反而率軍進逼京師。七月，孛羅帖木兒率軍攻入京師，皇太子逃奔太原。元順帝一面虛與委蛇地封孛羅帖木兒為中書右丞相，節制天下兵馬，一面催促擴廓帖木兒討伐孛羅帖木兒。不久，孛羅帖木兒在

大都被元順帝招募的殺手刺死，順帝下詔命令皇太子回京，擴廓帖木兒護衛皇太子入朝。這時候，奇皇后又要擴廓帖木兒出面逼順帝讓位，擴廓帖木兒不肯，皇太子母子就懷恨在心，在元順帝身邊詆毀擴廓帖木兒，後者只好請求帶兵前往外地。元順帝封擴廓帖木兒為河南王，統率天下兵馬，命其南下與朱元璋作戰，不久又罷削了擴廓帖木兒的兵權。

元朝內部的混亂正好給朱元璋創造了機會，他在成功消滅陳友諒、張士誠兩股割據勢力後，積極準備北伐。至正二十七年（1367年）十月，朱元璋任命徐達為征虜大將軍，常遇春為副將軍，率領二十五萬大軍開始北伐；同時又分出一部分兵力繼續南征，消滅浙江的方國珍、福建的陳友定，以及湖廣地方的割據勢力。北伐軍一路勢如破竹，席捲河南、河北。至正二十八年（1368年），朱元璋在應天稱帝，國號「大明」，改元「洪武」。閏七月，明軍會集德州，從水陸兩路沿運河北上，占領長蘆（今河北景縣），攻克青州（今屬河北），到達直沽（今天津市），進逼大都。七月二十八日夜間，元順帝放棄大都，逃奔上都。八月初二，徐達率明軍進入大都。元朝滅亡。元順帝於至正三十年（明洪武三年，1370年）四月死在應昌（今屬內蒙古赤峰市），皇太子愛猷識理達臘繼位，是為昭宗，仍沿用「大元」國號，史稱「北元」。北元在愛猷識理達臘之後，皇位又傳了六次，延續了三十四年。

明

西元1368年，在元末群雄逐鹿中脫穎而出的朱元璋登基稱帝，建立大明王朝。1644年，李自成農民軍攻入北京，明崇禎帝自縊煤山，明朝亡。明初定鼎南京，永樂十九年遷都北京。明朝共十六帝，歷二百七十七年。

　　洪武、永樂兩朝為明代前期，明太祖、成祖雄才大略，採取一系列措施，加強了君主專制中央集權，完善了對少數民族地區與邊疆地區的經營，並迅速恢復了遭受戰亂破壞的社會經濟，國勢日漸強盛，遂有鄭和七下西洋的壯舉。洪熙到弘治朝為明代中期，政治制度又有新的變化，內閣制正式形成，巡撫總督制確立，並出現了政治較為清明的「仁宣之治」和「弘治中興」。但由於皇帝寵信宦官，致使宦官干預朝政乃至擅行大權，有明政局開始進入「多事之秋」。正德到崇禎朝為明代後期，政治危機日益嚴重，大刀闊斧的張居正改革也難以挽狂瀾於既倒。其間明廷三大案接踵而發，黨爭進入白熱化。韃靼騎兵侵犯北疆，兵臨京畿；倭寇與海盜勾結，瘋狂禍害東南沿海各地；女真崛起，直接威脅明廷安危；明末農民起義聲勢浩大，最終成為明帝國的掘墓人。

　　明代中後期是國內傳統社會萌動歷史性轉型的時代。全國南北各地尤其是江南地區的商品經濟發展水準前所未有，社會生產關係出現新趨勢；突破朝貢體制和海禁政策的海外貿易蓬勃發展，白銀大量流入並成為普遍使用的貨幣。在思想文化與社會生活領域，市民階層意識日益覺醒，文學通俗化與學術民間化蔚然成風，西學開始東漸，社會風氣「厭常喜新」。在這個時期，域外世界也醞釀著巨變，以西方殖民擴張與國際貿易體系規模日益擴大為標誌性的全球化初潮風生水起，自大西洋衝擊著太平洋沿岸。西方商人和傳教士已登陸中國東南沿海進行各種活動，中西方的國力對比和國際地位在悄然發生變化。

明朝 西元 1368 年—西元 1398 年

 人物：明太祖朱元璋　 地點：南京　 關鍵詞：廷杖　錦衣衛

明太祖的集權政治

　　從至正十二年（1352 年）投身濠州紅巾軍郭子興部，到至正二十八年（1368 年）北伐大軍攻入大都，元末群雄中最具有政治才華的朱元璋，用了十七年的時間剪滅群雄，推翻元朝，建立大明王朝。明太祖朱元璋設計了一整套有利於中央和皇帝集權的統治結構，他既大力推行中央集權制度，加強權力機構的互相牽制，以便皇帝個人控制；又以分封制將地方權力分散到朱姓藩王的手中，但施行這個措施的後果，卻是朱元璋所始料不及。

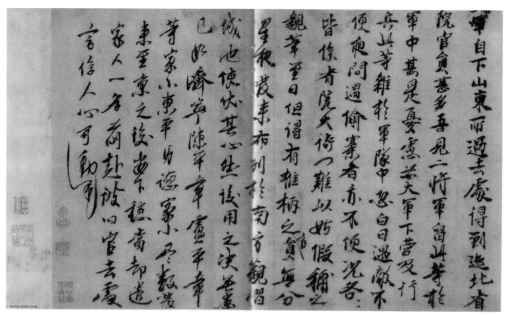

◆〈大軍帖〉·明·朱元璋

　　〈大軍帖〉是朱元璋寫給部將的一封信，從內容分析，此時朱元璋集團已消滅陳友諒、張士誠等割據勢力，正全力攻打北方，戰事頻仍。此帖書風健拔瘦勁，點畫稚拙流暢，得自然生動之趣。現藏於北京故宮博物院。

分權：朱元璋的集權之道

朱元璋在中央統治機構的分權上做得很徹底，也很極端，顛覆了中國幾千年的丞相制。他認為歷史上太多的權臣擅權篡位，必須從根本上予以杜絕。儘管一開始明朝就設置了左、右丞相以防一相專權，但是朱元璋仍不放心。洪武十三年（1380 年），朱元璋給左丞相胡惟庸加上威福自用、暗通倭寇、勾結北元、圖謀不軌等罪名，將其處死；並廢除中書省，不再設丞相，改由皇帝直接君臨百官，將國家與政府首腦合而為一，從體制上保證了君主在中央集權政治中的絕對權威。

這也使朱元璋成為歷史上最忙的皇帝，他每天要看二百件奏疏，處理四百件政事，每天早中晚三次上朝。在地方，明朝最初繼承了元朝的行省制度，洪武九年（1376年），朱元璋廢除行中書省，把行省的權力一分為三，分設承宣布政使司管理錢糧民事，提刑按察使司掌握司法，都指揮使司掌握軍權。三權分立，互不統屬，大權歸於中央。軍事上，朱元璋將開國之初的大都督府分為中、左、右、前、後五軍都督府，以防止軍權過度集中。各府分別掌管京師和全國各地的都指揮使的軍隊，又分設左、右都督為長官。

監察方面，朱元璋大幅度拆分掌管監察的御史臺。他把御史臺改為都察院，設左右都御史，並擴大御史隊伍，置監察御史一百一十人監察百官，出視民情。這些御史是皇帝的耳目，一旦受命出巡（稱巡按御史），就權同欽差，小事立斷，大事奏裁，

◆〈太祖坐像〉

明朝開國之君朱元璋，一向主張以殘酷的法律嚴懲貪官汙吏，甚至規定官員貪汙六十兩白銀以上的一律斬首示眾。然而，一味的嚴刑酷法並未根除明朝的貪汙腐敗問題，以致朱元璋也感嘆「朝治而暮犯，暮治而晨亦如之」。

對地方官頗有威懾力。都察院中還設置了六科給事中，負責駁正和稽核六部百官之事。深通民情的朱元璋在設置這些官職時，略施小聰明，就是一方面給這些官員以巨大的權力，另一方面又只給他們低微的品級。巡按御史和給事中只是七品官，但是他們的權力大到可以彈劾一品大員，這樣的權力設置不

僅有利於御史更好地發揮監察職能，也有利於皇帝對兩方面的控制。另外，朱元璋還設通政司，這個機構專門負責給皇帝遞送各地承奏上來的奏章、建議和檢舉檔。它能透過多種途徑地蒐集資訊，利於皇帝掌握真實情況，盡快做出處置，防止被下屬蒙蔽。

朱元璋對行政、軍事、監察等重要權力機構也進行大改革，使其權力分散、互相牽制，便於皇帝獨斷指揮，突出君主意志和絕對權威。

削藩：多磨的事業

朱元璋建立明朝之後，分封二十四個皇子，讓他們領兵出鎮全國各地。一部分鎮守北方，阻擋蒙古貴族的侵擾，如燕王朱棣守北平（今北京），寧王朱權守大寧（今內蒙古寧城縣西大名城）；另外派部分皇子分駐內地，如周王、齊王等，負責監督地方官吏，鞏固朱家對全國的控制，將叛亂扼殺於萌芽狀態。在北方守邊的九王中，燕王、晉王和寧王的勢力最為強大，寧王有甲士八萬，戰車六千。燕王和晉王得到朱元璋的特許，可以根據需要任意擴展軍事實力，軍中事大者才要奏聞。為防止朝廷中奸臣篡位，朱元璋又規定諸王可以移文中央索取奸臣，必要時可以奉天子密詔領兵靖難。為防止諸王跋扈，朱元璋又允許後世皇帝在必要時下令削藩。朱元璋認為這樣的設置可以保證萬無一失，但是分封制度造成地方勢力逐漸強大，中央削藩的目標難以達成，很快就發生了骨肉相殘的悲劇。

酷刑：挫殺官員的鋒芒

除了從制度上分散政府權力以加強皇權外，明朝皇帝還用一些非正常手段監控臣民。朱元璋及其後繼者在嚴刑峻法之外，使用廷杖等手段挫殺官員的鋒芒，並以文字獄鉗制知識分子的思想。明朝還發展了歷史上最為強大的特務系統：錦衣衛、東廠、西廠和內行廠。這些非正常的統治手段，為明王朝蒙上一層陰險且凶狠的暗影。

政治上的專制集權需要從法律、教育和思想控制等方面來鞏固。洪武時期，朱元璋先後頒布〈大誥〉、〈大誥續編〉、〈大誥三編〉、〈大誥武臣〉等文誥，這些都是完全以君主個人意志制定的。洪武三十年（1397），即朱元璋死去的前一年，頒行《大明律》，這是繼《唐律》之後中國歷史上的另一部重要法典。明律條文簡單，但是嚴酷異常。終明一代，凌遲、梟首、族誅的案例達數千件，棄市達萬餘件。特別是明初，刑法極其嚴酷，加上皇帝屢興大獄，被殺官員動輒以萬計。京官每天早晨入朝，必定與妻子兒女訣別，到傍晚如果平安無事，則相慶多活一日。所以很多文人都不願意做官。這樣的嚴酷刑法，一方面是為了避免政治腐化、社會風氣敗壞，另一方面是為了徹底壓制顛覆朝廷的企圖。

殺人立威是封建帝王慣用的手法之一。明朝建立後的一段時間，朱元璋借題發揮，大興文字獄。凡被認為有損皇帝尊嚴、違背皇帝旨意的言論、文字，當事人都將被處以極刑。杭州府學教授徐一夔在一則賀表中用

「光天之下，天生聖人，為世作則」讚揚朱元璋，但朱元璋認為其中的「生」字暗指自己曾經出家為僧，「光」指其剃光頭髮，「則」與「賊」字音相近，所以處死了徐一夔。這樣捕風捉影的做法，無疑只是為了在知識分子中製造恐懼氛圍，讓他們臣服在皇帝的權威之下。

對官員壓制還有一個殘酷的手段，這就是有名的「廷杖」。廷杖並不是在太和殿上就痛打官員臀部，而是在午門執行。廷杖時，有太監在側監視，眾官身穿紅衣陪列朝堂，左為中使，右為錦衣衛，各三十人，下列旗校百人，手執木棍。宣讀廷杖命令之

◆ 剔紅雙龍牡丹紋圓盒 · 明

這件漆盒的盒蓋上雕刻有一顆火焰寶珠，兩側有兩條五爪長龍，四周以牡丹花及枝葉為襯底，顯得華美異常。現藏於北京故宮博物院。

後，一人用麻布兜從肩部套住受刑人上身，使之不能左右移動，一人綁住受刑人雙足，露出臀部受杖擊。被廷杖者如果僥倖不死，也必須剜去壞肉，醫治數月才能痊癒。如果監督的太監說一句「用心打」，那此人必死無疑。終明之世，廷杖不絕於書。武宗正德時期，諫阻皇帝南巡的一百六十四名官員被廷杖，死亡十一人。世宗時期因為大禮儀之爭，廷杖一百三十四人，死亡十八人。堂堂

◆ **明代官吏服飾**

明代官吏常服為一種盤領窄袖大袍，胸前和後背綴有一方補子，織繡紋樣文官用飛禽，武官用走獸。文官一品用仙鶴，二品用錦雞，三品用孔雀，四品用雲雁，五品用白鷳，六品用鷺鷥，七品用鸂鶒，八品用黃鸝，九品用鵪鶉；武官一品二品用獅子，三品四品用虎豹，五品用熊，六品七品用彪，八品用犀牛，九品用海馬。這件補子上有仙鶴圖案的官，應為一品文官的服飾。

尚書、翰林被當廷杖斃，這在中國歷史上是空前絕後的。

　　嚴酷的刑法使明初的政治相當清明，但是這種恐怖統治是不能長期使用的。尤其在明後期，刑法利器掌握在宦官手中，經常被濫用，使得政治迅速腐敗，滿朝皆無正人，直接加速了明朝的滅亡。

特務：在恐怖中尋求長治久安

　　明代的特務機構，無論在規模上、在權力上，還是在組織結構上，都是史無前例的。它直接秉承皇帝的旨意，能對很多重大案件做出直接處置。

　　起初，朱元璋任用的親信密探名曰「檢校」，任務是專門負責偵察探聽在京大小衙門的不公、不法官吏及風聞之事，事無大小，全部上奏。洪武十五年（1382年），朱元璋在南京設立一個專門保衛皇帝，並從事祕密偵緝活動的軍事特務機構，這就是赫赫有名的錦衣衛。錦衣衛的前身是拱衛司，洪武三年（1370年）改為親軍都尉府，本是

皇帝的警衛機構，如同一支專門的軍隊。後來，錦衣衛又添設了專門的法庭和監獄，這一改變有其特殊的原因。朱元璋大肆屠戮功臣，感覺傳統的司法機構刑部、大理寺、都察院使用起來不太順手，於是提升錦衣衛的保衛功能，使其成為皇帝的私人員警。錦衣衛負責偵緝刑事的機構是南、北鎮撫司，其中北鎮撫司處理皇帝欽定的案件，擁有自己的監獄（詔獄），可以自行逮捕、刑訊、處決，不必經過一般司法機構。南北鎮撫司下設五個衛所，其統領官稱為千戶、百戶、總旗、小旗，普通軍士稱為校尉、力士。校尉和力士在執行緝盜拿奸任務時，被稱為「緹騎」。緹騎的數量，最少時為一千，最多時可達六萬之眾。

　　朱元璋、朱棣，由於其出身的特殊性，對維護皇權有著特別強烈的欲望，這就使得錦衣衛「巡查緝捕」的職能無限度地擴大。錦衣衛頭目利用職務之便，不遺餘力地製造事端，既可以打擊異己，也可以做為自己升遷的資本。例如成祖時的紀綱、武宗時的錢

寧，在他們掌權時，上至大臣，下至平民百姓，都受到他們的監視，對他們的意願只要稍有忤逆，就會家破人亡，全國上下籠罩在一片恐怖氣氛中。明初著名的內閣大學士解縉，就是被錦衣衛指揮讓紀綱活埋進積雪而死的。臭名昭著的北鎮撫司大牢中，更是關滿了各種各樣無辜的人們。朱元璋晚年，鑑於錦衣衛非法濫殺太甚，命盡焚錦衣衛刑具，將獄中拘禁的囚犯交付刑部處理，明確地禁止了「詔獄」，將王朝司法權重新歸還給三法司。然而，朱元璋這些舉措並沒有使「詔獄」就此真正消失，後世皇帝根據自己的需要，使錦衣衛及詔獄的禍害愈演愈烈，成為明代最大的弊政之一。

東廠的發明者是成祖朱棣。他在發動「靖難之役」奪取姪子建文帝的皇位後，精神一直處在高度緊張中。一方面，建文帝未死的流言不時出現；另一方面，朝廷中的很多大臣對新政權並不十分支持。為了鞏固政權，朱棣迫切需要一個強有力的專制機構，但他覺得設在宮外的錦衣衛並無法幫他有效達成目的，而朱棣在起兵過程中得到過一些宦官的有力幫助，他覺得宦官比較可靠。於是他在遷都北京之後，建立了一個由宦官掌領的偵緝機構，由於其地點位於東安門北側（今北京王府井大街北部東廠胡同），因此被命名為東廠。東廠的首領稱為東廠掌印太監，也稱廠主和廠督，是宦官中僅次於司禮監掌印太監的第二號人物。由於東廠廠主與皇帝的關係密切，又身處皇宮大內，更容易得到皇帝的信任。東廠和錦衣衛，逐漸由平級變成了上下級關係，在宦官權傾朝野的年代，錦衣衛指揮使見了東廠廠主也是要下跪叩頭。

明憲宗成化年間，京城出現妖人煽惑造反，雖然被錦衣衛和東廠一網打盡，但是憲宗仍感刺探力量太薄弱，於是增設西廠，令心腹太監汪直掌管，幾個月內其規模就超過了東廠，但是五年後由於汪直的失勢而被撤銷。武宗時期，劉瑾專權，恢復西廠，另設內行廠。於是東廠、西廠、內行廠、錦衣衛四大特務機構並行，緹騎四出，天下騷動。劉瑾倒臺後，武宗才撤銷了西廠和內行廠。

◆ 明代錦衣衛木印

明朝 ▶ 西元 1398 年—西元 1421 年

 人物：明成祖朱棣　　地點：北平　　關鍵詞：靖難

靖難之役與遷都北京

　　洪武三十一年（1398 年），朱元璋去世。由於太子朱標已先於六年前去世，因此皇太孫朱允炆登上皇位，改元建文，即建文帝。建文帝即位後著手削藩，而藩王中年紀最長、權勢最大、軍功最高的燕王朱棣為了自保，也為了登上帝位，在北平（今北京）舉起了「清君側」的旗號，正式發動了長達四年的奪位戰爭，史稱「靖難之役」。建文四年（1402 年），朱棣一舉攻入應天，在那裡即位稱帝，是為明成祖。之後，出於政治上的考慮，明成祖將明朝的都城從南京遷了北平，又將北平改稱為北京，這次遷都也對中國歷史產生了重要的影響。

起兵北平

　　洪武三十一年（1398 年），朱元璋去世，皇太孫朱允炆登上皇位，改年號為建文。朱元璋這位強勢帝王的離去，給他的子孫們提供了一個覬覦皇權的機會，其中野心最大也最為建文帝所忌憚的，就是朱元璋的第四子、燕王朱棣。朱棣身材魁梧，智勇雙全，從小就很得朱元璋的器重。洪武二十三年（1390 年），朱元璋命朱棣率領潁國公傅友德等人北征沙漠。當時適逢大雪，將領們都建議等雪停後再進軍，但朱棣卻堅持雪地奔襲以出奇制勝，最終俘擄了元將乃兒不花的全部人馬。此後，朱元璋多次命朱棣領兵出征，並且把沿邊的軍權都交給他。

　　鑑於地方諸王勢力日漸強大，建文帝朱允炆即位伊始，便開始與其親信大臣密謀大力削藩。他們首先逮捕周王，又拘執代王、囚齊王，並準備削除

◆〈歷代帝王像〉之明成祖‧清‧姚文瀚

燕王，策畫對其祕密逮捕。精明的朱棣自知目標太大，開始裝瘋賣傻，試圖躲過劫難。但建文帝並不上當，一面調離燕王府的精銳衛隊，一面將北平布政使和都指揮換為朝廷的心腹大臣張昺、謝貴。張、謝二人暗中串通王府長史葛誠與指揮盧振，準備尋找機會發難。北平都指揮張信曾是朱棣的舊部，他把這個祕密洩露給了朱棣。朱棣眼見避無可避，就祕密挑選了八百名精壯親兵，乘夜調入府中加強護衛，並與謀士道衍等人商議應變的計畫。

建文元年（1399年）七月，削除燕王爵位和逮捕王府所有屬官的詔令公布。朱棣和親信們商量，以交付所逮屬官為名，把張昺、謝貴騙進王府，然後一舉成擒，朱棣輕易地控制了北平城。控制北平後，朱棣正式起兵，他打出「靖難」的旗號在北平誓師，布告將士。同時給建文帝上了一份奏疏，聲稱根據《祖訓》「朝廷若有奸賊，諸王可以發兵誅討」，要求殺掉齊泰、黃子澄兩人。建文帝沒有理會，反而任命耿炳文為大將軍，率師征討燕王。從此叔姪兵戎相見，打了四年的內戰，史稱「靖難之役」。

皇位易主

靖難之役爆發後，朱棣以北平為大本營，迅速占領了當時的交通要道通州（今屬北京），然後控制居庸關，克薊州（今河北薊縣），破懷來（今河北懷來東南），取密雲，平定遵化，掃清了北平的周邊。不到二十天，歸順朱棣的軍隊發展到數萬人。當年八月，大將軍耿炳文帶領四十萬南軍（燕王部隊又稱北軍，忠於建文帝的軍隊稱為南軍）來到了真定府（今河北正定），先鋒楊松已占據了雄縣（今屬河北）。燕王朱棣乘耿軍新至不備，主動出擊，親自率兵到達涿州（今屬河北）。中秋節當晚，朱棣的軍隊跨過白溝河（今拒馬河），夜襲雄縣縣城，一舉全殲了南軍前鋒九千人。隨後，朱棣繼續進攻真定，他派大將張玉等人從正面進攻，自己率領騎兵繞到敵後，前後夾擊，南軍陣營大亂，人馬自相踐踏，大敗而逃。

八月底，建文帝又命曹國公李景隆代耿炳文為大將軍，領兵五十萬進駐河間（今屬河北），再次北征。朱棣為引誘南軍倉促來攻，只留少部兵力守北平，自率主力繞道襲取大寧（今內蒙古寧城縣境），合併寧王朱權所屬三衛兵馬，擴充了實力。李景隆聽說燕王領兵在外，便率師直抵北平城下。攻城最緊張的時候，北平城裡的婦女都被動員上城助戰，拋擲磚瓦，打擊敵軍。十一月，燕王率兵回師，把李景隆打得大敗。南軍丟下糧食器械，日夜南奔，最後龜縮到德州（今屬山東）。

第二年的夏天，李景隆重整旗鼓，會合郭英、吳傑共六十萬軍隊，號稱百萬雄師，從德州北上伐燕，雙方又在白溝河展開一場激烈的大戰。這次雙方全力以赴，仗打得十分艱苦。朱棣親自率兵左衝右殺，幾次陷入敵陣之中，險些丟掉性命，他的戰馬因負傷就更換了三匹。第二天，雙方又殺得難解難分，快到中午時分，朱棣率領數千騎兵，繞到敵後，突然衝入敵陣，東殺西砍，勢不可當，李景隆的部隊全線潰敗，一路逃到了德

167

州，燕軍跟蹤追至德州。五月，李景隆又從德州逃到濟南。朱棣率燕軍尾追不捨，幸虧忠於建文帝的都督盛庸和山東布政使鐵鉉拚命死守，才保住濟南。朱棣圍攻濟南三月未下，只好回撤北平。九月，建文帝又命盛庸取代李景隆，領兵進駐德州、滄州等地，組織第三次北征。十月，朱棣佯稱攻打遼東，兵至通州，突然轉兵南攻滄州，生擒守將徐凱，繼而乘勝南下，連續擊敗盛庸所部。

建文四年（1402 年）正月，燕軍進入山東，繞過守衛嚴密的濟南，破東阿、汶上、鄒縣，直至沛縣、徐州（均屬山東）。四月，燕軍進抵宿州，與跟蹤襲擊的南軍大戰於齊眉山（今安徽靈璧境內），燕軍大敗，雙方相持於淝河。在這次決戰的關鍵時刻，建文帝受一些臣僚建議的影響，把徐輝祖所率領的軍隊調回南京，削弱了前線的軍事力量，南軍糧運又為燕軍所阻截，燕軍抓住時機，大敗南軍於靈璧，俘獲南軍將領幾百人。自此，燕軍士氣大振，南軍益弱。朱棣率軍渡過淮水，攻下揚州、高郵、通州（今

江蘇南通）、泰州等要地，準備強渡長江。南京這時已經亂成一團，一些六卿大臣紛紛藉故外逃。

建文帝曾想以割地分南北朝為條件與燕王議和，結果被拒絕。六月初三，燕軍自瓜洲（今屬江蘇揚州）渡江，十三日進抵金川門，負責守衛城門的李景隆開門迎降。燕王進入京城，文武百官紛紛跪迎道旁。燕王在群臣的擁戴下即皇帝位，是為明成祖，年號永樂。歷時四年的「靖難之役」，以燕王朱棣的勝利而告終。

建文帝削藩失敗，朱棣奪位之後繼續削藩。在北方掌握兵權的諸王，有的被遷往南方，有的被削去護衛，有的被廢為庶人。藩王勢力大大削弱，軍政大權更加集中在皇帝手中。

遷都北京

洪武元年（1368 年），朱元璋稱帝後，因為應天是六朝古都，物產富庶，而且地形險峻，進可控制兩淮，北征蒙古，退可據長

江以自守，所朱元璋決定以應天為南京，開
封為北京，兩京並立。洪武十一年（1378
年），明太祖在詔書中鄭重宣布以南京為京
師，廢北京，仍為開封府，以自己的故鄉濠
州（今安徽鳳陽）為中都。

　　等到朱棣取得靖難之役的勝利後，最
初也以南京為國都，但已有了遷都北平的想
法。北平曾是朱棣的封地，他深知該地地形
之固、關隘之險、人才之聚、經濟之富。此
外，北平做為中原的門戶，向北以群山為屏
障，控制大漠，兼顧東北；向南則可襟帶全
國，統領中原。明初北平經過朱棣多年的經
營，根基穩固，城牆高築，軍餉糧草齊備，
已成為明廷北方軍事重鎮。永樂元年（1403
年）正月，朱棣下詔升北平為北京。永樂四
年（1406 年），朱棣開始為遷都做準備，營
建北京城。朱棣派大臣到全國各地采木備
料，徵調工匠，疏通運河，南糧北運。永樂
十五年（1417 年）開始大規模興建宮城，
三年後，基本竣工。新建的北京城，規制和
南京一樣，但是比南京更加宏偉壯麗。永樂

◆ 北京故宮太和殿

北京故宮太和殿是中國現存最大的木結構大
殿，於明永樂十八年（1420 年）建成，稱奉天
殿。明嘉靖四十一年（1562 年）改稱皇極殿，
清順治二年（1645 年）改為太和殿。

十九年（1421 年）正月，正式遷都北京。
明成祖遷都後，為了表示對明太祖的尊重，
仍稱南京為京都，北京為陪都，太子留守南
京監國。但是，皇帝和中央朝廷都在北京，
政令也由此發布，北京已是事實上的首都。
朱棣遷都北京，最主要的目的就是為了穩定
北疆，因為蒙古鐵騎不斷侵擾北部邊疆，始
終是明朝的心腹大患，遷都北京對於鞏固邊
防、維護國家的統一都有著重要意義，也成
為明朝維持近三百年江山的重要保障。

　　永樂十九年（1421 年），韃靼阿魯臺部
不斷騷擾明朝邊境，明成祖在永樂二十年到
二十二年的三年間，三次北征，於最後一次
北征途中病死榆木川。

明朝 ▶ 西元 **1405** 年—西元 **1433** 年

人物：鄭和　　地點：東南亞各國　非洲東岸　　關鍵詞：海禁

鄭和七下西洋

　　鄭和遠下西洋，足跡遍及東南亞各國，直至非洲東岸，可謂一時盛舉，同時也給後世留下了諸多的思考和疑惑。明太祖制定了種種限制宦官權力和品級的「祖訓」，時隔未久，成祖卻讓宦官鄭和擔此重任，是什麼促使成祖違背太祖成法？鄭和七次出航，耗費巨大的人力物力，目的到底是什麼？這些都要從成祖的繼位經歷和鄭和的身世說起。

鄭和其人

　　永樂三年（1405 年）六月的一天，太平洋上風平浪靜，碧波萬頃。劉家港（今江蘇太倉東瀏河鎮）海面上卻異常喧鬧，六十二艘巨型海船整齊地排列著。只聽一聲令下，這支綿延十餘里的船隊浩浩蕩蕩，乘風破浪，向南駛去。

　　奉聖旨執行這項任務的，就是明成祖的心腹、三保太監鄭和。鄭和（1371-1433 年）為雲南昆陽（今雲南晉寧）人，回族，本姓馬，名和，小字三保。鄭和出生於回族家庭，其祖父和父親都曾到過伊斯蘭教聖地麥加（Mecca）朝聖，這使得他從小接受了良好教育，對遠方異域、海外一些國家的情況有所了解，並對各種文化都有很強的包容力。

　　鄭和十一歲時，朱元璋的大軍打到了雲南，鄭和被明軍抓獲，此後隨著

◆ 鄭和海船模型

軍隊轉戰北方。八年後，鄭和被送
到燕王府服役。此時的鄭和豐軀
偉貌、博辯機敏，深得朱棣的賞
識。在「靖難之役」中，鄭和跟
隨朱棣出生入死，南征北戰，立下了
赫赫戰功。明成祖朱棣登基後，鄭和被提升
為內官監太監。永樂二年（1404 年）正月初
一，朱棣親筆賜姓「鄭」，
從此名為「鄭和」。

　　明朝初年，國勢蒸
蒸日上，朝氣蓬勃。
明初的幾位統治者
實行與民休息政策，
使得經濟繁榮、國力強大。
紡織、製瓷等手工業技術都有了很大的提
升，造船、航海業有了較大發展，科技和航
海技術都處於世界領先地位。羅盤的使用、
航海經驗的積累、航海知識的豐富，都使鄭
和下西洋成為可能的客觀經驗。

　　朱棣是個有宏圖大志的帝王，登基僅三
年就如此興師動眾，力排眾議，命鄭和率使
團下西洋，另有其主觀原因。據《明史·鄭
和傳》記載：「成祖疑惠帝（建文帝）亡海
外，欲蹤跡之。」這成為日後很多野史演義
的依據。然而，一下西洋，是為了尋找建文
帝的蹤跡，尚有可能；七下西洋，則不太可
能。不過，永樂帝透過揚威海外來緩和建文
帝朝遺老對他的不滿，以達到穩定自己統治
的目的是可能的。《明史》中還記載有「欲
耀兵異域，示中國富強」，這應該是永樂帝
派鄭和下西洋的第二個原因。永樂年間，
國力強盛，「北虜」蒙古勢力已被驅逐出關

◆ 明代皇帝常服

明代皇帝服裝一般分為常服、吉服與青服三
種，其中常服使用範圍最廣，例如常朝視事、
日講、省牲、謁陵、獻俘、大閱等場合，均穿
常服。

外；「南倭」在明軍的打擊下不敢再貿然進
犯，集權統治已十分牢固。明成祖這是要向
異域展示國家的富強、軍隊的強大，恢復與
海外各國的朝貢往來，重塑「天朝大國」的
地位。

七下西洋

　　永樂三年（1405 年），明成祖派鄭和下
西洋，開創了中國航海史上前所未有的輝
煌時期。伴隨鄭和出使的隨員有二萬七千
餘人，除了水手、官兵之外，還有採辦、

171

工匠、醫生和翻譯等，船隊使用的海船性能、裝備都是當時世界上最先進的。船隊中的大船舶名為寶船，長 44 丈 4 尺、寬 18 丈，就是普通的船長度也有 37 丈、寬 15 丈。其船隊規模之大，在當時是絕無僅有的。1492 年，哥倫布（Christopher Columbus）首次進行遠洋航行，其船隊僅有三艘船和九十名水手。鄭和率領船隊，攜帶國書和大量金銀、綢緞、瓷器等物品，從蘇州劉家港起航，在福建五虎門（今閩江口長樂港）集結操練，待到入冬，東北季風盛行的時候，船隊拔錨揚帆，第一站到達占城（今越南），揭開了七下西洋的序幕。

明朝時以婆羅洲（今汶萊）為界，將南海以西的海洋及沿海各地，遠及印度和非洲東海岸的廣大地域概稱為「西洋」，以東稱「東洋」。鄭和所到之處，主要是當時所稱的「西洋」範圍，即東南亞各國，故史稱「鄭和下西洋」。鄭和每到一國，都會和當地君主會見，宣讀明成祖的詔書，贈送冠服和珍貴的禮物，並賜給國王誥命銀印，向這些國家表達明朝願意與之建立和發展友好關係的願望，招徠各國向明王朝稱臣納貢，與這些國家建立起上邦大國與藩屬之國的關係。同時，鄭和船隊也與當地進行貿易活動，以中國的手工業品交換各國的土特產品。

當然，鄭和七下西洋，所到之處並非都是友好的歡迎，也會有糾紛，有戰鬥，但都被鄭和舉重若輕地解決了。在近三十年間，鄭和碰到過三次戰役：一次是擒獲盤踞在蘇門答臘半島的陳祖義海盜集團；一次是幫助蘇門答臘平滅叛亂；一次是錫蘭山（今斯里蘭卡）國王企圖搶劫鄭和的船隊。

明朝的收穫

永樂年間，在鄭和下西洋的帶動下，明朝的外交關係

◆ 永樂金錠 · 明

出土於明代梁莊王墓中，為永樂時期鄭和下西洋帶回的黃金做成的大金錠。正面鑄有「隨駕銀作局銷鎔 / 捌成色金伍拾兩重 / 作頭季鼎等 / 匠人黃閏弟 / 永樂拾肆年捌月日」的銘文。銀作局是明朝內廷二十四衙門之一，負責製作金銀錢幣、器具等。

迅速發展。透過鄭和的船隊，更多國家了解中國，了解明朝國勢之強盛、物產之豐富，紛紛派遣使臣回訪，表示願意實現雙方的友好交往。有的國家的君主還攜妻帶子親赴中國訪問，許多多年不與中國來往的東南亞國家，甚至一些從未與中國有過交往的東非國家，都與明朝政府建立了外交關係。在明成祖看來，鄭和下西洋最大的外交成果，就是「遠人來貢，百王來朝」。

鄭和下西洋是以強大的軍事實力為後盾的，有助於調解東南亞各國的矛盾，平息衝突，消除隔閡，有利於維護周邊的穩定，提高明朝的威望。活躍而頻繁的朝貢往來，客觀上帶動了海外貿易的發展。中國的絲綢、瓷器早就聞名海外，南亞各國都想和中國發展貿易，只是由於明初一直實行海禁政策而沒能實現。鄭和的到來，主動帶給各國發展貿易的機會，自然令各國趨之若鶩，紛紛回應。在與各國的文化交往中，鄭和及隨行人員馬歡、費信、鞏珍等記錄各國風土人情，特別是帶回了當時人稱「麒麟」的長頸鹿，以及斑馬、鴕鳥等珍禽異獸，令國人大開眼界。此外，鄭和下西洋，開闢了新的航海路線，對西太平洋和印度洋進行了考察，搜集和掌握了許多海洋科學資料。透過大量的海洋勘測實踐繪製而成的〈鄭和航海圖〉，是鄭和海洋考察活動的標誌，比世界公認最早的英國「挑戰者」號的海洋調查活動（1872-1876 年）早了四百多年。

永樂二十二年（1424 年），明成祖朱棣死後，仁宗朱高熾和宣宗朱瞻基先後登基。他們和朝中保守的大臣們一樣，認為「下西洋」勞民傷財，收效不大；打破海禁，有傷體統，辱沒了文化傳統和儒家風範。於是，重新執行「海禁」政策，「罷寶船弊政」。

宣德六年（1431 年），鄭和以死諫要求出海，得到了宣宗的批准。做為明王朝開放政策的餘波，鄭和完成了他最後一次下西洋的活動，不過規模已大不如前。有説法認為，宣德八年（1433 年），就在這次航海的歸途中，一代航海家在他熱愛的大海上離開了人世。也有記載鄭和於宣德十年（1435 年）病卒於南京。轟轟烈烈、名噪一時的下西洋壯舉終於落下了帷幕，明朝剛剛開啟的大門又緊緊地關閉了，隨著海禁政策的實行，中原大地進入了漫長的閉門自守的歲月。

延伸閱讀

《永樂大典》

《永樂大典》編成於永樂五年（1407 年），初名《文獻大成》，是中國百科全書式的文獻集。全書有二二八七七卷，又凡例、目錄六十卷，全書分裝為一一○九五冊，引書七千多種，字數約有三・七億，是中國歷史上最大的類書，內容包羅了經、史、子、集、百家、天文、地志、陰陽、醫、卜、僧、道、戲劇、小説、技藝諸項，還收錄了整個元代的類書《經世大典》，規模之大，歷史上無與倫比。《永樂大典》是世界著名的百科全書，顯示了古代中華文化的光輝成就，是一部集大成的曠世大典。《大英百科全書》稱之為「世界有史以來最大的百科全書」。

明朝 ▶ 西元 1449 年—西元 1457 年

🔹**人物**：明英宗朱祁鎮　　🔹**地點**：土木堡　　🔹**關鍵詞**：奪門復位　曹石之變

土木堡之變與奪門復位

　　宣德十年（1435 年），明朝的第五位皇帝明宣宗病死於乾清宮，皇太子朱祁鎮即位，是為明英宗，年號正統。英宗即位後，寵信太監王振，開了明代宦官擅權亂政的先河。正統十四年（1449 年），英宗在王振的蠱惑下率大軍親征瓦剌，結果於土木堡兵敗被俘。之後，為了抵擋進攻北京的瓦剌大軍，留守北京的大臣于謙等人擁立郕王朱祁鈺為皇帝，是為景泰帝。景泰八年（1457 年）正月，大臣石亨、徐有貞與太監曹吉祥等人發動奪門之變，擁戴明英宗復位，為明朝守衛北京立下大功的于謙，卻成了這場政變的犧牲品。

土木堡之變

　　明英宗初年，北方蒙古族的瓦剌部實力大增，瓦剌首領脫歡被明朝政府封為順寧王。正統四年（1439 年），脫歡的兒子也先繼承王位，統一漠北蒙古，西征中亞諸國，控制了西域要道，開始威脅大明的北部邊界。由於瓦剌部物資短缺，因此在侵擾明朝邊境的同時，也和明朝保持朝貢貿易，他們經常假借朝貢的名義虛報名額，冒領賞賜，訛詐明朝物品。正統十四年（1449 年）春，也先派人向朝廷貢馬，實際上只派出二千多人，卻謊稱三千人，要求按虛報名額頒給賞賜。當時把持朝政的太監王振十分惱怒，認為也先欺騙朝廷，大減馬價，並叫禮部不要給多出來的人安排飯食。這一舉動激怒了也先，他準備率兵內侵。

　　當年七月，也先率軍大舉入侵，兵

◆ 一窩蜂（模型）

這是明代的一種筒形火箭架，它把幾十枝火箭放在一個大木筒裡，引線連在一起，用時點匯流排，幾十枝箭齊發，宛如群蜂螫人，故稱「一窩蜂」。

鋒直指北方邊境重鎮大同。英宗召集大臣商量對策，王振想建立奇功以鞏固自己的地位，便極力慫恿英宗親征。英宗自己也想效仿曾祖父明成祖天子戍邊，掃蕩漠北，於是不顧兵部尚書鄺埜、侍郎于謙等人的勸阻，決定親征瓦剌。七月十七日，英宗命他的弟弟郕王朱祁鈺留守京師，兵部侍郎于謙留京代理部務，英宗自己帶著王振及其他文武官員和五十萬大軍出征了。

七月二十八日，大軍到達大同東北的陽和（今山西陽高）。早在數日前，大同總督西寧侯宋瑛、武進伯朱冕、都督石亨曾在陽和迎戰也先，結果明軍全軍覆滅，戰場上屍橫遍野，白骨猶存。看到血淋淋的戰場景象，英宗和王振都非常害怕，決定退兵返回北京。但這時王振又起了私心，他慫恿英宗帶領大軍巡視自己的故鄉蔚州，以達到衣錦還鄉、光宗耀祖的目的。但當明軍向著蔚州的方向行軍四十多里後，王振擔心幾十萬人馬踩壞家鄉的莊稼，又倉促命令改道宣府（今河北宣化）回京。就在這迂迴改道的過程中，耽誤了寶貴的撤退時間，也先率領的瓦剌騎兵部隊追了上來。八月十三日，英宗在軍隊簇擁下逃到距居庸關六十里的土木堡（今河北懷來縣東南），王振擔心給其運送金銀財寶的車隊落入瓦剌人手中，堅決要求在土木堡過夜，最終將英宗和幾十萬軍隊陷入死地之中。第二天，瓦剌大軍包圍了土木堡，經過三天的圍困，缺水少糧的明軍士氣大跌，在瓦剌軍隊的進攻面前土崩瓦解。禍國有術的王振在亂軍中被護衛將軍樊忠打死，突圍不成的明英宗則成了瓦剌人的俘虜。

土木之變成為明朝歷史上的轉振點，此役讓明軍元氣大傷，軍中精銳毀於一旦，勇將重臣戰死無數，英宗更是被敵人俘獲，朝野震動。從此以後，明朝逐漸調整防衛政策，開始大規模地修建長城，退守關內。

◆〈歷代帝王像〉之明英宗 · 清 · 姚文瀚

明英宗朱祁鎮（1427-1464年），明宣宗朱瞻基長子，明朝第六位皇帝。

臨危受命

正統十四年（1449年）八月，土木之變的消息傳到京城，引起極大震撼。京城內外，人心惶惶，文武百官，張皇失措，甚至有人在朝堂上號啕大哭。面對危局，朝臣有人主張用金銀珠寶贖回英宗，有人主張關閉城門固守待援，更有翰林侍講徐珵（後改名有貞）主張遷都南京，以避瓦剌兵鋒。這時，兵部侍郎于謙挺身而出，他一面駁斥投降派的論調，一面聯合朝臣擁立郕王朱祁鈺繼承皇位。九月初六，郕王繼位，這就是後來的明代宗，又稱景泰帝，遙尊英宗為太上皇。代宗即位後，任命于謙為兵部尚書，調兵急赴京師守衛，並轉運通州倉糧入京，做

好大戰準備。

十月，也先以英宗為人質，率軍入紫荊關，過易州（今河北易縣），到良鄉，一路勢不可當。十日，大軍跨過盧溝橋，直抵北京城下，瓦剌軍隊駐紮在城門外，英宗則被安置在德勝門外土城關。于謙在景泰帝的支持下，部署北京城防，調動諸將分領大軍二十二萬，布列於北京九門外。于謙和大將石亨布署兵力在德勝門外，以抵擋瓦剌軍主力。身後城門關閉，以示背城死戰。明軍將士被于謙勇敢堅定的精神感動了，士氣振奮，鬥志昂揚。也先派出一萬騎兵進攻德勝門，明軍炮箭齊發，瓦剌軍陣腳大亂，也先的弟弟也中炮身亡。乘敵人慌亂之際，明軍衝入敵陣，殺得敵兵潰不成陣。也先慌忙回撤土城，明軍緊追不放，城外居民見瓦剌兵敗，也爬上屋頂，向敵人投擲磚石，以助軍威。也先又轉攻西直門，沒能得逞，只得退下來。繼而率部向南轉移，到彰義門土城（外城廣安門）時，又遭到石亨姪子石彪的截擊，也被殺退。

也先環而攻之而不勝，只好挾英宗拔營退兵，由良鄉往西，出紫荊關而去。于謙又派出騎兵一路追擊，在清風店、固安等地又多次擊敗瓦剌軍隊，奪回被掠的大批百姓和牲畜。十一月初八，北京城城門解禁，北京保衛戰勝利結束。

◆ 鎏金吉祥天母像 • 明

吉祥天母是藏族人民崇信的佛像，是藏傳佛教的女相護法神之一。這件吉祥天母像有「大明永樂年施」的題款，說明這是一件明代鎏金銅像精品。

奪門之變

明英宗在土木之變中被俘後，在瓦剌過了一年的囚徒生活。為了有一個好聽一些的說法，英宗便託稱自己是到漠北狩獵，美其名曰「北狩」。也先進攻北京失敗後，見明朝又立了新皇帝，再將英宗控制在手中已無大用，於是在景泰元年（1450年）八月，將英宗放歸北京。已經當上皇帝的朱祁鈺自然不願英宗回來，他先是不肯遣使「迎駕」。英宗回來後，便被安置在皇城南宮（今北京南池子緞庫胡同內），實際上是將英宗軟禁起來。

名義上被稱作「太上皇」的英宗在南宮內過著幽居的生活，在七年內，不曾踏出南宮半步。為了斷絕英宗與外界的聯繫，南宮大門常年緊閉，日常所用都是從小窗戶中遞送。在生活待遇上，英宗也頗受苛待，衣食常受克扣，連英宗的錢皇后也不得不做些針線活出售來換取一些食物。生活上的窘迫勉強還可以忍受，但皇宮內新的變故傳來，則讓英宗陷入更加悲憤絕望的處境。當初景泰帝即位之時，曾許諾將傳位給英宗的長子朱見浚，並將其立為太子。但當景泰帝的地位日漸穩固之後，他的想法就變了，想改立自己的長子為太子。上有所好，下必甚焉，景泰三年（1452年）四月，千戶袁洪上疏請易太子，大臣們也紛紛迎合，表示贊同，這正中景泰帝的下懷。於是，五月初二，景泰帝冊立長子朱見濟為太子，廢朱見浚為沂王。此後不到一年，新立的太子朱見濟病死。景泰帝沒有第二個兒子可立，又不肯復立朱見浚為太子，因而造成儲位空虛。景泰

◆〈武侯高臥圖〉·明·朱瞻基

這幅人物圖畫是明宣宗朱瞻基所畫，圖中諸葛亮敞胸露懷，頭枕書匣，仰面躺在竹叢下，舉止疏狂，應為諸葛亮出茅廬輔助劉備之前，隱居南陽躬耕的形象。

八年（1457 年）正月，景泰皇帝身染重病，不能上朝。這引起了大臣們的憂慮和猜測：如果景泰帝駕崩，該由誰來繼承皇位呢？

這時宮內的太監曹吉祥、武清侯石亨和都御史徐有貞開始私下密商，這三個分別具有內廷、武將集團和文官勢力身分的野心家決定發動政變，重新擁戴英宗復位，以謀取個人更大的權勢地位。正月十六日晚，曹吉祥、石亨等人率領千餘名兵士從長安門進宮，假稱軍情緊急加強防守力量，來騙過守門衛兵。他們進宮後，就把各處宮門鎖了起來，石亨等人帶兵來到南宮，以巨木撞開大門，推倒了宮牆，一擁而入。隨後，他們將早已得到消息、等待已久的英宗抬進御輦，

前往奉天殿即位，接受大臣們的朝賀。奉天大殿上的鐘鼓聲和朝賀聲驚動了病床上的景泰帝，驚問左右發生了什麼事，左右近侍告訴他是太上皇復位了。朱祁鈺自知事情已無法逆轉，不久就一命嗚呼了。

復位之後

明英宗南宮幽居七年之後終於得以重見天日，重登皇位，自然要對「奪門功臣」大加封賞。徐有貞封了武功伯，升為兵部尚書兼華蓋殿大學士，掌管內閣大事；石亨被封為忠國公；曹吉祥則升任司禮監太監，他的姪兒曹欽也被封為昭武伯。短短的時間內，經他們請功賜賞的官員不下四千人，封官之濫達到了頂點。

這些靠陰謀爬上高官顯位的小人一朝得志，就開始排除異己、陷害忠良，首先打擊的對象就是于謙和大學士王文。他們在英宗面前誣陷于謙和王文兩人，把當年英宗被俘

之後為穩定人心、擁立新帝的于謙等人，說成是「逢迎景泰篡位」，還誣稱于謙在景泰皇帝病重期間，曾陰謀派人迎立襄王。英宗雖然知道于謙當年擁立景泰帝是出於形勢所逼，但自己被俘歸來，帝位已失，幾年南宮苦度歲月，對于謙自然懷有恨意。於是英宗下令拷打審問于謙，徐有貞、石亨等人以想要迎立外藩的罪名，判決凌遲處死于謙、王文。當奏摺送到英宗面前時，英宗多少還有一絲猶豫，說于謙保衛北京確實有功。徐有貞完全掌握了英宗的心理，他說如果不殺于謙，復位一事就說不通了。這一句話讓英宗下了處死于謙、王文的旨令。因為有正直官吏極力為于謙辯護，于謙才減免一等，改為斬刑。天順元年（1457 年）正月二十二日，于謙在北京的東市被斬。同時，他的妻、子被發配邊疆。抄家時，人們發現于謙「家無餘資，蕭然僅書籍而已」。史書記載：「公被刑之日，陰霾翳天，京郊婦孺，無不灑泣」，「行路嗟嘆，天下冤之」。

主要對手被清除後，徐有貞等人並沒有罷手，又接著慫恿英宗下詔逮捕陳循、商輅等十多位大臣，強加上諸多罪狀，把他們充軍、削職，受牽連的達數十人之多。這樣一來，朝廷中正直的官員差不多都被他們陷害殆盡。然而，徐有貞、石亨、曹吉祥等人也沒有好下場，先是石、曹兩個人為了爭權奪利，聯手排擠徐有貞，將徐發配雲南。接著石亨因為獨掌兵權、飛揚跋扈，讓英宗產生了不安，最終將石亨與其姪兒石彪下錦衣衛詔獄，叔姪二人皆死於獄中。看到石亨的結局，曹吉祥、曹欽叔姪坐臥不安，決定先下

手為強，發動叛亂。天順五年（1461 年）七月初二，曹氏叔姪率五百名心腹死士發動叛亂，企圖廢黜英宗。然而由於謀事不密，其陰謀提前洩露，正在值夜的恭順侯吳謹、歸寧伯孫鏜率禁軍將其鎮壓，曹欽投井自殺，曹吉祥三天後被凌遲處死，這次事變史稱「曹石之變」。

連續經歷了土木之變和奪門之變兩次變亂，明王朝元氣大傷，兩次事變的主角明英宗也因為多年囚徒生活身體大損，復位後僅當了八年皇帝就因病去世，終年三十八歲。

延伸閱讀

仁宣之治

明成祖之後的仁宗朱高熾和宣宗朱瞻基在位期間，明朝治國方針發生了顯著的變化。仁、宣兩朝，注意調整統治政策，緩和洪武、永樂時期緊張的君臣關係。仁、宣二帝一反明太祖和明成祖猜忌好疑、信用不專的作風，對一批治國良臣不但委以重任，依靠他們管理朝政，而且推心置腹，恩寵始終不衰。同時還改革科舉取士法，擴大統治基礎。對外，沒有採取過大規模的軍事行動，而是安撫蒙古，力主和議，保持了和平共處的局面；對內，改變了明成祖使用民力過猛、好大喜功的政策，採取減輕民眾負擔、注重發展生產的方針，促進了經濟的發展。這些政策使仁、宣兩朝的明代社會呈現出繁榮穩定的局面，史書對這段時期多有讚譽之詞，並把它與漢代的「文景之治」相提並論，稱為「仁宣之治」。

明朝 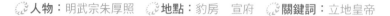 西元 1506 年—西元 1521 年

人物：明武宗朱厚照　地點：豹房　宣府　關鍵詞：立地皇帝

浪蕩天子明武宗

　　明武宗朱厚照是明朝歷史上頗有爭議的一位皇帝。他不住皇宮，而是另建豹房，沉溺酒色，甚至自降身分，封自己為「鎮國公」，可謂荒唐糗事不少。但是應州一戰，武宗卻御駕親征，大敗蒙古王子。他博學多才，精通梵語和佛教精義，可謂文武兼修，實在很難簡單地加以褒貶。

君臣不分

　　明英宗去世後，皇太子朱見深即位，是為明憲宗，改元成化。憲宗並不是一個勵精圖治的英明君主，他在位期間荒於朝政，迷信方術，寵信貴妃萬珍兒，信用大太監汪直，開設特務機構西廠，所作所為讓朝堂烏煙瘴氣，荊襄流民一度發動了大規模的起義。成化二十三年（1487 年），憲宗去世，皇太子朱祐樘即位，是為明孝宗。孝宗尚能勤奮治國，也能聽取臣子的正確意見，相繼提拔了馬文升、劉大夏、謝遷、李東陽等一批忠直的大臣，但因循守舊的孝宗缺乏改革弊端的勇氣，未能扭轉土地兼併嚴重、國力日趨下降的大趨勢。

◆ 鎏金太獅少獅鎮紙 · 明

　　弘治十八年（1505 年），明孝宗去世後，他唯一的兒子朱厚照（1491-1521 年）即位稱帝，是為明武宗，改元正德。年僅十五歲的明武宗生性好動，他繼位之後廢除了尚寢官和文書房侍奉皇帝的內官，以減少對自己行動的限制。對於每天的經筵講座，

明武宗更是找一切藉口迴避逃脫，最後索性連早朝也不去了。因為不喜歡住在宮中受人約束，叛逆的明武宗就在皇城西北為自己建了一所豹房新宅，之所以叫做豹房，是因為其中豢養了諸如豹子之類的珍奇猛獸。明武宗的豹房始建於正德二年（1507 年），至正德七年（1512 年）共添造房屋二百餘間，耗銀二十四萬餘兩。豹房建好之後，明武宗直接搬了進去，從此他便更不願意再回皇宮。所以，明武宗的豹房並非單純意義上的遊樂場所，而是供其生活和處理朝政的行宮。這所精心修建的豹房構造複雜，形同迷宮，裡面除了豢養大量猛獸之外，還建有妓院、校場、佛寺等。

有了豹房之後，生性不羈的明武宗又開始以巡關為名頻頻巡行北方邊境重鎮宣府。在寵信的武官江彬的蠱惑下，武宗在宣府修建了一座鎮國府，並且自封為「總督軍務威武大將軍總兵官」。一個皇帝，卻自封為將軍，甚至改名朱壽，實在是亙古至今頭一遭。武宗不但自封為將軍，還在往來公文上蓋上「威武大將軍」印，並令兵部存檔，戶部發餉。

「立地皇帝」

明武宗之所以這麼沉溺玩樂，做出很多離經叛道的荒唐事兒，除了自身的個性之外，當然少不了身邊近臣的蠱惑。除了寵臣江彬外，明武宗身邊還有很多親信的宦官，其中最有名的當屬武宗在東宮時就服侍他的內宦劉瑾、馬永成、谷大用、魏彬、張永、邱聚、高鳳、羅祥八人。武宗即位後，他們深得武宗倚重，進而擢用親信，排斥異己，號稱「八虎」，其中以劉瑾為首。劉瑾善於逢迎，知道武宗喜歡自由，便偷偷帶他出宮去玩樂，所以深得武宗的寵信。仗著武宗的寵信，劉瑾收受賄賂，打擊異己，不但將孝宗時期的司禮監太監王岳趕往南京，於路途中將其殺害，還把大學士劉健、謝遷，尚書韓文、楊守隨、林瀚，主事王守仁等五十三人列為奸黨，榜示朝堂，由此開創了內宦指朝臣為朋黨的惡例。所以，朝廷官員對他又恨又怕，給他取了「立地皇帝」的外號。

多行不義的劉瑾招致的怨恨愈來愈多，到了正德五年（1510 年），寧夏安化王反叛，起兵的名義就是清君側、除劉瑾。劉瑾把檄文藏了起來，讓大將楊一清與太監張永領兵前去鎮壓。楊一清利用這個機會，拉攏太監張永。張永本來就受過劉瑾的陷害，險些被逐出宮去，一直伺機報仇。在楊一清的挑撥之下，張永決定除掉劉瑾，取而代之。同年八月，張永、楊一清剿滅了寧夏安化王的叛亂，班師回朝。在慶功宴結束之際，張永突然從袖中取出彈劾劉瑾的奏章，奏明劉瑾違法犯紀十七事，指出安化王造反皆因劉瑾，還說劉瑾有反叛之心，圖謀不軌。武宗也知道劉瑾素來所做之事，便裝作酒醉的樣子問道：「劉瑾果真負我？」周圍的馬永成等人也乘機歷數劉瑾不法之事。武宗便當場命令抄家，果然在劉瑾家中搜出私刻玉璽一枚、穿宮牌五百，以及盔甲、弓箭等違禁物品若干，又發現他平時所用的摺扇裡面竟然藏有兩把鋒利的匕首，顯然有伺機弒君自立的嫌疑。於是，威風一時的劉瑾便被關押在

◆ **青花枇杷綬帶鳥紋瓷盤・明**

這件瓷盤為明宣德年間作品，盤體潔白細膩，布有青花紋飾，盤心為枇杷綬帶鳥紋圖案，以象徵吉祥長壽，是明代青花瓷中的精品。現藏於天津藝術博物館。

菜廠，後被凌遲處死。據說行刑之時，許多平日遭到劉瑾迫害的人，還花錢買劉瑾被割下來的肉吃，以解心頭之恨。

離奇去世

明武宗素來尚武好戰，雖然行事荒唐，卻也期望能夠在自己在位期間立下一些顯赫的軍功。他一直很崇拜太祖朱元璋和成祖朱棣，所以不惜把自己的行宮設在邊遠的宣府。終於，在正德十二年（1517年）十月，明武宗期盼已久的機會來了。蒙古小王子率兵來襲，和明軍大戰於應州，殺得難解難分。明武宗做出一個大膽決定，要御駕親征，和蒙古兵一決勝負。這場御駕親征絕非作秀表演，明武宗在整個作戰過程中，與士兵們同吃同住，還親手殺敵一人，這種身先士卒的精神使得明軍氣勢大振，很快就扭轉了不利局勢。最後，蒙古小王子只得引兵退去，明軍大勝。正德十四年（1519年）六月，寧王朱宸濠於江西起兵叛亂。八月，武宗出發親征，而此時叛亂已經平息。武宗走到中途才得知消息，但他不願就此回京，一路停停走走，遊山玩水。第二年，武宗在清江浦（今江蘇清江）捕魚時，不慎翻船落水，從此一病不起。正德十六年（1521年）三月，武宗死於豹房，結束了他離經叛道又充滿傳奇色彩的一生，終年三十一歲，葬於昌平金嶺山東北的康陵。

明朝 西元 1472 年—西元 1529 年

◎人物：王守仁　◎地點：龍場　◎關鍵詞：心學

心學大師王陽明

在宋、明五百年的歷史中，王陽明稱得上是一個比較完美的儒家人物。在哲學思想方面，其心學體系一反程朱道學正宗，引領明末清初啟蒙思潮和實學思潮；在政治事業上，王陽明叱吒風雲，扶保明朝江山。他順利地踐履儒家「內聖外王」的理想，聲名播於後世。

▌傳奇輝煌

王陽明（1472-1529 年），浙江餘姚人，本名守仁，字伯安，別號陽明，故世稱「陽明先生」。他是明代著名的哲學家、教育家，繼承和發展了陸九淵等人的學說，創立了陽明學派，形成自己獨特的心學思想體系，在中國儒學史上影響甚大。

王陽明出生於官宦之家，他的父親王華是成化十七年（1482 年）的狀元，官至南京吏部尚書。王陽明自幼酷愛讀書，據說他五歲時還不會說話，十一歲跟著父親到北京的金山寺時卻能夠豪邁賦詩、出語不凡。王陽明於二十一歲在家鄉中舉人，弘治十二年（1499 年）中進士，從此開始了官宦生涯，先後在工部、刑部、兵部任主事。

正德元年（1506 年），武宗登基，宦官劉瑾弄權攬政。王陽明不顧兵部主事職小，仗義執言，結果遭害下獄，廷杖四十，貶謫

◆〈王陽明像〉·清·焦秉貞

王陽明是明代著名的思想家、文學家、哲學家和軍事家，是明代儒學集大成者，他發展、完善的「心學」引領明代末期的思想解放潮流。

貴州龍場（今貴州修文縣）驛丞。第二年在赴任的路上他又遭到劉瑾的心腹追殺，不得已拋棄衣冠，假裝投江才倖免於難，最後於正德三年（1508年）三月抵達龍場。就是在這個萬山環抱、荊棘叢生、艱苦孤寂的偏荒之地，他悟到了「聖人之道」。

劉瑾死後，王陽明政治地位上升，被任命為巡撫，掌管一方軍政。王陽明不僅是典型的儒家士大夫，文才出眾，而且能騎善射，武藝高強，尤其善於用兵。在贛南，他只花了一年的時間就消滅了數十年占山為王的「巨寇」。正德十四年（1519年）六月，寧王朱宸濠造反，聲勢浩大，一舉攻占九江、南康，進攻安慶，大有順流而下奪取南京之勢。此時，武宗自封「威武大將軍」御駕親征。不料王陽明率兵奇襲寧王大本營，活捉寧王，而此時武宗的軍隊還在河北。

思想歷程

後世文臣武將樹王陽明為楷模，不僅是因為他的「武功」，還因為他提出了以「去人欲、存天理」為核心的「心學」，即「陽明學說」。

明代的理學在王陽明以前程朱學說盛行。程朱理學雖然勢大，深得官方青睞，但由於其思想體系本身有很大的侷限性，尤其是格物致知、即物窮理的思想和方法支離破碎，使為數眾多焦慮、著急於現實的知識分子對其失望，乃至望而生畏。

王陽明中舉後隨父旅居京師，遍讀諸子之書，對於朱熹所說的「格物致知」、「即物窮理」的思想很欣賞。按照朱熹的說法，「格物致知」就是「今日格一件，明日格一件，積習既多，然後脫然自有貫通處」，意思是說事物的道理是可以逐漸得到認識的。為此，王陽明與一個叫錢友同的好友一起到

◆〈千秋絕豔圖〉局部・明

庭院的竹林深處去做「格」竹子的實驗，來體會其中的道理。錢友同只「格」了三日，便心力交瘁。王陽明堅持了七天，最後也病倒了，沒有「格」出一個所以然來。兩個人最後的結論是聖賢做不得。

由於對朱子之學產生懷疑，王陽明改攻辭章學。但是隨後他會試兩次不第，於是讀兵書、談養生、用心於武事，興趣有了很大改變。他三十一歲時回到家鄉養病，在陽明洞中築室研習道家導引之術。這一時期，他的興趣非常廣泛，直到貶謫貴州龍場驛丞，才真正歸於儒家聖賢之學。王陽明被貶貴州時，途中到湖南嶽麓書院住了一段時間，在那裡講學，又將嶽麓書院的辦學方法帶到貴州，在貶謫地創辦書院。那時，他對「格物致知」仍然不太理解，於是鑽研佛老學說，也無所收穫。在貴州龍場驛困頓的環境下，由於窮荒無書，他只得日繹舊聞，苦思冥

此卷在六公尺多長的畫面上，描繪了近七十位在社會或歷史上有一定影響的女性形象，所以稱作〈千秋絕豔圖〉。這幅局部畫中的六名女子從左頁至右頁分別為：南宋才女陳妙常、唐代名伎關盼盼、北宋才女華春娘、南唐宮女秋水、宋羅惜惜、南陳樂昌公主。

想三年，終於在三十七歲那年的一天深夜突然悟出「格物致知」的道理，意識到「聖人之道」的基本要旨在於「吾性自足，不假外求」，即只需自求於心，而不需求諸物。這就是所謂「龍場悟道」。

這裡不得不說陸九淵的思想對王陽明的影響。陸九淵是宋代著名的理學家，認為治學的方法，主要是「發明本心」，不必多讀書外求，「學苟知本，六經皆我注腳」。他的學說，被稱為「陸學」。陸學和程朱之學有很大不同，陸九淵和朱熹曾在鵝湖展開過有關「理」與「氣」的大辯論。王陽明在龍場

◆ 黃釉赭龍盤·明嘉靖

所悟之「道」，明顯帶有陸學的色彩。從此之後，他正式捨棄程朱，歸心於陸九淵，並逐漸形成他獨特的心學思想。

因此，從王陽明的思想歷程看，他在為學的初期並不是反對理學，崇尚心學，而是後來才發生轉變，是從程朱理學的陣營中走出來的一位思想家。

博大精深的心學

王陽明的思想中包括知行合一說、格物論和致良知說三大主題，它們之間有著互詮互釋，相互貫通的內在聯繫，這體現了王陽明思想的整合或合一的特點。

前面提到王陽明年輕時遍覽朱熹之書，篤信其格物學說，後來他在實踐中發現無論是即物窮理還是循序讀書，都不能解決個人道德修養問題，因而對格物致知說產生了懷疑，從道德修養的角度批判這套理論的內在矛盾。王陽明認為朱熹注重學問致知而不重身心修養，導致後來者以為必須先知，然後才能行，將道德修養方面的知行割裂開來。他認為這種支離割裂的學術弊病，必然會危

害現存的社會秩序。透過對朱熹格物致知學說的批判，王陽明逐步形成和發展了他的心學思想體系。

王陽明思想中一個非常重要的觀點是「心外無理」，認為一切從人的內心來尋找本源，所以他的學說又被稱為「心學」。在王陽明看來，朱熹將心與理一分為二，從而導致知與行、學問與修養的分離，以致人們追求學問的同時忘記修身的本身，導致整個社會的人心叵測，道德日下。依據自身的良心說，王陽明認為進行一切道德評判的標準就是良心，良心是衡量世界萬物的尺度，因而心外當然無物，自然也就沒有所謂的「格物之理」。這樣王陽明透過對自身主體的重視，尤其是確立所謂內心標準，徹底地改造了所謂的物由理在的觀點。

針對朱學求知於聖人先賢和經典著作，王陽明提出「致良知」的哲學概念，主張求知於個體之內心，透過道德的自覺和智慧的磨練，來達到道德和思想的進步。「良知」之說來源於《孟子》，指「不慮而知」的天賦道德觀念。王陽明把「良知」二字看得很高，將「良知」說成儒家文明最精華、最具永恆性的觀念，能讓人超脫患難生死。後來，王陽明又在「良知」前面加了一個「致」字，把它發展成為「致良知」的主張。王陽明在這一問題上，基本繼承了陸九淵的思想，對朱熹格物致知說進行改造，突出強調人的主觀積極作用，「致良知」要求

人們首先應該認識和恢復內心所固有的天理，並把這種良知天理推及萬事萬物，萬事萬物也就都有它的天理了。透過致良知學說，人們便能很自然地感覺或判斷出人的行為的善惡是非，從而推動良知，把自己的一切行為和活動都納入中國傳統社會道德規範的軌道。

知行合一是王陽明心學體系中另一個重要內容。知與行構成了哲學中的一對基本命題，受到中國哲學家長期的重視。王陽明對知與行有自己的獨特看法，他的基本立場是主張知行合一。知行合一說的核心內容是知行本體合一，重點在於強調行。關於王陽明的知行論，最受讚譽的是「行而後有真知」，他在《語錄二・答顧東僑書》中說：「食味之美勿必待入口而後知，豈有不待入口而已先知食味之美惡者邪……路歧之險夷必待身親履歷而後知，豈有不待身親履歷而已先知路歧之險夷者邪？」這裡的行含有社會實踐的意義，實際上是專指中國傳統社會的道德踐履，一種所謂克己工夫。王陽明與朱熹在這一點上，並沒有什麼根本性的不同。他們都是要求去人欲而存天理，只是在方法與手段上有所不同。王陽明的知行合一學說實際上是朱陸學說的調和折中。他認為朱熹所著力強調的在知識增進上下工夫，只是達到致知的途徑之一，此外還應該包括陸九淵所強調的尊德性、重實行的修養方法。

王陽明是宋明時期與朱熹、陸九淵等人齊名的儒學大家，他繼承和發展了陸九淵的心學思想，在宋明理學中形成了陸、王學術流派。他特別提倡書院講學，並在書院教學中闡明完善其思想學說。明代書院的興盛與王陽明有很大的關係，他桃李遍布天下，陽明學說也成為當時的顯學。陽明學說出現，明代學者多蜂起從之，一時蔚成風氣。自明中葉至清初，王學仍是主流，一度取代了程朱理學的地位，左右中國思想界長達百年之久，可見其流傳之久，影響之深。陽明哲學在東亞儒家文化圈中，有著很高的地位和影響，他的學說還傳至日本，形成日本的陽明學，在日本近代歷史進程中發揮過相當重要的作用。此外，陽明心學在韓國也很受人們重視。事實上，陽明心學構成了東亞儒學的重要成分，對於今天人們對東亞的文化認同，有著極大的現實意義。

延伸閱讀

景德鎮瓷器

明代，景德鎮為全國製瓷業的中心，明廷於洪武初年在這裡設置了御窯廠。為了滿足宮廷官府的需求，燒瓷不計工本，精益求精，並且大力創新。鬥彩、五彩、素三彩、黃地紅彩、白地綠彩等，大量釉上彩繪瓷器創燒成功。從明代不同時期上看，因製瓷所選原料、燒製工藝水準和審美趣味的差異，使得各個時期都產生了一些具有自己鮮明特點的瓷器品種。如永樂、宣德時期的青花、釉裡紅、甜白釉、紅釉、青釉、藍釉、醬釉、仿哥釉、仿汝釉瓷器；成化時期的青花、鬥彩瓷器；弘治時期的黃釉瓷器；正德時期的孔雀綠釉、素三彩瓷器；嘉靖、隆慶、萬曆時期的青花、五彩瓷器等。

宦官與內閣的二元政治

⊙宦官權力的膨脹　⊙擅權自王振始　⊙內閣權力的上升　⊙內閣權力萎縮　⊙權力互動　⊙壓制輿論

　　明初經過廢除丞相、削奪藩王的權力、使用監察和特務機構，皇權幾乎達到了登峰造極的地步。皇權高度集中的後果就是：一旦獨裁體制下的皇帝不行使他的權力，必須有人來替代他使用，以維持國家機器的運轉。這可能導致兩種情況：一種是內閣首輔的大權獨攬，如嚴嵩和張居正；一種就是宦官專權，如汪直和魏忠賢。宦官由於與皇帝關係親密，更容易成為權力託付的對象。

宦官權力的膨脹

　　明太祖朱元璋曾經定制，內官不許讀書識字，不許干預朝政。但是，六部分立，沒有丞相統領，皇帝事必躬親；又設置眾多互相牽制的官職和資訊管道，他所要處理的政務已經是原來的幾倍，甚至幾十倍了。因此，明太祖留給子孫的日常政務負擔已經重到他們無法承受的地步。雖然成祖時期設立了內閣協助處理政事，但在明初皇帝嚴密防範政府官員的情況下，相對於殿閣大學士，皇帝更信任宦官。成祖朱棣突破祖制，重用太監，永樂年間鄭和下西洋，侯顯出使西番，設置東廠，這些做法與朱元璋廢丞相的用意相同，就是有利於皇帝直接控制權力。宦官權力的擴大，不僅種下了貪汙受賄的種子，還埋下了與外朝對抗的隱患。

　　到朱棣的孫子明宣宗在位時，開始設立內書堂，培養用於處理文書的學齡宦官，這些通文墨的太監負責傳遞奏章和內閣的票擬。一開始，他們只是皇帝處理朝政的得力助手，並沒有擅權的機會，後來他們開始利用職務之便染指朝政。

擅權自王振始

　　明代宦官擅權自王振始，但是當時廷臣依附他的人很少，只有兵部尚書王驥、工部郎中王祐等人，其他的官員都不肯俯首聽命。汪直當權時，依附汪直的人多了起來，

◆ 緙絲十二章袞服·明

「緙絲」又稱「刻絲」，是中國絲綢藝術品中的精華。「十二章」指的是衣服上日、月、星、山等十二種圖案。而「袞服」就是禮服，是皇帝在正式場合的「職業服裝」。

但敢於彈劾他們的人也很多，朝廷中派別鬥爭激烈，但運轉勉強正常。到了劉瑾專權時，其在朝中的心腹遍地，流毒滿天下，但仍有不甘屈服的翰林官員。劉瑾每次奏事，都要趁武宗玩耍之時。愛玩的武宗每次都特別不耐煩：「我用你是幹什麼的？老拿這些事情來煩我！」於是，劉瑾逐漸專權，在自己的私人住所批答奏章，不再呈請皇帝裁決。到魏忠賢專權的時候，自內閣大學士、六部尚書至四方督撫，都主動依附他，全面打擊正直官員，其權力大到幾乎可以顛覆朝廷。此外，在政治、財政、軍事各個方面，太監都獲得了皇帝的全面信任。永樂年間，五軍都督府就曾設立內監監督府事。巡視邊塞，大軍出征四方，都由太監負責監軍。其他如明代的皇莊、礦稅、上供、採造等事，都由太監負責。

內閣權力的上升

　　按照朱元璋的意願，皇帝獨裁獨攬大權應該是常態，在分配權力的時候也是依照這種原則來實行的。由於後繼皇帝力不從心或者懶惰，權力不可避免地開始下移，從傳統延續下來的士人政治，繼續發揮作用。其實，從朱元璋開始就感覺到一人綜理朝政，管理的事務太過龐雜，所以設立了殿（華蓋殿、武英殿）閣（文淵閣、東閣）大學士，做為皇帝左右的侍從文人，兼備諮詢，由文官兼任。此時大學士只是承旨辦事、僅備顧問而已，並不參與機務。成祖即位，特選解縉、胡廣、楊榮等七人入直文淵閣，成為皇

◆ 金絲翼善冠 · 明

翼善冠是古代帝王規格最高的禮冠，金冠以極細的金絲手工編織而成，冠的後上方有兩條左右對稱的雙龍於頂部昂首相對，代表至高無上的皇權。

帝的參謀。文淵閣建於皇宮之內，所以被稱為內閣，以區別於外廷。皇帝常常召集內閣學士密議朝廷重大機務，但閣臣只是參與討論，決定權還是在皇帝手中。閣臣的職位也比較低下，秩皆五品，權力遠遠不及六部尚書。

　　到仁宗、宣宗時，閣臣地位不斷提高，品秩從五品晉升為三品。六部尚書、侍郎逐漸以殿閣大學士的身分入閣，除了侍論經史、草擬制誥，他們事實上已參與朝廷行政、監察、司法、軍務等要務。宣宗時期，閣臣掌握票擬的權力，進一步提高了內閣的權力。所謂票擬，就是閣臣根據皇帝所示旨意草擬敕旨，或者替皇帝閱看一切內外奏章，提出處理意見，用黑筆寫在一張小紙條上，貼在奏章上呈交，供皇帝裁決參考。皇

帝看過票擬之後把小紙條撕掉，用紅筆寫在奏章上頒示，稱為批紅。票擬使閣臣取得處理國家政事的大權，成為內閣最大的權力所在。宣宗經常到內閣，令閣臣票擬政事的處理意見。英宗九歲即位，凡章奏皆由閣臣票擬呈進，以後內閣票擬就成為定制。

內閣權力萎縮

到了明中後期，皇帝怠政造成朝中爭權鬥爭異常激烈，內閣的權力逐漸萎縮。從憲宗成化年間到熹宗天啟年間，前後一百六十三年，其間較為勤政的，只有孝宗弘治皇帝在位的幾年而已，世宗、神宗根本就幾十年不上朝。在嘉靖和萬曆時期，朝廷中政令的傳達是這樣的：皇帝傳令給太監，太監傳令給文書官，文書官傳令給內閣。反過來，內閣的意見呈交文書官，文書官轉達給太監，太監再傳述給皇帝。在這種資訊傳遞方式中，太監成為關鍵一環。另外，在很長一段時間內，皇帝不到內閣處理政務，令

◆ **北京故宮乾清門**

乾清門是帝后寢宮，以及嬪妃、皇子等居住生活區域，內廷後三宮（乾清宮、交太殿、坤寧宮）的正門。

內閣票擬。而皇帝身居內宮時仍不理政務，批紅的權力落到司禮監太監手中，他們擁有最後的決策權。於是，太監的實際權力逐漸超過了內閣。

權力互動

明朝中後期，宦官權力炙手可熱。當時有人說，大臣非巴結內臣不得加官，不依附內臣不得安寧，閣臣也不免如此。在這種情況下，閣臣中想掌握政權的，最先必須結交司禮監太監。

內閣學士不止一人，職任上也無明確的劃分規定。嚴嵩當政時，曾排擠眾人，獨攬票擬之權，但這種情況未能持久。閣臣對票擬權力的爭奪，使得內閣本身的紛爭加劇。尤其在嘉靖時期，內閣大學士開始有首輔、

次輔和群輔的分別，首輔的權力最大，一切朝政聽其調度。為了爭奪首輔的職位，大學士結黨聯朋，互相傾軋排擠，透過種種手腕攫取權柄，一些閣臣紛紛尋找宮內掌權太監的支持。張居正在奪取最高權力的過程中，就是與神宗的貼身太監馮保結成同盟。透過這樣的互相支持，張居正獲得了在外朝獨斷專行的權力，而馮保也贏得了內廷牢不可破的穩固地位。但是，這種配合在明代是很少見的。

壓制輿論

明中後期，閣臣與宦官各自專權成為常態。但無論閣臣還是宦官專權，都是傳統的儒家士大夫不能容忍的。嚴嵩和張居正當國，遭到的彈劾不計其數，而劉瑾、魏忠賢專權更是如此。權臣閹豎（對太監的鄙稱）與朝臣的對抗，導致了政局的極度不穩定，所以當權者無一例外地都要極力壓制輿論，如張居正盡力摧毀天下書院，魏忠賢利用三案大肆屠殺朝中諍臣。在這種打擊壓制下，朝廷中最終出現了一種諂媚結附之風，失去安全感的士大夫在獨裁統治之下，紛紛尋找庇護。嚴嵩當國，朝中充當義子者三十餘人，魏忠賢更有五虎、五彪、十孩兒、四十孫的龐大黨羽。無論嚴嵩、張居正，還是魏忠賢，都是權勢的代表，儘管其為人、功績有所不同，但所反映出來的明朝政治狀態是相同的，那就是權力脫離皇帝之後引起的政局混亂。

無論是內閣還是宦官的專權，都是以皇帝旨意自居的。在明代，禮法還是為政府和社會強烈認同的，名不正則言不順。宦官在獨掌大權時，以皇帝的名義發布命令，必須通過內閣這個合法的政治機構；而內閣在掌權後，必須以皇帝為後盾，與皇帝關係密切的宦官就顯得無比重要。所以，表面上看來，政府發出的政令都是皇帝的旨意，實際上則是內閣和宦官這兩個真正的權力中心在發揮作用。

◆ 北京故宮太和殿

太和殿是用來舉行各種典禮的場所，明、清兩朝二十四位皇帝都曾在太和殿舉行盛大典禮，比如皇帝登基即位、皇帝大婚、冊立皇后、命將出征。此外，每年萬壽節、元旦、冬至三大節，皇帝在此接受文武官員的朝賀，並向王公大臣賜宴。

明朝嘉靖時期

人物：明世宗朱厚熜　　地點：東南沿海　　關鍵詞：大禮議　戚家軍

嘉靖禁海與倭寇之患

　　明代是中國歷史上倭寇、海患最嚴重的時代。為此，明朝長期實行海禁，閉關鎖國，其結果卻大出明朝君臣的預料，海患愈演愈烈。到了嘉靖年間，皇帝崇信道教，不理朝政，首輔嚴嵩專權，政治腐敗，海防鬆弛，倭寇開始猖獗橫行，大肆擾亂沿海秩序。這時，日本進入戰國時代，局勢不穩，各諸侯對商業的要求已是勘合貿易遠不能滿足的，於是組織武裝集團到中國沿海任意搶掠。中國沿海的海商也常常勾結倭寇謀取私利，形成一些亦商亦盜的海盜集團。嘉靖時期的倭患由於有中國海商集團的加入，顯得益發棘手。

◆ 五彩魚紋瓷罐・明

這件瓷罐為明嘉靖年間所製，罐體繪有彩色鯉魚暢游於蓮藻之間，生動傳神。現藏於北京故宮博物院。

世宗崇道

　　由於明武宗無子，因此其去世後，皇太后張氏與內廷大太監張永、谷大用，以及內閣大學士楊廷和反覆商議後，決定迎立憲宗之孫、孝宗之弟、興獻王長子朱厚熜嗣位。正德十六年（1521年）四月，朱厚熜以藩王的身分繼承皇位，是為明世宗，第二年改年號為嘉靖。世宗即位不久，就在與楊廷和等文官勢力在議興獻王尊號的問題上發生嚴重爭執。以楊廷和為首的文官集團雖然依祖訓兄終弟及之意擁立世宗，卻把世宗繼位看作是孝宗過繼皇子，因而堅持世宗應尊孝宗為父考，而以其生父為叔父，世宗當然不能同意。楊廷和等閣臣聯絡朝官，一再抗疏，希望迫使世宗就範，屈從廷議。世宗尊崇父母，要維護皇權，自然不甘受人擺布，自削權柄。於是，「大禮之議」成為新帝與舊臣的一次全面的較量，歷史上稱為「大禮議之爭」。這一事件從嘉靖

即位之初的正德十六年（1521 年）開始，至嘉靖十七年（1538 年）世宗一方勝利結束，以楊廷和為首的朝臣受到打擊，以慈壽皇太后（明武宗母后張氏）為代表的皇族、勳戚勢力也被削弱，世宗總攬內外大政，皇權高度集中。世宗在長達十餘年的時間裡，把精力都投入到大禮議上，絕不僅僅只是為其父母爭奪皇考及皇太后的空虛名位，其真正目的在於加強皇權、衝破內閣制約，就其實質而言，嘉靖大禮議之爭實為皇權與閣權的爭鬥。世宗則藉大禮議風波鞏固帝位，實現了他對明朝長達四十五年的統治。

世宗即位之初，實行了一些改革措施，打擊宦官勢力，抑制外戚勳貴集團，減緩了

◆ **明顯陵**

明顯陵位於湖北鍾祥，是明世宗嘉靖皇帝父母的陵寢，2000 年被聯合國教科文組織批准列入《世界遺產名錄》。

土地兼併的速度。然而隨著登基日久，權力鞏固，世宗開始崇信道教方術，愈演愈烈到了執迷不悟的地步。嘉靖三年（1524 年），龍虎山上清宮道士邵元節被召進京，被世宗封為真人，頒為二品，還在城西專門為他建造了一座「真人府」。嘉靖十五年（1536 年），世宗有了兒子，認為這是因為邵元節祈禱有功，於是賜予後者蟒衣玉帶，還加官為禮部尚書。

邵元傑死後，方士陶仲文又得到世宗

◆ 明長城嘉峪關

平定倭患後，戚繼光率領戚家軍北上薊州（今河北薊州），負責防禦長城防線，抵禦蒙古入侵。史載：（戚家軍）在鎮十六年，邊備修飭，薊門宴然……數十年得無事。

的寵信，受封禮部尚書、太傅，世宗給予其一品官員的薪俸待遇。嘉靖二十一年（1542年）二月，世宗險些被不堪忍受他虐待的楊金英等十六名宮女勒死，楊金英等人事敗後被殺。這一年是農曆壬寅年，因此這一事件被稱做「壬寅宮變」。經過這一場事變，世宗更加不理朝政，躲入西苑永壽宮不出，二十多年的時間沒有上過朝，朝政先後由當權的內閣大學士把持，其中擅寫青詞（齋醮祈福活動時，向太上尊神呈奉奏章的祝詞，因為通常用朱筆寫在青藤紙上而得名）的奸臣嚴嵩是專權時間最長的一個。上有崇道的君主，下有專權禍國的大臣，明王朝一度陷入貪賄成風、國困民窮、社會矛盾空前尖銳的窘困境地，時人因此諷刺說「嘉靖、嘉靖，家家乾淨也」。

禁海與倭患

明世宗的不作為不僅導致了國家政治、經濟問題嚴重，也嚴重損害了國防安全。嘉靖時期，蒙古韃靼部在俺答汗的統治下興盛起來，不斷侵犯明朝北部邊境。嘉靖二十九年（1550年），俺答汗率大軍兵臨北京城下，脅求通貢，史稱「庚戌之變」。次年，明朝迫於俺答汗威勢，開馬市於宣府、大同等地，後又因閉市而戰事復開，北京城多次戒嚴，直到隆慶初年俺答汗受封順義王，雙方互開邊貿，北部邊患才得以控制。

除了北部有韃靼入侵外，明朝南方的倭寇之患也在嘉靖一朝為禍最烈。倭寇入侵中國，在明朝初年就已經出現，當時日本封建諸侯割據，互相攻戰，在戰爭中落敗的一些封建主就組織武士、商人和浪人到中國沿海地區進行武裝走私，搶劫燒殺。明初，明太祖嚴厲打擊倭寇，在沿海興建防倭城，布置數萬兵力，倭寇大為減少。但到嘉靖年間，明朝國力漸衰，君主荒怠無能，奸宦把持朝政，倭寇入侵事件頻繁發生。嘉靖二年（1523年），日本左、右京兆尹大夫分別遣使宗設、瑞佐和宋素卿至寧波。宋素卿事先賄賂寧波市舶使，得以先辦入境手續，宗設不

平，追擊瑞佐、宋素卿二人，卻波及明朝官兵及居民，都指揮劉錦戰死海上，指揮袁璉被俘，而明軍竟無力抵抗。世宗聞後大怒，罷市舶司，下令寸板不得下海，斷絕了與日本的一切官方貿易。然而，在巨大的經濟利益面前，民間走私貿易日益猖獗，倭寇與海盜、沿海豪族、商人，甚至是官員結合起來，形成規模龐大的走私團夥。此後的四十年，是明代倭寇為害最烈的時期。

在當時的倭寇之中，「華人所居七八」，除中國人和日本人之外，還有部分馬來西亞人和葡萄牙人。「倭寇」演變成一個國際性的武裝走私團體。在各股倭寇中，以王直的實力最強。王直（《明史》作汪直）原是徽州海商，後來因為貿易不通，而轉以走私搶劫為生，流亡海上。王直在日本平戶建立基地，並聯合葡萄牙和日本勢力，不斷發展壯大。最終，王直海商集團成為中國海商集團中人數最多、勢力最強的一支，擁有兵眾二十餘萬人及載重百噸以上巨艦百餘艘。王直海盜集團不斷在舟山、定海一帶搶劫、殺人。嘉靖三十二年（1553年），王直率領巨艦百餘艘，「蔽海而來，浙東西、江南北，濱海數千里，同時告警」，影響甚大，史稱「壬子之變」。

嘉靖二十六年（1547年），因為倭患日盛，明朝命右副都御使朱紈為浙江巡撫，

◆ 日本浪人使用的武士刀

負責浙、閩海防。朱紈到任後，雷厲風行，擒殺海盜及奸商九十六人。但因觸及當地官僚牟利的關節，竟被誣告擅殺良民，被迫服毒自殺。此後，倭寇在沿海如入無人之境。嘉靖三十二年（1553 年），南京兵部尚書張經奉命征討，取得了王江涇（今屬浙江嘉興）大捷，而嚴嵩黨羽趙文華的到來，使得這位抗倭英雄背上畏敵失機、糜餉殃民的罪名，被押回京城斬首。之後，出任浙江總督的胡宗憲因為無法以武力消滅王直，於是利用其迫切要求通商的心理誘捕王直。嘉靖三十六年（1557 年）王直被捕入獄，兩年後被殺。王直被誘殺後，他的養子和下屬大肆報復，四處作亂，海患愈演愈烈。

戚繼光抗倭

倭寇的不斷騷擾讓數十萬百姓被殺或被俘，無數財產被劫掠，農、工、商業的生產秩序被嚴重打亂，整個東南沿海的富庶之地遭到巨大破壞，解除禍患已經成了刻不容緩的事情。就在這時，明代中晚期的軍事家戚繼光，讓人們看到了抗倭勝利的希望。

戚繼光（1528-1587 年），字元敬，山東蓬萊人。他出身將門，十七歲就承襲其父山東登州衛指揮僉事一職，開始了金戈鐵馬的一生。嘉靖三十五年（1553 年），由於浙江總督胡宗憲的極力推薦，戚繼光調任浙江任參將，負責鎮守倭寇出沒頻繁的寧波、紹興、臺州三府及所轄各縣。嘉靖三十八年（1559 年），戚繼光針對沿海衛所廢弛、舊軍戰鬥能力低下的情況，親自去義烏等地招募了一支由四千多名農民、礦工組成的新軍。這支部隊經過戚繼光的嚴格訓練，精通戰法，軍紀嚴明，戰鬥中屢戰屢勝，被譽為「戚家軍」。戚繼光結合實戰需要，根據東南沿海沼澤多、倭寇慣用重箭、長槍作戰的特點，創造了一種攻防兼宜的

◆ 福船•明

福船是福建、浙江沿海一帶尖底古海船的統稱，在明代，福船也被做為戰船使用，一般能容納水手、戰士百餘人，裝載有紅夷炮、佛郎機炮、火銃、火藥弩箭等武器。

「鴛鴦陣」，將盾牌、長槍、叉、狼、棍、刀等肉搏武器配備火器、弓箭遠射兵器，透過靈活變換隊形，發揮各種武器和士兵的整體作戰威力，在對倭作戰中發揮了巨大的殺傷力。

嘉靖四十年（1561年）四月，倭寇數千人駕駛百餘艘戰船大舉入侵臺州。戚繼光得到戰報，緊急部署兵力，戚家軍神速迎敵，與敵人在臺州展開激戰。戚家軍在不到一個月的時間裡，連續作戰，九次皆捷，共殲滅倭寇五千多人，史稱「臺州大捷」。僅此一戰，戚家軍就打出軍威與名聲，令倭寇聞風喪膽。戚繼光在戰場上看到了義烏人的英勇，於是又親自到義烏招兵三千多人，擴建了隊伍，補充實力。在戚繼光和其他將領的共同努力下，抗倭寇戰爭節節勝利。九月，浙江總兵盧鏜、參將牛天錫分別率軍在寧波、溫州等地與倭寇交戰十餘次，大獲全勝。至此，竄犯浙江的倭寇基本蕩平，浙江、福建等沿海地區日趨安定，經濟也逐漸繁榮起來。

嘉靖四十一年（1562年），世宗任命俞大猷為福建總兵，戚繼光為福建副總兵，負責福建用兵事宜。俞大猷（1504-1580年）是與戚繼光齊名的抗倭名將，福建晉江人，歷任參將、總兵等職，轉戰東南沿海，戰功卓著。戚繼光和俞大猷相互配合，蕩平倭寇在橫嶼、牛田、林墩的三大巢穴。戚繼光被倭寇稱為「戚老虎」。此後，戚繼光第三次赴義烏招募新兵萬餘人。嘉靖四十二年（1563年）四月，戚家軍在平海衛戰役中，率中路軍與右路福建總兵俞大猷和左路廣東總兵劉顯相互配合，取得「平海衛大捷」。這次勝利，戰果累累，殲敵兩千多人，救出被掠走的百姓三千多人，收復興化城（今福建莆田）。不久，戚繼光升為福建總兵，負責鎮守福建全省及浙江金華、溫州兩府。這年冬天，一萬多名倭寇圍攻仙游，戚繼光率軍馳援，三戰三捷。至此，入侵福建的倭寇基本被蕩平。此後，俞大猷和戚繼光又率軍清除流竄在廣東沿海的殘餘倭寇。至嘉靖四十五年（1566年），東南沿海的倭患基本消除。

抗倭戰爭勝利結束後，明朝的一些有識之士開始反思倭寇產生的主要根源，認為海禁過嚴，使沿海百姓失去謀生方式，是倭寇問題屢禁不絕的根源，逐漸形成「弛禁派」。到隆慶時期，明政府逐漸放開海禁。

延伸閱讀

萬里長城

長城在中國歷代多有修建，但是規模最大的是明代。明代長城從洪武元年（1368年）大將徐達修築居庸關長城起，到明朝中期，先後經歷兩百多年的時間才基本完成。它東起鴨綠江，西達嘉峪關，全長 12,700 里，工程之大，是其他任何朝代都無法比擬的。明代城牆依據不同的地點採用不同的建築材料和方法修築，比如八達嶺等處都是石城。這些城牆高大結實，城牆表面下部砌石頭，上部為磚包砌，中間填土石，頂面鋪方磚。牆高平均 7-8 公尺，牆基平均寬 6.5 公尺，頂部寬 5 公尺，可容數匹馬或者多人並行。

明朝 西元 1573 年—西元 1582 年

人物：張居正　地點：北京　關鍵詞：一條鞭稅法

張居正改革

嘉靖四十五年（1566 年），明世宗病死，太子朱載垕即位，是為明穆宗。穆宗在位六年，醉心於玩樂享受，明政府的財政危機沒有得到任何緩解。隆慶六年（1572 年）五月，穆宗去世，其子朱翊鈞即位，是為明神宗，年號萬曆。萬曆皇帝即位後，主持朝政大權的內閣首輔張居正雷厲風行地推行改革，這位與商鞅、王安石並稱為中國封建社會三大改革家的能臣、權臣，在皇朝頹敗之際，臨危變制、厲行改革，讓業已走向衰落的明王朝得到了一定程度的復甦。

躋身內閣

張居正（1525-1582 年），字叔大，號太岳，江陵（今屬湖北）人。他少年得志，十六歲時就成為當時最年輕的舉人。嘉靖二十六年（1547 年）中進士，此後任翰林院庶吉士、編修等。隆慶元年（1567 年），明穆宗即位後，張居正被任命為吏部侍郎兼東閣大學士，後為吏部尚書，建極殿大學士。隆慶六年（1572 年）春，長期沉湎酒色的穆宗突然中風，穆宗把年僅十歲的幼帝朱翊鈞（即明神宗）和大明江山託付給內閣首輔高拱和次輔張居正、高儀。此時，張居正謹慎地考量局勢，同樣身為次輔的高儀年邁多病，沒有威脅；唯一的障礙就是身為首輔的高拱。

高拱和張居正一樣，都是能臣，但他常以才略自許，盛氣凌人，也得罪過司禮監掌印太監馮保。在穆宗時，高拱就看不起秉筆太監馮保，反對其升任掌印太監，兩人因此結下心仇。穆宗死後，神宗年幼，實際權力暫由其生母李太后代理。馮保是神宗的「大伴」，又是李太

◆ 灑藍釉缽‧明

其高 11.5 公分、口徑 25.3 公分。現藏於首都博物館。

后的親信，得到太后完全的倚仗。馮保便藉機以皇帝的名義升自己為掌印太監，並掌管東廠。從此，所謂的「批紅」（亦稱批朱），在一定程度上就變成了馮保的意見。

張居正看到了馮保與高拱的矛盾，也看到了馮保身後有太后做靠山。他一向為人機警，奸臣嚴嵩當政時，「嵩亦器居正」。徐階代替嚴嵩為首輔後，同樣「傾心委居正」。高拱秉權後，「兩人益相密」。但張居正不甘心長久居於首輔之下，於是他決心借馮保之力，向高拱開刀。做為合作的籌碼，張居正在隨後的幾十年裡保障了馮保「批紅」的權力，雙方合謀驅逐高拱。

馮保上臺後，高拱也企圖先下手為強，策動言官上奏彈劾馮保，試圖驅逐馮保。但是，馮保深得李太后的信任，加上有張居正為之謀畫，高拱非但沒有成功，反倒落下口實。人們紛紛以為，幼年皇帝剛剛登基，高拱就彈劾其身邊的人，有挾輔政之名而行奪權之實。最終，在李太后的主持下，六月十六日，馮保宣讀皇帝的諭旨，稱高拱「攬權擅政，奪威福自專」，限令高拱回籍閒住，不許停留。張居正坐收漁翁之利，順理成章接任首輔。高拱走了，高儀不久也去世了，這樣，內閣中只剩下張居正一人，張居正期待已久的時代來了。

整頓吏治

張居正初任首輔時，吏治腐敗。為此，張居正以鐵腕政策，在兩京十八大衙門中強行推行「京察」，對四品以上官員實行考核，凡昏官與庸官一律裁汰。從此，張居

◆〈萬曆三大征之征哱拜〉・明

從明神宗二十年（1592年）開始，到明神宗二十八年（1600年）結束，明帝國連續經歷寧夏戰役、朝鮮戰役、播州戰役三大戰役，稱為萬曆三大征。這三大戰役耗費了國庫數百上千萬兩白銀，明朝財政沒有被壓垮，完全是靠張居正改革時期為國家積聚的巨大財富。

正開始了他構思多年的改革，史稱「萬曆新政」。新官上任三把火。「京察」這第一把火就粉碎了官僚集團對新任首輔的期望。

隨後，張居正整頓學政，遏制請託腐敗風氣，減輕了百姓的負擔。改革驛遞制度，剎住了官員私用驛站、中飽私囊的腐敗之風，為國家節省了大批資金。可以說，張居正的吏治改革是以遏止貪汙賄賂而展開的。張居正認為，上層官員應做獎廉抑貪的表率，政府首腦及地方督撫是正風之本，他自己也率先做示範，概不接受官員的禮物。他明白這些禮金都是官員從百姓那裡搜刮來的。他在給一名官員的信中說：「當事以來，私宅不見一客，非公事不通私書，門巷闃然，殆如僧舍，雖親戚故舊，交際常禮，

◆〈入蹕圖卷〉
局部·明

這幅畫描繪明朝皇帝在宮廷侍衛的護送下，騎馬出京，來到京郊的十三陵拜先祖，然後再坐船返回北京的情景。根據後世史學家的研究，圖中所描繪的皇帝應為萬曆皇帝朱翊鈞。

一切屏絕，此四方之人所共見，非驕偽也。」

張居正改革的重點在國家財政上，他要為國理財，整頓稅務。張居正重用一些銳意改革的官吏，安排他們到各個重要部門，並透過清查皇室子粒田、處理荊州抗稅，追查京營兵士棉衣造假等事件，大刀闊斧地整頓經濟。這當然得罪了不少既得利益者，但是，張居正沒有手軟，堅定地執行賦稅改革，實施一條鞭法、丈量田地等政策，並取消農村豪富鄉紳的賦稅減免特權，扭轉了賦稅轉嫁到小農身上的狀況，開闢了國家的賦稅之源。一條鞭法將賦、役內各款目合併，以田為主徵銀，從而取消了豪紳勢宦利用優免特權逃避賦役、偷漏稅糧的特權，一律強制納稅，達到「貧民之困以紓，而豪民之兼併不得逞」的目的，增加了國家財政收入。

張居正以雷厲風行的作風艱難地推行改革，解除了明朝的政治和經濟危機，以及減輕了百姓的沉重負擔。嘉靖末年國家糧倉不足，儲備不夠一年之需，財政空虛，入不敷出，赤字超過三分之一。然而，經過張居正的治理，國家儲糧可以保證十年的消耗，國庫積銀達四百萬兩。後人稱讚道：「是時，帑藏充盈，國最完備。」敗落的明朝又出現了復甦的跡象。

身死政亡

然而，個人主導的改革隱伏著巨大的危機，那就是人在政在，人亡政亡。其實，張居正在改革之初就已經明白，自己的施政必然會遭到豪強權貴的瘋狂報復，但他並不在意，決心「棄家忘軀，以殉國家」。可惜，

他沒想到的是，政敵的報復在他去世之後才展開，連累的是他的老母、愛子和方興未艾的改革大業。萬曆十年（1582年）六月二十日，張居正病逝，享年五十八歲，贈上柱國太師銜，賜諡文忠。

張居正一死，年已二十歲的神宗開始親政。一直生活在張居正的管制下、對張有著嚴父般畏懼的神宗，再也隱忍不住發作了。半年後，神宗迫不及待地將馮保逐出京城，發往南京孝陵種菜。對馮保的處分是一個警訊，久居官場的大臣們嗅到了政治風向的轉變，於是彈劾張居正的奏疏紛至沓來，正中神宗下懷。於是，在張居正死後不到兩年，風雲突變，神宗下詔奪了張居正上柱國太師銜，並奪諡，隨後下詔查抄張居正的家產。這次抄家是真正的人間慘劇，把封建官場的冷酷無情發揮到極致。京城官員還沒有趕到江陵，就先令當地官員登錄張府的人口，封閉房門，不許人出門，以致還未真正抄家就已讓十幾口老弱婦孺被活活餓死。為了向皇帝有個交代，負責查抄的官員還對張居正的兒子嚴刑拷打追贓，逼死了大兒子張敬修，張居正的二子張懋修經不起拷打，屈打成招，自殺未遂，最後與其弟張允修等族人一起被充軍。

一代名相、十年帝師在身後的遭遇，令清明志士寒心戰慄。這一連串事變，不僅全盤否定了一個輔佐神宗十年的老臣，更是否定了十年來的國政，多年勵精圖治的改革成果毀於一旦。明朝最後幾十年的短暫復興變成了明朝滅亡前的迴光返照。自此，張居正推行的「萬曆新政」終於夭折。似乎是對張居正的報復，以神宗為首的滿朝文武，以斂財為風，從此明朝急劇衰落，積重難返，回天乏術。神宗推倒了張居正，也將自己和自己的後代推向了深淵。

天啟、崇禎年間，明朝國力衰微、險象叢生，人們終於能體會張居正的用心良苦。天啟年間，明熹宗恢復張居正原官，給予祭葬禮儀，發還張府沒有變賣的房產。崇禎二年（1629年），思念救國之才的崇禎帝還給張居正後人官蔭與誥命。可惜，時過境遷，一切都已經來不及了，人們有感於此，在江陵張居正故宅題詩抒懷，寫道：「恩怨盡時方論定，封疆危日見才難。」

延伸閱讀

傳教士利瑪竇

十六世紀地理大發現之後，大批歐洲耶穌會傳教士隨著殖民擴張來到東方尋找新的天地，其中較為有名的有義大利人羅明堅和利瑪竇，法國人金尼閣，日耳曼人湯若望，瑞士人鄧玉函等，他們在明末至清初的政治和社會中產生了重要的影響。其中在明朝影響最大的應屬利瑪竇，他在中國逗留二十餘年，第一個向中國介紹了地圓學說、歐幾里得幾何學、筆算、西曆、西洋琴等新鮮事物，多次繪製和刻印〈山海輿地圖〉、〈坤輿萬國全圖〉等五大洲地圖。而利瑪竇輸入的西學，也啟發了徐光啟等人對西方科學知識的興趣。從萬曆十九年（1591年）開始，利瑪竇花了四年時間，把「四書」譯成拉丁文寄回義大利，成為第一個把孔子和儒家思想介紹給西方的人。

明朝萬曆後期

人物：明神宗朱翊鈞　　地點：寧夏　播州　蘇州　　關鍵詞：萬曆三大征

神宗罷朝與江南民變

　　明神宗朱翊鈞在位執政四十八年，有三十年不上朝聽政，因而他被後人認為是中國歷代帝王中最懶惰的。特別是萬曆中後期，明朝在政治、軍事、經濟等方面呈現出愈來愈嚴重的危機，而嗜酒、戀色、貪財，私欲膨脹的神宗恣意妄為，不但將張居正改革留下的紅利消耗殆盡，還因為濫發礦監稅使、橫徵暴斂，引發了市民階層的強烈反抗，「民變」也成了明朝中後期特殊的社會現象。

◆〈歷代帝王像〉之明神宗・
清・姚文瀚

明神宗朱翊鈞（1563-1620 年）是明朝第十三位皇帝，明穆宗第三子，其在位四十八年，是明朝在位時間最長的皇帝。

親政清算

　　萬曆十年（1582 年），「工於謀國，拙於謀身」的張居正去世，神宗為張居正輟朝一天，並諡文忠，贈上柱國太師銜，蔭一子為尚寶司丞，賞喪銀五百兩。內閣大學士張四維繼任首輔。神宗這時年已二十，開始親自過問朝政，希望有所作為。然而，神宗親政兩年之後，做的第一件大事，就是清算已死的張居正。神宗深知要想樹立自己做為皇帝的權威，就必須徹底擺脫張居正的影響。同時，張居正生前因為剛正不阿，得罪了不少大臣，一些守舊派大臣在他死後乘機反撲，紛紛上奏朱翊鈞。神宗對昔日威柄震主的張居正日益不滿，幾個月後，張居正就被指控接受賄賂，生活奢侈，安插不勝任的黨羽擔當要職，濫用權力，徇私舞弊以使他的兒子們得以進入翰林院，勾結太監馮保，壓制輿論，蒙蔽皇帝，甚至試圖篡奪皇位等一連串罪名。

萬曆十年（1582 年）十二月，神宗以欺君蠹國之罪，免去馮保東廠提督之職，抄沒其家產，隨後又將張居正重用的人統統罷免，同時為從前反對張居正的人一一恢復名譽或官職。

張居正死後，言官又以指摘官員瑕疵為能事，致使有大功者不能受賞，有小過即被迫辭官，朝中紛爭動盪，難以正常施政。神宗親政後，親自批答奏疏，但由於追查張居正仍不免輕信彈章，言官詆誹之風因而難以遏止。言官由攻擊張居正，進而攻擊張居正薦引的官員，又進而攻擊新任的閣部諸臣。神宗親政的幾年間，言官的彈章紛至沓來，朝官的抗辯接踵而上。這些奏章又往往是空話連篇，強詞奪理，真偽混雜。意在有所作為的神宗，陷入無休止地批覽奏章和臣僚紛爭之中難以自拔。

萬曆三大征

當神宗徹底擺脫了張居正的束縛之後，就開始他的獨裁統治。從此以後，神宗開始長年深居禁宮，嗜酒、戀色、貪財，私欲膨脹，恣意妄為。

萬曆二十年（1592 年）二月，寧夏副總兵哱拜起兵反叛；五月，日本發動侵朝戰爭；同時西南又發生播州楊應龍叛亂，神宗被迫派兵三路出征，史稱「萬曆三大征」。其中寧夏之變是邊臣處事不當引起的兵變；播州之變則是明朝推行改土歸流政策，與西南土司政權發生矛盾所導致；援朝之戰則是應朝鮮國王的請求，抗擊日本侵略軍的戰鬥。三大征中以援朝之戰耗時最長，戰況也最為慘烈。

日本十六世紀末期結束戰國時代實現統一後，野心勃勃的關白豐臣秀吉意欲先占朝鮮，後侵中國。萬曆二十年

◆ **五彩龍紋觚・明萬曆**

五彩瓷器在明萬曆時期達到了一個高峰，這與萬曆皇帝的生活習慣有關，這類龍紋器物一般主要為宮廷使用。

203

（1592 年），豐臣秀吉發兵朝鮮，朝鮮國王李昖逃到義州（今遼寧義縣），派使臣向明朝求援。考慮到中朝兩國唇齒相依的關係，神宗派遣宋應昌為經略、李如松為東征提督，在朝鮮軍的配合之下，光復平壤，隨後收復開城、王京（今韓國首爾），以及漢江以南大片領土。但兵部尚書石星卻主張議和，明朝撤兵而回。萬曆二十五年（1597 年），日本再次出兵朝鮮，明政府派兵部尚書邢玠為總督、都御使楊鎬為經略、麻貴為提督，第二次赴朝抗日。此次明朝將領吸取了水師訓練不足的教訓，加緊招募江南士兵，增強對日作戰能力。朝鮮將領李舜臣在第一次抗日戰鬥中，率領鐵甲龜船屢立戰功。第二次戰爭時，他與明朝將領鄧之龍密切配合，擊毀日船多艘，最後兩人壯烈犧牲。萬曆二十六年（1598 年），豐臣秀吉死，日本軍心動搖，中朝聯軍乘機反攻，日軍大敗，歷時七年的援朝戰爭最終結束。

萬曆三大征雖然性質各不相同，也都獲得全勝，但明軍將士卻傷亡數十萬，耗銀千萬兩，致使國庫空虛，百姓遭難，由此開始，明朝日趨衰敗。

醉夢之期

神宗鑑於張居正的專擅，有意收攬大權，削弱內閣，但由於陷入朝臣紛爭之中，有心勤政而難以勤政。親政四年，便怠於政事。萬曆十四年（1586 年）秋，自稱「一時頭暈眼黑，力乏不興」，宣示免朝。這年以後，神宗即以多病調攝為名，很少上朝，也不再召見大臣。大臣們送上來的奏疏仍由神宗親覽，卻往往「留中」（留在宮中），不予理睬，既不批示，也不發還。萬曆十八年（1590 年）二月，再罷日講，「自後講筵遂永絕」。缺官嚴重而不補，也是從這一時期開始的。

神宗親政後的三十年，基本上是一個不理朝政的皇帝。近代史學家孟森的《明清史講義》裡，把神宗親政的

◆ 日本武士甲冑

日本武士甲冑基本上是由竹條、皮革、麻繩等物製成，雖然裝飾華麗但實際防護力不高。

晚期稱為「醉夢之期」、
「怠於臨朝，勇於斂財，
不郊不廟不朝者三十年，
與外廷隔絕」。但是，神
宗是明朝唯一的決策者。
皇帝獨攬大權而又怠於政
事，閣臣言官相互攻訐，
明朝的政局日益陷於紛亂
昏暗之中。由於神宗不理
朝政，官員空缺的現象
非常嚴重。萬曆三十年
（1602年），南、北兩京
共缺尚書三名、侍郎十
名；各地缺巡撫三名，布
政使、按察使等官六十六
名，知府二十五名。到萬曆四十一年（1613年）十一
月，南北兩京缺尚書、侍郎十四名。神宗委頓於上，百
官黨爭於下；官場黨派林立，互相傾軋，整個政府陷於
半癱瘓狀態。《明史》這樣描述：「論者謂：明之亡，實
亡於神宗。」

　　與政務上懈怠荒疏相比，萬曆皇帝對於女色的喜好
卻是空前強烈。萬曆十年（1582年）三月，神宗曾效仿
祖父朱厚熜的做法，在民間大選嬪妃，一天就娶了「九
嬪」。神宗還喜歡玩弄小太監。當時宮中有十個長得很俊
的太監，專門「給事御前，或承恩與上同臥起」，號稱
「十俊」。所以，大理寺左評事雒于仁的奏疏中有「寵十
俊以啟幸門」的批評。萬曆十七年（1589年）十二月，
雒于仁上疏朱翊鈞，批評他沉迷於酒、色、財、氣，並
獻「四箴」。神宗看後暴跳如雷，大怒不止，將奏章留中
不發。

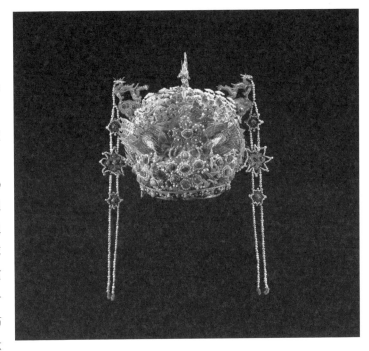

◆ 金累絲點翠鳳冠

此鳳冠為明代萬曆皇帝的孝
靖皇后王氏所戴鳳冠，重
二千三百二十克，出土於明十三
陵定陵。現藏於定陵博物館。

民變迭出

中晚年的神宗，對於朝政的興趣，顯然沒有對斂財的興趣濃厚。「好貨成癖」的他曾將查抄的馮保、張居正家產全部歸自己支配；為了掠奪錢財，他曾以採木、燒造、織造、採辦為名搜刮民財。萬曆二十六年（1598 年），神宗向全國各地的著名市鎮、通衢要地派出礦監稅使，主持開礦，同時兼徵稅收。這些人大多為內廷太監，他們四處搜刮人民，而且徵稅的項目千奇百怪，無物不稅，無地不稅，僅僅在萬曆二十六到三十年（1598-1602 年）短短的五年間，就進奉給神宗銀三百多萬兩，其餘金珠、貂皮、好馬不計其數。

這種殺雞取卵、涸澤而漁的斂財政策和稅使們敲骨吸髓的敲詐，讓百姓們苦不堪言，一時間蘇州、武昌、臨清等地紛紛發生了「民變」，驅逐礦監稅使。萬曆二十九年（1601 年），明神宗派稅使孫隆到絲織業發達的蘇州徵稅。孫隆一到蘇州，就跟當地的地痞無賴勾結，在城內各處設立關卡，凡是綢緞布匹進出關卡，一律徵收重稅。商販繳不起稅，就沒法進城做買賣，織戶只好停工。在這種情況下，孫隆還要向織戶收稅，規定每臺織機收稅銀三錢，每匹綢緞收稅銀五分，這一來更逼得許多織戶破產倒閉，織工失業。當年六月六日，織工葛成率領數千織工殺向封門稅卡（收稅的地方），把稅卡上的黃建節、徐怡春兩個稅棍當場打死。接著，在葛成的率領下，萬餘名織工包圍了稅使孫隆的稅監司衙門，在一片「捉孫隆、罷私稅」的吶喊聲中，孫隆嚇得魂不附體，翻牆逃往杭州。後來明神宗命撫、按衙門追捕「亂民」。葛成為了讓眾人免受連累，便主動到蘇州府衙門，一人擔當了「倡亂」之首的「罪責」。葛成一度被判為死刑，但顧忌群眾情緒，一直沒有執行，十多年後被放出。萬曆年間的民變遍布全國各地，規模巨大，這表明「市民」階層已經成為一種社會力量，他們在反對宦官勢力的士大夫階層的聯合下，開始對皇權進行有限度的抗爭，以維護本階層的經濟利益，這也是明代獨有的社會現象。

萬曆四十八年（1620 年）三月，因長期酒色無節，加上遼東慘敗，國事困擾，神宗終於病重不起。七月二十一日，神宗在弘德殿嚥下了最後一口氣，終年五十八歲，安葬於三十多年前精心修建的「壽宮」定陵。

徐光啟與《農政全書》

徐光啟，字子先，號玄扈，南直隸松江府上海縣（今上海市）人，萬曆三十二年（1604 年）進士。徐光啟學識淵博，通天文、曆算，對火器也有很深的研究。後來，他又加入天主教，與義大利人利瑪竇一起研討學問，是中國近代科學先驅。徐光啟編纂的《農政全書》，是明代農學的最大成就，也是中國古代農書的集大成者。全書篇幅宏大，共有六十卷，內容涵蓋農事、水利、農器、樹藝、蠶桑、牧養等諸多方面，並附有《救荒本草》和《野草譜》，是中國古代農書的光輝典範。

明代小說與戲劇

⊙明代小說　⊙雜劇與南戲

　　明朝代元而立，不僅在政治上恢復了漢族政權，在文化上也逐漸恢復傳統的儒家禮樂文明。然而，朱元璋在建國之初設計的一整套加強中央集權的制度也延伸到文化藝術領域，人們的創造力被壓制，使得作品略顯呆板，創新不足。明朝中後期，隨著商品經濟和城鎮的興起，開創了市民文學的新領域，大量優秀的文學作品應運而生。同時，兩宋時期形成的南戲在明朝興起並流行於南方，因地域不同而有不同的風格，最終還形成了主流風格——昆腔。

明代小說

　　明朝的小說主要是在宋元話本的基礎上發展而來的。宋元時期民間「說話人」主要分為「講史」和「小說」兩類。講史者述說歷史上帝王將相的英雄成敗故事，小說者則講述與百姓生活貼近的市民故事。這兩類說話人的底本，分別成為明朝長篇章回體小說和短篇市井小說的雛形。

　　明朝的長篇小說成就輝煌，為人們所熟知的有《三國演義》、《水滸傳》、《西遊記》、《金瓶梅》和《封神演義》等。《三國演義》的作者是羅貫中，它的一些故事情節在唐宋時期就已經在民間流行。元朝亦有話本《全相三國志平話》，基本規模已經奠定。羅貫中在此基礎上，改編成二十四卷二百四十節的《三國志通俗演義》，後來經過合併刪改，形成新的一百二十回本，廣泛流行於民間。清初的毛崗對其再次加工，使之情節更加緊湊，文字更加藝術化，這就是現在所見的一百二十回本《三國演義》。《三國演義》描寫了東漢末年到西晉初的戰亂和爭霸的歷史，生動地描繪了三顧茅廬、群英會等場景，尤其是戰爭場面的描寫，氣勢恢宏，手法高超。其中的人物性格鮮明、生動，成功地塑造

◆ 明代戲曲人物

了諸葛亮、曹操、周瑜、劉備等人物形象。《三國演義》所敘故事基本上三分虛構，七分與史實相符，一定程度上使後人透過小說更多地了解歷史。

《水滸傳》的作者為施耐庵。這是一部描寫北宋末年農民起義的長篇小說。以宋江為中心的一○八條好漢被逼上梁山的過程，是「官逼民反」主題的充分體現。這些江湖英雄除暴安良的任俠之舉，受到明人及後世的喜愛。他們雖然受招安，但是立功邊陲的理想，卻因為官場的黑暗而破滅，最終報國無門，或戰死、或離散，以悲劇收場。

《西遊記》是一部以傳統神話故事為藍本的小說。作者吳承恩科場失意，直到六十歲才謀到縣丞之職，終因性格孤傲，辭官不做。《西遊記》這部作品中處處反映了他對社會現實的不滿，尤其是孫悟空這個放蕩不羈的形象，更是作者心中希望衝破現實黑暗的寄託。

《金瓶梅》的藝術成就也是不容抹殺。作者蘭陵笑笑生，截取《水滸傳》中西門慶和潘金蓮做為主角，描寫了惡霸西門慶罪惡的一生，揭露、反映了明朝後期官紳階層荒淫腐朽的生活和百姓的疾苦，也表現了許多市民日常生活的狀況。雖然它涉及一些性內容，但它是第一部由文人獨立創作的長篇小說，也是第一部以家庭和婦女為主題的作品。「金瓶梅」由潘金蓮、李瓶兒、春梅三名女性的名字連綴而成，意蘊豐富。

隨著市民經濟的繁榮，明中後期短篇小說逐漸繁榮起來。萬曆、天啟年間，文人創作的擬話本日漸增多，形成明末短篇小說流行的基礎。其中的傑出代表是馮夢龍的「三言」和凌初的「二拍」。「三言」是《喻世明言》、《警世通言》和《醒世恆言》的合稱，描寫了新興市民階層的價值觀念和官場、民間的生活百態，揭露了官場中的潛行規則和混亂。「二拍」即《初刻拍案驚奇》和《二刻拍案驚奇》，在藝術成就上遠不及「三言」，但它涉及了較多手工業者和商人的社會生活，頗具時代特色。

雜劇與南戲

明代戲劇發展經歷了正統雜劇逐漸衰落，新雜劇和傳奇戲逐漸興起的過程。在明初的文化高壓下，雜劇創作都是些教化戲、神仙戲，到明中期開始才有文人不滿雜劇形式內容的僵化，開始戲劇改革。改革突破了原來雜劇「四折一楔子」的固定格式的限制，有一折、七八折乃至十幾折，內容上也更多地反映現實生活。著名的劇作家和作品有梁辰魚的《浣紗記》和阮大鋮的《燕子箋》等。而明代戲劇的集大成者，是臨川派的創始人湯顯祖。湯顯祖是江西臨川人，萬曆年間進士。他性格剛直，不適合為官，於是在做了幾年小官之後就回鄉隱居，專心於戲劇的創作。他的代表作是「臨川四夢」，又稱「玉茗堂四夢」，由《紫釵記》、《還魂記》、《南柯記》和《邯鄲記》四部構成。其中又以《還魂記》影響最大。《還魂記》又名《牡丹亭》，描寫的是杜麗娘和柳夢梅浪漫的愛情故事。

◆ 《水滸傳》三打祝家莊插畫

明朝中期，南戲開始興起。南戲是流行於南方民間的戲曲形式，大致產生於宋徽宗時期，此後一直在南方百姓中流傳。明朝初年著名的南戲劇碼有《琵琶記》、《荊釵記》和《拜月亭》等。在官方的嚴格限制下，南戲曲目多由傳統劇碼改編而成，創新作品不多。

南戲的曲調根據地域不同，主要分為海鹽腔、餘姚腔、弋陽腔和昆山腔，採用不同風格的腔調演出。其中昆山腔雖然流行的地域不廣，但它「流麗悠遠」，藝術美感在其他三腔之上，因此在嘉靖時期以魏良輔為首的一批音樂家的努力下，昆腔成為南戲中最興盛的一支。魏良輔集合了當時一些很有才華的戲曲家和樂器演奏家，通力合作，歷經數十年，探尋出昆山腔的改革之路。在唱腔方面，除了繼續保持昆腔「流麗悠遠」的特色外，吸收了其他三腔的長處，還注重借鑑北曲形式嚴謹的成果；在伴奏方面，改變了昆山腔不用弦索的侷限，使用簫管、弦索、鼓板三類樂器，構成一個完整的伴奏樂團。從此，昆腔更能細膩地表現劇情和人物情感，兼收各家之長的昆腔最終成為南戲主流。

明朝 西元 1615 年—西元 1620 年

 人物：明光宗朱常洛　李選侍　　地點：北京　　關鍵詞：梃擊　紅丸　移宮

明宮三大案

　　在封建王朝中，確立王朝的繼承者是頭等大事，被稱為「立國本」。明朝立儲的原則是有嫡立嫡，無嫡立長。到了明神宗時期，神宗的嫡妻王皇后無子。萬曆十年（1582 年），宮女王氏為神宗生下庶長子朱常洛；萬曆十四年（1586 年），神宗最寵愛的鄭貴妃為其生下庶次子朱常洵。在立長還是立愛的問題上，明神宗和朝臣們進行了一連串的政治鬥爭，從萬曆十四年（1586 年）鬧到二十九年（1601 年），朱常洛已經二十歲，才被冊立為太子，朱常洵也被封為福王。然而，波詭雲譎的明爭暗鬥並未結束，並因此延伸出了明末著名的「梃（木棍）擊」、「紅丸」、「移宮」三大案。

梃擊案

　　萬曆四十三年（1615 年）五月初四，一個鄉村莽漢手持棗木棍衝進皇宮，見人就打，一直闖入皇太子朱常洛居住的慈慶宮，打傷守門的內官，最後被內官們捉住。一開始，這個莽漢顯得瘋瘋癲癲，只說自己名叫張差，其他一切不肯交代。後來，經過文官們的反覆審訊，張差招出是同鄉馬三道、李守才讓他跟一個不知姓名的太監進京，說事成之後給他幾畝地種。進京後他被帶到一條不知街名的大宅院，裡面一個太監鼓動他闖進宮門，對他說，撞著一個，打死一個，如果能打著小爺（太子）就不愁吃穿了。這種供詞一出引起轟動，明神宗便命刑部十八名官員會審張差。張差再次供出那個帶他進京的太監叫龐保，住大宅院的太監叫劉成，馬三道、李

◆ 白玉雙螭耳杯・明

這件玉杯高 7.7 公分、直徑 8 公分，1957 年北京出土。現藏於首都博物館。

◆〈何天章行樂圖〉・明・陳洪綬

畫家把主人公何天章畫得如一尊魁梧的塑像，而其愛姬嬌小輕盈。圖名為行樂圖，但兩人面部表情漠然，皆無喜悅之色，實無樂可言，藉以諷刺封建禮教。

守才常往龐保那裡送炭，是龐保和劉成兩人讓馬、李二人逼著他打進宮中。

上述供詞一出，引起了軒然大波。因為這龐保和劉成都是神宗的寵妃——鄭貴妃宮中得寵的太監，所謂「梃擊案」愈來愈像一個巨大的政治陰謀。文官紛紛上書，要求徹底追查此事，一定要弄清鄭貴妃及其兄弟鄭國泰有無參與此事，神宗父子也陷入了尷尬的境地。最終，神宗居中調和，鄭貴妃向太子朱常洛表示自己受了冤枉，絕對沒有謀害奪嫡之意。朱常洛或出於真心，或迫於神宗的壓力，也公開向文官們表示不相信梃擊案和鄭貴妃有關，希望不要再「離間」父子之情。最終，神宗下令把張差處死，馬、李二人流放遠地，龐保、劉成在後宮杖斃，闖宮大案就此終結。

紅丸案

萬曆四十八年（1620年），神宗病死，經歷了多年膽戰心驚生活的太子朱常洛即位稱帝，是為明光宗，改元泰昌。即位之初，光宗一反神宗大肆斂財的做法，兩次發內帑共計一百六十萬兩，賞賜遼東及北方的前線防軍，以振奮軍心。接著，光宗又下詔撤回萬曆末年激起多次民變的礦監和稅使，同時重新啟用一批在萬曆年間因上疏言事而遭貶謫處罰的大臣。光宗這些行動令文官們歡欣鼓舞，一個嶄新的政治局面似乎馬上就要在朝廷出現。

然而神宗之死，新皇即位，讓當年寵冠後宮的鄭貴妃惶惶不可終日，畢竟「國本之爭」和「梃擊案」，她都是直接與光宗對立，涉及皇權的爭奪。為了保全性命和地位，鄭貴妃想方設法地討好光宗，她一面拉攏光宗寵幸的美人李選侍，一面進獻美女以討光宗歡心。歷來備受冷落、供奉淡薄的光宗不免貪淫縱欲，起居無節，本來就因為生活壓抑而虛弱的身體，終於元氣大傷，臥床不起。泰昌元年（1620年），八月十四日，司禮監秉筆兼掌御藥房太監崔文進大黃涼藥，這種藥實際上相當於一種瀉藥。光宗服

◆ 花鳥紋提匣・明

這件提匣為長方形，蓋面雕刻有亭臺樓閣、池水花木、老翁僕童等大量複雜圖案。人物形象極為生動，為明代雕漆佳作。現藏於北京故宮博物院。

下後，一晝夜腹瀉三、四十次，病情更加嚴重。廷臣紛紛指責崔文不懂醫術，胡亂進藥。又因為崔文是鄭貴妃的心腹太監，因此也有人懷疑他受鄭貴妃所指使。二十九日，鴻臚寺丞李可灼至內閣，自稱有「紅丸」仙藥要呈獻皇上。內閣大臣調查用藥效果後，認為不可輕用。但李可灼透過熟識的太監向光宗啟奏，病急亂投醫的光宗便在中午時分服下一粒紅丸。服藥後，光宗感覺身體不錯，想吃東西，並大讚李可灼是忠臣。到了黃昏，光宗又要其再進一粒紅丸，儘管御醫們都表示反對，但在光宗的堅持下，李可灼

又進一粒。光宗服下第二粒紅丸後，次日凌晨便死去。

令人感覺蹊蹺的是，首輔方從哲不但沒有追究李可灼的責任，反而以光宗的名義頒銀五十兩賞賜李可灼，但因為群臣大譁而改為罰李可灼俸一年。東林黨人認為紅丸是鄭貴妃藥殺光宗的陰謀，御史王舜臣首先上疏，請重治李可灼。接著，內外官員也紛紛上奏章彈劾，認為崔文是鄭貴妃心腹，故意加害光宗，而身為內閣首輔的方從哲沒能極力阻止進藥，也有不可推卸的責任。於是，李可灼下獄受審，流戍邊遠，崔文發遣南京，方從哲辭官退休而去。其後天啟年間魏忠賢掌權後重翻「紅丸案」，李可灼免戍，崔文受任總督漕運。一場涉及皇帝生死謎團的案件，成了東林黨和閹黨爭權奪利、打擊異己的工具。

移宮案

萬曆四十八年（1620 年）八月，光宗朱常洛死後，其長子朱由校即位，即明熹宗，年號天啟（1621-1627 年）。當時，光宗最寵愛的李選侍仍住在乾清宮不走，還把朱由校帶在身邊，以控制局勢，鞏固地位。光宗去世前，曾冊封李選侍為貴妃，李氏並不滿足，透過朱由校之口求封皇后，因此與文官們產生齟齬，後者認為其有干政的嫌疑。現在李選侍不肯搬出乾清宮，讓文官們懷疑她有效仿前朝垂簾聽政的意圖。在兵部右給事中楊漣的提倡下，大臣劉一燝、周嘉謨、張維賢擁入內宮，要求面見新帝。李選侍把朱由校藏在自己房裡，不讓他出來。文臣們群起鼓譟，李選侍無奈，只好將朱由校放出，隨後朱由校在大臣的護衛下回到慈慶宮住下，經過這一場爭鬥，群臣對李選侍更加憤慨。尚書周嘉謨等請李選侍搬出乾清宮。李選侍派太監去叫朱由校，企圖透過他來壓制群臣。李選侍派出的太監被楊漣擋住，

楊漣義正詞嚴地說：「殿下在東宮時是皇太子，現在已經是皇帝了，選侍有什麼資格召見皇帝！」

第二天，群臣齊集慈慶宮外，要求朱由校下詔令李選侍搬出乾清宮。楊漣提議由首輔方從哲進宮去催促朱由校，方從哲說了一句「遲搬幾天也沒什麼要緊」。楊漣斥責說：「太子馬上就要登基為天子，哪有天子住在太子宮裡，反讓一個選侍住在正宮裡的道理！今天如果選侍還不搬出乾清宮，我們死也不走！」其他朝臣也高聲附和。朱由校於是下旨讓李選侍移宮，在這種情勢下，李選侍只得搬到宮中宮妃養老處——仁壽殿噦鸞宮。

此案被稱為「移宮案」，與之前的「梃擊案」、「紅丸案」並稱明宮三大案。「國本之爭」和明宮三大案反映了皇帝和文官集團的矛盾與權力鬥爭，由於對三大案的態度不同，官僚中的不同派系黨同伐異，一場激烈的黨爭也就不可避免了。

延伸閱讀

宋應星與《天工開物》

明代的手工業技術高度發展，因而出現一批帶有總結性的科學巨著，《天工開物》就是其中最為著名的代表作。作者是宋應星，字長庚，江西奉新人，明萬曆十五年（1587 年）生，約清康熙五年（1666 年）卒。他才大學博，著作和研究領域涉及工業技術、農學、物理學、化學、生物學、哲學、經濟學、文學等，是一位百科全書式的學者。他最著名的作品《天工開物》共三卷十八篇，所敘述的內容涉及農業及手工業近三十個生產部門的技術，全書共有插圖一百二十三幅，畫面生動，系統而全面地反映了明代手工業的傑出成就。例如，該書第一次記述了冶煉銅鋅合金的技術，記述了當時人們使用的加熱煉鋅法，以及一套完備的鑄造技術；對工具和武器強化金屬表面、提高硬度的冷熱鍛造方法也有記載。該書後來被人們形象地稱為「中國十七世紀的工業百科全書」。

明朝後期

人物：顧憲成　周攀龍　魏忠賢　地點：北京　關鍵詞：東林黨　閹黨

東林黨爭和魏忠賢專權

　　明朝中期以後，出現了不依附權臣，敢於批評內閣輔臣和部院大臣為清高的風氣。其中，以東林書院為基地的東林黨更是以清流自命，在野的他們不斷提出自己的政治主場，甚至敢批評皇帝，與統治階層內以籍貫為紐帶的其他黨派形成激烈的黨爭。在文官集團黨爭激烈的同時，太監魏忠賢利用明熹宗的信任，趁勢而起，掌握了內廷的巨大權力，然後大肆鎮壓東林黨人，形成明末最後一次宦官專權。

東林黨爭

　　從萬曆十四年到四十二年（1586-1614 年），萬歷朝圍繞確立太子的「爭國本」鬥爭歷時近三十年。東林黨就是在這場黨爭中湧現出來的地主階級內部的反對派。萬曆二十二年（1594 年），吏部郎中顧憲成（1550-1612 年，字叔時，號涇陽，無錫人）力主冊立朱常洛為太子，因此頗遭神宗嫉恨。在推舉閣臣時，顧憲成又推舉因擁立朱常洛而被解職的原首輔王家屏，最後被神宗削職罷官。顧憲成被削職罷官後，回到原籍無錫（今屬江蘇），和弟弟顧允成將家鄉的東林書院重新整修，集合志同道合的朋友高攀龍、錢一本等在這裡講學，形成一個利益相關的政治團體，顧、高等八人也被稱為「東林八君子」。

　　顧、高等人重視社會政治，以天下為己任，敢於批評執政大臣，以清流自居。這時正值明末社會衝突日趨激化，政治腐化。東林人士要求廉正奉公，振興吏治，開放言路，革除朝野積弊，反對權貴貪贓枉法，提出反對礦監稅使掠奪、減輕賦役負擔、發展東南地區經濟等主張，得

◆ 五彩垂柳壽桃桃形盤・明天啟

◆ **無錫東林書院**

東林書院舊址在無錫市東門蘇家弄內，為明東林黨人講學和議論朝政活動的中心。

到當時社會的廣泛支持，同時也遭到宦官及各種依附勢力的激烈反對。萬曆三十六年（1608年），顧憲成被任命為南京光祿寺少卿，他與江西吉水人鄒元標、北直隸人趙南星並稱為「海內三君」。這時，東林黨人的範圍也逐漸擴大，凡是敢於批評朝政、在國本之爭中敢於批評神宗和鄭貴妃，以及在明宮三大案中敢於力爭的，都被視為東林黨人。反之，或為東林黨人攻擊，或不被東林黨人所接受的官員，按照地域劃分，互相結為黨派，與東林黨相對抗。其中最大的三個黨派分別是由山東籍官員組成的齊黨、由湖廣籍官員組成的楚黨，以及由浙江籍官員組成的浙黨。

　　天啟初年，東林黨由於在移宮案中扶持熹宗即位有功，一大批黨人被重新起用，從在野的反對派變為了執政的在朝派。天啟三年（1623年），吏部尚書趙南星利用「京察」的機會，罷免齊、楚、浙三黨的官員，大力提拔東林黨人，一時間首輔劉一燝、次輔葉向高、吏部尚書趙南星、禮部尚書孫慎行、兵部尚書熊廷弼，都是東林黨人或東林黨的支持者，成為主持朝政的主要力量。《明史》記述此時也說：「東林勢盛，眾正盈朝。」而黨爭中失利的其他三黨既不見容於東林黨，便紛紛投靠了掌握大權的太監魏忠賢，後來被人們稱為「閹黨」。此後，文

215

官集團內部的黨爭逐漸變為東林黨人與「閹黨」之間的鬥爭。

魏忠賢專權

魏忠賢，河間肅寧（今河北肅寧）人，是個慣於吃喝嫖賭的市井無賴，二十多歲時因為欠下賭債，走投無路，自行閹割進宮當太監。進宮後，他投在太監魏朝門下，改姓李，名進忠。他以花言巧語討得魏朝的喜歡，恢復原姓「魏」。後來魏朝把他推薦給皇孫朱由校的母親王才人，負責管理伙食，魏忠賢利用這層關係不時接近朱由校。朱由校當時還只是太子朱常洛的長子，因為朱常洛並不得神宗的喜歡，在很長一段時間內都受人冷落，賭徒出身的魏忠賢卻把賭注壓在朱由校的身上。他看到朱由校對乳母客氏的感情十分深厚，就千方百計地去向客氏獻殷勤，和客氏結為「對食」（太監與宮女結成的假夫妻），客氏也經常在朱由校母子面前不斷替他說好話。

天啟元年（1621年），朱由校即位稱帝，是為明熹宗。魏忠賢倚仗皇帝的寵信，和客氏串通一氣，將曾經提拔過他的太監王安、魏朝兩人排擠出宮廷，自己出任內廷最重要的司禮監太監。天啟三年（1623年），魏忠賢提督東廠，掌握了明代最重要的特務機關東廠和錦衣衛。魏忠賢攫取要職之後，先是盡量博取皇帝的歡心，引導皇帝沉迷於聲色犬馬之中，不理朝政。明熹宗有一個特殊的嗜好，他特別喜歡做木工活，不但會用斧鋸，會蓋房、上漆，尤其精於雕琢製作小型器件。他做這些事時總是聚精會神，如果

有人來奏報國家大事，他會很不耐煩。魏忠賢便故意趁熹宗做木工活時送上奏章，這時熹宗往往就讓魏忠賢自己看著辦。這樣一來許多事都可以不奏報，魏忠賢的意志便成為皇帝的旨意，群臣明知如此，也只好照辦。控制了皇帝之後，魏忠賢便大力結交朝臣，安插親信，迫害異己。在魏忠賢的淫威之下，一些趨炎附勢之徒紛紛投在魏忠賢門下，形成了臭名遠播的「閹黨」。其中以文臣崔呈秀、田吉、吳淳夫、李夔龍、倪文煥五人組成的「五虎」，田爾耕、許顯純、孫雲鶴、楊寰、崔應元五名武將組成的「五彪」為死黨，另外還有尚書周應秋、太僕寺少卿曹欽程等組成的「十狗」，以及「十孩兒」、「四十孫」等。這些走狗門下的爪牙更是不可勝數。

魏忠賢曾想籠絡東林黨人，遭到嚴厲拒絕，從此魏忠賢便與東林黨形同水火。天啟四年（1624年），東林黨人楊漣首先發難，上疏魏忠賢「專權亂政，欺君藐法」等二十四大罪被捕，與左光斗、魏大中等數十人同被殺害。魏忠賢杖死工部郎中萬燝，先後罷斥大學士葉向高、吏部尚書趙南星、左都御史高攀龍、吏部侍郎陳于廷等人，又在中央內閣、六部以至地方遍置死黨。他向全國頒示《東林黨人榜》，公開逮捕迫害大批東林黨人士。天啟六年（1626年），魏忠賢殺害了高攀龍、周起元、周順昌、繆昌期、周宗建、黃尊素、李應升等七人，又藉紅丸、梃擊、移宮三案，打擊東林黨。魏忠賢還指使黨羽新都御史王紹徽編纂《東林點將錄》，仿照水滸故事中的「三十六天罡」和

「七十二地煞」，盡列東林黨名單。魏忠賢又遷怒於講學，矯旨拆毀全國各地書院，禁止講學活動。曾經掌握朝政的東林黨，僅三年時間內，幾乎被趕盡殺絕。被殘酷殺害的有數十人，下獄遣戍者達數百人，其他被革職、蒙冤、株連、打擊者有幾千人。

魏忠賢透過鎮壓及迫害，實現了朝臣的大換班，他實際上成為天下的主宰。魏忠賢的爪牙們想方設法取悅他，因為只要能博得他歡心，便可以一步登天。天啟六年（1626年），浙江巡撫潘汝楨竟然提出為魏忠賢建生祠。此奏一上，正中魏忠賢的下懷，立刻以熹宗的名義批准。潘汝楨便下令聚資營建，弄得百姓傾家蕩產。此風一起，各地爭相仿效，甚至還有一名國子監監生竟然主張在國子監旁給魏忠賢立生祠，讓目不識丁的魏忠賢配祭孔子，可謂荒唐至極。當時各地互相攀比，生祠建得愈來愈大，每修建一座生祠至少也要花掉數萬兩銀子，多者則達數十萬兩。僅開封一地，因修建生祠就拆毀了二千多間民房。這種禍國殃民的做法遭到正派官員的反對，但是，反對者無一逃過魏忠賢及其爪牙的毒手。

正當魏忠賢權勢熏天之時，他的靠山忽然坍塌。做了七年皇帝的熹宗突然去世，只活了二十三歲。熹宗無子，遺命由其弟信王朱由檢（即明思宗）繼位，年號崇禎。崇禎帝繼位後不到兩個月，首先罷免了崔呈秀兵部尚書一職，為魏忠賢始立生祠的浙江巡撫潘汝楨也被罷官。接著，兵部主事錢元愨、嘉興貢生錢嘉徵上書彈劾魏忠賢，要求清除閹黨。

◆ **明十三陵石刻文臣像**

明十三陵位於北京西北郊昌平區境內的天壽山，是明朝皇帝的墓葬群，埋葬有從永樂帝朱棣到崇禎帝朱由校在內的十三位明代帝王。

天啟七年（1627年）十一月，崇禎帝將魏忠賢貶謫至鳳陽祖陵司香，不久，又下令將其逮捕。正走到阜城（今屬河北）的魏忠賢得知後，慌忙上吊自殺。隨後，朝廷「定逆案」（魏忠賢等人以「逆案」治罪），清除整頓了「閹黨」。

明朝末年

人物：李自成　張獻忠　　地點：陝西　　關鍵詞：大順政權　大西政權

明末農民起義

　　明朝天啟、崇禎年間，內部統治階層黨爭激烈，日益腐敗，統治者對百姓的盤剝壓榨愈發苛重；社會矛盾日趨激化；外部則是後金政權不斷進攻，明王朝濫加「遼餉」，百姓民不聊生。再加上小冰河時期獨特的氣候災害，各地幾乎連年遭災，全國性的大旱災接連不斷。最終，大規模的農民起義從陝西發起，推翻了明王朝的腐朽統治，為新的皇朝誕生鋪平了道路。

李自成與大順政權

　　明朝末年，賦稅沉重，許多地區災荒連綿，各地農民不斷揭竿而起，進行了一次次大大小小的武裝暴動和起義。天啟七年（1627年），王二率領陝北澄縣饑民衝進縣城，殺了知縣張斗耀，揭開了明末農民大起義的序幕。次年，王嘉胤聚眾數千人起事，王二率部趕來會合。緊接著，安塞（今屬陝西）的高迎祥發動起義。高迎祥因戰功卓著，被起義軍稱為「闖王」。崇禎九年（1639年），高迎祥在黑水峪（今陝西周志縣境內）遭到明陝西巡撫孫傳庭的伏擊，戰敗被俘犧牲，西北農民起義軍一度陷入低潮中。但不久後，以李自成、張獻忠為首的兩大農民起義軍

◆ 流民圖（局部）・明・吳臣

此圖原共繪流離失所的難民二十五人，無論老幼病殘、豔醜賢愚，均栩栩如生，如徐沁在《明畫家》中所評「古貌奇姿，綿密蕭散，各極意態」。這種描繪社會底層人物生活的繪畫，在古代是極其罕見的。

在西北地方再次崛起。

李自成（1606-1645 年），陝西米脂人，祖輩世代務農。天啟年間，陝北災荒連年，官府糧差卻分文不減。為了謀生，二十一歲的李自成到銀川驛站當驛卒。不久，因為無力還債打死了豪紳債主，李自成又和姪兒李過在米脂起義，參加王左掛和不沾泥（張存孟）領導的農民起義隊伍。後來，王左掛和不沾泥投降明廷，李自成又帶著李過和弟兄們加入闖王高迎祥的隊伍。因作戰勇敢、處事果斷、籌謀縝密，李自成很快得到高迎祥的信任，被稱為「闖將」。崇禎九年（1636 年），高迎祥被捕犧牲後李自成在部眾的擁戴下做了「闖王」，帶領起義軍繼續戰鬥。由於各路起義軍之間終究還是關係鬆散，各家不能協同作戰，多被政府軍各個擊破。從崇禎九年到十一年期間（1636-1638 年），起義軍領袖中有的投降，有的迫於形勢被招撫。崇禎十一年（1638 年），李自成從甘肅轉移到陝西，準備打出潼關。明朝大臣洪承疇、孫傳庭事先探知後，在潼關附近的崇山峻嶺中布下埋伏，故意讓開通向潼關的大路，引誘李自成進入陷阱中。當李自成帶領起義軍開到潼關附近的山谷地帶時，兩側山中殺出了大批明軍。起義軍經過幾天幾夜的搏鬥，隊伍被打散，幾萬名義軍在戰鬥中犧牲。李自成和部將劉宗敏等十七個人衝出包圍，逃到了陝西東南的商洛山區。李自成利用這段時間，白天騎射，晚間讀書，總結失敗的教訓，等待時機，以圖東山再起。

崇禎十二年到十三年（1639-1640 年），河南災荒嚴重，明朝統治者仍舊催索錢糧，民怨沸騰。李自成認為時機已經成熟，就東出河南，再舉義旗，饑民蜂起回應，很快由幾十人發展成擁有幾萬人的隊伍。義軍攻城掠地，開倉濟貧，提出了「均田免糧」的口號。這個口號在農民中立即產生了巨大的力量，人們像潮水般地湧進了起義軍隊伍。各地都在傳唱：「吃他娘，穿他娘，吃穿不盡有闖王；不當差，不納糧，大家快活過一場。」河南到處都盼望闖王的隊伍早些到來。幾十天內，李自成的隊伍就擴大為幾十萬人馬。李自成帶領著重新組織起來的起義軍轉戰河南各地，他嚴肅部隊紀律，部隊所經之地秋毫無犯，因而得到了底層人民的信任。李自成還重視對敵宣傳，瓦解敵軍。當時明朝官軍腐敗不堪，將領克扣糧餉，士卒缺衣少糧，困苦不堪。每當對陣時，李自成便叫部下在陣前喊話，勸降明軍。因此明軍士卒往往在陣前倒戈，大批地參加起義軍。再加上李自成指揮有方，戰略戰術運用得當，很快在河南取得了「五覆官軍」的輝煌勝利。不久，起義軍攻破洛陽，殺了福王朱常洵，自願參加義軍的百姓如流水一般日夜不絕，起義軍很快發展成為一支百萬人的隊伍。

崇禎十六年（1643 年）正月，李自成揮師南下，不到一個月，幾乎全部占領了湖北北部各縣。為了徹底推翻明朝的統治，李自成在襄陽（今湖北襄樊）召開重要的軍事會議，確定了新的戰略方針：進軍關中，消滅當時唯一有實力的明朝大臣孫傳庭的部隊，然後東渡黃河，經山西直搗北京。八月，李自成和孫傳庭兩軍在豫西的郟縣和

汝州（今河南臨汝）進行兩次激烈的大戰，孫傳庭的數十萬大軍先後遭到毀滅性的打擊。李自成乘勝前進，十月攻破潼關，進占西安。

崇禎十七年（1644 年）正月，李自成在西安建立大順政權，年號永昌。二月，大軍直指太原，明軍望風投誠。之後，李自成兵分兩路，一路由驍將劉方亮率領出故關（今山西娘子關南），奔真定（今河北正定），切斷明廷南逃的退路；一路由他親自率領，克忻州（今山西忻縣）、代州（今山西代縣），破寧武，陷大同、宣府，直取北京。農民軍一路過關斬將，銳不可當，三月上旬便進入居庸關，占領了昌平。十六日，包圍了北京城。李自成派人勸崇禎皇帝投降遭拒後，於第二天攻擊北京。十八日，起義軍從三面環攻，在彰義門（今廣安門）、西直門、平則門（今阜成門）、德勝門等處，戰鬥打得十分激烈。傍晚，起義軍攻克彰義門，接著進攻內城各門。城內達官貴人驚恐萬狀，崇禎皇帝絕望之際，手刃妃子、女兒之後，在煤山（今景山）上吊自殺。

第二天黎明，宣武、正陽各門被李自成部下驍將劉宗敏、姪兒李過等攻破。起義軍湧入北京城。進入北京城後，李自成採取了一些措施鞏固勝利成果，比如嚴明軍紀，禁止擾民，健全政權機構，擬定官職，開科取士等。為了爭取守衛山海關的吳三桂集團，李自成也派人前往勸降。但野心勃勃的吳三桂以父親吳襄遭到拷索追贓、愛妾陳圓圓被掠走為藉口，引清兵入關，與大順軍在山海關外的一片石（今遼寧綏中西七十里的九

門口）展開激戰。四月十一日，毫無防備的大順軍在接戰中遭到清軍突襲，慘敗而回。十九日，李自成在紫禁城武英殿稱帝。一天後，農民軍撤出北京。當年七月，農民軍撤入西安。次年，李自成在清軍的追擊下轉入湖廣作戰。當年四月，年僅三十九歲的李自成戰死於湖北通山縣九宮山。

張獻忠與「大西政權」

張獻忠（1606-1646 年），字秉吾，號敬軒，延安膚施（今陝西定邊）。他出身貧苦家庭，從小聰明倔強，跟著父親做小生意，販賣紅棗。他當過捕快，後來又到延綏鎮當邊兵。張獻忠生性剛烈，愛打抱不平，為此幾乎丟了性命。他因被人陷害，犯法當斬，「主將陳洪範奇其狀貌，為請於總兵官王威釋之」，最後以「鞭一百免」。革役後他逃回老家，流落鄉間。崇禎三年（1630 年），張獻忠積極回應王嘉胤的反明號召，在米脂聚集十八寨農民，組織了一支隊伍起義。他自號「八大王」，由於他「身長瘦而面微黃」，軍中稱為「黃虎」。因張獻忠幼時讀過一點書，又受過軍事訓練，為人多智謀，果敢勇猛，很快就顯示了卓越的指揮才能，後來逐漸成為起義軍領袖。

陝北接連不斷的起義震驚了明朝統治者，崇禎皇帝準備用剿撫兼施的策略盡快平息農民起義，因此三邊總督楊鶴執行以撫為主、以剿為輔的政策，企圖瓦解農民起義軍。為避開明軍主力，王嘉胤率軍入晉，起義中心轉移到山西。王嘉胤死後，張獻忠、羅汝才、李自成等歸附高迎祥，高迎祥稱闖

王。崇禎八年（1635年），為了迎擊明軍，十三家七十二營起義軍領導人聚會河南滎陽，議決進取。會上，回民義軍領袖馬守應主張北渡黃河，轉移山西，遭到張獻忠等人反對。李自成提出了「分兵定所向」的戰略，主張聯合作戰，分兵迎擊明軍。這一戰略思想得到大會贊同，於是義軍首領們決定

◆ **明長城遺址**

明朝是中國最後一個修築長城的封建王朝，自洪武元年（1368年）修築居庸關長城起，至十六世紀末共二百多年的時間裡，修成全長一萬二千七百里的長城。完整保留至今的主要就是明長城。

分兵五路：一路向南，阻擊湖廣、四川方面的明軍；二路向西阻擋陝西明軍；三路屯兵滎陽、汜水一帶，扼守黃河；高迎祥和張獻忠等東征安徽等地；馬守應往來策應。後來高迎祥犧牲，起義軍逐漸分成為兩支勁旅：一支由張獻忠領導，在湖北、安徽、河南一帶活動；另一支由繼承「闖王」稱號的李自成領導，在甘肅、寧夏、陝西一帶活動。崇禎十年（1637年），張獻忠遭明軍總兵官左良玉部的進攻，敗於南陽、麻城，最後投降了明軍，起義轉入低潮。次年正月，張獻忠率本部義軍進駐穀城（今屬湖北襄陽）受朝廷招安，被授予副將之職，駐地王家河，易名太平鎮，以示休兵。

張獻忠經過一年休整，於崇禎十二年（1639年）五月在穀城再次起兵，採用「避實搗虛」、「以走制敵」的有效戰術，重舉反明的大旗。在羅山（今湖北竹山縣東南）殲滅明軍主力左良玉部，後轉入四川，在達州戰役中大獲全勝，隨即兵進湖廣，崇禎十四年（1641年）二月攻陷襄陽。李自成、張獻忠相繼攻占洛陽、襄陽，宣告明朝圍剿政策的破產。總兵左良玉被張獻忠打得一敗塗地，氣得崇禎帝派兵部尚書楊嗣昌到湖廣圍攻張獻忠。楊嗣昌率領十萬人馬，耀武揚威到了襄陽。他

◆ 李自成塑像

李自成（1606-1645年），陝西米脂雙泉里李繼遷寨（今屬橫山）人，初名鴻基，祖輩世代務農。

統率左良玉等將領把起義軍四面包圍起來。張獻忠轉移到太平（今四川萬源）的瑪瑙山的時候，由於隊伍裡混進了奸細，起義軍陷入敵人的包圍裡，被明軍打敗，損失了大量金銀、戰馬。張獻忠的妻子、兒子也被俘擄。張獻忠帶了千餘名騎兵，從湖廣轉移到四川。楊嗣昌跟蹤追擊，把

行轅遷到重慶，準備在四川消滅起義軍。

　　楊嗣昌在四川到處張貼告示，説有誰能抓住張獻忠，賞給黃金萬兩，還封他侯爵。第二天，在楊嗣昌的行轅裡，發現了張獻忠派人貼出的標語，上面寫著：「有能斬楊嗣昌頭的，賞銀三錢。」楊嗣昌派出大批官軍到處追剿起義軍，張獻忠起義軍卻是忽東忽西，教官軍捉摸不定。當明軍將領猛如虎、劉士傑帶著疲勞不堪的兵士趕到，張獻忠的起義軍卻繞到背後，殺退敵人。

　　崇禎十四年（1641年），張獻忠發現楊嗣昌把重兵都放到四川，襄陽兵力空虛，便擺脫明軍，突然帶兵離開四川，往東轉移，一天一夜急行三、四百里，把楊嗣昌大軍遠遠甩在後邊。到了湖廣當陽，遇到另一支明軍堵截，張獻忠派義軍將領羅汝才留在當陽，親自率領精鋭部隊直奔襄陽。楊嗣昌在重慶得到消息，連忙派使者趕到襄陽，命令襄陽明軍嚴密防守。誰知使者半路被張獻忠截獲，由張獻忠的義子李定國調包混進襄陽城去。當天晚上，混進襄陽的起義軍兵士在城裡好幾處放火，全城的百姓從睡夢裡驚醒，發現到處火光沖天，全城大亂。在混亂中，起義軍打開城門，大隊人馬趕到，明軍想要抵抗也來不及了。起義軍進城以後，一面派人打開監獄，救出被俘的起義兵士和家屬；一面直奔襄王府，殺了襄王朱翊銘。楊嗣昌

得到襄陽失陷、親王被殺的消息，害怕崇禎帝怪罪，只好畏罪自殺。

　　崇禎十六年（1643年）五月，張獻忠攻下武昌，把楚王投入江中。同年，張獻忠在武昌稱大西王，初步建立了政權。不久，義軍攻克長沙，宣布免徵三年錢糧，從者愈眾。次年，張獻忠帶兵入川，八月攻陷成都，明朝巡撫龍文光、蜀王朱至澍及其嬪妃全部自殺身亡，其他官員當了俘虜。義軍進入成都，號稱六十萬大軍，很快控制了四川大部分地區的州縣。在成都，張獻忠先號稱秦王，接著宣告建立大西國，改元大順，以成都為西京，並建章設制，使大西政權初具規模。張獻忠建立大西政權後，政治上設置左右丞相、六部尚書等文武官員，頒行《通

◆ 張獻忠的大西政權所鑄「西王賞功銅錢」

天曆》，並開科取士，選拔三十人為進士，任為郡縣地方官；經濟上，設錢局鑄「大順通寶」行用，同時對西南各族百姓「蠲免邊境三年租賦」；軍事上，設五軍都督府，分兵一百二十營，並四面出擊，逐漸占據了四川省全境。不久，四川各地的明朝將領曾英、李占春、于大海、王祥、楊展、曹勳等，紛紛聚集兵馬，襲擊大西農民軍，屠殺大西政權地方官員，給大西政權帶來很大威脅。對此，張獻忠進行嚴厲鎮壓。

為了保證四川的安全，張獻忠曾派人向北平定漢南地區，並攻打漢中，但卻被李自成部將賀珍擊敗。清順治二年（1645年）十一月，清朝用剿撫兼施的策略，一面以何洛會為定西大將軍進剿四川；一面派人下詔誘降張獻忠，勸說他歸順清朝。然而，張獻忠置之不理，反而更堅定了抗清的決心，一方面與明朝在四川的殘餘軍隊、地主武裝對抗；另一方面和清軍做激烈的鬥爭。

順治三年（1646年）初，清朝改派肅親王豪格為靖遠大將軍，和吳三桂等統率滿漢大軍，全力向大西農民軍撲來。張獻忠大敗，退回成都。七月，為了到陝西抗擊清軍，張獻忠決定放棄成都，北上迎擊清軍。臨行前，張獻忠在四川進行空前的燒殺破壞，以開科取士為名，殺士子於青羊宮，又坑殺成都百姓於中園，殺明朝衛軍數十萬，遣四將軍分屠各縣，將億萬寶物擲入錦江，決水放流，自謂「無為後人有也」。

十一月，張獻忠大軍紮營於西充（今屬四川南充）鳳凰山，二十六日，豪格派護軍統領鰲拜等將領，分率八旗護軍輕裝疾進，出其不意，對農民軍發起突襲。二十七日晨，清軍隔太陽溪與張獻忠的農民軍相遇。面對這意外的突然來襲，張獻忠臨急應戰，指揮農民軍分兩面抗擊清軍，但本人卻不幸中箭身亡，時年僅四十一歲。

張獻忠犧牲後，他的部將孫可望、李定國、劉文秀、艾能奇、馮雙禮等率領農民軍向南轉移，後與南明永曆政權聯合，共同抗擊清軍，轉戰在西南各省的廣大地區，堅持了近二十年，直到清朝的康熙初年。

◆ ▌延伸閱讀▌

徐霞客與《徐霞客遊記》

徐霞客（1587-1641年），名弘祖，霞客是他的別號，南直隸江陰（今屬江蘇）人，明代傑出的地理學家、旅行家。徐霞客從二十二歲時開始對中國的大江南北、山川河流進行了細緻的徒步考察，留下大量珍貴的紀錄，是世界上對喀斯特地形進行大規模考察，並做詳細記錄的第一人。他一生足跡遍及今華東、華北、東南沿海和雲貴地區計十六個省的無數山川。在旅途中，他總要把當天的經歷與觀察所得記錄下來。這些遊記涉及所到之處的地理、地貌、地質、水文、氣候、植物、農業、礦業、手工業、交通運輸各個方面，文筆優美，經後人編輯成約六十餘萬字的《徐霞客遊記》。

明朝 ▶ 西元 1644 年—西元 1661 年

◎人物：弘光帝朱由崧　永曆帝朱由榔　◎地點：南京　◎關鍵詞：弘光政權　永曆政權

南明政權的建立與失敗

　　明崇禎帝死後，明朝在南方的宗親福王、魯王、唐王、桂王等先後稱帝，但終究未能挽回明朝的江山。在這幾位稱帝的宗親王中，桂王永曆政權是歷時最長的一個，但最終也難逃徹底覆亡的命運。

弘光政權

　　明朝實行兩京制度，做為明太祖時期的都城，南京同樣建有一套六部制度和官僚體系。崇禎十七年（1644 年），崇禎帝自縊煤山後，擁立新帝的政治鬥爭在僅存的政治中心南京城展開。

　　當時逃難到南方的明朝近支宗室有福王朱由崧和潞王朱常淓兩人。以鳳陽總督馬士英為首的一派官僚主張擁立福王朱由崧，因為其為明神宗的孫子，而潞王朱常淓是神宗的姪子，朱由崧與崇禎帝血脈更近，應當立親；而以南京兵部尚書史可法為首的東林黨一派認為朱常淓雖然血脈更遠，但比朱由崧賢明，應當立賢。最終，馬士英得到了握有實際兵權的江北四鎮總兵高傑、黃得功、劉澤清、劉良佐的支持，於 1644 年五月擁立朱由崧為帝，年號弘光。

　　弘光政權建立時，清軍主力正在全力進攻李自成的大順軍，

◆ 火龍出水（模型）

明代製作的水戰火器火龍出水，龍身用五尺竹筒做成，前後安裝木製龍頭、龍尾。龍身前後兩側各紮一支大火藥筒用以推動龍身飛行。腹內裝有火箭。它是世界上最早的二級火箭。

◆〈史可法像〉・清・葉衍蘭

史可法，字憲之，明末南京兵部尚書、東閣大學士。史可法於揚州殉國後，遺體不知下落，其義子史德威將其衣冠葬於揚州城天寧門外的梅花嶺。

暫時無暇南下。但弘光政權的君臣們並沒有即將亡國的危機感，弘光帝沉迷於酒色中，縱情享樂，馬士英執著於黨爭，一心向清朝求和，其他隸屬於弘光朝廷的總兵大將們已經發展為軍閥勢力，不聽調度，彼此之間矛盾重重，最終葬送了南明政權最後的機會。順治二年（1645年）四月，清軍攻克揚州，督師揚州的史可法以身殉國，清軍連續屠城十日，殺死居民數十萬，揚州成為一座空城，史稱「揚州十日」。五月，清軍占領南京，福王倉皇逃往蕪湖，最後還是被抓到。弘光政權僅僅維持一年，就滅亡了。

南京失陷後，尚書朱大典、張國維擁立魯王朱以海在紹興稱監國，鎮江總兵鄭鴻逵、南安伯鄭芝龍擁立唐王朱隸鍵在福州稱帝，建立隆武政權。這兩個政權偏安一隅，力量薄弱，卻不能聯合抗清，而忙於爭權爭地盤。順治三年（1646年），清兵攻入浙江，魯王在石浦守將張名振的擁護下，轉至南澳（今屬廣東汕頭）。清兵又進攻福建，鄭芝龍不顧兒子鄭成功的反對，決意降清，下令棄守福建北部門戶仙霞嶺，致使隆武帝朱隸鍵在汀州（今屬福建）被清軍所俘，後被殺於福州。

永曆政權

浙江、福建失陷，魯王、隆武政權傾覆之後，桂王朱由榔在兩廣總督丁魁楚、廣西巡撫瞿式耜的擁立下，於廣東肇慶稱帝，建立了永曆政權。永曆帝所部主要有明朝舊將何騰蛟，鄭成功在其父鄭芝龍降清後又拒不投降，召集舊部抗清，也接受了桂王的封號，以金門、廈門為根據地，出擊福建、粵東及浙江南部沿海。

桂王稱帝後，清軍將領李成棟率軍進廣東，永曆帝的軍隊抵擋不住，退往廣西。清兵跟隨進入廣西。此時，永曆帝的主力何騰蛟的軍隊正在湖南，永曆帝身邊的軍隊缺乏戰鬥力。永曆帝正無計可施，廣東的明朝舊官員聚兵進攻廣州，進攻廣西的清軍被迫退守廣東，永曆帝的軍隊乘機又收復了廣西的失地。順治三年（1646年），清軍進攻四川，張獻忠戰死。張獻忠的部將李定國、孫可望等退往貴州、雲南。順治四年（1647

年），清軍進攻湖南，何騰蛟被迫退入廣西。

順治五年（1648年），廣東的清軍將領李成棟、江西的清軍將領金聲桓舉兵反清，永曆帝的形勢一度好轉。但是隨後，清軍加緊了對永曆帝的進攻，金聲桓、李成棟、何騰蛟等相繼敗亡。永曆帝輾轉於廣西與廣東肇慶之間，日益窮蹙，便決定與李定國、孫可望等人聯合，前往貴州與他們會合。順治九年（1652年），在李定國的率領下，明軍向清軍展開反攻，在雲南、貴州一帶連破清軍，殺死清軍大將定南王孫有德、敬謹親王尼堪，史稱「兩蹶名王」，收復廣西及湖南南部、四川大部。李定國於是奏請永曆帝出兵四川，搶在清軍主力南下前占領巴蜀和漢中地區，以圖進兵中原。

這時，清廷用明朝舊將洪承疇進攻永曆帝。洪承疇善於用兵，明軍開始不敵，節節敗退。順治十年（1653年），李定國退入廣西，又接著轉攻廣東；順治十二年（1655年），李定國退守南寧；順治十三年（1656年），李定國保護永曆帝前往雲南。順治十四年（1657年），孫可望投降清軍，以所部大舉進攻雲南。在兩軍交戰時，孫可望的部下不聽指揮，未戰就已經崩潰，孫可望逃走。孫可望降清讓李定國產生疑慮，於是將前線部分將領調回雲南。此時，清軍三路人馬分別進攻四川、貴州、雲南，幾乎未遇抵抗。順治十五年（1659年）十二月，清兵侵入雲南，李定國分途阻擊，力保西南地區。雖然東南沿海鄭成功大軍自崇明（今屬上海）進入長江，牽制了清軍兵力，聲震清廷。但因為明軍勢孤力弱，未能挽回全域之頹勢，李定國被迫入滇西，永曆帝則逃入緬甸。順治十八年（1661年），永曆帝已入緬甸，除李定國尚在滇緬邊境堅持抗清外，其他力量大多覆滅，清政權已趨於穩定。

永曆帝進入緬甸後即失去自由，李定國曾帶兵營救，但沒有成功。同年，吳三桂派兵進攻緬甸，緬甸王害怕清軍的進攻，將永曆帝交給清軍。李定國預謀在途中攻擊吳三桂，但沒有成功。不久，永曆帝被吳三桂用弓弦勒死。之後，李定國敗退緬甸，客死他鄉。

◆〈李香君像軸〉・清・崔鶴

李香君，蘇州人，明末秦淮歌伎，清初的戲劇作家孔尚任曾根據李香君的人生經歷創作了名劇《桃花扇》，從另外一個角度詮釋明亡清興之際的社會情況。

繁榮的明代商品經濟

⊙商人與市鎮　⊙徽商與晉商　⊙白銀成為主要貨幣

　　明代農業、手工業的迅速恢復與發展，大大推動了商品經濟的發展。農業的發展，不僅為市場的繁榮提供了必要的糧食商品，同時也創造了廣大的農村市場；而隨著手工業的興盛和發展，各種手工產品的出現，則提供了用於交換的商品。到了明朝中葉，工商業市鎮一片繁榮，商品經濟在廣度與深度方面不僅有飛速的進步，也十分活躍。

商人與市鎮

　　明代商品經濟的蓬勃首先呈現在商業的發展上，商人們的足跡遍布大江南北，也帶動了城鎮經濟的繁榮，尤其是工商業市鎮的崛起。明代工商型城鎮的發展經歷了兩個時期，第一個時期是在明永樂年間修浚漕運以後，伴隨著南糧北調，沿運河一帶逐漸形成一些工商業發達的城鎮。第二個時期是在明朝中葉以後，江南一帶還有相當數量伴隨著商品生產發展而形成的工商業城鎮。這類城鎮分布全國各地，其中以商品性農業、手工業都很發達的江南地區尤為突出。這些城鎮各具特色，如松江府的朱涇鎮、楓涇鎮、七寶鎮，蘇州府的南翔鎮、婁塘鎮、外岡鎮等，是著名的棉紡織業市鎮；蘇州府的盛澤鎮、震澤鎮，湖州府的南潯鎮、烏青鎮，嘉興府的王店鎮、王江涇鎮等，是著名的絲織業市鎮……城鎮的繁榮是商品經濟發展的必然產物，也是商品經濟蓬勃發展的反映。

徽商與晉商

　　伴隨著明代商業的發展，尤其是商品經濟以及商業資本的活躍，明代中後期，在全國各地逐漸形成商人集團，一般又稱商幫，如徽州商幫、山西商幫、廣東商幫、福建商幫等。他們都具有很明顯的地域特色，一般以地緣、血緣、鄉情為連結，以會館為聯繫場所，經營比較固定的商品，遵守一定的市

◆ 五蝠捧壽紋大襟袍展示圖

明代貴族男子的便服大多為袍衫，其制式為大襟右衽，衣袖寬大，下襬過膝。一般材質以綢緞或絹為主，也有用錦緞製作的。

場規則，是互相聯繫、互相支持的商業性集團。在眾多的著名商幫中，最著名的商幫應該以徽州商幫和山西商幫為代表。徽州商幫的活動範圍十分廣闊，經營的商品種類也十分繁雜，有鹽、糧食、木材、茶葉、陶瓷、紡織品、書籍、文房四寶等物品。徽商大多是販賣鹽起家，同時開設典當鋪、旅館、倉庫的商人也不少。山西商幫的活動範圍最初主要集中在黃河流域，隨著鹽業的不斷發展及實力的增強，他們的經營活動逐步向南推移，最終遍及全國。山西商幫經營的項目主要的商品有鹽、糧食、棉布、絲綢、茶葉、鐵器、木材、牲畜、陶瓷、金融典當等。這些商幫以其雄厚的資本、眾多的人數、極大的經營範圍、廣闊的市場，以及帶有壟斷某行業的性質，使得他們成為商業領域中重要的活動力量。

而主要由市鎮中小商人與手工業者構成的市民階層崛起，則在明代後期成為反對礦監稅使橫徵暴斂的一支新興政治力量，維護著商品經濟的正常發展。

商品經濟在社會生活中的作用日益顯著，推動著明政府不得不調整海禁政策，有限度地對外開放。享譽世界的青花瓷、絲綢、茶葉等中國特產成為東西方貿易中的大宗商品，東南沿海的港口頻繁出現了歐洲商人與基督教傳教士的身影。

白銀成為主要貨幣

十六、十七世紀以後，伴隨西方世界殖民活動的興起，美洲的白銀被大量開採，西班牙、葡萄牙等殖民者用海船將大量白銀從大西洋的彼岸運回歐洲。同時，中國的大批商品出口歐洲，如瓷器、茶葉等，歐洲殖民者只能以白銀交換，這樣大量白銀透過商品貿易，又源源不斷地輸入中國。明代商品經濟發達，貨物交易量極大，需要貨幣做為交換媒介。白銀比銅貴重且便於切割，所以人們樂於使用。在商品經濟的衝擊下，包括地租、賦稅都開始走向貨幣化，而白銀也逐漸成為普遍流通的貨幣。正統元年（1436年），明朝政府將一些地區的稅糧折為白銀徵收，名曰「金花銀」，這是中國賦役制度史上一次重大的改革。成化二十一年（1485年），明朝政府要求工匠也以銀代役。於是，在明朝財政中，白銀成為官府使用的主要貨幣。正德以後，白銀流通更加普遍。白銀成為中國當時的主要貨幣，一方面反映了中國跟世界各地的經濟聯繫日益緊密，另一方面也反映明代商品經濟發展到了一個新的高度。

◆ **明代霞帔**

霞帔是中國古代婦女禮服的一部分，類似現代披肩，是宋以來貴婦的命服，式樣紋飾隨品級高低而有區別，類似百官的補服。

盛極而衰的天朝上國

清

第五章

寫給所有人的圖說中國史（下）

清朝是中國歷史上最後一個封建王朝。西元1644年，滿族鐵騎入關，定鼎北京。1911年辛亥革命爆發，清王朝覆滅。自順治至宣統，清朝共十帝，歷二百六十八年。

　　入主中原的滿族原名女真，居住在東北白山黑水之間，主要從事漁獵、農耕。

　　女真首領努爾哈赤統一各部，建立後金政權。皇太極即位後，改女真為滿洲，易國號為大清。入關前的後金及清國是中國境內的區域性民族政權。

　　1644年，順治帝在北京皇宮舉行登基大典，並派遣兩路大軍追擊大順農民軍主力與摧毀南明政權，從而建立了統治全中國的清王朝。清初經歷了二、三十年的動盪混亂，自康熙帝親政後走上蓬勃發展的強國之路。至十八世紀中葉，清朝的政治、經濟、文化的發展都達到了一個新的高峰，史稱「康雍乾盛世」。其時不僅經濟繁榮，文化昌盛，社會穩定，而且國家版圖遼闊，最大時達到一千二百多萬平方公里。統一的多民族國家的鞏固與強大，大大增強了中華民族的國家認同感和凝聚力。

　　清朝雖然文治武功顯赫，綜合國力曾經居於世界前列，但由於對內頑固堅持封建專制集權制度，倡行綱常禮教，扼制民主與科學思想的產生與傳播，對外採取閉關鎖國政策，盲目自大，因而愈來愈落後於世界發展的先進潮流，與西方資本主義國家的差距日益增大。落後就會挨打，1840年鴉片戰爭中，帝國主義國家用堅船利炮打開了中國的國門，古老的中國逐步淪為半殖民地半封建社會。富有革命傳統的中國人民奮起反抗，無數志士仁人努力探索民族復興之路。1911年爆發的辛亥革命雖然未能推翻帝國主義與封建主義，但它結束了在中國實行兩千多年的封建帝制，掀開了中國歷史的新篇章。

後金與清 西元 1619 年—西元 1636 年

◎人物：努爾哈赤　皇太極　◎地點：薩爾滸　盛京　◎關鍵詞：薩爾滸之戰

從薩爾滸之戰到皇太極建清

　　明朝末年，政治腐敗，民不聊生。東北地區建州女真的首領努爾哈赤乘勢崛起，統一女真族諸部。征戰過程中，他創建八旗制度，建立後金政權，接著進攻撫順，拉開了反明戰爭的序幕。努爾哈赤死後，其子皇太極透過一連串的改革加速了後金的封建化進程，同時消除朝鮮和蒙古的威脅，控制了整個遼西走廊，為清軍入關掃清了道路。

滿族的祖先

　　滿族屬於通古斯族的支脈，祖先很早就居住在長白山以北，東臨海濱，北至黑龍江流域，南到松花江上游的廣大地區，過著捕魚狩獵的生活。明朝初年，滿族前身的女真族分為三大部：野人女真、海西女真和建州女真。三大部之間及其內部不斷發生兼併和掠奪戰爭，野人女真時常侵襲建州女真和海西女真，「數與山寨仇殺，百十戰不休」。由於經常受到野人女真的侵襲，不得安寧，生活在牡丹江和松花江匯流處的胡里改部阿哈出和斡朵里部猛哥帖木兒（努爾哈赤六世祖）兩個部落在洪武五年（1372 年）左右，開始向東南遷移。永樂元年（1403 年）十一月，阿哈出到明都應天（今江蘇南京）朝貢，明成祖在胡里改部住地設建州衛，命阿哈出為指揮使。永樂九年（1412 年），明政府又增設建州左衛，由斡朵里部首領猛哥帖木兒執掌。正統七年（1442 年），明政府從建州左衛中分出建州右衛，以猛哥帖木兒的兒子董山掌左衛，猛哥帖木兒的弟弟凡察掌右衛，建州三衛由此形成。

　　成化三年（1467 年）後，建州三衛都逐

◆ 努爾哈赤玉璽

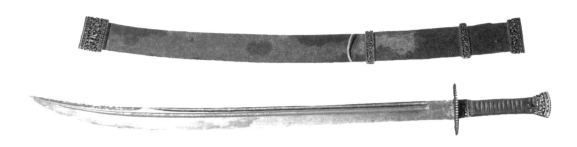

漸南遷到渾河、蘇子河上游地區定居下來。蘇子河畔在今遼寧省撫順城郊東南二十多里處，周圍丘崗起伏、層巒疊嶂。有一條東西走向的山岡北坡，背靠雞鳴山，西貼煙囪山（呼蘭哈達），東接連綿的丘崗，正北平地數里之外是啟運山。歷史上有名的赫圖阿拉城，便坐落在這群山環抱的谷地之中。就是在這方圓不過二、三十里的谷地中，建州女真由此逐漸強盛崛起。

明萬曆十七年（1589年），身兼明指揮使的建州女真首領努爾哈赤統一建州女真各部。萬曆四十四年（1616年），努爾哈赤在赫圖阿拉（今遼寧新賓滿族自治縣蘇子河南岸）建立「後金」政權。後金天聰九年（1635年）皇太極廢舊有族名，改稱「滿洲」。這一名稱一直延續到辛亥革命後才改稱「滿族」，從此「滿族」沿用至今。

努爾哈赤

努爾哈赤（1559-1626年），是清王朝的奠基人，生於嘉靖三十八年（1559年），建州左衛人，青年時期投到明遼東總兵李成梁的部下，「每戰必先登，屢立戰功」，成為一員猛將。努爾哈赤勤奮好學，熟讀《水滸傳》和《三國演義》，結交漢族士人和英雄豪傑，深受漢文化的影響。萬曆時期，建

◆ 後金戰士使用的鋼刀

後金戰士使用的刀稱為「順刀」，其特點是有雙血槽，目的不是放血，而是當它刺入人體後刀身有空隙不會被肌肉夾住，能輕易拔出再度攻擊，這種刀的外形設計很適合馬上作戰使用。

州三衛勢力逐漸趨向平衡，以建州左衛為中心，各部稱雄爭長，鬥爭激烈。當時女真又分裂為四部：建州部、長白部、東海部（又稱野人女真）、海西部。

萬曆十年（1582年），明朝駐遼東總兵李成梁任用努爾哈赤的祖父覺昌安和父親塔克世為嚮導，攻克了以阿臺為首的女真部落的根據地古勒山（今遼寧新賓縣上夾鄉古樓村西北），大獲全勝，覺昌安和塔克世卻在戰鬥中為明軍錯殺。萬曆十一年（1583年）五月，努爾哈赤襲父建州左衛指揮使之職，以祖父和父親留下的十三副鎧甲武裝了自己的少數部眾，起兵攻打尼堪外蘭。尼堪外蘭敵不過努爾哈赤，率殘部逃往鄂勒琿（今吉林省吉林市南）。努爾哈赤在這次戰鬥中俘擄了一百餘名兵士和三十副鎧甲，勢力逐漸增強，開始了統一女真各部的戰爭。

此後的幾年中，努爾哈赤南征北戰，到萬曆十七年（1589年），基本統一了建州女真各部。努爾哈赤的行動引起了海西女真各部的注意，萬曆二十一年（1593年）九

月，葉赫部首領納林布祿糾集海西的葉赫、輝發、哈達、烏拉四部，長白山訥殷、朱舍里兩部，以及內蒙古科爾沁、錫伯、卦勒察三部組成九部聯軍共三萬人，分三路向努爾哈赤發起進攻。努爾哈赤臨危不懼，沉著迎戰，首先搶占有利地形古勒山，誘敵深入，伏擊葉赫部成功，打亂了聯軍陣腳。然後努爾哈赤率軍乘勝追擊，九部士兵屍橫遍野，死傷無數。古勒山一戰，努爾哈赤殺敵四千人，獲馬三千匹，盔甲千副，威名大震。粉碎九部聯軍後，努爾哈赤乘勝東進，征服長白部。此後，努爾哈赤採取分化瓦解和逐步蠶食的策略，將海西女真各部各個擊破。至萬曆四十一年（1613 年），除明朝支持的葉赫部外，海西女真其他各部都歸附了努爾哈赤。野人女真在努爾哈赤的招徠和爭取下，先後有不少部落歸附。萬曆四十四年（1616 年），努爾哈赤基本統一了女真各部。

建立後金

努爾哈赤在統一女真各部的過程中，創建了八旗制度，主持創建了女真文字，建立了「後金」政權。

隨著女真各部的發展，女真進入

◆ 清太祖努爾哈赤像

在後金崛起的過程中，努爾哈赤奉行遠交近攻、先弱後強的戰略，從以十三副遺甲起兵開始，用了十年時間統一建州女真各部，又用了二十餘年統一女真各部，這才有了後金的建國。

了奴隸社會，奴隸主是統治階級，稱為「貝勒」或「額真」，他們占有生產資源和阿哈（奴隸）。奴隸的來源主要是戰俘或從明朝和朝鮮掠來的邊民。自由民稱為「諸申」或「伊爾根」，從事勞作，當兵服役，承擔奴隸主的各種攤派。在女真各部走向統一的過程中，隨著軍事戰爭和生產的發展，社會組織日益完善。在此基礎上，努爾哈赤創立了八旗制度。八旗的諸申是兵民合一，平時耕獵為民，戰則披甲當兵。八旗制度使女真人戰鬥力加強，社會生產力也得到大大提高，為建立政權打下了基礎。

長期以來，女真人沒有本民族的文字，只好講女真語，寫蒙古文，這日益成為女真社會發展的一個障礙。努爾哈赤遂倡議並主持創制了滿文。萬曆二十七年（1599年）二月，努爾哈赤令額爾德尼和噶蓋參照蒙文字母，結合女真語音，拼讀成句，創制出滿文。這種草創的滿文，沒有圈點，後人稱之為「無圈點滿文」或「老滿文」。從此，滿族有了自己的拼音文字。後金建立後，統治者用滿文大量翻譯漢文典籍，大力汲取漢文化，加速了後金政權的封建化進程。在統一女真各部的過程中，努爾哈赤拉攏蒙古、朝鮮，表示和睦；對明朝表示恭順，多次親赴北京朝貢；重點打擊女真內部的異己力量。努爾哈赤將赫圖阿拉確立為政治、經濟和文化中心，初步釐定法律；加強與明朝貿易，換取糧食、布匹、鐵器等生活和軍事物資，加強補給和儲備；注意延攬人才，選賢任能。經過一番準備，明萬曆四十四年（1616年），努爾哈赤稱「承奉天命養育列國英明

汗」，定都赫圖阿拉，建立金國政權，年號天命，史稱「後金」。建國之初，努爾哈赤仍奉明朝為宗主，自居藩屬。

薩爾滸之戰

明王朝長期以來對女真推行民族壓迫的政策，激起了女真人普遍的憤恨，努爾哈赤乘機起兵反明。後金天命三年（1618年），努爾哈赤以「七大恨」焚香告天，誓師抗明。努爾哈赤率兩萬旗兵，兵分兩路，攻打明邊境，旋即攻破撫順、東州和馬根單等城池，滿載戰利品返回赫圖阿拉，在途中又設伏全殲追擊的萬餘明軍。努爾哈赤乘勝前進，又連陷鴉鶻關、清河城、撫安、三岔兒等地，攻城掠地，聲威震徹遼東，明京師「舉朝震駭」。

明政府連忙從全國徵集十萬大軍，於明萬曆四十七年（1619年）二月，開赴遼東，兵分東（總兵劉鋌為主帥）、西（山海關總兵杜松為主帥）、南（遼東總兵李如柏為主帥）、北（原任總兵馬林為主帥）四路進軍，以杜松率領的三萬西路軍為主力，準備一舉踏平赫圖阿拉。努爾哈赤很快得到消息，知悉明軍的部署和行動計畫，提出「憑你幾路來，我只一路去」，即集中優勢兵力，以迎戰明軍西路主力軍為主的作戰計畫。

根據計畫，針對明軍行軍態勢，努爾哈赤以五百旗兵牽制明軍南路，而集中六萬旗兵，迎戰三萬明軍主力。三月一日，西路明軍到達薩爾滸山（今遼寧撫順東渾河南岸）後，主帥杜松分兵一萬，親自率領去攻

打附近的界藩城（今屬遼寧撫順）。分兵作戰，剛好給了努爾哈赤各個擊破的機會，努爾哈赤分兩旗兵力去界藩迎戰明軍，親領六旗兵馬，包抄薩爾滸山。駐守在薩爾滸山的明軍心驚膽寒，又燃火取暖而自曝目標。後金將士乘機衝殺，一舉攻上山頂，殲滅兩萬明軍。接著努爾哈赤率兵馳援界藩，斷掉明軍後路，兩路合擊，殲滅攻打界藩的萬餘明軍。至此西路軍全軍覆沒，主帥杜松戰死。三月二日，努爾哈赤乘勝率軍北上，擊潰明軍北路。與此同時，明軍東路兵分兩路，撲向赫圖阿拉。三日，努爾哈赤命兒子皇太極等人率三萬大軍，兵分兩路，回師急救赫圖阿拉，四日，擊破明軍東路。在此形勢下，明軍南路急忙撤回瀋陽。五天之內明軍文武官吏喪生三百一十人，士兵死亡四萬餘人。此戰史稱薩爾滸之戰，是明金戰爭的轉折點，此後明朝一蹶不振，轉入防禦，而後金勢力日益壯大，對明戰爭很快轉為進攻。六月，努爾哈赤連陷開原、鐵嶺，為攻打遼瀋打開了勝利之門。此後近一年時間，努爾哈赤進行休整訓練，鞏固後方，積蓄力量，等待時機；同時交好蒙古、朝鮮，以解除後顧之憂。

明萬曆四十八年（1620年），明神宗去世，光宗繼位僅一月就病死，明熹宗繼位。其時明廷宦官當政，黨爭激烈，朝政混亂，努爾哈赤乘機準備發動新的攻勢。次年三月，努爾哈赤僅用三天，就攻占了瀋陽，殲滅明軍七萬。接著，僅用兩天攻陷了遼陽，殲滅明軍六萬。隨後努爾哈赤遷都遼陽，改稱東京。後金天命十年（1625年）二月九日，努爾哈赤又遷都瀋陽。天聰八年（1634年），瀋陽被尊為盛京。天命十一年（1626年）正月，努爾哈赤率軍攻打寧遠（今遼寧興城），明軍主帥袁崇煥以「紅夷大炮」擊敗八旗兵。努爾哈赤遭遇了生平第一次挫敗，退回瀋陽後，鬱鬱不樂，七月間背發毒疽，八月十一日去世，終年六十八歲。

皇太極即位

努爾哈赤死後，其子皇太極（1592-1643年）即汗位，1627年改元天聰。皇太極繼位後，採取了一系列的措施，加速後金政權的封建化；綏服蒙古，征服朝鮮，掃除了清政權的後顧之憂；西進南下，與明軍作戰取得勝利，為滿族入主中原進一步打穩基礎。

隨著後金統治區域的擴大，其治下的漢民愈來愈多，皇太極在遼瀋地區推行「編戶為民」的政策，即廢除漢人的奴隸身分，編為民戶，建立漢軍八旗，強調「滿、蒙、漢人視同一體」。為適應統治漢民的需要，皇太極大力禮優漢官、漢將，其中尤為重用范文程和洪承疇。前者為後金立制度、招降將、安民心，成為皇太極、順治、康熙三朝的重臣。洪承疇原為明朝名將，崇德七年（1642年）被清軍擒獲，解送盛京。洪承疇最初決心以死報國盡忠，後為皇太極所勸降。洪承疇降清以後，在清軍入關和南下的戰爭中發揮了不小的作用。

對於一般來降的明朝漢官、漢將，皇太極皆以厚禮相待，從而籠絡了一大批富有統治經驗的漢官和漢將。如祖大壽、孔有德、

耿仲明、尚可喜等人，皆在皇太極時期先後降清，成為清軍的重要將領，促進了後金政權的封建化。

易國號，改族稱

後金原是奴隸制政權，其中不少不合時宜的舊制度，愈來愈不適應女真族在遼東農業區域的社會發展。皇太極遂決定吸取漢族封建王朝的統治經驗，仿照明朝制度，更定官制，設置各級統治機構，並對後金政權中的舊制度進行改革。

努爾哈赤生前鑑於各旗主貝勒擁有強大權勢，激烈爭奪汗位，於天命七年（1622 年）三月宣布，以後實行八位和碩貝勒（八旗旗主）共議國政的制度；新汗由八貝勒商議後「任置」，軍國大事由八貝勒議處。天命十一年（1626 年）努爾哈赤病逝，皇太極被「推舉」為新汗，與三大貝勒共同議處軍國大事。這三大貝勒分別是努爾哈赤第二子代善、第五子莽古爾泰和皇太極的堂兄阿敏，他們分掌兩紅、兩藍四旗。每朝議事，皇太極只能與三大貝勒並坐，行兄弟之禮。這種聯合政體的繼續存在，必然造成皇權分散。於是，皇太極針對八位和碩貝勒聯合執政的

◆ 清太宗皇太極像

皇太極在五十歲時，因為心愛的宸妃病死，健康狀況急劇惡化，清崇德八年（1641 年）八月病逝於瀋陽清寧宮。

制度進行改革。

首先，是削弱八旗旗主對政權的控制力。天聰五年（1631年），皇太極參照明朝的政體，設立了吏、戶、禮、兵、刑、工六部。之後，皇太極又陸續設立都察院、理藩院。崇德三年（1638年）七月，皇太極下令停止貝勒兼管部事，八旗旗主不得干涉六部、兩院事務，把政務同旗務分開，諸貝勒權力進一步被削弱。其次，降低三大貝勒的政治地位，削弱其勢力，大貝勒阿敏首當其衝。阿敏以擁立皇太極居功自傲，又因野心得不到滿足懷有不滿情緒。天聰三年（1629年）十月，皇太極親率大軍伐明，攻下永平、灤州、遷安、遵化等城池，命阿敏率軍堅守。旋即明軍大舉反攻，阿敏下令屠城並將城中財物搶掠一空後棄城逃跑。皇太極抓住阿敏棄城屠民一事，連帶追究舊惡，諸貝勒共議論罪當死，皇太極從寬處理，改為幽禁。阿敏被貶之後，皇太極又把打擊矛頭指向莽古爾泰。天聰五年（1631年）八月，圍攻大凌河城（今遼寧凌河市），莽古爾泰同皇太極發生爭執，甚至手握腰刀，皇太極以「御前拔刀罪」革去莽古爾泰的大貝勒爵位，降為一般貝勒。事後參政李伯龍提出「莽古爾泰不應與上並坐」。皇太極把李伯龍的提議交諸貝勒、大臣討論。大貝勒代善領會皇太極的意圖，主動請求撤座。皇太極順水推舟，立即批准代善的請求。次年正月，皇太極正式廢除「與三大貝勒俱南面坐受」的舊制，改為「汗南面獨坐」。朝儀的座位排列，體現了封建王朝的等級制度，皇太極南面獨坐，儼然是「唯我獨尊」的帝王

了。天聰九年（1635年）二月，蒙古察哈爾部林丹汗之子額哲獻上傳國玉璽，歸順後金。獲得傳國玉璽，於是，使皇太極認為這是「天命歸金」，於是在天聰十年（1636年）四月十一日，皇太極在盛京大政殿舉行了稱帝儀式，建國號「大清」，改元「崇德」。入關前的清國是滿族建立的地方民族政權。

皇太極改國名為大清以後，躊躇滿志，下一個戰略目標就是入主中原。早在天聰元年（1627年），皇太極就發動「丁卯之役」，憑武力壓服了朝鮮，迫其訂立「兄弟之盟」，從而擊破了明廷對後金政權的包圍。天聰十年（1636年），皇太極又發動「丙子之役」，迫使朝鮮承認與清政權是「君臣關係」，朝鮮由此完全脫離了明朝，並參加清軍對明軍的作戰，蒙古各部也相繼歸附清政權。這樣清政權周圍三個敵國只剩下明朝，解除了西進、南下的後顧之憂。崇德五年至七年（1640-1642年），清軍攻下松山、錦州等城，控制了入關的門戶，並收降明將祖大壽、洪承疇；崇德七年至八年（1642-1643年），清軍攻入關內，橫掃晉、冀、魯等地，掠走大量人口、財富；崇德七年十月，五世達賴的代表和蒙古厄魯特部首領戴青綽爾濟親赴盛京，與清通好。

崇德八年（1643年）八月九日晚，皇太極突患中風暴卒，年僅五十二歲。其人雖逝，但生前已經鑄成了多民族國家的雛形。問鼎中原，統一全國，已呈水到渠成之勢。

清朝 西元 1644 年

◎人物：多爾袞　順治帝福臨　◎地點：山海關　北京　◎關鍵詞：剃髮令　嘉定三屠

清兵入關與定鼎北京

　　清太宗皇太極死後，他的異母弟多爾袞擁立六歲的姪子——皇太極的第九子福臨繼位，改元順治，多爾袞被尊為「叔父攝政王」（其後又晉封為「皇叔父攝政王、皇父攝政王」），執掌軍政大權。在多爾袞的主持下，清軍伺機而動，問鼎中原，建立了中國歷史上最後一個封建王朝。

清兵入關

　　明末農民起義風起雲湧，李自成的大順軍和張獻忠的大西軍迅猛發展。順治元年（1644年）三月十七日，李自成兵臨北京城下，十九日明崇禎帝於煤山自縊，農民軍攻占北京。四月四日，范文程上書多爾袞說：「當今正是攝政王建功立業、垂休萬世之時，應該進取中原，與流寇角爭……大河以北，可傳檄而定。」多爾袞採納此議，在四月九日率清軍直驅山海關。

◆ 皇太極調兵木信牌

　　此時山海關由明將吳三桂把守，李自成已派人送來其父吳襄的勸降書，招他入京，多爾袞亦致書勸降。吳三桂騎牆觀望，猶豫不定，勉強決定往京城慢行。途中吳三桂遇見自京城逃出的家人，得知其父被囚，愛妾陳圓圓被擄，立即掉頭返回山海關，同時馳書向多爾袞求救。四月十三日，李自成親率二十萬大軍前往山海關。正在緊急之時，多爾袞回書許以「必封故土，晉為藩王」，勸吳三桂降清。四月二十一日，清軍進駐山海關外十里處。吳三桂出關拜見多爾袞，兩人結為生死同盟。次日，多爾袞率清軍分

三路入關。在石河西岸，多爾袞部署先以吳三桂率軍自右翼對農民軍發起進攻，繼以八旗兵突襲農民軍。農民軍兩面受敵，敗回北京。四月二十九日，李自成匆匆登基稱帝，次日撤離北京西行。而多爾袞也封吳三桂為平西王，急令吳三桂以及阿濟格、多鐸率精兵向西追擊農民軍。

五月二日，多爾袞在明朝文武遺臣的迎接下，進入北京。入京之後，多爾袞首先致力於安定局勢，恢復正常秩序。根據漢官的建議，多爾袞做出一些重大決策：第一，發布王令，重申清軍「此行是除暴救民，滅賊以安天下。勿殺無辜、掠財物、焚民舍，不如約者，罪之」。第二，為明崇禎帝發喪，全城官民服喪三日，由禮部以帝王禮葬於昌平明陵，並派兵護守明朝帝陵。第三，嚴格軍紀，禁止士兵入民家，以安人心。多爾袞還下令兵部傳檄各省、州、郡、縣，歸順明官，凡保全錢糧、戶口、兵馬冊籍者升官加爵。這些做法，有

◆ 清太宗孝莊文皇后朝服像

畫中人物為清初著名的孝莊太后博爾濟吉特氏，清天命十年（1625年）嫁給皇太極為側福晉。崇德八年（1643年），順治帝即位後，被尊為聖母皇太后，康熙帝即位後尊為太皇太后。

利於爭取漢族地主階級的支持與合作，使局面很快穩定下來。至六月初，北京局勢基本恢復正常。

多爾袞和入京諸親王、大臣們遂議定遷都北京。八月二十日，順治帝連同宗室公主、太宗后妃及諸貝勒大臣等一起西遷來京。九月十九日，到達北京，自正陽門進入明皇宮。當日多爾袞率滿、漢官員，上表勸進順治帝定鼎北京，即帝位，君臨天下。同時派官員護送太祖努爾哈赤、太宗皇太極的神主，入太廟安座。十月一日，定鼎大典在外城天壇舉行。七歲的福臨，偕同諸王貝勒來到天壇，祭告天地，宣告即大清皇帝位，頒布《大清時憲曆》。十日，多爾袞代表順治帝於紫禁城「皇極門」頒詔天下，詔書宣布：「十月乙卯祭告天地、宗廟、社稷，定鼎北京，建有天下之號曰大清，紀元順治。」一代新朝正式建立。這個由少數民族入主中原建立的全國性政權，是中國歷史上最後一個封建王朝。

剃髮令與嘉定三屠

入主中原後，清朝統治者在全國貫徹滿人的制度和習俗，與漢文化發生激烈衝突。清軍進入北京城後不久，多爾袞就發布告示：「凡投誠官吏軍民皆剃髮，衣冠悉遵本朝制度。」一石激起千層浪，告示一出，京城內立刻人心思變，惶惶不安，甚至很多人準備南逃。多爾袞見此，暫時放下「剃髮令」，允許天下臣民保持舊日的裝束。一年後，李自成農民軍被清軍鎮壓了下去，南京的弘光政權也已經覆滅，清軍已經基本控制

了中原大地。為了牢牢控制這片土地上的各族人民，清政府強制推行圈地、逃人法、剃髮令、遷界令等政策。這些為了滿族的利益而侵蝕其他民族人民利益的政策，遭到各族人民的堅決反抗。

順治二年（1645 年）六月，清政府向全國發布了「剃髮令」，命令中規定：所有人都必須像滿人一樣剃去前額的頭髮，蓄起辮子。京城內外限在十日內剃髮，遲疑者或逆命者，都將治以重罪。清朝所派的地方官員還在江南各地貼出「留頭不留髮，留髮不留頭」的布告，強制民眾剃髮。清統治者強令剃髮，就是強迫漢人改變傳統的生活習俗，激起了漢族百姓的堅決反抗，其中以漢文化氛圍濃厚的江南地區的反抗最為悲壯。

江南的百姓自發地用各種方法保護頭髮，而隨著個體反剃髮行動的不斷增加和累積，終於在部分地區爆發了集體抗爭，其中最具代表性的就是江陰和嘉定兩地。江陰是江南大縣，民生富足，地勢重要，是水陸交通要衝，素有「三江之雄鎮，五湖之腴膏」之稱。剃髮令造成全城百姓的恐慌和憤恨。閏六月二日，江陰縣令方亨嚴申剃髮令，眾多江陰鄉紳跪倒在縣令方亨的面前請求留髮，卻被縣太爺大罵趕出。到了限令剃髮的最後一日，江陰秀才許用等站在城內明倫堂的中央，高高掛起明太祖的肖像，聚集數百人向肖像跪拜痛哭，聲稱：「頭可斷，髮決不可剃！」到下午的時候，這裡的人愈聚愈多，哭聲感天動地。隨後，許用等人帶著群情激昂的江陰百姓上街示威，從四面八方湧來的回應者多達數萬人之眾。失去控制的人

群衝進縣衙，盡行搗毀衙內的設施，抓獲了知縣方亨並將他處死。

第二天，全縣人民響應縣城的抗爭，遠近農民組成鄉兵，他們共同推舉縣主簿陳明遇為江陰城主，並打開武器庫，用以前庫藏的火藥器械武裝鄉兵，準備自衛。江陰的抗清力量首先在江陰城內搜捕了清軍的間諜六十多人，隨後又在江陰城四門布置力量，誓死堅守家園。前任典史閻應元應陳明遇之請，在危急時刻擔負起領導守城的重任，在城牆上英勇指揮，浴血奮戰，化解了清軍的一次次進攻。江陰各階層人民萬眾一心，同仇敵愾，結成強大的抗清聯合陣線，這條鋼鐵防線有效地阻擋了清軍的炮火。

在此之後兩個多月的時間裡，江陰城依舊巍然屹立在清軍的炮火中。清軍見久攻不下，就將圍城的清兵增至二十四萬，又從南京運來二十四門大炮，日夜不停地向城內轟擊，城中情況愈來愈危急。八月二十一日中午，縣城西門被清軍重炮擊毀，清兵從此處蜂擁入城。幾百名江陰義士同清軍展開了激烈巷戰，最後全部壯烈犧牲。江陰人民堅持守城八十三天，殺死清兵七萬餘人，展現了江南人民不畏強暴的反抗精神和對民族文化的執著信念。清軍攻下江陰以後，並沒有就此收手、安撫百姓，而是下令「滿城殺盡，然後封刀」。江陰人民再次展現了威武不屈的高風亮節，坦然赴死。同時，在江南的另一重鎮嘉定，也掀起了聲勢浩大的反剃髮抗爭，清軍為了鎮壓百姓的抗爭，進行了三次大規模的屠殺，史稱「嘉定三屠」。

江陰、嘉定這兩座繁華富庶的江南名城因遭清軍的血腥屠殺而成為廢墟，在江南人民心中留下了難以磨滅的印記，對清朝日後的統治產生了深刻的影響，也體現出以多爾袞為代表的滿族統治階層，雖然已經入關，但是他們的思想還保有強烈的野蠻性，帶有關外族群落後的統治方法的慣性。

◆ 清世祖福臨朝服像
福臨是清朝入主中原的第一代皇帝，他是皇太極第九子，生於崇德三年（1638 年），生母博爾濟吉特氏，也就是孝莊太后。

┃延伸閱讀┃

明末清初三先生

明清鼎革之際，中國思想、學術界也十分活躍，其中有三位大學問家——梨洲先生黃宗羲、亭林先生顧炎武和船山先生王夫之，他們如同三顆閃亮的明星照亮著後世。這三位先生都生出於明末，都參加過抗清鬥爭，失敗後都隱居山林，著書立說。其中黃宗羲（1610-1695 年）以寫下《明夷待訪錄》和《明儒學案》著稱。在《明夷待訪錄》中，他提出了「天下為主，君為客」的著名論點。顧炎武（1613-1682 年）的主要著作有《日知錄》、《天下郡國利病書》等，他認為所謂「亡國」，只是改朝換代，而「亡天下」則是指民族、文化的淪亡，後人將顧炎武的這一思想歸納為「天下興亡，匹夫有責」八個字。王夫之（1619-1692 年）的重要著作，有《周易外傳》、《讀通鑑論》、《尚書引義》、《宋論》等。

八旗制度的興衰

⊙牛錄　⊙八旗建立　⊙滿蒙八旗　⊙八旗改制　⊙設立綠營　⊙八旗的功績　⊙八旗的衰落

　　八旗制度建立於滿洲入關以前，八旗組織有軍事、行政、生產三方面的職能，「以旗統兵、以旗統人」，把原來相對分散的女真人組織起來，「出則為兵，入則為民」。在皇太極時期又形成漢軍八旗和蒙古八旗。入關之後，在「首崇滿洲」（或稱「滿洲根本」）的基本國策下，八旗制度得到強化，成為單純的軍事組織，形成了駐京八旗和駐防八旗。有清一代，八旗勁旅在維護地方治安、痛擊沙俄侵略軍、收復雅克薩城等反對外來侵略的戰爭中發揮重要作用，成為維護清王朝統治的支柱。

牛錄

　　女真人早在原始社會氏族制度時期，就已有稱為「牛錄」的組織。出獵或行軍時，參加者每人持一套弓箭，十人為一「牛

◆〈北海冰嬉圖〉‧清

史書記載，清廷每年冬天都要從各地挑選上千名「善走冰」的能手入宮訓練，於冬至至「三九」在太液池上（現在北京的北海和中南海）表演。

錄」，其中一人為首領，稱「牛錄額真」（牛錄是箭、額真是主的意思）。在統一女真各部的軍事行動中，努爾哈赤把不斷合併的女真各部中的自由民「諸申」以及「伊爾根」編入「牛錄」，並把它加以擴大。規定三百人為一牛錄，每一牛錄設置一名牛錄額真，下面配置代子兩人做為副手。五個牛錄組成一「甲喇」，設一名甲喇額真為首領；五個甲喇組成一「固山」，設一名固山額真為首領，兩名梅勒額真為輔佐。每一固山以一旗為標誌，所以固山為旗，固山貝勒就是旗主。

八旗建立

　　明萬曆二十九年（1601年），努爾哈赤正式建立黃、白、紅、藍四旗。後來隨著戰爭的不斷取勝，隊伍不斷擴大，萬曆四十三年（1615年），又增設鑲邊的黃、白、紅、

藍四旗，這樣就形成了滿洲正黃、正白、正紅、正藍、鑲黃、鑲白、鑲紅、鑲藍八旗。八旗之間，各樹己幟，互不統屬；努爾哈赤為八旗最高統帥，親領正黃、鑲黃兩旗，其他六旗，由努爾哈赤的子、弟掌領。

八旗制度不僅是軍事制度，還兼有徵賦、服役的職能，官用穀糧、戰時急需的戰馬和舟船，也由各牛錄備辦。同時，八旗制又是後金進入遼瀋之前特殊的政權組織形式。八旗的各級額真既要執行汗的命令，僉派人夫屯田服役，統率士兵作戰；又要尊奉汗諭，統轄下屬人員。

八旗壯丁平時耕獵放牧，戰時披甲出征。努爾哈赤、皇太極從八旗壯丁中抽丁組建了八旗勁旅，從開始的五、六萬發展至十一、二萬。在後金政權初期，八旗軍隊先後大敗明兵於薩爾滸、平陽橋、松山，多次入邊，千里突襲，直抵北京城下，為進取中原奠定了堅實基礎。

滿蒙八旗

天聰九年（1635年），漠南蒙古諸部歸順清朝，皇太極將原來的蒙古牛錄和新歸附的蒙古各部統一組編，形成了蒙古八旗，其編制與滿八旗完全一致。入關之後，清政府對蒙古八旗亦分成駐京蒙古八旗和駐防蒙古八旗。

天聰五年（1631年），皇太極為平衡八旗旗主諸貝勒的軍事實力，以漢人精於火器，撥出漢人別置一軍，名「烏真超哈」（「烏真」，漢語意思為「重」；「超哈」，漢語意思為「兵」或「軍」），以佟養性為昂邦章京（總管）。崇德元年（1636年），將漢人分為二旗，石廷柱為左翼一旗固山額真（漢名都統），馬光遠為右翼一旗固山額真。崇德四年（1639年）分為四旗。崇德七年（1642年），增編為八旗，共計一百二十九個牛錄，二萬四千五百人。入關後，因形勢劇變，漢軍八旗陸續編進了新投降和改編的漢人官兵，發展為二百七十個牛錄，兵額兩萬人。編制擴大一倍多，兵額卻少於初建。官多兵少，體現了籠絡漢降官的政策。

◆ 從上至下為鑲紅旗旗幟、正紅旗旗幟、鑲白旗旗幟、正藍旗旗幟、正白旗旗幟

八旗改制

入主中原之後，清王朝加強了八旗軍隊的建設。駐京八旗設驍騎營、前鋒營、護軍營、步兵營。其後又設火器營、健銳營、內府三旗護軍營、前鋒營、驍騎營，以及圓明園八旗護軍營和三旗虎槍營等。為了削平各地反清武裝，牢固控制全國一千七百餘府、廳、州、縣，清王朝陸續派遣八旗軍在一些重要城市駐防，稱為駐防八旗。清代的駐防八旗，大體上可分為畿輔駐防（也稱直隸駐防）、東三省駐防、各省駐防和新疆駐防四大系統。這些改革強化了八旗制度，使八旗職業軍隊化了。

設立綠營

除了加強八旗軍制外，針對八旗兵力的有限性，清政府設立漢軍「綠營」。為了和八旗部隊有所區別，漢軍使用綠旗，因此稱為綠營。綠營兵分為馬兵、戰兵、守兵、水師四種，分駐於北京和各省。駐守在北京的綠營兵稱為巡捕營，由步兵統領統轄。駐守各省的綠營兵有督標（由總督統轄）、撫標（由巡撫統轄）、提標（由提督統轄）、鎮標（由總兵統轄）、軍標（設於四川、新疆，由將軍統轄）、河標（由河道總督統轄）、漕標（由漕運總督統轄）。標下設協，由副將統領；協下設營，由參將、游擊、都司、守備分別統領。綠營的建立，補滿、蒙、漢八旗力之不足，成為維繫清王朝統治的另一支重要的軍事支柱。

八旗的功績

康熙帝平定「三藩之亂」初期，由於八旗兵丁安逸日久，缺乏戰鬥歷練，加之選帥非人，致使戰爭初期清軍連連受挫，士氣低落。康熙帝果斷擢任能臣圖海、賴塔為大將軍，任用穆占等勇將，八旗軍士氣再度振作；康熙帝又重用綠營將領，使之與八旗軍配合作戰，戰局由此迅速改觀。綠營兵發揮重要作用，八旗軍也再顯軍威，於康熙二十

年（1681年）十月攻克昆明，削平三藩之亂。此後，康熙帝又三征準噶爾汗噶爾丹，先後授其兄裕親王福全、三等伯費揚古為大將軍，調動八旗士卒近十萬名，輔以綠營和蒙古軍，大敗準軍，消除了北方威脅，拓疆兩萬餘里。康熙帝又遣皇十四子允禵為撫遠大將軍，統領八旗兵、綠營兵和青海蒙古兵兩萬餘名，進入西藏，驅走準噶爾新汗策妄阿拉布坦之軍，安定了西藏，將西藏納入清朝版圖。針對沙俄軍隊對東北地區的侵擾，康熙帝命原黑龍江將軍薩布素率領八旗兵三千人，兩次擊敗侵占黑龍江的沙俄殖民軍，與俄國政府簽訂了《尼布楚條約》。這樣以八旗軍為主力的清軍，在康熙朝安定西北、西南，以及拓土開疆、保衛領土的戰鬥中，發揮了重大作用。

八旗的衰落

清雍正朝時，準噶爾部再次發動叛亂，

雍正帝任命傅爾丹為靖邊大將軍，統領以八旗兵為主的北路軍三萬餘名進攻準噶爾。這時八旗軍由於開國日久，人習安逸，將弁懈怠，戰鬥力已經削弱。

乾隆帝繼位以後，整飭戎務，組建健銳營，擢用能臣勇士，貶斥懦將庸帥。他先後擢用阿桂和勇將兆惠、福康安為定西將軍、定邊將軍、大將軍，以八旗軍為主力，兩征金川，兩征準部，平定回疆，徹底消除了準噶爾部對西北的威脅，安定了西北和川西地區，統一了新疆。

乾隆後期，八旗軍的戰鬥力已大大削弱，嘉慶帝還是皇太子時，曾經隨乾隆帝閱兵，所見到的卻是「射箭，箭虛發；馳馬，人墮地」。在嘉慶年間歷時九年的平定白蓮教起義中，北京八旗和西安等處駐防旗兵柔弱怯戰，未能發揮主力軍作用。此後，八旗軍更不斷衰弱，最後於宣統三年（1911年）清朝滅亡後全部解散為民。

◆ 清八旗將士盔甲

清康熙時期

🔆人物：康熙帝　🔆地點：西南　東南　東北　🔆關鍵詞：三藩之亂　《尼布楚條約》

維護統一的內征外戰

　　入主中原後，清朝統治者在鞏固統治集團核心地位的同時，承襲中原地區的傳統文明，尊孔崇儒，獲得漢族地主們的支持，迅速穩定和鞏固了統治。與此同時，清初幾代帝王，特別是康熙帝時期，積極經營邊疆，拓土開疆，平定叛亂，加強對少數民族地區的管理。對邊疆地區的有效治理增強了邊疆各族與中央的聯繫，促進民族團結，以及維護領土的完整。

削平三藩

　　順治十八年（1661 年）正月，順治病逝，其子玄燁繼位，次年改元康熙。康熙帝在清除鰲拜及其黨羽之後，即著手進行維護統一、捍衛主權的內征外戰。首開其端的，是削平三藩之亂。

　　康熙初年，雲貴的平西王吳三桂、廣東的平南王尚可喜、福建的靖南王耿精忠，掌握地方軍事、行政、財政大權，擁兵自重。而朝廷每年須向三藩供應大量的餉銀，致使「天下財賦，半耗於三藩」。三藩勢力日益膨脹，成為清王朝的心腹大患。康熙帝親政後，將撤藩視為首要之事。康熙十二年（1673 年）三月，平南王尚可喜以年老多病上疏，請求歸老遼東，留其子尚之信繼續鎮守廣東。此舉給了康熙帝撤藩的藉口，他同意尚可喜告老，但不許留子鎮守，吳三桂、耿精忠聞訊，先後上疏請撤藩，試探朝廷意旨。此事引起清廷大臣們的激烈爭論，康熙帝認為「藩鎮久握重兵，勢成尾大，非國家利」，最後決意撤藩。

　　同年十一月，吳三桂自稱「天下都招

◆ 清康熙帝御用對印

討兵馬大元帥」，以復興明室為號召，率先發動叛亂。一時間，吳三桂在各地的黨羽、一些叛明降清的文官武將紛紛起兵響應，四川、湖南盡數陷落。次年三月，耿精忠在福州起兵叛亂，叛軍攻城略地，勢力在南方迅速蔓延。吳三桂叛亂，舉朝震動，年方二十歲的康熙帝臨危不亂，在策略上「剿撫並用」：下令停撤閩、粵二藩，以分化瓦解三藩陣營；同時調兵遣將，集中討伐吳三桂。此時的八旗兵因生活優裕，已失去了當初的戰鬥意志，所以開戰後一再失利，戰爭局勢對清軍極為不利。

康熙十三年（1674 年）十二月，陝甘提督王輔臣舉兵反叛。吳三桂兵分兩路，一路由長沙出江西，攻打袁州，陷萍鄉、安福、上高；另一路由四川窺陝西，企圖與陝甘提督王輔臣會合，進逼京師。康熙帝首先採用招撫的辦法，爭取王輔臣重新歸附，穩定西北局勢，然後集中兵力南攻。由於八旗兵戰鬥力下降，康熙帝大膽起用綠營兵將，

◆〈馬術圖〉‧清‧郎世寧

郎世寧（1688-1766 年），義大利人，康熙年間來到中國，成為宮廷畫師。此圖反映了清朝前期八旗兵尚武的狀況。

破格提拔趙良棟、姚啟聖等人，予以重用。清軍很快從荊州江北和江西兩個方向展開進攻，吳軍顧此失彼，開始潰敗。康熙十五年（1676 年）十月四日，耿精忠在大軍壓境、內部衝突重重的形勢下，率部投降。康熙十六年（1677 年）五月，清軍抵達廣東，尚之信（尚可喜之子）率部「歸正」。陝西、福建、廣東以及江西都先後平復，剪斷了吳三桂的側翼。康熙十七年（1678 年）以後，戰局對吳三桂更加不利。為了振奮士氣，吳三桂於同年三月在湖南衡州稱帝，定國號為「周」。八月，吳三桂暴死，諸將迎立其孫吳世璠繼位，退居昆明。

康熙十八年（1679 年），清軍平定岳州、長沙、衡州等地，康熙帝下詔「當時倡叛，罪止吳三桂一人，所屬人員均係脅從，

情可矜恕」，對叛軍產生迅速瓦解的作用。康熙十九年（1680 年）正月，清軍定漢中、復成都、攻重慶，克復四川。康熙帝命清軍自湖南、廣西、四川兵分三路，齊搗雲南。康熙二十年（1681 年），清朝三路大軍在雲南會師，圍攻昆明，吳世璠自殺，其餘叛軍投降。歷時八年之久的三藩之亂至此平定。

三藩分裂割據，違背歷史潮流；清朝平叛則是維護國家的統一，順應民心。在平叛戰爭中，康熙帝年少智勇，表現出傑出的政治、軍事才能，成為平叛勝利的重要因素。平定三藩之亂，不僅消除地方割據勢力，更加強了中央集權。

收復臺灣

明天啟四年（1624 年），荷蘭殖民者盤踞臺灣。明末的抗清將領鄭成功北伐南京失敗後，為了堅持長期抗清，決定收復臺灣，並以此做為反清根據地。順治十八年（1661 年）三月，鄭成功率軍進擊荷蘭殖民者。康熙元年（1662 年）正月，鄭成功指揮軍隊從海陸兩方面向荷蘭侵略者發動進攻。面對中國軍隊的強大攻勢，荷軍統帥終於在投降書上簽字。至此，非法占據臺灣三十八年之久的荷蘭終於退出。鄭成功攻下臺灣後，採取政治、經濟和文化等措施經營臺灣，促進臺灣的開發建設。鄭成功死後，其子鄭經即位。康熙帝開始欲以和平方式解決臺灣問題，曾兩次派人招降。但鄭經請同朝鮮一樣，「不剃髮、不易衣」，希望維持獨立狀態，被康熙帝斷然拒絕。

康熙二十年（1681 年）正月，鄭經去世，其子爭立王位，局面混亂，新繼位的鄭克塽無力控制局面。康熙帝趁機用兵，下令以施琅為福建水師提督，統舟師進取澎湖、臺灣。康熙二十二年（1683 年），施琅率水師由福建銅山（今福建東山）出發，進攻澎湖。當時澎湖守將劉國軒嚴陣以待，各港口均派重兵把守，又在沿岸環二十餘里築壘設炮，火力凶猛，清軍艦船無法靠岸。這時又逢颶風突起，清軍前鋒顛蕩漂散，被劉國軒派戰艦包圍。施琅督率大船指揮突圍，拚死力戰，才轉危為安。針對不利形勢，施琅迅速調整戰略，兵分三路，兩翼配合，中路主攻。以五十艘出牛心灣；五十艘出雞籠嶼為奇兵牽制；施琅親自率五十六艘，分八隊，攻其中堅；以八十艘為後隊。隨後發起攻擊，激戰竟日，焚敵艦一百九十多艘。劉國軒力不能敵，退守臺灣。清軍占領澎湖後，乘勝追擊。鄭克塽無力抵抗，遂遣使議降，歸順清朝。至此平定臺灣，與大陸復歸統一。

康熙二十三年（1684 年），清政府在臺灣設一府（臺灣府）三縣（臺灣、鳳山、諸羅），隸屬福建省管轄；並在臺灣設巡道一員，總兵官一員，副將兩員，兵八千人；在澎湖設副將一員，兵兩千人。從此，在清朝中央政府的統一治理下，臺灣的開發也進入了新的歷史時期。

抗擊沙俄

從十六世紀後半期起，沙俄勢力開始越過烏拉山（Urals），五十多年間占有整個西伯利亞，並進一步覬覦中國的黑龍江流域。明崇禎十六年（1643 年），一支哥薩克人遠

征軍進入精奇里江（Zeya，今稱結雅河）的支流布連塔河流域和黑龍江流域，燒殺搶掠，侵擾兩年之久才退回。順治六年（1649年）春，沙俄富商哈巴羅夫（Khabarov）組織第二支遠征軍，武裝入侵黑龍江流域，次年占領了雅克薩（Albazino）。順治十年（1653年），斯捷潘諾夫（Stepanov）接替哈巴羅夫統率沙俄侵略軍，在黑龍江上游呼瑪爾河口築壘防禦。順治十二年至十七年（1655-1660年），清軍幾次出擊俄軍，基本剿滅了斯捷潘諾夫軍。但一批來自葉尼塞（Yenisei）的沙俄殖民者重新占據了尼布楚（Nerchinsk），康熙四年（1665年），另一夥

◆ 清聖祖康熙帝半身像

康熙帝（1654-1722年）在歷代帝王中堪稱多才多藝，他不但學習中國典籍，還在南懷仁等西方學者的指導下學習西方科學知識，如幾何學、天文學、醫學、音樂等。

沙俄侵略者又侵占了雅克薩。俄軍以雅克薩和尼布楚為據點，不斷蠶食黑龍江流域的領土，進行野蠻的掠奪和屠殺，使當地居民處於水深火熱之中。

康熙帝初欲以和平方式解決問題，幾次派人到雅克薩、尼布楚送信，令俄人退出，但俄軍置若罔聞，變本加厲。三藩之亂平定後，康熙二十四年（1685年）二月，

康熙帝命令都統彭春、副都統郎談、黑龍江將軍薩布素統軍三千多人，水陸兩路進取雅克薩。五月二十三日，清軍抵達雅克薩城下，依康熙帝命令向雅克薩俄軍統領托爾布津（Alexei Tolbouzine）發出警告，要求其速撤回雅庫次克（Yakutsk）。守城俄軍雖不過四百五十人，但執意頑抗。次日清軍水陸配合，包圍雅克薩。在城南「設擋牌土壘，施放弓弩」佯攻，而將紅夷大炮架於城北，又在兩翼放神威將軍大炮夾攻。二十五日黎明，清軍發起進攻，俄軍血肉橫飛，死傷慘重，俄軍統領托爾布津被迫率殘部出城投降。清軍對他們寬大處理，放其回國。然後摧毀雅克薩城，還駐璦琿（今黑龍江黑河市愛輝區南三十五公里）。

清軍撤軍不久，托爾布津殘部在六千多名援軍支持下，又重返雅克薩，加固城牆，深挖護城壕溝，企圖長期盤踞。康熙二十五年（1686年）二月，康熙帝命薩布素統兵兩千，乘船沿黑龍江溯流而上，進擊雅克薩。七月兵臨城下，俄軍憑藉城堅糧足，負隅頑抗。雙方對峙，戰鬥激烈。十一月底，托爾布津被大炮擊中斃命，俄軍僅剩百餘人。清軍將雅克薩圍困達三個月之久，俄軍外無援軍、內斷糧草，士兵多數患病。這時俄國政府代表抵達北京，要求停戰交涉，清軍遂撤圍。

康熙二十八年（1689年）七月，中俄雙方在尼布楚進行談判，簽訂了《尼布楚條約》。該約從法律上肯定了格爾必齊河和額爾古納河以東，外興安嶺直至鄂霍茨克海以南的烏蘇里江和黑龍江流域，包括庫頁島在內的廣大地區，都是中國的領土。《尼布楚條約》是中俄雙方在平等協商基礎上，簽訂的第一個邊界條約，並給中國的東北邊疆帶來了一百五十年的和平。

統一蒙藏

清初，居住在中國西北方的蒙古族分為三大部，即漠南蒙古、漠北喀爾喀蒙古、漠西厄魯特蒙古。漠南蒙古於清入關前即已歸服。漠北喀爾喀蒙古下分札薩克圖、土謝圖、車臣三部。漠西厄魯特蒙古部分為四大部：遊牧於巴爾喀什湖以東、天山以北、伊犁河流域的稱準噶爾部；遊牧於烏魯木齊附近地區的稱和碩特部；遊牧於額爾齊斯河沿岸的為杜爾伯特部；遊牧於塔爾巴哈臺附近地區的稱土爾扈特部。

十七世紀以來，漠西厄魯特蒙古的準噶爾部逐漸強大起來。康熙初年，噶爾丹

◆「威遠將軍」銅炮

「威遠將軍」炮製作於康熙二十九年（1690年），是一種大口徑、短身管的著名火炮。該炮在康熙帝平定準噶爾叛亂中發揮重要作用。現陳列在中國古代戰爭博物館中。

自立為準噶爾汗。為了實現割據一方的狂妄野心，噶爾丹在沙俄政府的唆使下，於康熙二十七年（1688年）突襲漠北喀爾喀蒙古部。沙俄侵略者乘機引誘喀爾喀蒙古投降沙俄。喀爾喀部宗教首領哲布尊丹巴拒絕沙俄的誘降，毅然率領數十萬部眾南歸內地，歸順清朝。康熙帝把他們安置在科爾沁草原遊牧，責令噶爾丹退兵，歸還喀爾喀牧地。但噶爾丹依仗沙俄的支持，公然率兩萬多騎兵，以追擊喀爾喀為名，深入內蒙古，前鋒到達烏珠穆沁境，距北京僅九百餘里。

由於形勢緊急，康熙帝遂決定親征，康熙二十九年（1690年），清軍兵分兩路出擊。右翼在烏珠穆沁作戰失利，噶爾丹進入烏蘭布通（今內蒙古赤峰市境），距北京僅七百里；但左翼清軍以優勢火器摧毀了噶爾丹的「駝城」，大敗叛軍。康熙三十五年（1696年），清軍於昭莫多（今蒙古國烏蘭巴托東南）截擊叛軍，噶爾丹戰敗，連夜潰逃。康熙三十六年（1697年），康熙帝又親率大軍至寧夏城（今寧夏銀川），將叛軍包圍。噶爾丹四面楚歌，走投無路，服毒自殺而死。噶爾丹叛亂平定後，喀爾喀蒙古各部回到了原來的牧地，各部首領接受清朝的封號。至此，外蒙古地區完全統一在清朝中央政府的管轄之下。清朝在科布多、烏里雅蘇臺等地派了將軍和參贊大臣，掌管當地軍政大權，加強對外蒙古的統治。

噶爾丹死後，康熙帝因策妄阿拉布坦助剿有功，承認其為準噶爾汗，並劃阿爾泰山以西的遼闊土地供其放牧。但策妄阿拉布坦羽翼豐滿之後，也走上了叛亂的道路。他

延伸閱讀

確立對西藏主權

早在入關之前，清政府就與西藏有所連結。清朝初期對青藏高原蒙古和碩特部固始汗和達賴喇嘛封給名號，維持他們的統治地位。順治元年（1644年），清朝派使者入藏，邀請五世達賴入京。順治九年（1652年）正月，五世達賴喇嘛應召到北京覲見順治帝。為迎接五世達賴，順治帝專門為他在安定門外建造了黃寺，由戶部撥九萬兩白銀做為供養。次年清政府冊封五世達賴喇嘛為「西天大善自在佛所領天下釋教普通瓦赤喇怛喇達賴喇嘛」，冊封固始汗為「遵行文義敏慧固始汗」。自此，達賴喇嘛的封號和其在西藏的政教地位，遂正式被確定下來，確定了清朝對西藏地方的主權。

不僅控制了天山南北，而且妄圖吞併西藏。康熙五十六年（1717年）十月，策妄阿拉布坦派兵攻入拉薩，殺死拉藏汗，囚禁拉藏汗所立的六世達賴意希嘉措，組織傀儡政權，控制了西藏。康熙五十九年（1720年），清廷分兵兩路入藏進擊策妄阿拉布坦。康熙帝還令北路軍在進軍的同時，護送新冊封的七世達賴格桑嘉措入藏。在藏族人民的幫助下，清軍迅速驅逐叛軍，穩定西藏的局勢。這一年，七世達賴在拉薩坐床（活佛的轉世靈童繼位），康熙帝賜給封號，並派大臣分管前藏和後藏事務，又駐兵留守西藏。至此，西藏地區完全歸於清朝政府的統轄之下。

清朝 ▶ 西元 1723 年—西元 1735 年

◎人物：雍正帝　◎地點：北京　◎關鍵詞：攤丁入畝　改土歸流　軍機處

雍正帝改革

　　康熙帝在位期間，諸皇子之間就為太子之位爭奪不休，以至於慘案不斷。四皇子胤禛韜光養晦，最終取得勝利，登基即位，是為雍正皇帝（1678-1735 年）。雍正帝四十五歲時即位，在位共十三年。在這短短的十三年裡，雍正帝勵志改革、整頓危局，實行許多革新措施，其中具有代表性的主要有整頓吏治、攤丁入畝、改土歸流、設立軍機處、建立密摺制度等。

◆ 粉彩荷蘭東印度公司徽標
托碗·清

整頓吏治

　　康熙帝一共有三十五個兒子，除了夭折和早死的之外，有排序的是二十四位，成年且受冊封的只有二十人。在這些皇子中，年齡較長的有十二個人，他們是：大阿哥

胤禔、二阿哥胤礽、三阿哥胤祉、四阿哥胤禛、五阿哥胤祺、七阿哥胤祐、八阿哥胤禩、九阿哥胤禟、十阿哥胤䄉、十二阿哥胤祹、十三阿哥胤祥、十四阿哥胤禵。這十二個皇子主要分成三個集團：第一個是以皇太子胤礽為核心的太子黨；第二個是以皇八子胤禩為核心的八阿哥黨；第三個則是以皇四子胤禛為核心的四阿哥黨。

康熙四十七年（1678年）和五十一年，太子胤礽兩次被廢，徹底失去了登上皇位的機會。而在太子第一次被廢後，皇八子胤禩因為勾連大臣，為儲位大肆活動，讓康熙帝大為不滿，也失去了即位的可能。最終，韜光養晦的皇四子、雍親王胤禛，在皇十三子胤祥、十七子胤禮，以及大臣隆科多、年羹堯等人的支持下，低調發展，最終獲得了康熙帝的青睞。雍正元年（1723年），胤禛登基，成為中國歷史上著名的雍正皇帝。因為康熙帝晚年，吏治鬆弛，貪汙腐敗成風。雍正帝即位之後，大刀闊斧地整頓吏治，先後頒布了十一道諭旨，以訓諭各級官員，主要內容有：不許虛名冒餉、侵漁貪婪；不許納賄財貨，戕人之罪；不許多方勒索，病官病民；不許恣意枉法，恃才多事等。雍正帝還嚴厲告誡各級官員，如因循不改，必定重罪嚴懲。雍正元年（1723年）二月，雍正帝下令將虧空錢糧的各地方官員即行革職追贓，不得留用，

◆〈清世宗戎裝大閱圖〉

雍正初年，清軍平定青海羅卜藏丹津和西藏阿爾布巴叛亂，穩定了青海、西藏地區的局勢。

所追得財物均上繳國庫，為民所用。同年三月，雍正帝下令命各省督撫將其所有幕客姓名上報官府，禁止官員縱容下屬勒索地方，增加地方政府和人民負擔。同年還設立會考府，整頓收支。這一年被革職抄家的各級官吏就達數百人，其中很多是三品以上大員。經過整頓，雍正時期吏治清明，不良習氣漸

少，使為官者能夠奉公守法，為百姓做事，體恤民情，為百姓減輕了不少疾苦。

攤丁入畝，改土歸流

攤丁入畝是雍正帝在位時實行的一項重大的經濟改革措施。清政府沿用的是明朝的稅收制度，分為人頭稅和土地稅。人頭稅叫丁銀，按家庭成丁數量徵收；土地稅叫田賦，按家庭擁有土地的數量徵收。這種收稅方式實質上意味著農民要繳兩份稅，遇到歉收或戰亂，無地或少地的貧苦農民根本繳不起這兩種稅，只好舉家逃亡，造成了許多社會不穩定因素。

雍正帝時期實行「攤丁入畝」制度，改為按地畝收取丁銀。各地方政府丈量土地，統計各戶的土地數量，造成冊子，每年秋後收稅的時候，按冊子上所記土地的多少定納稅的數額，地多的人多納，地少的人少納，無地的人不納，也可稱之為「攤丁入地」，從而在法律上徹底取消了人頭稅。這項措施是中國財政賦稅史上的一次重大變革，不僅結束了中國歷史上人丁、地畝雙重徵稅標準，而且簡化了稅收的手續。這在一定程度上減輕了人民的負擔，使他們不用再為躲避稅收而四處逃亡，從而也對社會穩定、增加國家稅收具有積極意義。

順治、康熙年間，雲南、貴州、四川、廣西、湖南等少數民族聚居的地區仍然沿用舊制，主要透過當地世襲的土司進行統治。這種元朝時就開始實行的土司制度弊病很多，隨著土司勢力的不斷壯大，他們之間不斷發生戰爭，不僅不服從中央政府的統治，

而且對當地民眾的統治極其殘暴，還經常騷擾鄰界的漢民，擾亂其正常生活，已成割據之勢，嚴重威脅國家統一。

為了解決土司割據的弊病，雍正帝時期全面推行「改土歸流」制度，實行流官制，即用朝廷調遣的流官取代那裡世襲的土司，進行統治。雍正四年（1726年），雲貴總督鄂爾泰多次上書，闡述改土歸流的必要性，奏請將原屬四川的東川土司改土歸流，雍正帝對此甚為讚賞，令其辦理，由此開始在西南開始大力推行改土歸流。雍正一朝，西南地區大量土司被裁革，分別設置府、廳、州、縣，派遣流官進行管理。這些朝廷派遣的流官與世襲的土司不一樣，他們是有一定任期的，期滿之後仍回朝廷，另行分配，這樣就避免了地方首領聚集勢力、割據一方的危險。改土歸流遭到土司的武裝反抗，雍正帝堅決派兵平定。在這過程中雖然也殃及許多無辜百姓，給當地百姓帶來傷害，但從長遠利益而言，有利於多民族國家的統一，減輕了西南少數民族人民的負擔，使人民生活得到改善，同時也促進了這一地區與中原地區社會經濟與文化的聯繫。

設立軍機處，建立密摺制度

軍機處的設立是雍正帝的首創。雍正年間，清政府用兵於西北，為了保證軍務的高效率和機密性，雍正七年（1729年），雍正帝下令設立軍機房。雍正十年（1732年）改名為辦理軍機處，簡稱軍機處，至此，軍機處完全取代了議政王大臣會議，成為清廷最高決策機構，皇權統治進一步加強。軍機處

地點設在皇宮內廷乾清門右側的平房裡面。這裡戒備森嚴，又與雍正帝寢宮養心殿毗鄰，以便隨時接受皇帝召見，及時處理軍政機密要務。

軍機處由軍機大臣和軍機章京組成，軍機大臣由皇帝在宗室、大學士、六部尚書、侍郎等滿漢親貴中指定充任，軍機章京從內閣、翰林院及六部衙門中選任。軍機大臣和軍機章京都是兼職，人數不定，少則四、五人，多則十一、二人，一般情況下是六、七人。軍機處的主要職責是「承旨書諭」。每天清晨，軍機大臣和軍機章京都會按時來到軍機處，等待皇帝召見。皇帝有時候單獨召見一個人，有時候一次召見幾個人，共同商討國家大政方針。軍機處按照皇帝的旨意辦事，權力非常大，他們所拿的奏摺可以繞過內閣、議政處，直接送達總督、巡撫手中，別人無權拆閱，這種傳達方式叫做「廷寄」，不僅速度快，而且保密程度高。軍機大臣還可以直接到各地方了解地方情形，傳達皇帝旨意，並將民之疾苦直接傳達給皇上，發揮了上傳下達的作用。這個機構使皇帝把國家軍政大權緊緊地控制在自己手中，進一步擴大了專制皇權的範圍。

早在康熙年間就有了密摺制度。密摺是奏摺的一種，是指專受皇帝指令的官員單獨向皇帝密報、由皇帝直接批諭再直接發給上奏人的文書。雍正帝即位以後，進一步發展並完善了密摺制度，使用密摺的範圍進一步擴大，逐漸擴大到地方的駐防將軍、總督、提督、巡撫等軍政

◆ **琺瑯彩芙蓉雉雞紋瓷玉壺春瓶・清**

琺瑯彩瓷創燒於清康熙年間，到乾隆年間達到頂峰，這件玉壺春瓶底有「乾隆年製」款，正是那時的佳作。壺腹用琺瑯彩繪山石芙蓉雙雉，色澤豔麗，並題詩「青扶承露蕊，紅妥出闌枝。」畫詩結合，別具情趣。

負責人，使地方官吏能夠將地方情況及時寫在摺子上，由其家人或親信以最快的速度送到皇帝手中，皇帝親自朱批之後，再密封轉交給上奏人。在這一傳遞過程中，為了進一步保證密摺的機密，還實施保密制度，主要是將特製的「摺匣」發給每一個皇帝指定的摺奏人，並配有鑰匙，皇帝和上摺奏人一人一把，所以只有這兩個人才能開啟。同時也禁止將皇帝的朱批密諭互相傳看、告知，一經發現，即按洩露軍機治罪。密摺制度的實行，不僅增加皇帝的訊息來源，也進一步加強皇帝對中央及地方的監督。

賤民脫籍

賤民是指不屬於士、農、工、商任一階層的人，而且這種身分世代相傳，不能改變。在雍正初年，賤民主要包括山西和陝西的樂戶、徽州的伴當、麻城和寧國的世僕、浙江的惰民、廣東的蛋戶（但民）等。賤民以統治者的政敵及罪犯為主。如明成祖朱棣與建文帝爭位，攻入南京後，將支持建文帝的人貶為賤民。賤民不能參加科舉考試，也不能做官，甚至不能與一般百姓通婚。賤民在日常生活方面也受到嚴格限制，如以捕魚為業的廣東戶，只能以船為家，不得上岸居住。

雍正元年（1723 年），雍正帝採納監察御史年熙（年羹堯之子）的主張，認為壓良為賤是明朝的弊政，應該革除。於是先後下令廢除山西、陝西樂戶的樂籍，「改業為良民」；廢除浙江紹興惰民的丐籍。雍正五年（1727 年）下令，將那些「年代久遠，

文契無存，不受主家豢養」的部分伴當、世僕准予「開豁為良」。雍正七年（1729 年）下令，廣東一帶的蛋戶可以「與齊民一同編立甲戶」。此外，還有江西的棚民、蘇州一帶的丐戶也都先後削去賤籍。這樣，存在了一千多年的賤民制度被廢除了，這就使這些社會下層的勞動者正式改入民籍，從而廢除了法律上對他們的歧視。

雍正十三年（1735 年），雍正帝病死，葬於河北易縣泰陵。正是在他的勤政、改革、肅貪等施政措施，打造了中國封建社會的最後一個盛世——康乾盛世。

曹雪芹和《紅樓夢》

《紅樓夢》是中國古代最優秀的一部現實主義長篇小說，它的作者是曹雪芹（約 1716 年－約 1763 年），名霑。曹雪芹的曾祖母孫氏是康熙帝的乳母，曾祖父曹璽曾任江寧織造。雍正五年（1727 年），曹雪芹之父曹頫因參與皇位之爭而被株連，革職抄家，家道衰落。曹雪芹為了創作《紅樓夢》嘔心瀝血，全書尚未完稿，他就因愛子夭折悲傷過度而一病不起，「淚盡而逝」，終年不到五十歲。現今的一百二十回本《紅樓夢》，只有前八十回是曹雪芹撰著的，後四十回是高鶚續補的。《紅樓夢》是一部封建社會的百科全書，以賈寶玉、林黛玉和薛寶釵三人為中心的戀愛婚姻故事展開，並批判封建貴族家庭腐朽糜爛、驕奢淫逸的生活，以及鞭笞整個封建統治階級。

清朝 西元 **1735** 年—西元 **1796** 年

人物：乾隆帝　關鍵詞：金瓶掣籤　四庫全書

乾隆帝的治國平亂

　　愛新覺羅・弘曆（1711-1799 年）於雍正十三年（1735 年）九月即位，年號乾隆，時年二十五歲。乾隆帝在位六十年，接著又做了三年多的太上皇，他在位期間有著足以誇耀後世的文治武功，但他執政晚年，放鬆吏治，致使奢靡貪汙之風盛行；同時又好大喜功，窮兵黷武，以致勞民傷財。自乾隆末期起，社會各方面潛伏的危機也陸續浮出水面。

確立金瓶掣籤制度

　　乾隆帝繼承父祖之志，以文治武功將清朝統治推到極盛。他不僅在治國之道上卓有成效，而且在平定叛亂、鞏固邊防方面也取得了重大成就。乾隆四十九年（1784 年），噶瑪噶舉第十世活佛確朱嘉措叛逃到廓爾喀國（位於尼泊爾），挑唆廓爾喀入侵西藏。乾隆五十三年（1788 年），廓爾喀製造藉口，挑釁生事，大軍入侵西藏。清廷對此非常震驚，派兵援藏。後來由於大雪就要封山，廓爾喀早清軍一步撤回尼泊爾。乾隆五十六年（1791 年），廓爾喀兵分幾路再次侵藏，深入千里，洗劫札什倫布寺，氣焰極為囂張。乾隆帝急調兩廣總督福康安統兵入藏，福康安率軍一路衝寒冒雪，日夜兼程，經過艱苦戰鬥，將廓爾喀軍全部逐出境外。接著清軍深入敵後，一直打到了廓爾喀首都城下，廓爾喀國王投降。

◆ 神威無敵大將軍炮

　　乾隆帝鑑於西藏地方弊端很多，以致強敵壓境、無力抵禦，下決心整頓西藏事務。乾隆五十八年（1793年），乾隆帝派人與達賴、班禪的僧俗要員商議，制定《欽定藏內善後章程二十九條》，完善了清廷治理西藏的制度，得到廣大藏民的擁護。

　　《二十九條》的主要內容包括：明確規定駐藏大臣的地位與達賴喇嘛、班禪額爾德尼平等，監督辦理西藏事務（這是對駐藏大臣職責和地位的首次明確規定）；噶倫、代本等高級僧俗官員由達賴喇嘛和駐藏大臣會同選擇，呈請中央政府任命，下級官員則由駐藏大臣與達賴喇嘛會同挑選；建立西藏地方的常備軍，定額三千人等。此外，還確定了著名的金瓶掣籤制度，即每世達賴、班禪的轉世靈童必須在駐藏大臣監督下，經由乾

隆帝所賜的金瓶掣出，再報中央政府批准；其後坐床，也須由駐藏大臣「看視」，報告皇帝。西藏的一切涉外事務均由駐藏大臣辦理，西藏地方政府的收入統由駐藏大臣稽查。從此，駐藏大臣的政治權力更加鞏固，達賴喇嘛和班禪額爾德尼平等的宗教地位和政治地位進一步確立，清朝治理西藏的制度更加完善。自乾隆五十八年（1793年）至民

◆〈清高宗萬樹園賜宴圖〉・清・郎世寧

此圖描繪乾隆十九年（1754年）五月，乾隆帝在避暑山莊的萬樹園舉行隆重的宴會，款待蒙古杜爾伯特部大小首領的情景。

國的兩百多年間，西藏就有七十餘名活佛透過金瓶掣簽認定。1995年11月，在拉薩的大昭寺用金瓶掣簽的方式選定了第十世班禪大師的轉世靈童，即第十一世班禪額爾德尼。

統一新疆

雍正五年（1727年），準噶爾汗策妄阿拉布坦死，其子噶爾丹策零繼位。乾隆十年（1745年），噶爾丹策零死，準噶爾部陷入了長期的內亂。貴族達瓦齊乘機自立，但屬下官民紛紛歸降清朝，眾叛親離。乾隆帝認為最後平定準噶爾部分裂割據勢力的時機已經成熟，遂決定大舉出兵。乾隆二十年（1755年）春，清軍分北、西兩路，每路二萬五千人，馬七萬匹，向伊犁進軍。五月初，兩路清軍進抵伊犁。達瓦齊逃往南疆，為維吾爾族軍民捉獲，送至清廷。清軍遂占領了準噶爾部全境。同年，策妄阿拉布坦的外孫阿睦爾撒納在伊犁公開叛亂。次年，清政府出兵平叛。阿睦爾撒納潰敗，叛逃俄境。當清政府打敗準噶爾部時，曾受準噶爾部奴役的維吾爾族首領大、小和卓木（又稱和卓）乘機逃回老家。他們想獨霸一方，煽動維吾爾族上層分子，發動叛亂。乾隆二十三年（1758年），清政府派兵鎮壓。次年，叛亂被平定，大、小和卓木被殺。清政府在喀什噶爾等地設官駐兵，加強對天山南路的管理。

清政府平定準噶爾部和大、小和卓木叛亂，統一新疆後，實行了軍府制統治。乾隆二十七年（1762年），設伊犁將軍於惠遠城（今新疆霍城），任命明瑞為第一任伊犁將軍，為統治新疆全境的最高官員，統一行使對天山南北各地的軍政管轄。伊犁將軍之下，分設都統、參贊、辦事、領隊大臣，分別管理各地軍政事務。清政府對新疆各族人民的統治，依據「因地制宜」、「因俗施治」的原則，採用了不同的辦法。如對廣大維吾爾族聚居地區依舊實行伯克（突厥語音譯，地方官吏稱號）制度，但是廢除了伯克的世襲，伯克的任免權歸於中央，並嚴格實行政教分離；在東疆漢人較多的地區實行郡縣制；而對北疆的蒙古族和哈密、吐魯番地區的維吾爾族，則實行札薩克制，即冊封王、貝子、公等世襲爵位。吐魯番地區軍府制與札薩克制並行。清朝政府在官員的任用方面，還採取了以滿族為主、各族官員並用的政策；經濟方面，推行以農業為主，農牧並舉的經濟措施，減輕賦稅，採取中央財政定額補貼制度等。清朝統治時期，新疆的社會經濟有了較大的發展。

平定大、小金川

在四川西北部小金沙江上游，有大、小金川兩個支流，生活在該地的居民與藏人同族，明代其領袖哈伊拉木被封為世襲的土司，稱「金川寺演化禪師」。哈伊拉木的後裔卜兒吉細，於順治七年（1650年）降服清朝。康熙年間，嘉納巴襲封「演化禪師」職，世襲傳至其曾孫澤旺。嘉納巴的一個偏房孫子莎羅奔，曾於康熙五十九年（1720年）跟隨清軍入藏作戰，在岳鍾琪麾下立下戰功，經由岳鍾琪的保薦，於雍正元年（1723年）莎羅奔被封為安撫使，衙門設在大金川東岸的噶爾崖。舊土司官澤旺衙門居小金川的美諾。

莎羅奔於乾隆十一年（1746年）劫持澤旺，奪取「演化禪師」之印，兼併了小金

川。次年,莎羅奔公開叛亂,攻打鄰近土司。四川巡撫紀山派兵鎮壓,被莎羅奔所敗。清政府調雲貴總督張廣泗為四川總督,率軍三萬再次鎮壓,但是莎羅奔及其姪兒據險死守勒烏圍和噶爾崖,加上張廣泗左右所用非人,清軍舉動盡為莎羅奔得知,久攻不下,損失慘重。

乾隆十三年(1748年),清政府派大學士納親為經略大臣赴川西督師作戰。由於噶爾崖地形險要,清軍傷亡慘重。納親遂產生畏難情緒,「久而無功」。乾隆帝怒殺張廣泗,賜死納親,改用岳鍾琪為四川提督,傅恆為經略,再率清軍攻打莎羅奔。岳鍾琪久經沙場,調度有方,率領清軍一路攻城掠地,勢如破竹,直逼莎羅奔據守地勒烏圍。在包圍勒烏圍後,岳鍾琪只帶十二名隨從進入勒烏圍,與莎羅奔暢敘舊誼,勸其歸降。次日,莎羅奔帶領兒子郎吉,到傅恆軍前投降,表示願意退還所占臨近土司的土地,發誓不再侵犯,服從大清,按時納貢。傅恆秉承乾隆帝之意,赦免了莎羅奔,令其官復原職。後來,莎羅奔年老,其姪郎卡繼承其職位。

乾隆二十三年(1758-1771年)到三十六年,朗卡及其子索諾連續三次發動叛亂。乾隆皇帝先後派遣四川總督阿爾泰、大學士溫福、定西將軍阿桂,率軍鎮壓叛亂。最終,阿桂率軍在於乾隆四十年(1775年)底,包圍噶爾崖,將索諾木擒獲,押送京師。清政府先後用了二十多年,終於平定了大、小金川的叛亂。為防止土司繼續叛亂,加強管轄,清政府廢除土司制,設美諾、

◆〈清高宗一箭雙鹿圖〉

圖繪乾隆帝騎馬射鹿,而且一箭擊中雙鹿的情景。此圖沒有落年款,但是透過乾隆皇帝微胖發福的體態可以推斷,此圖呈現的是乾隆皇帝晚年的行獵活動。

阿爾古二廳,隸屬四川省,同時將四川西北各地的土司,也相繼改為州、縣。這樣不但加強了這一地區與內地的經濟、文化交流,也暢通了四川至西藏的通道。然而,前後兩役耗銀七千萬兩,對於清政府財政也頗有影響。

由盛轉衰的轉捩點

中華民族經過秦漢以來二千多年的發展,至康乾盛世,其經濟取得了有史以來的

◆ 掐絲琺瑯異獸·清

掐絲琺瑯是明清時期的一種流行工藝，做法是將銅絲掐成花紋焊在銅器的胎體上，然後將琺瑯色彩鑲嵌在花紋中，入火燒烤打磨而成。這件異獸充分展現了掐絲琺瑯工藝的特色。現藏於北京故宮博物院。

最高成就，其農業、手工業、貿易、城市發展等，都取得了非凡的成果。

從農業來看，不論是耕地面積，糧食產量，還是當時的人口數量，清朝都遠遠超過了以往的歷史時期。據統計，康熙二十四年（1685年）全國共有耕地六億畝，到乾隆帝去世（1799年），全國耕地約為十億五千畝，全國糧食產量則迅速增至二○四○億斤。據當時隨英國馬戛爾尼（Macartney）使團來中國的巴羅（John Barrow）估計，中國的糧食收穫率高出英國。麥子的收穫率為15：1（也就是種下一斤麥子可以收穫十五斤），而當時在歐洲，糧食收穫率居首位的英國也僅僅為10：1。到了乾隆五十九年（1794年），中國的人口約為3.13億人，而當時全世界的總人口也就九億人左右，中國

人口占全世界總人口的三分之一。

乾隆時期的手工業也有了相當程度的提升。隨著生產規模擴大，手工作坊、手工業的逐漸增多，全國出現了許多手工業中心，如廣東的冶煉業、京西的採煤業、江南的紡織業、雲南的銅礦業等。同時，商品市場也有了一定的發展，糧食、布匹、棉花、絲、綢緞、茶、鹽成為主要商品，其全國流通值為三億五千兩白銀，如果加上菸、酒、糖、油、煤、鐵、瓷器、木材，不少於四億五千兩，以當時人口三億計，人均商品流通值為白銀一·五兩。

商業的成長不僅僅表現在國內貿易上，乾隆時期的國際貿易也有了很大的發展。當時中國的主要出口商品，是茶葉、蠶絲、土布及陶瓷等。十八世紀末，英國東印度公司每年平均從中國購買大約價值四百萬兩白銀的茶葉，而英國商人運到中國來銷售的全部商品的總值，還不足以抵銷從中國進口的茶葉一項，中國的對外貿易處於極大的順差地位。到了乾隆末年，每年中國海關的關稅盈餘就高達八十五萬兩白銀。

康雍乾三代皇帝勵精圖治，造就了百年盛世，但輝煌之下，也出現了腐敗橫行與民生困苦相伴而生的陰影。早在康熙帝晚年，奢侈之風已經興起，後來經過雍正帝的屬行節約和銳意改革而有所遏制。但到乾隆帝時，隨著經濟繁榮和財力充裕，奢靡腐敗

之風重新抬頭，並愈來愈甚。乾隆帝好大喜功，為粉飾太平，不惜靡費巨金，舉辦各種慶典。乾隆帝六巡江南，遊山玩水，沿途接駕送駕、進貢上奉、大興土木，豪華與排場空前，靡費特甚。上行下效，大小官吏藉接駕和其他機會，極盡奢華之能事。統治階級生活奢靡，往往相伴隨的是權力機構中普遍地貪贓枉法和腐敗黑暗。乾隆中後期，連連發生貪汙腐敗的大案、要案。其中巨貪和珅，在乾隆帝庇護下當政二十多年，搜刮的私財不計其數。嘉慶帝抄沒其家產共編成一〇三號，其中折合白銀竟達兩億兩，是當時清政府財政歲入的好幾倍。時有民謠稱：「和珅跌倒，嘉慶吃飽。」

官場腐敗還導致軍事懈怠和武備廢弛到了極點。乾隆後期，八旗兵由於開國已久，人習安逸，疏於訓練，戰鬥力已經大為削弱。朝廷一有戰事，主要得依靠綠營兵。但綠營兵在腐敗的社會大環境下也很快腐化，為官的克扣軍餉，貪汙中飽，弊端叢生，軍隊作戰力迅速下降。

官僚統治機構奢靡腐敗的必然後果，就是強化對小民百姓的壓榨和剝削，致使廣大民眾生活日益貧困。乾隆中後期，苛捐雜稅日益增多，除了正賦（指田賦）以外，還有鹽課、關稅、雜賦幾項。其中雜賦包括漁稅、牙稅、當稅、契稅、落地稅等名目。就稅收總量而言，乾隆三十六年（1771 年）稅收為四千三百五十多萬兩，比順治末年多收一千七百九十多萬兩。嘉慶、道光年間，苛捐雜稅更是苛繁。如此苛捐雜稅，再加上土地兼併嚴重，大批農民失去土地，社會更加

動盪不安，農民起義次數也愈來愈多。乾隆三十九年（1774 年），山東爆發王倫領導的農民起義；乾隆五十一年（1786 年），臺灣爆發林爽文領導的起義，清政府歷時一年多才鎮壓下；乾隆六十年（1795 年），湖南、貴州等地爆發了苗民大起義，直到嘉慶元年（1796 年），才被鎮壓下去。嘉慶元年四月，一場歷時九年，席捲湖北、四川等五省的白蓮教起義爆發。清朝調動十六個省的兵力，耗銀兩億兩才勉強將起義撲滅。白蓮教起義剝開了清王朝繁榮昇平的盛世外衣，暴露了其腐朽和虛弱的本質，成為清王朝由盛轉衰的轉捩點。

延伸閱讀

乾嘉學派

由於文字獄盛行，清代士人大都不再關心現實，學術乃是為考據而考據。到乾隆、嘉慶二朝，此種學風更是發揚光大，且形成一種主流性的學術派別，即所謂「乾嘉學派」。乾嘉學派主要分為吳派和皖派兩大支。吳派以惠棟（1697-1757 年）為首，其學風信家法而崇古訓，一切以漢代古文經學家的說法為準；皖派以戴震為首。他的學風既宗漢又疑古，認為漢儒也有穿鑿附會的地方，不可盲目追隨。有清一代，乾嘉學派知名的學者共有六十多人，他們視經學為根底，在小學（文字學）、音韻學、天算學、地理學、金石（考古）學、樂律學、典章制度、目錄、版本、校勘和輯佚之學等方面，皆有很深的造詣。

清朝

◎人物：康熙帝　雍正帝　乾隆帝　◎地點：北京　◎關鍵詞：《明史》案　《南山集》案

文字獄與《四庫全書》

　　有清一代，在文化方面實行兩面政策，既大興文字獄，厲行民族高壓、思想專制；又崇儒重道，推崇文治。所謂文字獄，就是統治者出於鞏固統治的需要，有意從文人的作品中尋摘字句、羅織罪名而構成的冤獄案件。清代是文字獄最恐怖的時代，所打擊的主要是官民中的反清思想和對統治者的不滿情緒。此外，統治者還利用編書的名義，將民間的各種書籍統一收繳上來，將不利於自身統治的內容進行刪改，但也因此誕生了一些具百科全書性質的類書與彙集經史子集的叢書，《古今圖書集成》與《四庫全書》就是其中的代表，從而促進了中華傳統文化呈現最後一次繁榮。

屢興大獄

　　清代文字獄開始於順治朝，順治二年（1645 年），發生兩起文字獄案。一為「黃毓祺詩詞」案。黃毓祺寫有「縱使逆天成底事，倒行日暮不知還」，被指為反清復明，因此抄家、滅門、戮屍。一為河南鄉試案，在河南鄉試中，有個考生將「皇叔父」寫成「王叔父」，觸犯時忌，結果被人揭發，主考官兩人被押至刑部治罪。

　　康熙一朝的大案有莊廷鑨《明史》案和戴名世《南山集》案。莊廷鑨為浙江湖州富商。他從明末大學士朱國禎孫子處購得朱國禎寫的《列朝諸臣傳》稿本，請人補了朱國禎書中缺的崇禎朝和南明的歷史，書成後易名為《明史》，並署上了自己的名字。由於書中涉及明末天啟、崇禎兩朝史事，如實敘述了滿洲祖先與明王朝的隸屬關係，於康熙二年（1663 年）被人告發。結果莊廷鑨被開棺戮屍，

◆ 乾隆帝印璽

莊氏家屬及參與編纂或卷首列名、為書作序、校閱、刻字、印刷、賣書、買書者，被株連達兩百多人，其中有七十二人被處死。

康熙五十年（1711年），發生《南山集》案，又稱「戴名世案」。戴名世，安徽桐城人，官至翰林院編修。戴名世在未中進士之前，曾搜求佚文和野史，訪求故明遺老，著成文集，以其故里南山岡命名其文集為《南山集》。因為《南山集》中敘述了明末清初的抗清事實，並用南明弘光、隆武、永曆年號，結果被左都御史趙申喬告發，戴名世身被凌磔（即凌遲、剮刑），戴名世同族十六歲以上者皆被處斬，並株連作序、刻印、售賣者，計數百人。

雍正時期，由於康熙末年諸皇子爭奪皇位鬥爭的影響，雍正帝極力鎮壓異己勢力，文網更加嚴密。雍正朝時文字獄以查嗣庭案最為出名。查嗣庭官至內閣學士、禮部侍郎，雍正四年（1726年）出任江西主考，選用《詩經》上的「維民所止」為考題，結果被人告發要去「雍正」之頭。雍正帝以此抓捕查嗣庭，不久查嗣庭尚未結案便病死獄中，但是仍被開棺戮屍梟首，兒子被殺，家屬被流放。雍正六年（1728年），曾靜、呂留良案發，這是清代最大的文字獄。呂留良（1629-1683年），浙東著名的道學先生，曾拒絕康熙帝博學鴻詞的徵召。雍正時期，湖南永興人曾靜赴京應試，見呂留良之文極為欽佩。回鄉不久就派弟子張熙赴浙江呂留良家求教索書。其時呂留良已死，其子呂毅中便以父親的詩文集贈送於曾、張。雍正七年（1729年），張熙策反川陝總督岳鍾琪起

◆〈清世宗讀書圖〉•清•郎世寧

清世宗雍正帝和他父親康熙帝一樣，對進口的西洋器物有濃厚興趣，比如喜用溫度計、望遠鏡，對西洋畫也很感興趣，留下不少珍貴畫卷。

兵反清，被捕下獄。很快，曾靜也被抓捕，又牽扯出呂留良。雍正帝下令將呂留良之子呂毅中斬首；刊刻、私藏呂留良詩文，以及附會其詩文者統統連坐；呂氏直系親屬十六歲以上男子皆斬，其餘家屬或被殺，或充軍為奴。

到了乾隆一朝，文網尤為嚴密，動輒羅織罪名，大興冤獄。乾隆朝時張廷玉、鄂爾泰兩派朋黨勢力，互相攻訐，於朝政大不利。乾隆帝決心打擊兩派勢力，於是發起了一場文字獄案。時翰林學士胡中藻是鄂爾泰的門人，著有《堅磨生詩鈔》，其中有句詩曰「一把心腸論濁清」，乾隆帝看後故意大發雷霆，說：「加『濁』字於國號『清』字之上，是何肺腑？」詩中「與一世爭在醜夷」、「斯文欲被蠻」等句，因有「夷」、「蠻」字樣，被指責為詆罵滿人。結果胡中藻被殺，族人年十六歲以上者全被斬首。鄂

◆ 乾清宮

乾清宮是明、清兩朝皇帝居住、處理政務及停靈的地方。從清代起，大殿內掛有「正大光明」匾，雍正帝創立祕密立儲制後，建儲匣被存放在「正大光明」匾後，匣內藏皇帝選定並御筆親書的皇位繼承人的名字，皇帝死後，由王侯公卿公證，由匣內祕旨指定的皇子即位。

爾泰的靈位被撤出賢良祠，他的姪子鄂昌因和胡中藻交往，以「昵比標榜」（親近頌揚）問罪。

清代文字獄，堪稱歷朝文字獄之最。據統計，從順治五年（1648 年）到乾隆五十三年（1788 年）的一百四十年間，順、康、雍、乾四朝共發生各類文字獄多達八十二起。它是封建專制主義空前強化的產物，其根本目的是要在思想文化領域內，樹立君主專制和滿族貴族統治的絕對權威。這固然有利於加強思想統治，但也嚴重禁錮了思想，堵塞了言路，窒息了文化和學術的生機，最後造成「萬馬齊喑」的局勢，反映了封建專制主義的日趨腐朽和沒落。

《古今圖書集成》

《古今圖書集成》是康熙帝諭令皇三子誠親王胤祉主持編輯的，由大文士陳夢雷奉旨纂修、後經雍正初年蔣廷錫校訂。陳夢雷（1650-1741 年），福建侯官人，字則震，號省齋，晚年自號松鶴老人。陳夢雷早年考中進士，官至翰林院編修，後來因為與耿精忠叛亂有牽連，而被發配黑龍江戍邊。康熙帝東巡時，陳夢雷於御前獻詩，陳述冤屈，遇赦回京。

該書從康熙四十年（1701 年）開編，至康熙四十五年（1706 年）初編告成，只用了六年時間。全書分曆象、方輿、明倫、博物、理學、經濟六編，下設三十二典，分六一〇九部。每部又有匯考、總論、圖表、列傳、藝文等目。該書條理清楚，搜集廣泛而宏富，迄今為止仍為許多學者所重視。而初編完成之後的十年間，陳夢雷又做了些加工潤色工作，到康熙五十五年（1716 年）正式進呈給康熙帝。

雍正帝即位後，陳夢雷第二次被發配黑龍江，此時《古今圖書集成》的增輯工作還沒有完成，於是由大學士蔣廷錫等奉旨修訂，直到雍正四年（1726 年）正式成書，並於當年開始用銅活字排印，雍正六年（1728 年）完成，連同一部試印樣本共印成六十五

部，每部正文一萬卷，分裝五〇二〇冊。據文獻記錄，清政府對皇親國戚、封疆大吏，多會賜《古今圖書集成》一套。

「康熙百科全書」

《古今圖書集成》全書共一萬卷，目錄四十卷，分為六彙編三十二典，六一〇九部。六彙編是：一、曆象編，下分乾象、歲功、曆法、庶征四典；二、方輿編，分坤輿、職方、山川、邊裔四典；三、明倫編，分皇極、宮闈、官常、家範、交誼、氏族、人事、閨媛等八典；四、博物編，分藝術、神異、禽蟲、草木四典；五、理學編，分經籍、學術、文學、字學四典；六、經濟編，分選舉、銓衡、食貨、禮儀、樂律、戎政、祥刑、考工八典。典下分為部，部下分為門，附有圖表、列傳、藝文、紀事、雜錄等。每部敘事，依時間順序，一條一條分述，起於上古，止於康熙，而且每一處都注明了原始材料的來源和詳細出處。該書內容豐富、體例完善，不僅提供大量清史資料，又彙集歷代有關該事的資料，便於作縱貫研究，用以查考政治、經濟、歷史、文化、典章制度等方面的材料，也可用來輯佚和校勘古書，史料價值很高。

《古今圖書集成》合計約有一億六千萬字。這部巨著自成體系，搜羅豐富，區分詳細。自從《永樂大典》散佚以後，它是中國現存最完整、用途最廣、規模最大的類書，其規模比《大英百科全書》（第十一版）還要大三、四倍，堪稱中國古典文化的結晶、人類文化史上的巨著，被外國人稱為「康熙百科全書」。

文化盛世

有清一代，文治方面在乾隆朝達到鼎盛，其中最為突出的則是歷時十餘年修撰的《四庫全書》，這是中國歷史上規模最大的一部叢書，由著名學者紀昀主持編寫。他組織名士三百五十九人，任職於四庫館，自乾隆三十八至五十二年（1773-1787 年），歷時十五年編成該套叢書。此套叢書共收書三四五七種，七九〇七〇卷，存目六七六六種、九三五五一卷，裝訂為三六二七五冊，幾乎囊括了乾隆朝以前中國歷史上的主要典籍，是中國最大的一部叢書。書成之後，共繕寫七部，分別藏於北京皇宮內的文淵閣、圓明園的文源閣、瀋陽的文溯閣、承德避暑山莊的文津閣、揚州的文匯閣、鎮江的文宗閣和杭州的文瀾閣，另有副本一部藏於北京翰林院。該書編纂過程中，當時大批名流學者，如于敏中、陸錫熊、任大椿、戴震、姚鼐、翁方綱、王念孫等，均參與纂修，撰寫提要。

《四庫全書》分經、史、子、集四大類，各類又分出許多子目。《四庫全書》編成之後，紀昀等人又寫成《四庫全書總目提要》二百卷，將收錄的每本書的淵源、版本、主要內容作了提綱性的介紹，以方便利用《四庫全書》。《四庫全書》內容豐富浩瀚、包羅宏大，為中國古代思想文化遺產之總匯，被譽為「傳統文化的總匯」、「古代典籍的淵藪」。

清朝 ▶ 西元 **1839** 年—西元 **1842** 年

◎人物：林則徐　◎地點：廣東虎門　◎關鍵詞：三元里抗英　南京條約

虎門銷煙與鴉片戰爭

　　1820 年，嘉慶皇帝去世，旻寧繼位，是為道光帝。嘉道年間，清朝衰落之勢更加凸顯，而西方殖民者則對中國益發虎視眈眈。道光年間（1821-1850 年），英國、法國等國的商人在廣州地區瘋狂販賣鴉片，毒害中國人民，攫取大量白銀。1839 年 6 月 3 日，兩廣總督林則徐下令在虎門海灘當眾銷毀鴉片，向全世界表明中國人民反侵略、反壓迫的無畏鬥志。然而，腐敗無能的清政府抵擋不住西方侵略者的船堅炮利，後者連續發動了兩次鴉片戰爭，以武力逼迫清政府簽訂了喪權辱國的不平等條約，中國由此開始淪為半殖民地半封建社會。1840 年中英鴉片戰爭標誌著中國近代史的開端。

虎門銷煙

　　十八世紀中後期到十九世紀初的幾十年間，在正常的中英貿易中，中國的茶葉、生絲暢銷歐洲市場，而中國人對英

◆ 人民英雄紀念碑上鑲嵌的「虎門銷煙」漢白玉浮雕

國的紡織品卻不感興趣。西方工業品在中國自給自足的自然經濟面前無法大量輸入，而為了購買中國的生絲、茶葉，英國商人們把大把的銀子投入中國。為了改變這一形勢，扭轉在對華貿易上的劣勢，英商找到了平衡帳目的東西——鴉片。英國政府強迫印度種植鴉片換取中國的白銀，來購買英國的紡織品；英國則用鴉片換取中國的茶和生絲，運銷世界各地，形成了「棉紡織品—鴉片—茶和生絲」的「三角貿易關係」。鴉片成為「三角貿易」中的關鍵鏈條，而英國政府則成為最大的鴉片販子。嘉慶年間，每年鴉片輸入量達四千多箱；而到鴉片戰爭前的幾年間，每年竟達四萬箱之多。罪惡的鴉片走私帶給殖民者暴利，卻給中國社會帶來了無窮的危害。

鴉片大量進口，導致中國現銀大量外流。在鴉片戰爭前夕，清政府每年流失的白銀達一千萬兩之鉅，而當時清政府每年的財政收入也就四千萬兩。白銀大量流失，引起「銀貴錢賤」，不僅擾亂了金融秩序，而且無形中使百姓的負擔日益加重。銀價上漲還使各省拖欠的賦稅日益增多，致使清政府國庫空虛，財政日益拮据。整個社會上吸食者日益眾多，各地煙館林立，上自王公大臣，下至平民百姓，到道光十五年（1835年）吸食鴉片者竟達兩百多萬人。這不僅使中國社會有限的購買力大量被鴉片吸收，造成工商業一片枯萎蕭條，而且鴉片嚴重地摧殘了中國人的身心健康。此外，鴉片走私還腐蝕了清王朝的官僚機構，加重政治上的腐敗。鑑於鴉片走私對整個社會造成嚴重的危害，禁煙遂成為清政府面臨的迫切問題。

當時朝中大臣分為兩派，一派以太常寺少卿許乃濟為代表，主張對鴉片貿易苛以重稅，被稱為弛禁；另一派以湖廣總督林則徐為代表，主張嚴禁，對於吸食和販賣者嚴懲不貸。道光帝則猶豫不決，所以一直也沒有真正把鴉片的禁絕徹底實施。林則徐是福建侯官（今福州）人，嘉慶年間進士。道光十八年（1838年），林則徐奉旨從湖廣總督任上來到北京。為了聽取林則徐對於禁煙的具體意見和措施，道光帝在八天內連續召見林則徐八次之多，並賜林則徐在紫禁城內騎馬（對於大臣來說這是一種莫大的殊榮），最後道光帝任命林則徐為欽差大臣，節制廣

延伸閱讀

魏源與《海國圖志》

魏源（1794-1857年），字默深，湖南邵陽人，道光進士，歷任知縣、知州。魏源主張嚴禁鴉片，鴉片戰爭期間，他參與籌畫浙東的抗英鬥爭。《南京條約》訂立後，他又根據林則徐翻譯的《四洲志》及其他中外文獻資料，綜述各國歷史、地理及中國應採取的對外政策，編寫成《海國圖志》一書，初版五十卷，後增為一百卷。在書中魏源提出「師夷長技以制夷」的思想，認為西方資本主義國家之所以富強，在於軍隊裝備精良和擁有近代化的工業，中國應「盡得西洋之長技，為中國之長技」。《海國圖志》對中國思想界產生了較大影響，它還傳入日本，對日本的學術和政治也產生了重大的影響。

◆〈《南京條約》簽字儀式油畫〉・約翰・普拉特（John Platt）・英國

此畫描繪西元 1842 年 8 月 29 日（清道光二十二年），中英代表在英艦「康華利」號上簽署《南京條約》的情景。現藏於英國布朗大學圖書館。

東水師，前往廣東禁煙。

　　次年正月，林則徐到達廣州，雷厲風行地開展禁煙運動。林則徐首先拘拿一批勾結外國鴉片商人從事走私販運的官吏；然後通知外商將手中的鴉片限期全數交出，並要求他們具結保證以後不再販運鴉片。當時英國政府派駐廣州的商務監督查理・義律（Charles Elliot），唆使煙販拒交鴉片。於是林則徐下令包圍英國商館，暫停中英貿易。在此形勢下，義律改變花樣，命令英國商人把鴉片先交給他，再由他以英國商務監督的名義交給中國政府，並動員美國商販也如法炮製，保證由英國政府賠償損失，蓄意使鴉片糾紛上升為中英兩國政府之間的衝突。四

月二十二日（6 月 3 日），林則徐將英、美商人交出的二萬多箱約二百三十多萬斤的鴉片，全部在虎門銷毀，直到五月十五日（6月 25 日），才將兩萬多箱鴉片處理完畢。虎門銷煙沉重地打擊了外國鴉片販子的罪惡活動，維護了民族的尊嚴，第一次向全世界表明中國人反侵蝕的堅決意志，大長中國人民的志氣。

第一次鴉片戰爭

　　當中國禁煙的消息傳到英國後，英國資產階級立即狂熱地宣揚對華戰爭，並向清政府施加壓力。英國外交大臣巴麥尊（Palmerston）也主張發動侵華戰爭，他叫囂說：對付中國唯一的辦法，「就是先揍他一頓，然後再作解釋」。從中國逃走的大鴉片販子渣甸（William Jardine）等人，也在英國上下奔走，鼓吹發動侵華戰爭。道光二十年（1840 年）一月十八日，英國政府任命好

望角艦隊司令喬治・懿律（George Elliot，查理・義律的堂兄）為對華談判全權公使。三月九日，英國議會正式透過發動侵華戰爭的議案，派兵侵略中國。當年五月，由懿律率領的一支由十六艘軍艦、二十八艘運輸船和四千多名陸軍組成的「東方遠征軍」到達廣東海面，正式開始了這場侵略戰爭。

時任兩廣總督的林則徐積極加強戰備，構築炮臺，廣東軍民嚴陣以待。眼見廣東無隙可乘，英軍以部分艦隻封鎖珠江口，然後以主力艦隊進犯廈門，攻陷定海，還一度到達白河口，威脅北京。道光帝的禁煙決心在炮艦的威脅下大為動搖，他派出直隸總督琦善做為欽差大臣前往廣州與英國人交涉，並將林則徐撤職查辦。琦善到任後，撤除了珠江口的防禦工事，解散水勇，大肆討好英國侵略者，然而英國人並不「領情」，於道光二十一年（1841年）正月悍然占領了香港島。琦善的妥協行為很快傳到了北京，道

光帝迫於壓力下詔對英國作戰，任命宗室奕山為將軍，還將琦善革職查辦。奕山未到廣東，英軍就攻陷虎門炮臺，水師提督關天培和四百餘名守軍全部犧牲。奕山到任後，作戰無能，賣國有術，他與義律簽訂了《廣州和約》，不但要帶著清軍退出廣州城，還要賠款六百萬元。忍無可忍的愛國群眾自發進行反抗侵略者的抗爭，廣州城外的三元里群眾奮起抗英，這是近代中國人民最早的自發反抗侵略者的抗爭。

道光二十一年（1841年），英國軍隊再次侵略中國東南沿海各地，燒殺搶掠，廈門、定海、鎮海、寧波等地相繼失陷。次年五月，英軍進攻長江口的吳淞，提督陳化成率軍堅決抵抗，最後壯烈犧牲。此後，英軍連續占領上海、鎮江，當年六月，英軍艦隊到達南京江面，懦弱無能的清王朝最終選擇了屈辱求和。七月二十四日，清廷的議和代表耆英、伊里布在南京江面的英國軍艦上簽訂喪權辱國的《南京條約》，第一次鴉片戰爭至此結束。《南京條約》是中國近代史上的第一個不平等條約，按照其規定：清政府要割讓香港島給英國，還要開放廣州、廈門、福州、寧波、上海為通商口岸，賠款二千一百萬元等。道光二十三年（1843年），英國又強迫清政府簽訂《虎門條約》，規定在華英國人享有領事裁判權，英國在中國享有片面最惠國待遇，英國軍艦可以在通商口岸任意停泊等。美國和法國也接踵而來，強迫清政府簽訂了《望廈條約》和《黃埔條約》，中國開始淪為半殖民地半封建社會。

清朝 ► 西元 1851 年—西元 1864 年

⊙人物：洪秀全　⊙地點：南京　⊙關鍵詞：永安建制　《天朝田畝制度》

太平天國起義

　　太平天國起義是中國歷史上規模最大的一次農民戰爭。它建立了政權，頒布了《天朝田畝制度》，以及反映了農民要求廢除封建土地所有制的強烈願望；太平天國的個別領導人還主張向西方學習，發展資本主義，這在當時極為難能可貴。太平天國堅持抗爭十四年，攻克六百餘城，勢力席捲大半個中國，給清朝封建統治者和外國資本主義侵略勢力沉重打擊，深刻地影響了晚清的政局和社會。

金田起義

　　鴉片戰爭後，外國資本主義的侵略，加深清王朝內部的階級矛盾，稅收負擔加重，天災人禍頻仍，廣大人民群眾無路可走，只有揭竿而起。鴉片戰爭後的九年間，全國各族人民起義或大規模的抗捐抗糧暴動，竟爆發了兩百多起。其中最引人注目的就是洪秀全、馮雲山等人，創立「拜上帝會」，組織起義力量，於道光三十年（1851 年）十二月十日，在廣西桂平縣金田村發動反清大起義，建號「太平天國」。

◆ 風雨歸舟鼻煙壺・清

　　金田起義後，太平天國起義軍一路轉戰，衝破清軍的圍追堵截。咸豐元年（1851 年）二月，太平軍轉戰至廣西武宣縣東鄉，洪秀全稱「天王」。八月太平軍攻克永安州（今廣西蒙山縣），洪秀全在此封「拜上帝會」的幾個核心人物為王：楊秀清為東王，蕭朝貴為西王，馮雲山為南王，韋昌輝為北王，石達開為翼王。洪秀全規定諸王受東王節制，並訂立了軍事、政治方面的制度，頒行天曆。隨後太平軍自永安突圍

北進，出廣西，轉戰湖南，又入湖北，於咸豐二年（1852年）十二月攻占武昌，聲威大震。第二年正月，太平軍水陸並舉，連克九江、安慶、蕪湖等地，兵臨南京城下。二月十一日，太平軍攻破南京。太平天國起義軍遂建都南京，改稱「天京」。隨後，太平軍展開北伐和西征，攻破清軍的江南、江北大營，肅清天京周邊殘敵，在軍事上達到全盛時期。

◆ 太平軍典金靴衙聽使號衣

建都天京以後，太平天國政權頒布《天朝田畝制度》，做為施政綱領。提出「凡天下田，天下人同耕」的原則，均分土地；以二十五家為一「兩」。地方基層政權則建立鄉官制度。規定「人人不受私，物物歸上主」，建立「聖庫」，實行供給制。以此建立「有田同耕，有衣同穿，有錢同使，無處不均勻，無人不飽暖」的理想社會。這一制度反映了農民們要求土地和均勻貧富的願望，但是社會經濟生活中的絕對平均主義則脫離現實，違背社會經濟發展規律；而且在當時的戰爭環境中，也難以真正實施。所以在現實中，基本上還是「照舊交糧納稅」，仍然承認地主占有土地和農民照舊交租納稅。

內亂亡國

太平天國政權建立後，領導集團很快蛻化變質，貪戀聲色，競逐奢華，內部展開爭權奪利的鬥爭，最終釀成「天京事變」。事變的緣起是東王楊秀清權力欲惡性膨脹，以代天父傳言的方式逼洪秀全封自己為「萬歲」，激化了太平天國政權的內部衝突。洪秀全隨即命北王韋昌輝等人，殺害楊秀清及其家屬部眾。楊秀清的部屬餘眾奮起反抗，雙方展開歷時兩個月的血戰。在混戰中，雙方戰死者共達兩三萬人，金田起義以來的許多優秀將士死於這場自相殘殺的內亂。後來石達開自武昌趕回天京，對韋昌輝

◆〈克復金陵圖〉·清

1864 年 7 月 19 日，清軍攻破南京太平門，歷時三年之久的天京保衛戰以天京陷落而結束，天京保衛戰的失敗標誌著太平天國運動基本上結束。

的濫殺無辜表示不滿。韋昌輝又起殺心，要殺石達開。石達開連夜逃出天京。韋昌輝將其留京家室全部殺害，並派兵追殺石達開。石達開逃至安慶，召集部眾四萬人起兵討伐韋昌輝。這次事變以韋昌輝被洪秀全處死而告結束。但不久，石達開因不滿洪秀全對他的猜忌和掣肘，於咸豐七年（1857 年）五月，率二十萬精銳部隊離開天京，單獨作戰。太平天國政權內部的爭權奪利，極大地削弱了太平軍的戰鬥力，也使太平軍錯失了殲敵良機。而清軍趁勢反撲，重建江南、江北大營，對天京形成合圍之勢。

洪秀全為扭轉危局，大膽任用李秀成、陳玉成等年輕將領。咸豐八年（1858 年）六月，李、陳會集各路將領，召開軍事會議，決定聯合作戰，解除天京之圍。八月，太平軍攻破江北大營，十月，取得「三河鎮（今屬安徽肥西縣）大捷」，殲滅湘軍主力，接著乘勝進擊，收復皖北，

使天京上游局勢得到穩定。咸豐九年（1859年）三月，洪秀全的族弟洪仁玕自香港來到天京；四月，被封干王，總理朝政。不久洪仁玕提出《資政新篇》，主張效仿西方，發展資本主義。這是近代中國人首次提出的最系統、最完整的向西方學習、發展資本主義的方案。雖然這一方案符合社會發展的客觀要求，但由於未能反映農民的迫切願望和要求，加上在當時也缺乏必要的客觀條件，所以《資政新篇》並沒有付諸實施。咸豐十年（1860年）閏三月，李、陳又率太平軍合力攻破江南大營，四月占領蘇、浙許多州縣，開闢蘇南地區。至此太平天國暫時扭轉了軍事上的不利局面。

太平天國在軍事上的優勢只是暫時的。面對太平天國的熊熊烈火，咸豐十年（1860年）四月十六日，咸豐帝任命曾國藩為兩江總督，加欽差大臣，督辦江南軍務。慈禧太后上臺後又授予曾國藩節制贛、皖、蘇、浙四省巡撫以下官員和大江南北水陸全軍的全權。曾國藩隨即兵分三路，曾國荃率兵進安慶，左宗棠統兵入浙，李鴻章率淮軍開赴上海。清政府還正式向英、法等國「借師助剿」，湘、淮軍與外國洋槍隊聯合起來，從周邊攻打太平天國。太平軍在進行了英勇的抵抗後，仍節節敗退。安慶及蘇浙等戰略

要地相繼失守，天京被圍而成孤城。同治三年（1864年），湘軍攻破天京，太平天國起義失敗，其餘部又在大江南北堅持了四年的抗爭。

捻軍反清

捻軍是由捻黨發展起來的。「捻」是淮北方言，是從捻繩而來的，意即一股一夥，團結起來就是力量。早在嘉慶年間，中國北方就有捻軍的活動。咸豐二年（1852年），淮北地區的亳縣等地大旱，民不聊生，農民紛紛入捻。咸豐五年（1855年），捻軍的著名首領張樂行召集各地捻子在，雉河集（今安徽渦陽縣）會盟，揭竿而起。大家一致推舉張樂行為盟主，建立黃、紅、藍、白、黑旗軍制，人數一度達到十萬人之眾，從此捻軍成為北方反清武裝的主力。咸豐七年（1857年），張樂行接受太平天國的印信，從此改用太平天國的旗幟，蓄長髮，洪秀全封張樂行為沃王。捻軍以雉河集為根據地，四處出擊牽制清軍。

第二次鴉片戰爭之後，清軍加緊追剿捻軍，派出了大將僧格林沁指揮剿捻。僧格林沁是蒙古親王，他上任後全力進攻捻軍的根據地。同治二年（1863年），僧格林沁集中十多萬人進攻雉河集，兩萬餘捻軍將士犧牲，張樂行由於叛徒出賣，在撤退途中被俘，慘遭殺害。張宗禹接替張樂行，繼續高舉反清大旗，轉戰於河南、湖北、山東各地，堅持戰鬥，捻軍隊伍不斷壯大。同治四年（1865年），捻軍在山東菏澤西北的高樓寨，痛擊僧格林沁部，當場擊斃僧格林沁，

殲滅蒙古馬隊七千餘人，清廷震驚，同治皇帝因驚憤三日未上早朝。

之後，清軍加大兵力追剿捻軍，任命曾國藩為欽差大臣，督辦剿捻事宜。曾國藩先採取重點設防，以靜制動，後又採取「聚兵防河」的方針。捻軍以靈活機動的戰術，多次重創曾國藩的湘軍，曾國藩的計畫以失敗告終。清廷不得不命李鴻章為剿捻統帥，接替曾國藩。李鴻章採取的剿捻方針是：扼地圍剿，重點防守黃河運河。為了躲避清軍的追剿，捻軍不得不兵分兩路分別作戰：東捻軍馳騁在山東、河南、湖北等地；西捻軍在張宗禹的帶領下，轉戰陝西各地。同治六年（1867年），東捻軍在山東壽光遭到淮軍的包圍，受重創。東捻軍殘部在賴文光的帶領下，雖然奮力突圍，衝破了兩道防線，但是李鴻章老奸巨猾，道道防線環環相扣，賴文光終究沒有能夠衝出李鴻章的包圍，在揚州附近被俘。西捻軍得知東捻軍危急，張宗禹率部回師增援，渡過黃河後才得知東捻軍已經失敗，只得在冀中堅持反清。同治七年（1868年），李鴻章十萬大軍追擊西捻軍，西捻軍被堵在山東黃河、運河之間的狹隘地帶，全軍覆沒。長達十六年的捻軍起義以失敗告終，但是他們沉重打擊了清王朝的統治，清王朝經歷了太平天國和捻軍起義的衝擊後，已經搖搖欲墜。

◆ 鑲鐵把金桃皮鞘腰刀·清

┃延伸閱讀┃

第二次鴉片戰爭

咸豐六年（1856年），英國以所謂「亞羅」號事件（The Arrow Incident）為藉口，聯合法國組成英法聯軍，發動了侵略中國的第二次鴉片戰爭。咸豐八年（1858年）英法聯軍攻陷天津，清政府被迫簽訂《天津條約》。咸豐十年（1860年），英法聯軍以兩萬多人，軍艦二百多艘，攻占大沽口炮臺。接著，英法聯軍一路殺向北京，咸豐帝帶著后妃慌忙逃出北京。咸豐十年（1860年）八月二十二日，英法聯軍士兵在有「萬園之園」之稱的皇家園林圓明園大肆搶掠。之後，為了掩蓋他們的強盜罪行，英國公使額爾金下令英軍火燒圓明園，大火三日不滅，圓明園成為斷壁殘垣。之後，清政府又和英國、法國、俄國相繼簽訂了《北京條約》、《璦琿條約》等不平等條約，先後割讓了包括九龍、巴爾喀什湖以東及以南地區在內的一百多萬平方公里的土地，喪失了更多的國家主權。

清朝 西元 1861 年—西元 1908 年

人物：慈禧太后　　地點：北京　　關鍵詞：辛酉政變　同治中興

慈禧太后垂簾聽政

　　慈禧太后（1835-1908年），姓葉赫那拉，咸豐二年（1852年）被咸豐帝選入宮，封蘭貴人，咸豐七年（1857年）封為貴妃。咸豐十一年（1861年）七月十七日，咸豐帝病死熱河（今河北、遼寧和內蒙古交界地帶，省會在今河北承德），皇子載淳繼位，尊她為聖母皇太后，尊號為慈禧。九月三十日，慈禧太后發動政變，免除肅順等八人贊襄政務王大臣職務。十月五日，改年號祺祥為同治，從此以垂簾聽政、訓政等手段，操縱朝政達四十七年之久。

發動政變，垂簾聽政

　　咸豐十一年（1861年）七月十七日，咸豐帝在熱河病危，立六歲獨子載淳為皇太子，遺命載垣、端華、肅順等八人為「贊襄政務王大臣」，輔佐年幼的載淳為帝（即同治帝），總攝朝政。載淳定明年改元祺祥，尊其生母為慈禧太后。咸豐帝生前，八大臣與恭親王奕訢及部分廷臣不和，因此不讓奕訢分享權柄，僅命他在京辦理一切事宜。慈禧太后權勢欲極強，她聯合東宮慈安太后與八大臣爭權，暗中聯絡在京的奕訢為援。

◆ 慈禧太后照片

這張照片拍攝於光緒二十九年（1903年），慈禧太后七十歲生日前後，由清廷駐日、法公使裕庚的次子勳齡拍攝。現藏於北京故宮博物院。

◆ 白度母水晶像．清

這是一件以水晶雕刻而成的藏傳佛教白度母像，由於取材水晶，通體透明，更顯聖潔安詳。

奕訢和英國侵略者密謀後，藉「奔喪」之名於八月一日趕到熱河，和慈禧太后密謀回京發動政變。當時御史董元醇出面奏請兩太后「權聽朝政」，在贊襄政務王大臣八人之外，更派親王一、二人參政。八月十一日，朝廷重臣審議董元醇的奏請，辯論激烈。八大臣認為清朝無此先例，令軍機處擬旨斥駁。慈禧太后串通慈安太后拒絕蓋印，將摺旨留中不發。八大臣以「攔車」示威，迫使兩宮太后讓步，頒發駁斥董元醇奏摺的

諭旨。而奕訢旋即返京布置，爭取到朝中大學士賈禎、周祖培，戶部尚書沈兆霖，刑部尚書趙光，以及握有兵權的僧格林沁、勝保等人的支持，做好了發動政變的準備。

在兩宮太后催促下，八大臣同意回鑾北京。慈禧、慈安兩太后偕幼帝載淳先離熱河回京。肅順、奕訢等護送咸豐帝靈柩後發。九月二十九日，兩太后抵京，即召見先行返京的奕訢，部署對策。九月三十日，慈禧太后發動政變，解除載垣、端華、肅順等八大臣職務，史稱「辛酉政變」。十月初一日，任命奕訢為議政王，掌管軍機處；桂良、沈兆霖、文祥為軍機大臣。五日，下詔廢祺祥年號，以明年為同治元年。次日，再下詔命載垣、端華自盡，肅順「斬立決」。隨後，又清除了八大臣的黨羽。九日，載淳正式即位，是為同治皇帝。從此兩太后垂簾聽政，但實際上慈禧太后掌握最高權力。慈禧太后以垂簾聽政掌握清朝大權達四十餘年，她推行的對外「和好」，重用洋務派和漢族軍閥官僚的統治政策，深刻地影響了晚清政局。

重用漢官，借師助剿

慈禧太后奪取最高統治權，與外國人的支持有密切關係。因為外國人看到，維持一個與其合作的半殖民地政府的統治，消滅

中國人民的反抗，有利於保護其在華利益。《北京條約》一訂立，法、俄兩國首先提出幫助清政府鎮壓太平天國的建議。法國專使葛羅（Jean-Baptiste Louis Gros）表示，「所有該國停泊各港口的船隻、兵丁悉聽調遣」。俄使伊格那提耶夫（Nikolay Pavlovich Ignatyev）面見奕訢表示為鎮壓南方太平軍，請清軍從陸路進攻，「該國撥兵三、四百名在水路會擊，必可得手」。接著，俄國把以前答應送給清政府的一萬枝槍、若干門炮運到中國。

針對是否借用外兵這一問題，清廷進行了幾次討論，少數人反對，奕訢等多數官僚則表示歡迎「中外同心以滅賊為志」。與此同時，麇集在上海的買辦官僚、大地主、大商人，則加緊活動，支援洋人組織洋槍隊。慈禧太后遂決定，違反常例，授權漢族官僚曾國藩統轄江蘇、安徽、江西、浙江四省軍務，並頒發「借師助剿」上諭。

同治元年（1862年）三月，英國派軍艦把李鴻章淮軍從安慶運到上海，與英、法組成「中外會防局」，商定上海由洋人防守，得到清政府的批准。英國人和法國人組建了數千人的「常勝軍」，幫助清政府攻打太平軍。俄國也給清廷送來五十門大炮和一萬枝槍，並直接派兵攔截進攻上海的太平軍。各國「洋槍隊」的鼎力相助，極大地增強了湘軍、淮軍的戰鬥力。而太平天國的處境則每況愈下，終至無法扭轉敗局。同治三年（1864年）六月十六日，曾國藩的九弟曾國荃率領湘軍趕在「洋槍隊」之前轟破天京，將其搶劫後化為焦土。太平天國干王洪仁玕

臨刑長嘆說：「我朝禍害之源，即洋人助妖之事……如洋人不助敵軍，則吾人斷可長久支持。」之後，在各國「洋槍隊」的積極參與下，清軍很快剿殺了轉戰於四川大渡河畔的石達開部隊，和馳騁於北方的捻軍。

總之，清王朝透過重用漢族官僚，組織以湘軍和淮軍為主的團練力量，利用《北京條約》向英法聯軍妥協，並「借師助剿」，僥倖擺脱內外交困的局面，從旦夕之危中掙扎過來，走上「同治中興」之路。

獨攬大權，絞殺變法

同治十三年（1874年）十二月，同治帝病死，生前無嗣，慈禧太后便選醇親王奕譞的兒子載湉為嗣皇帝。奕譞是咸豐帝的親兄弟，載湉生母是慈禧太后的胞妹，有此雙重血緣關係，慈禧太后以為可把載湉當作「小阿斗」擺布。載湉四歲登基，由慈禧、慈安兩宮太后垂簾聽政。慈安太后是咸豐帝的皇后，名分高於慈禧太后，後又因言語不慎，得罪了慈禧太后。慈禧太后將其視為眼中釘，欲除之而後快。不久，慈安太后暴卒（據民間傳說，慈安太后是被毒死的），慈禧太后開始獨掌大權。

恭親王奕訢雖然是幫助慈禧太后奪權的元老重臣，但是他身為洋務派首領，位高權重，引起慈禧的猜忌，他與慈禧太后有聯合，也有衝突。光緒十年（1884年），發生「午門案」。慈禧太后派太監往娘家送東西，事先敬事房沒有向守門護軍傳旨，護軍阻攔，太監不服，雙方發生毆打。太監報告慈禧太后，慈禧太后要廷杖值班護軍。奕訢

諫曰：「廷杖乃前朝虐政，不可效法。」慈禧說：「汝事事抗我，汝為誰乎？」奕訢說：「臣是宣宗第六子！」慈禧說：「我革了你！」奕訢說：「革了臣的王爵，革不了臣的皇子。」慈禧太后只得讓步，但從此加深了對奕訢的怨恨，後來奕訢被解除所有職務。

光緒二年（1876 年）四月二十一日，光緒帝開始在毓慶宮讀書。光緒帝讀書很用功，慈禧太后曾誇讚他：「實在好學，坐、立、臥皆誦書及詩。」但是光緒帝愈是聰明好學，慈禧太后愈對其嚴加控制和防範，她曾派太監寇連材前去監視光緒。不料寇連材為光緒的言行所感動，有一天竟然冒死進諫，極言皇上英明仁孝，請求慈禧太后寬容相待。慈禧太后震怒，將寇連材杖刑後斬首。寇連材生前記有筆記，其中一段話說明了慈禧太后和光緒帝相處的情景：「西后待皇上無不疾聲厲色，少年時每日呵斥之聲不絕，稍不如意，常加鞭撻，或罰令長跪。故積威日久，皇上見西后如對獅虎，戰戰兢兢，膽為之破。」由此可見，慈禧太后是如何處心積慮地控制和操縱光緒帝的。

光緒十三年（1887 年）正月十五日，光緒帝開始親政，五十三歲的慈禧太后表面退居頤和園頤養天年，實際仍把持著國家政務。慈禧太后規定，每隔一日，光緒帝必須親自向她奏報政務，聽候訓示；遇有重大事情，更得隨時請旨。光緒帝名為皇帝，實則傀儡。慈禧太后一方面處處限制光緒帝的權力，國家大事都要秉承她的懿旨去辦理；另一方面又透過自己的姪女隆裕皇后及親信太監李蓮英等人，暗中監視光緒帝的行蹤。

光緒帝親政的十一年，是與慈禧太后進行政治和權力鬥爭的十一年。從中日甲午戰爭到戊戌變法，雙方衝突日益尖銳。在甲午戰爭中，以光緒帝為首的帝黨勢力主戰，而以慈禧太后為首的後黨勢力主和。甲午戰敗，割地賠款。光緒帝在康有為、梁啟超等人的影響下，試圖維新政治、富國強兵，而列強也給予某種程度上的支持。光緒二十四年（1898 年）四月二十三日，光緒帝頒布《明定國是詔》，宣布變法，博採西學，推行新政。那些守舊大臣，因維新變法觸動自己的權力與利益，紛紛投靠慈禧太后，而慈禧太后深恐光緒帝改革的成功會影響到她的權力，因而竭力阻撓變法。

光緒二十四年（1898 年）八月六日，慈禧太后發動政變，將光緒帝囚禁於中南海瀛臺，捕殺維新黨人，將譚嗣同等六人斬於北京菜市口。慈禧太后重新出面訓政，多方凌辱折磨光緒帝，並欲廢掉光緒帝。而光緒帝也深知慈禧太后的險惡用心，日夜擔驚害怕、提心吊膽，對天長嘆道：「我連漢獻帝都不如啊！」光緒帝被囚後，慈禧太后重新垂簾聽政。

▌量中華之物力，結與國之歡心

光緒二十五年（1899 年）十二月二十四日，慈禧太后頒布懿旨，以端郡王載漪之子溥儁入繼穆宗同治為嗣，號「大阿哥」，史

◆ 蟠龍紋白玉瓶·清

玉瓶由白玉雕成，瓶體外側有浮雕長龍盤繞於瓶頸，姿態極為靈動。整件玉瓶潔白瑩潤，為清代玉雕珍品。現藏於煙臺市博物館。

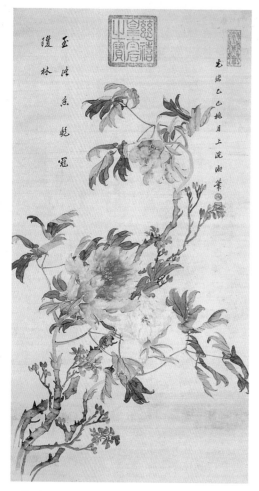

玉洤飛鴻冠　復林原　（印章款識）

◆ 慈禧太后款的花卉圖

慈禧太后有不少工筆畫、白描畫法的花卉作品傳世，有說其為慈禧太后本人所繪，也有說為宮廷畫家代筆，鈐上慈禧專用的印章而已。

稱「己亥建儲」。慈禧太后預定庚子年即光緒二十六年（1900 年）舉行光緒帝禪位典禮，改年號為「保慶」。但京師內外，議論紛紛。各國公使紛紛提出異議，各種勢力也紛紛反對，此事暫罷。

　　而就在此時，義和團運動打出「扶清滅洋」的旗幟，如火如荼地發展起來，迅速席捲北方大地，欲對付西方列強侵略勢力。四月下旬，義和團進入京津地區。五月四日，英、法、俄、美、日、義水兵三百人進入北京使館區。為鎮壓義和團，英海軍中將西摩爾（Edward Hobart Seymour）也率八國聯軍近二千人從天津向北京進攻。

　　面對暴風驟雨般的義和團運動和氣勢洶洶的八國聯軍，清政府陷於兩面受敵的困境。洋務派主張對義和團堅決鎮壓，而部分排外思想嚴重的頑固派則主張利用義和團團民抵抗八國聯軍。慈禧太后搖擺不定，而其搖擺的軸線正是如何保住其最高統治權力。她固然明白義和團是肘腋之患，但對列強也心存疑忌。從「戊戌變法」到「己亥建儲」，列強的不滿她是心知肚明的，尤其是在義和團問題上。慈禧太后聯想到《字林西報》上的一篇文章，洋人竟然公開鼓吹「希望有可能把光緒帝尋出來，把他重新置於帝位之上」。慈禧太后深恐列強會剝奪或削弱她的權力，因而一方面連發上諭，對義和團剿撫並用，一方面透過總理衙門與列強交涉，乞求列強停止進兵北京，結果遭到拒絕。

　　不久，八國聯軍衝破義和團團民的堵截，攻陷天津，進逼北京。五月二十日，慈禧太后召開御前會議，討論戰和問題。主和派極力陳言不可開戰，光緒帝質問弄了多年外交的許景澄可否開戰，許跪奏曰：「無論是非得失，萬無一國盡敵諸國之理。」主戰派力陳可依賴民心和義和團團民刀槍不入的「神術」開戰，為了敦促慈禧太后下定決心，竟偽造了一份列強要她歸政於光緒帝的照會。這一「偽照會」，極大地傷害了慈禧

太后的權力欲望和盲目的自尊。五月二十五日，慈禧太后以光緒帝名義頒布宣戰詔書，表示「與其苟且圖存，遺羞萬古，孰若大張撻伐，一決雌雄」。

慈禧太后決定對列強開戰，只是發洩心中對洋人的不滿而已。所以，她發布進攻的命令，僅是做做樣子。宣戰詔書很是奇特，既未點明與何國作戰，又未以任何形式照會列強，只是對內宣布。義和團蜂擁而起圍攻北京使館和天津租界時，清廷駐外機構和南方各省仍與列強維持正常關係。此外，慈禧太后讓義和團和部分軍隊進攻使館，卻不發槍炮彈，還祕密向洋人送水果及食物「以示體恤」。這些舉動說明，老奸巨猾的慈禧太后畢竟不同於一時衝動的愚昧者，她預先留有後路，採取了兩面手法的觀望之策。五月二十九日，即宣戰僅四天後，她就下令停止進攻東交民巷使館，並派兵保護。另一方面，慈禧太后下令剿殺義和團，令步軍統領「嚴拿滋事拳匪交刑部正法，並將城內壇棚盡行拆毀」，急調李鴻章進京議和，又調袁世凱帶兵鎮壓義和團團民。

七月二十日，八國聯軍攻占北京，慈禧太后挾光緒帝倉皇逃往西安。八月十四日，慈禧太后在逃亡途中以光緒帝的名義發布上諭，將戰爭的責任統統推給義和團，責令各省「嚴刑查辦，務淨根誅」。到了西安之後，慈禧太后日日拜佛，乞求和局早成。十一月一日，八國聯軍向清政府提出《議和大綱十二條》，當慈禧太后得知並未把她列為禍首懲辦，她仍可安享榮華富貴時，竟感激涕零，以至於以光緒帝名義發布「自責

之詔」，無恥獻媚曰「今茲和議，不侵我主權，不割我土地，念列邦之見諒，疾愚暴之無知，事後追思，慚憤交集」，保證要「量中華之物力，結與國之歡心」。

自《辛丑合約》簽訂後，清政府完全成為「洋人的朝廷」，中國完全淪為列強共管的半殖民地。慈禧太后對外妥協投降，對內嚴酷統治，致使民族危機更加嚴重，置中國人民於水深火熱之中。

光緒三十四年（1908年）十月二十二日，慈禧太后病死，時年七十四歲，結束了她禍國殃民的罪惡一生。

京劇的誕生

京劇的前身是徽劇（昆曲、二黃和秦腔等），通稱皮黃戲。皮黃戲演變成京劇，大致經歷了兩次合流，即秦徽合流與徽漢合流。乾隆年間，「四大徽班」進京，以唱二黃調為主，兼唱昆腔、吹腔等各個腔調，很快壓倒秦腔。秦腔班的演員有些加入徽班，形成徽、秦兩腔合作的局面。道光年間，湖北演員入京，使湖北的西皮調與安徽的二黃調交融，形成第二次匯流。光緒、宣統年間，北京皮黃班到上海演出，以悅耳動聽的京調取勝安徽皮黃班，人稱「京戲」。「京戲」一名，遂由上海傳至北京。京劇形成之初便進入宮廷，在皇室的提倡下得到迅速發展，並在歷代名家的努力下更臻完美，成為中國影響最大、最有代表性的戲曲劇種，人稱「國粹」。

清朝 ▶ 十九世紀六〇年代

🔶人物：李鴻章　張之洞　🔶地點：安慶　南京　福州

🔶關鍵詞：江南製造總局　福州船政局　漢陽兵工廠

洋務運動

　　十九世紀六〇年代，清政府為了挽救統治危機，自上而下推行了一場以引進西方的軍事裝備、機器生產和科學技術為主要內容的自救運動，史稱「洋務運動」。洋務運動前後持續三十多年，大致分為兩個階段：同治末年以前，主要是在「求強」的口號下集中興辦軍事工業；其後重心轉向「求富」，著力於民用企業的興建。

創辦軍工企業

　　洋務運動歷經同治、光緒兩朝，其代表人物在中央政府中有恭親王奕訢、軍機大臣文祥等滿族權貴，地方上則有曾國藩、左宗棠、李鴻章及後起的張之洞等漢人督撫。他們衝破封建頑固派的阻礙，以「中體西用」為指導思想，「借法自強」。「中體」指封建專制制度和以倫理綱常為核心的封建思想文化，「西用」一般指近代工藝技術和自然科學。洋務派認為，中國的社會制度遠在西方之上，所不如人的，只是科學技術而已。因此，他們以維護傳統體制為治國興邦的根基，而將西學當成鞏固封建統治的手段。這種「中體西用」的理論，決定了洋務運動的內容，也限制了洋務運動的發展。

◆ 江南製造總局製造的線膛銅炮

　　洋務派所創辦的軍事工業中，最早的一家是曾國藩所辦的安慶軍械所。幾個月後，李鴻章在上海創辦洋炮局，但規模很小。同治二年（1863年），李鴻章打下蘇州後，成立蘇州洋炮局，安裝使用近代機器。同治四年（1865年），李鴻章部下丁日昌收購美商的旗記鐵廠，將

◆ 江南製造總局造炮廠內景圖

蘇州洋炮局的部分機器，和上海洋炮局及容閎從美國購買的機器併入鐵廠，創辦了江南製造總局。同治六年（1867年），江南製造總局遷往上海城南高昌廟，在那裡擴大規模，擴充設備，穩步發展。江南製造總局出產很多，以槍枝彈藥為主，修造船艦為輔。但江南製造總局的生產能力低下，產品品質也差，在仿造外國槍炮的同時，還要購買洋槍洋炮。

同治四年（1865年），李鴻章把蘇州洋炮局遷至南京創辦金陵製造局，由李鴻章的英國幕僚馬格里（Halliday Macartney）主持。該局以生產大炮和彈藥為主，是淮軍的軍火供應基地。中法戰爭和中日戰爭期間，金陵製造局負責供應前方所需。同治九年（1870年），李鴻章調任直隸總督，奉命接辦天津機器局，他從江南製造總局調來沈葆靖總理局務，同時調來不少技術工人，經過十餘年的苦心經營，天津機器局成為中國北方最大的軍火工廠。李鴻章為求自強創辦兵工廠，雖未實現自強之目的，但是為近代國防的建設和機器製造、造船和鋼鐵生產等近代工業的發展，奠定了基礎。

同治七年（1868年）夏，在左宗棠、沈葆楨的主持下，清政府開始在福州馬尾籌備建廠和成立船政局事宜。船政局占地約六百畝，擁有各種車間數十處，以及四座船臺和一座鐵製浮船塢，員工多達三千多人，在當時被譽為亞洲第一船廠。同治八年（1869年）五月一日，福州船政局自行製造的第一艘輪船「萬年青」號完工下水。該船屬於木殼蒸汽輪船，船身長約238尺、寬27.8尺，吃水14.2尺，排水量1,370噸，載重450噸，螺旋槳推進，備有風帆助力，航速十節。光緒十年（1884年）中法戰爭爆發，

◆ 進行隊列訓練的北洋新軍

1895 年中日甲午戰爭後，清政府開始在天津小站練兵，袁世凱仿照德、日陸軍建制和操典條令，訓練出七千餘名「新建陸軍」，也就是後來的北洋新軍。

八月二十三日的馬江海戰，大部分由福州船政局建造的軍艦組成的福建水師幾乎全軍覆沒。儘管造成被動挨打的根本原因是清政府避戰求和，但艦船作戰效能低下也是原因之一。但無論如何，福州船政局是中國歷史上第一個近代海軍船廠，標誌著歷經艱辛的中國近代海防工業開始起步。

洋務派的實業

洋務派在創辦軍事工業過程中，因資金來源、原材料供應及交通運輸等諸多困難，轉而興辦民用企業以「求富」。以同治十一年（1872 年），李鴻章在上海創立輪船招商局為發端，到甲午戰爭前，洋務派創辦開礦、冶煉、紡織、郵電、交通等各種企業共二十多個。其中重要的，除輪船招商局外，

還有李鴻章於光緒四年（1878 年）、光緒五年（1879 年）相繼開辦的開平礦務局、上海機器織布局和天津電報總局，以及光緒十六年（1890 年）張之洞創辦的漢陽鐵廠等。

洋務運動期間，清政府為了發展近代軍事工業，製槍炮，造戰艦，大量從西方國家進口鋼鐵。1867 年進口鋼約八二五〇噸，到 1891 年已增加到約十三萬噸。在這種情況下，為了擺脫列強對中國鋼鐵的封鎖和控制，湖廣總督張之洞開始主持興建湖北漢陽鐵廠和大冶鐵礦等重型企業。光緒十六年（1890 年）末，張之洞在武昌設立鐵政局，選定在漢陽建廠。漢陽鐵廠於光緒十六年十月（1890 年 11 月）動工興建。光緒十九年八月（1893 年 9 月），煉鐵廠、熟鐵廠、貝色麻爐鋼廠、馬丁爐鋼廠、鋼軌廠、鋼材廠等十個分廠建成，第二年六月投產，共有工人三千人，外國技師四十人。煉鐵需要鐵砂和煤等原料和燃料，張之洞又派德國技師在湖北大冶附近勘察，發現此處鐵礦蘊藏豐

富，從而興建了中國第一個用近代技術開採的露天鐵礦——大冶鐵礦。接著，張之洞又開發了江西萍鄉等煤礦。這樣，以煉鐵廠為中心，兼採鐵、採煤和煉鋼為一體的中國近代第一個，也是遠東第一座鋼鐵聯合企業建成，標誌著中國近代鋼鐵工業的興起，開中國重工業之先河。然而，由於傳統官辦的各種弊端積重難返，漢陽鐵廠從籌建開始就財政虧損，張之洞只得於光緒二十二年（1896年）「招商承辦」，委託「亦官亦商」的盛宣懷督辦鐵廠，走上「官督商辦」道路。此後，漢陽鐵廠又與大冶鐵礦、萍鄉煤礦形成系列，一度頗有生機。光緒三十四年（1908年），盛宣懷奏准將漢陽鐵廠、大冶鐵礦、萍鄉煤礦合併，改為商辦漢冶萍煤鐵廠礦股份有限公司，至辛亥革命前，年產生鐵約八萬噸、鋼近四萬噸、鋼軌約二萬噸。漢陽鐵廠雖然沒有達到贏利的目的，但是隨著它的興建，在武漢及周邊建立了一批近代工業企業，為日後武漢及長江中游地區近代工業的發展，奠定了一定的基礎。此外，張之洞還創建了中國首家系統完備的軍工廠——漢陽兵工廠，「漢陽造」步槍也從此聞名中國，在中國近代軍事建設及國防中發揮了重要作用。

在創立工業的同時，洋務派還著手編練新式軍隊。最初，洋務派是用近代方法訓練陸軍，同治十三年（1874年），日本侵略臺灣，籌辦海防和海軍的建議隨之興起。次年四月，清廷任命直隸總督李鴻章和兩江總督沈葆楨分別督辦北洋和南洋海防事宜，開始籌建新式海軍。清廷計畫十年內建成北洋、南洋和福建三支水師。光緒十四年（1888年），北洋艦隊正式編成，在三支海軍中實力最強。洋務派還興辦了一批新式學堂，並派人出國留學，設館翻譯外文書刊。這些舉措，傳播了西方自然科學和技術，造就了一批科技人才，如著名的鐵路工程師詹天佑、啟蒙思想家嚴復等人，就出自這一時期所派的留學生。

洋務運動以「求強」、「求富」為目標，引進西方技術、設備，興辦了一批近代工業，加強了國防力量，促進了中國民族資本主義的產生和發展，開啟了中國近代化的進程。然而，洋務派試圖在不觸動腐朽的封建制度的前提下，利用西方資本主義的某些長處來維護封建專制統治，這是和歷史發展的大趨勢相違背的，注定其不可能達到預期效果，後來的中日甲午戰爭就是最好的證明。

延伸閱讀

臺灣設省

清康熙年間，清廷從鄭氏手中收復臺灣後，在臺灣設立一府三縣，隸屬福建省。光緒十年（1884年），中法戰爭爆發，法軍派海軍中將孤拔（Amédée Courbet）率領遠東艦隊企圖侵占臺灣，迫使清政府屈服。中法戰爭後，清政府下旨在臺灣建省，任命淮軍將領劉銘傳為首任巡撫。劉銘傳在任臺灣巡撫期間，特別注意開發臺灣資源，進行經濟建設，改善了山區的交通條件。光緒二十一年（1895年），中日甲午戰爭後，臺灣被割讓給日本。劉銘傳悲憤至極，臥床不起，於同年十一月二十八日（1896年1月12日）病逝。

清朝 西元 1894 年—西元 1895 年

人物：李鴻章　鄧世昌　地點：朝鮮平壤　中國旅順

關鍵詞：《馬關條約》　三國干涉還遼

甲午戰爭

　　光緒二十年至二十一年（1894-1895 年），日本挑起了侵略中國的戰爭，因為 1894 年按中國干支紀年為甲午年，史稱「甲午戰爭」。最終，腐朽無能的清政府輸掉戰爭，簽署了喪權辱國的《馬關條約》。而甲午中日戰爭之後，英、俄、美、日、法、德等國競相爭奪在華權益，強占租借地，劃分「勢力範圍」，掀起了瓜分中國的狂潮，中華民族出現空前的危機。

甲午戰爭

　　1894 年春，朝鮮爆發東學黨農民起義，朝鮮政府請求清政府派兵協助鎮壓。日本一方面誘引中國出兵，一方面成立大本營，準備挑起戰爭。六月八日，直隸提督葉志超等率部抵朝。日本政府以保護僑民為藉口，乘機出兵，占領朝鮮皇宮，扶持以大院君為首的傀儡政權，強迫朝鮮與之簽訂《日韓同盟》，並以朝鮮政府的名義要求中國撤兵。清政府則要求日本同時撤兵，但日本決意挑起戰爭，繼續向朝鮮增派軍隊。七月二十五日，日本在豐島（今韓國仁川市西部）附近海域突襲中國運兵船「高升」號及護航艦隻，同時向駐守忠清道牙山縣的清軍發起進攻。八月一日，清政府被迫對日宣戰，日本隨即向中國正式宣戰，甲午戰爭爆發。

◆ 北洋水師裝甲艦「鎮遠」號的主錨

　　八月上旬，總兵衛汝貴、左寶貴等率四部援朝清軍萬餘人抵達平壤。九月十五日，日軍分三路進攻平壤，在大同江南岸、玄武門外、城西南三處展開戰鬥。日軍主攻玄武門，

總兵左寶貴登城指揮，中炮犧牲，玄武門失守。當晚，葉志超等棄城而逃，到二十六日，清軍全部退至鴨綠江以北中國境內，日軍占領朝鮮全境。在陸軍爭奪朝鮮半島的同時，日本海軍也出動至黃海西部。九月上旬，清廷由海路運援兵赴平壤，北洋艦隊奉命護航。十七日，北洋艦隊在完成護航任務後由大東溝口外返航，與日艦遭遇，黃海海戰爆發。北洋艦隊參加戰鬥的軍艦為十艘，日本海軍為十二艘。開戰後，北洋艦隊重創日本多艘軍艦。但北洋艦隊中「致遠」號亦受重傷，管帶鄧世昌為保護旗艦，下令向敵先鋒艦「吉野」號猛衝，欲同歸於盡，不幸中敵魚雷，二百餘人犧牲。戰鬥共歷時五個多小時，雙方傷亡慘重，日艦撤離戰場，北洋艦隊也返回旅順。這一戰中，北洋艦隊五艘軍艦沉毀，日軍五艘軍艦受重創（後兩艦沉沒）。北洋艦隊返回旅順後，李鴻章下令水師避於威海港，實行「保艦制敵」的消極

◆ 頤和園船塢

在日本傾全國之力擴軍造艦備戰的同時，清政府卻放鬆國防建設，從 1888 年就再也沒有為北洋水師購置新軍艦，從 1891 年起更是停撥海軍的彈藥經費，其理由居然是為慈禧慶壽修建頤和園三海工程。

防禦對策，等於把黃海制海權拱手讓人。

清軍潰退中國境內後，清政府任命四川提督宋慶為諸軍總統，率清軍共八十二營約三萬人駐守鴨綠江北岸。但各部之間缺乏協同，不服宋慶調度，士氣不振。十月二十四日，日軍泅水過江，當夜又在虎山附近的江流中架設浮橋渡軍。二十五日晨，日軍進攻虎山（今屬遼寧丹東）。清軍守將馬金敘、聶士成率部奮勇還擊，因勢單力孤，傷亡重大，被迫撤退，日軍占領虎山。清軍其他各部得知虎山失陷，不戰而逃。二十六日，日軍占領了九連城和安東縣（今屬遼寧丹東），鴨綠江防線全線失守。

◆ 1904 年，日俄戰爭期間的日軍士兵

照片上手持指揮刀的是日軍軍官，兩名黑色軍裝的日軍軍曹和其他日軍士兵手持的是日本自行生產的明治三十年（1897 年）式「金鉤」步槍。日俄雙方為了各自利益，於 1904 年在中國的土地上打了一場極不光彩的戰爭，透過這場戰爭日本攫取了中國東北大量的殖民利益。

十月二十四日，另一路日軍二萬五千人在軍艦的掩護下，在旅順後路的花園口登陸。十一月六日，日軍攻占金州（今屬大連）。十七日，日軍開始向旅順口進逼。駐守於此的清軍有一萬餘名，但早已軍心渙散，毫無鬥志。二十二日，日軍攻陷旅順口，對旅順口的居民進行駭人聽聞、慘絕人寰的血腥大屠殺，全城數萬居民最後倖免於難的只有三十六人。

旅順失守後，北洋艦隊尚有各種艦艇二十六艘，卻根據李鴻章的防禦方針龜縮於威海衛港內。1895 年二月三日，日軍占領威海衛城，水師提督丁汝昌坐鎮指揮的劉公島成為孤島。五日凌晨，旗艦定遠號中雷擱淺。十日，定遠號彈藥告罄，管帶劉步蟾下令將艦炸沉，以免資敵，並自殺與艦共亡。十一日，丁汝昌也自殺殉國。十二日，洋員浩威偽託丁汝昌的名義，向日軍投降。十七日，日軍在劉公島登陸，威海衛海軍基地陷落，北洋艦隊全軍覆沒。日軍突破清軍鴨綠江防線之後，連占鳳凰城（今屬遼寧丹東）、海城（今屬遼寧鞍山）等地。清政府調兩江總督劉坤一為欽差大臣，以期挽回頹勢。1895 年一月十七日起，清軍先後數次大規模反攻海城，皆遭挫敗。三月上旬，山海

關外的牛莊、營口、田莊臺相繼失守。十天之內，清軍六萬餘人便從遼東全線潰退。威海衛失陷後，清廷派李鴻章赴日議和。四月十七日，中日簽訂《馬關條約》，甲午戰爭結束。

瓜分中國的浪潮

光緒二十年二月（1895年3月），李鴻章等人乘坐德國輪船啟程直奔日本馬關。二十日，李鴻章來到馬關，在春帆樓和日本首相伊藤博文、外相陸奧宗光等人舉行停戰談判。經過一個多月的談判，李鴻章迫於日方的武力威脅，最終簽訂了喪權辱國的《馬關條約》。《馬關條約》的主要內容包括：中國承認朝鮮「獨立」（實際上是允許日本控制朝鮮）；向日本賠款白銀二億兩；將遼東半島、臺灣全島及其附屬島嶼，以及澎湖列島「永遠讓與日本」；允許日本在中國內地設廠；增開通商口岸等。臺灣被割讓的消息傳到島內，全臺灣悲憤到了極點，人們湧入巡撫衙門，反對割讓臺灣。協理臺灣軍務的清軍將領劉永福等率軍民反抗日本侵占。他們堅持了近半年，歷經大小百餘次戰鬥，抗擊了日軍兩個師團和一支海上艦隊的進攻，打死擊傷日軍三萬二千多人，最終因為力量懸殊，島內人民的反抗終遭失敗。從此，臺灣淪為日本殖民地達五十年之久。

《馬關條約》簽訂後，俄國認為日本割占遼東半島，將阻礙它向中國東北的擴張，於是聯合法、德兩國照會日本政府，要求其退還遼東半島。日本無力對抗三國的軍事行動，被迫退還遼東半島，但要求清政府付出三千萬兩的「贖遼費」。此後，西方列強掀起了瓜分中國的狂潮，俄國於光緒二十二年四月二十三日（1896年6月3日），迫使李鴻章簽訂《中俄禦敵互相援助條約》，該條約使俄國取得中東鐵路的修築權，加強了它在東北的壟斷地位。德國強迫清政府訂立《膠澳租界條約》，規定將膠州灣租借給德國，租期為九十九年，德國透過該條約把山東變為其勢力範圍。光緒二十三年（1897年），法國迫使清廷聲明，保證不將臨近越南的雲南、兩廣割讓或租借給他國，並同意將廣州灣租給法國。從此，雲南、廣西、廣東三省成為法國的勢力範圍。為了分享列強在華攫取的權利，光緒二十五年（1899年）八月至十月間，美國分別向英、俄、德、日、意、法等列強提出「門戶開放」政策，宣稱：各國在華「勢力範圍」和任何既得利益，其他國家不得干涉；各國運往「勢力範圍」內各口岸的貨物，由中國按中國現行約定稅率徵收稅款等。俄、德、英、法、日為了消除彼此在利益上的摩擦，基本同意美國的宣言，這樣列強在事實上達成了共同侵略中國的協議。

帝國主義列強利用清政府甲午戰爭慘敗之機，趁火打劫，一方面強租海港並劃分勢力範圍，掀起瓜分中國的狂潮；同時又透過向清政府貸款、爭奪中國的路礦權、在華開設工廠等方式大弄資本輸出，攫取中國利權，控制了清政府的經濟命脈。帝國主義在華的激烈爭奪，使中國被瓜分的大禍迫在眉睫，亡國滅種成為日益迫近的現實。

清朝 西元 **1898** 年

人物：光緒帝 康有為 譚嗣同 地點：北京 關鍵詞：公車上書 定國是詔

百日維新

　　甲午中日戰爭之後，以康有為、梁啟超、譚嗣同為首的維新派，興學堂、辦報刊，呼籲變法圖強，挽救民族危亡。光緒二十四年四月二十三日（1898 年 6 月 11 日），受到維新派思想影響的光緒帝下「明定國是」詔，宣布變法維新。自此到八月初六日（9 月 21 日）一〇三天間，在維新派的主持建議下，光緒帝先後頒布了一百多道詔令，推行新政。但變法觸及以慈禧太后為首的封建守舊勢力的權益，他們採取各種手段破壞和鎮壓維新運動。八月六日，慈禧太后發動宮廷政變，囚禁光緒帝，罷黜帝黨官員，捕殺維新人士，新政基本上被推翻，變法失敗。

宣導變法

　　光緒二十年（1894 年），中日甲午戰爭中清政府慘敗。第二年，清政府被迫簽訂中日《馬關條約》，割讓臺灣和澎湖列島給日本，並賠款二億兩白銀及其他一些喪權辱國的舉措等。甲午戰爭之前，很多中國人一直視日本為「蠻夷島國」，不足掛齒，沒想到這個蕞爾小國把自己打得落花流水，號稱「亞洲第一」的北洋水師全軍覆沒，日本軍隊在旅順燒殺搶掠，舉國震撼。清政府軟弱無能，居然向日本割地賠款，群情激憤。一些有為之士再也坐不住了，他們認為，日本之所以能由往日的邦國

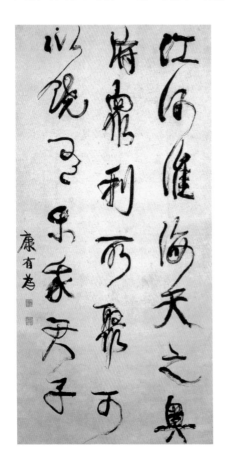

◆ 康有為手跡

躍升到現在的帝國並戰勝中華大國，在於實行明治維新向西方學習，變法實行君主立憲，所以中國要想強大，也必須走日本的道路，學習西方變法維新。宣導變法的代表人物首推康有為。康有為（1858-1927年），字廣廈，號長素，廣東南海人。他在廣州開辦「萬木草堂」招收學生，宣傳變法思想，梁啟超慕名投奔其門下。康有為著有《新學偽經考》、《孔子改制考》，前者破舊，後者立新，一方面動搖了占統治地位的封建意識形態，另一方面樹立了一個「託古改制」的孔子形象，這兩本書對士大夫的影響比較大。

清政府簽訂《馬關條約》時，正好是各省舉人到北京考進士的日子。消息傳來，帝黨官員文廷式等和參加會試的舉人們紛紛上書，請求拒簽和約。梁啟超首先聯合廣東舉人一百九十多人上書朝廷，其他各省的舉人也聞風而動。兩天之後，康有為聯絡各省的舉人在宣武門外達智橋松筠庵集會，討論

◆〈光緒皇帝大婚圖〉・清・慶寬

光緒十四年（1898）十月，慈禧太后與光緒皇帝從複選的秀女中確定皇后，舉行了中國歷史上最後一次真正意義上的皇帝婚禮。

上書請願。松筠庵集會完畢後，眾舉人推舉康有為起草奏書。康有為熱血沸騰，花了一天兩夜的時間，寫了一萬多字的請願書——《萬言書》（即《上清帝第二書》），書中提出拒簽和約、遷都抗戰、變法圖強三項主張，還建議模仿西方的議會制度，每十萬戶推舉一名「議郎」，為皇帝提供諮詢，共同商議國家政事。康有為在書中公開建議學習日本變法，「日本一小島夷耳，能變舊法，乃敢滅我琉球，侵我大國。前車之轍，可以為鑑」。梁啟超等人抄寫後，分送各省舉人駐地，徵集大家的簽名。《萬言書》徵集到了一千三百名舉人的簽名。

光緒二十一年四月八日（1895年5月2日），康有為率領各省舉人浩浩蕩蕩地向都

◆ **牙雕鵪鶉盒·清**

這是一件寫實的牙雕動物作品，為一隻伏臥的鵪鶉，體態肥碩，羽毛纖細，神態生動。現藏於北京故宮博物院。

察院前進，準備遞交都察院代為稟奏。漢朝用公家車馬送應試之人到京城，後世於是以「公車」做為舉人赴京應試的代稱，因此此舉史稱「公車上書」。當時力主和議的軍機大臣知道此事後，立刻派人前去勸阻各省舉人，甚至威脅，都察院也以和約已簽為由拒絕接受《萬言書》。《萬言書》最終沒有能夠遞交給都察院，當然更不可能到光緒皇帝手中了。

雖然「公車上書」沒有實現，但是《萬言書》已在社會上廣為傳抄，產生了極大的影響。康有為名聲遠揚，甚至引起光緒帝的老師翁同龢的注意。他多次會見康有為，商討變法事宜，可以說公車上書是百日維新的前奏。

維新變法

康有為在「公車上書」後的幾年，一直在為變法做準備，他在北京出版《中外紀聞》，組織強學會。同時，嚴復在天津主編《國聞報》，宣傳維新變法；譚嗣同、唐才常等人在湖南成立南學會，創辦《湘報》。全國議論時政，宣揚變法的風氣已經逐漸形成。

光緒二十三年十月（1897年11月），德國強占膠州灣，全國人心激憤。十二月，康有為看時機成熟，第五次上書光緒帝，陳述當時中國的形勢，指出列強瓜分中國的

企圖。光緒二十四年正月初八（1898 年 1 月 29 日），康有為寫了著名的《應詔統籌全局折》，籲請光緒帝進行變法，奏摺中指出：「變則能全，不變則亡；全變則強，小變仍亡！」

　　光緒二十四年四月二十三日（1898 年 6 月 11 日），光緒帝終於聽從康有為的勸說，頒布上諭《定國是詔》，表示變法決心，一場短暫的改革開始了。雖然光緒所表現出來的是一個自上而下的改革態勢，但這次維新其實並沒有觸及封建統治的根本。康有為的「設立國會」、「制定憲法」等政治主張，光緒皇帝根本沒有放在心中，皇帝關心的只是要透過這一次變法，擺脫慈禧太后對他的控制，壓制朝中與其作對的大臣，改變多年來被列強欺負的局面。所以在這次變法中，所實施的只是「設立農工商、路礦總局，提倡開辦實業，修築鐵路，開採礦藏，組織商會，改革財政；政治上廣開言路，允許士民上書言事；裁汰綠營，編練新軍；廢八股，興西學，創辦京師大學堂，設譯書局，派留學生，獎勵科學著作和發明」這些文化、經濟、軍事上的措施。

　　但就連這些措施都不被守舊派所接受，清政府中的一些權貴、官僚對新政的措施陽奉陰違，僅從設立制度局一事就可以看出：康有為 1898 年初將這一奏議呈送光緒帝，皇帝交給總理衙門大臣商議；兩個多月後，慶親王奕劻否定了康有為的建議；光緒帝又命軍機大臣會同總理衙門大臣重議，禮親王世鐸復奏又否定了康有為的建議；在此期間，反對變法的聲音就一直沒有停止過，只

不過都是在暗暗進行著。史料記載，在光緒帝宣布變法的第五天，慈禧太后連下三道旨意，對京津地區的軍政大權進行人事變動，換上了自己的親信。這一奇怪的舉措，不難看出慈禧太后還是可以掌握皇帝的行動，並在那時就已經準備發動政變了。

　　變法實行後不久，就開始有奇怪的流言，說是慈禧太后準備廢光緒帝，另立新君。九月中旬，光緒帝幾次召集維新派商議對策，但是維新派都是一些年輕書生，既無資歷，又無軍隊，只得向光緒帝建議重用袁世凱，用他的新軍來維護變法的實施。九月十六日、十七日兩天，光緒帝接連召見袁世凱，特賞候補侍郎；十八日夜，譚嗣同密訪袁世凱，勸說袁舉兵救駕，但隨即被袁世凱出賣。九月二十一日凌晨，慈禧太后突然從頤和園趕回紫禁城，直入皇帝寢宮，將光緒帝囚禁於中南海瀛臺，然後發布訓政詔書，再次臨朝訓政。接著，慈禧太后下令捕殺在逃的康有為、梁啟超；逮捕譚嗣同、楊深秀、林旭、楊銳、劉光第、康廣仁等人。九月二十八日，在北京菜市口譚嗣同等六人被殺害，同時康有為、梁啟超等人被通緝。所有新政措施，除京師大學堂（今北京大學）外，全部都被廢止。

　　從六月十一日到九月二十一日，進行了一〇三天的變法維新（俗稱「百日維新」）宣告失敗。百日維新對中國社會產生了深遠影響，它不僅是一次愛國救亡的政治改革運動，也是近代中國一次大規模的思想解放運動和新文化運動。它的失敗，促使更多的有識之士走上了革命的道路。

清朝 西元 **1900** 年

人物：慈禧太后　地點：北京　關鍵詞：義和團　辛丑條約

八國聯軍入侵北京

　　隨著帝國主義列強勢力在中國的不斷擴張，特別是一些西方傳教士在中國的土地上胡作非為，十九世紀末，山東、直隸的農民開始自發反抗，打著「扶清滅洋」旗號的義和團運動興起。為了鎮壓議和團運動，英、法、德、奧、義、日、俄、美等八國聯軍在光緒二十六年（1900 年）七月，攻陷北京。此後列強經過長達九個月的爭議，於光緒二十七年（1901 年）七月二十五日，強迫清政府簽訂《辛丑條約》，賠款白銀四‧五億兩，分三十九年付清，年息四釐，本息折算共九‧八億兩，以中國海關稅、常關稅、鹽稅做抵押。這次賠款史稱「庚子賠款」，是自鴉片戰爭以來最大的一筆賠款，它相當於當時清政府十二年財政收入的總和。

義和團的興起

　　義和團原稱義和拳，是長期流行於山東、直隸（今河北）等地的民間祕密組織。清朝末年，政府腐敗無能，西方列強對清政府步步進逼，想要在中國攫取更多的利益。在這種情況下，義和團改變策略，將「反清復明」的口號改為「扶清滅洋」，吸引了大量群眾加入，聲勢不斷壯大。甲午戰爭後，德國占領膠州灣，強劃山東全省為其勢力範圍。外國教會憑藉西方的軍事強勢，在山東擴展勢力。一些傳教士和教民橫行鄉里，為非作歹，激起民憤。在教民與其他中國人的衝突中，西方教會或西方的政府代表往往出面干預。

◆《辛丑條約》複印本
原件現存於臺北故宮博物院。

地方官對西方勢力往往比較懼怕，在他們的干預下很難做出公正的判決。如此，普通群眾對教會積恨成仇，各地反教會的抗爭此起彼伏，而義和拳也成為反對外國侵略勢力的重要組織形式。山東義和拳開展反教會抗爭後，當地傳教士要求清政府嚴加鎮壓。山東巡撫張汝梅則建議清政府改義和拳為團練，以便控制，並將「義和拳」改名為「義和團」，義和團勢力在山東、直隸迅速發展。

百日維新後，慈禧有意廢掉光緒帝另立新君，遭到西方各國的反對。於是，她想利用義和團抗衡西方列強，義和團成員大批進入京師。1900 年六月十日，俄、英、美、日、德、法、義、奧等西方列強，以「救援北京使館」為名，組織了一支由英國海軍中將西摩爾為司令的兩千多人的聯軍，由天津向北京進犯。京津鐵路沿線各村莊的義和團立即行動起來，拆毀路軌、橋梁，鋸掉沿途電線杆，使京津間鐵路和電訊完全斷絕。聯軍邊搶修鐵路邊小心翼翼地前進。六月十一日晚，八國聯軍剛到落垡（今屬河北廊坊），立即受到義和團和清軍的攻擊。敵人龜縮在車站和車廂裡，憑藉洋槍、洋炮進行抵抗。義和團拉來土炮，進行猛烈還擊。從天津到北京，火車只需幾小時，但西摩爾率領的聯軍在義和團的頑強阻擊下，窮於應戰，走了四天才到廊坊。六月十四日清晨，聯軍剛到廊坊，喘息未定，就受到義和團的猛烈進攻。雙方激戰了兩天多的時間，由於義和團的英勇作戰，聯軍一步也走不動了。六月十六日，聯軍司令西摩爾下令向天津撤退。六月十八日，義和團在清軍的協助下，

向撤至楊村車站的敵軍發動猛烈進攻。清軍開槍射擊，引住敵人的火力，義和團成員趁勢衝殺，與聯軍士兵展開肉搏。聯軍憑藉著先進的武器且戰且退，最後在天津租界派來的援軍的接應下，用了十天的時間才退回天津租界。此戰中，聯軍方面損失慘重，死傷三百餘名。

進犯京津

各國公使眼看清政府已無法控制形勢，總理衙門也「無力說服朝廷採取嚴厲的鎮壓措施」，便策畫直接出兵干涉。五月二十八日，英、法、德、奧、義、日、俄、美八國在各國駐華公使會議上，正式決定聯合出兵鎮壓義和團，以「保護使館」的名義，調兵入北京。五月三十日至六月二日，八國的海軍陸戰隊四百多人陸續由天津乘火車開到北京，進駐東交民巷。隨後，各國繼續向中國增兵，各國軍艦二十四艘集結大沽口外，聚集在天津租界的侵略軍達兩千餘人。六月六日前後，八國聯合侵華政策相繼得到各自政府的批准，侵略中國的戰爭爆發。

六月十五日到二十日，義和團和清軍又向西什庫的天主教教堂（俗稱「西堂」）及東交民巷的外國使館發起猛烈攻擊，狠狠地打擊了外國侵略者。八國聯軍侵華期間，清政府向列強各國「宣戰」。八月四日，八國聯軍一萬八千多人從天津出發進攻北京。十三日，八國聯軍開始進攻北京。十六日，八國聯軍侵入北京，守衛北京的清軍潰敗。次日凌晨，八國聯軍進攻東華門。慈禧太后聞訊驚駭至極，急忙帶著光緒皇帝等人分乘

◆ 八國聯軍軍官在北京的合影

從照片中就可看出侵略者的趾高氣揚，這十二名些穿著西式軍服的軍官分別來自德國、英國、法國、義大利、俄國、日本和美國，他們聚集在北京的一座四合院前拍下了這張炫耀武力的照片。就在他們離開後不久，這間四合院中所有價值不菲的擺設全部被他們的士兵搶劫一空，甚至連照片中的兩個花盆和宮燈都沒有放過。

三輛馬車，倉皇離開紫禁城，逃往西安。二十一日，抵達宣化的慈禧太后令慶親王奕劻火速回京，會同李鴻章與各國交涉議和之事。九月，逃亡途中的慈禧太后多次頒布剿滅義和團的上諭。十月二十六日，慈禧太后到達西安，她一方面不斷透過電報與在京的奕劻、李鴻章取得聯繫，以了解議和的進展情況；另一方面為了討好列強，不斷發布上諭，說此次中國變亂，得罪了友邦，但那不是朝廷的意願，對於罪魁禍首（義和團）必定嚴加懲辦，以絕禍根。

光緒二十六年十一月（1900 年 12 月），列強各國（除了出兵的八國外，又加上比利時、荷蘭、西班牙三國）向清政府提出《議和大綱》，後又訂立詳細條款，於第二年九月七日在北京正式簽字，史稱《辛醜條約》。《辛丑合約》的主要內容為：懲辦「得罪」列強的官員；派親王、大臣到德國、日本賠罪；清政府明令禁止中國人建立和參加抵抗侵略軍的各種組織；賠款四‧五億兩白銀，分三十九年付清，本息共計九‧八億兩白銀；在北京東交民巷一帶設使館區，各國可在使館區駐兵，中國人不准在區內居住；平毀大沽炮臺及北京至天津海口的炮臺；各國可以在北京至山海關鐵路沿線駐兵。

《辛丑條約》簽訂後，中國完全淪為半殖民地半封建國家。

清朝 ▶ 西元 1905 年

◎人物：孫中山　◎地點：日本東京　◎關鍵詞：三民主義

孫中山創立同盟會

　　光緒三十一年（1905 年）七月二十日，興中會、華興會及其他革命組織在日本東京聯合組成中國同盟會（簡稱「同盟會」），確定「驅除韃虜，恢復中華，建立民國，平均地權」的資產階級革命政綱。同盟會的出現標誌著中國資產階級民主革命進入了一個新的階段，全國性的革命風暴即將來臨。

興中會成立

　　光緒二十四年（1898 年）百日維新失敗後，維新派受到重大挫折，維新救國之路基本上被堵死了，但暫時沉悶的表象之後，孕育著一股更大的力量，一場革命風暴即將到來。義和團運動之後，清政府推行所謂的「新政」，興辦學堂和鼓勵留學是「新政」的主要內容。新式學堂出身或留學歸來的學生接受了「西學」、「新學」的薰陶，世界觀發生了很大的改變，這些人成為新的革命力量。

　　早在光緒二十年（1894 年），孫中山就在美國檀香山（今美國夏威夷）成立了革命組織興中會，以「驅除韃虜，恢復中國，創立合眾政府」為誓詞。興中會是中國第一個現代意義的政黨組織，是中國「立黨之始」。第二年，孫中山準備在廣州舉行起義，因事洩而失敗，被迫逃亡海外，清政府將他做為重要國事犯到處懸重賞通緝。光緒二十二年（1896年），孫中山在英國倫敦被清政府駐英公使館誘捕，後經營救獲釋。此後兩三年，孫中山在歐洲考察，並與歐美各國進步人士接觸，思考中國的革命前途。光緒二十六年（1900年），孫中山又組織、領導了惠州起義，不幸失敗，孫中山

號壹第

◆《民報》創刊號的封面

《民報》於 1905 年十一月在東京創刊，做為同盟會機關刊物，宣傳革命思想。孫中山在《民報》發刊詞中正式提出民族、民權、民生三大主義。

◆〈蔡元培與光復會〉油畫

1904 年十一月，同為革命團體的光復會在上海成立，推選蔡元培為會長，陶成章為副會長。同盟會成立時，在日本東京的部分光復會員加入了同盟會。

再度逃亡國外。此後數年，孫中山來往於日本、越南、檀香山、美洲等地，宣傳革命，發展興中會組織。

　　除孫中山在國外較早創建的興中會外，規模和影響較大的革命團體還有湖南的華興會、湖北的科學補習所和浙江的光復會。光緒二十九年十二月三十日（1904 年 2 月 15 日），華興會在長沙正式成立，公推黃興為會長，宋教仁、劉揆一為副會長。華興會的創建者黃興，是當時最有威望的革命領導者之一，在他和其他成員的努力下，華興會成員發展迅速，其會員絕大多數是從日本留學歸來和在國內學堂畢業的知識分子。華興會對湖北革命運動產生了積極的影響，宋教仁在華興會成立後，來到武昌，與其他有志之士積極籌備成立科學補習所。七月三日，武漢軍、學兩界三十餘人集會，科學補習所正式成立，呂大森任所長，胡瑛任總幹事，宋教仁任文書。科學補習所是湖北最早的重要革命團體，它活動的重點一開始就放在新軍方面，並做為經驗保留下來，形成二十世紀初湖北地區革命運動的一個傳統。這也是後來辛亥革命首先在湖北武昌爆發的原因之一。當兩湖地區革命組織相繼創建並積極開展活動時，江浙地區的革命黨人也積極聯絡會黨，策畫革命活動，光緒三十年（1904年）冬在上海成立了革命團體光復會。光復會成立後，勢力迅速擴張到浙江等省。國內革命團體的大量湧現，預示著民主革命的高潮即將來臨。

成立同盟會

　　各地湧現的革命小團體儘管數量眾多，卻難以採取足以推翻清朝政府的統一行動，形勢的發展需要把各地分散的革命力量聯合

起來，建立一個全國性的統一革命組織，將革命運動有力地向前推進。在這種情況下，孫中山由於首倡民主革命並積極實踐，在國內外革命青年中享有極高的威望，自然成為眾望所歸的共同領袖，成為足以團結各方面革命力量的人。

光緒三十一年六月十七日（1905 年 7 月 19 日），孫中山到達日本橫濱，隨後轉往留學生集中的東京。在東京，孫中山找到了留學生中威望很高的黃興，商量成立統一組織的問題。七月二十八日，孫中山又與華興會的重要成員宋教仁、陳天華等人會談。次日，黃興、宋教仁、陳天華、劉揆一等共同商議華興會會員參加同盟會一事。七月三十日，孫中山和黃興派人分頭邀請各省傾向革命的留學生，在東京舉行建立同盟會的籌備會，到會的有來自十七省的七十多位留學生。會上，孫中山、黃興等先後發表演講，分析當時形勢，闡明組建統一革命組織的必要性。經反覆協商，大家最後確定組織名稱為「中國同盟會」，簡稱「同盟會」，以「驅除韃虜，恢復中華，創立民國，平均地權」為同盟會的政治綱領。八月十三日，由黃興、宋教仁等人發起，在東京麥町區的富士見樓，中國留學生和華僑舉行歡迎孫中山的集會。孫中山向到會的一千三百多名中國留學生發表演講，號召留學生為了中國的明天努力奮鬥，不惜以流血為代價，建立人民的共和國，孫中山慷慨激昂的言語深深地感染了到會的聽眾。

八月二十日，中國同盟會在東京舉行正式成立大會，到會的有百餘人。大會修改並通過了由黃興、陳天華、宋教仁等負責起草的章程草案，確認了同盟會的政治綱領，規定凡其他革命團體宗旨相同而又願意聯合為一體的，概認為同盟會會員。章程規定，同盟會本部暫設東京，本部機構遵循三權分立原則，在總理之下設執行、評議、司法三部。大會一致推舉孫中山為總理，選出黃興任執行部庶務科庶務，協助孫中山總理籌畫一切，主持本部工作。同盟會的政治綱領最初就是十六字誓詞：「驅除韃虜，恢復中華，創立民國，平均地權。」光緒三十一年十月三十日（1905 年 11 月 26 日），孫中山在同盟會的機關報《民報》發刊詞中，將其明確闡釋為「民族、民權、民生」三大主義。

以孫中山為領袖的中國同盟會，是近代中國第一個全國性的革命政黨。它的誕生，預示著中國進入了一個新的歷史時期，成為民主革命運動高漲的新起點。

◆ 同盟會入會證書

清朝 ▶ 西元 1901 年—西元 1911 年

◎人物：載灃　黎元洪　黃興　◎關鍵詞：武昌　◎關鍵詞：預備立憲　《臨時約法》

清末新政與武昌起義

　　二十世紀初，為了應對內憂外患，維護清王朝的統治，清政府先後打出了「新政」和「預備立憲」的旗號，著手實施社會變革，以應付日益嚴重的國內危機。然而，這種為了維護封建統治而進行的所謂新政注定是一場騙局，根本無法改變日趨嚴重的社會衝突。於是，在 1911 年這個辛亥年，四川保路運動和辛亥革命相繼爆發，中國最後一個封建王朝——清朝的統治最終被推翻。

◆ 慶親王奕劻

宣統三年（1911 年），清政府裁撤軍機處，任命奕劻為「皇族內閣」總理大臣，組成慶親王內閣。

夭折的新政

　　自光緒二十七年到光緒三十一年（1901-1905 年），清政府實施多項「新政」措施，主要體現在四個方面。政治方面：改革政治機構，修訂法律；改總理衙門為外務部，「班列六部之前」；裁撤冗衙，裁汰書吏差役，廢止捐納制度，整飭吏治。光緒二十八年（1902 年）開始修改律例，取消凌遲、梟首等苛刑，輕犯或以工代罰，或收容習藝。軍事方面：改革軍制，編練新軍和員警；裁減綠營、練勇，停止武科舉；各省設武備學堂。經濟方面：提倡商辦實業；成立商部，著手制定一些商務規章，鼓勵私人資本自由發展；獎勵發明創造者。文教方面：廢科舉、興學堂；制定學堂章程，統一學制，通令各省選派留學生，獎勵留學歸國者；光緒三十一年（1905 年）成立學部，統管全國教育。儘管「新政」旨在維護和加強清王朝統

治，但在客觀上的確有利於民族資本主義的發展，和新型知識分子隊伍的形成。但是，清政府為解決「新政」經費而增加名目繁多的新捐稅，各級官吏藉機勒索敲詐，下層群眾不堪其苦，反而激化了各種社會衝突。在新政中，以袁世凱為首的北洋軍閥集團趁勢崛起，左右了晚清政局。

日俄戰爭以俄國戰敗而告結束，強烈地震撼了清統治集團部分開明官僚和資產階級上層人士，他們紛紛呼籲「立憲」；此時國內革命風潮日益高漲，清政府也想以「預備立憲」來應對社會輿論和革命風潮。光緒三十一年（1905年）九月，清政府派出載澤、端方等五大臣出洋「考察政治」。五大臣考察歸國後，奏報清廷稱立憲可使「皇位永固」、「外患漸輕」、「內亂可弭」。清政府於光緒三十二年（1906年）七月正式宣布「預備仿行憲政」。各地資產階級上層人士聯合開明官紳，紛紛成立社會團體，其中著名的代表人物及其團體有：張謇在上海組織的第一個立憲團體「預備立憲公會」，梁啟超在日本建立的「政聞社」等。這些社團大造立憲聲勢，國內外遙相呼應，掀起了立憲運動。但是清王朝藉「預備立憲」之名而行滿洲皇族集權之實，在官制改革中，滿足親貴而極力打擊漢族官僚，尤其是地方漢族封疆大吏的權勢。例如，袁世凱就被革去八項兼差，被迫交出四鎮新軍。清政府又用明升暗降的辦法，將另一位地方實權派總督張之洞調到中央。清政府的這些舉措加劇了漢族官僚集團的背離，使自己愈加孤立。

因此立憲派發動輿論，批評清政府拖

◆ 十八星旗

十八星旗原是湖北革命團體共進會的會旗，武昌起義成功後，中華民國湖北軍政府宣告成立，十八星旗成為其旗幟。

延，沒有立憲誠意；一些地方督撫和大臣也奏請清政府加緊立憲。迫於內外壓力，清政府於光緒三十四年（1908年）八月一日頒布《欽定憲法大綱》，宣布以九年為立憲的預備期。十一月光緒帝和慈禧太后相繼死去，溥儀即位，改元宣統，其父載灃監國。載灃罷黜袁世凱，令其回籍，並陸續將軍政大權收歸於滿族權貴手中。立憲派利用各省諮議局這一合法機構，聯合敦促清政府加快立憲，並發起收回鐵路和礦山利權的運動。從宣統元年（1909年）十二月到宣統二年（1910年）九月，立憲派接連發起三

次大請願運動，要求速開國會，成立責任內閣。宣統三年（1911 年）四月，清政府成立責任內閣，閣員十三人，漢族官員僅得四席，滿、蒙占九席，其中七人屬於皇室，因此被戲稱為「皇族內閣」，名為立憲，實則為專制。至此立憲派的幻想徹底破滅，很多立憲派人士和地方大員轉而倒向革命陣營。在辛亥革命的暴風驟雨前夕，清政府徹底被孤立。

武昌起義

　　光緒三十一年（1905 年），第一個全國性的資產階級革命政黨「中國同盟會」在日本東京成立後，積極聯絡海外愛國華僑及國內其他會黨，以武裝起義為方式，積極地開展旨在推翻腐朽反動的清政府的活動。同盟會會員多數都是接受新式教育的菁英，他們在許多新式學校、會社都安插了自己的成員，並發展更多的人入會。甚至在清政府的新軍軍官訓練學校——雲南陸軍講武堂，全部四十七名教職員中，同盟會會員就達十七人之多，這就直接為後來的革命培養了大批的核心力量。同盟會還聯絡在湖北的科學補習所、日知會、共進會等革命社團，深入新軍宣傳革命。到武昌起義前夕，湖北新軍中已有三分之一的士兵參加革命組織，成為起義的主力軍。宣統三年（1911 年），廣州黃花崗起義失敗以後，宋教仁提議「組織中部同盟會以謀長江革命」，主張在長江中下游各省同時並舉，建立革命政權，然後北伐。七月三十一日，同盟會中部總會在上海正式成立。在同盟會中部總會的努力下，湖北地區的革命組織實現了大聯合。

　　宣統三年五月二十一日（1911 年 6 月 17 日），四川保路運動爆發，武漢新軍的大部分被調入川，同盟會認為在武昌起義的條件已經成熟。九月二十四日，革命團體文學社、共進會在武昌召開聯席會議，決定於十月九日發動起義，並推舉文學社社長蔣翊武為臨時總司令，共進會領導人孫武為參謀長，制訂了相應的起義計畫。十月九日上午，孫武在漢口俄租界趕製炸彈時不慎發生爆炸，引起巡捕房的注意，沙俄巡捕聞聲趕來，起義相關的檔案全部被抄獲。湖廣總督瑞澂接到租界傳來的消息後，下令搜捕革命黨人，武昌機關遭到破壞，形勢十分嚴峻。在這緊急關頭，新軍中的革命黨人自發地行動起來。十月十日晚七時許，工程第八營革命黨的總代表、班長熊秉坤領導該營首先行動，他率領十多名士兵直奔楚望臺軍械庫，守庫的本營左隊士兵鳴槍配合，很快他們就順利地占領了楚望臺，工程營連長吳兆麟被推為臨時總指揮。當天夜裡十一時左右，革命軍以工程營為主力，分三路向督署發起猛攻，湖廣總督瑞澂棄城逃跑。十一日凌晨二時，革命軍攻下總督府，武昌起義勝利。接著，革命軍又先後占領漢陽、漢口、武漢三鎮，迅速成立湖北軍政府。不過，由於原來的起義領袖不是被捕就是被殺，革命軍群龍無首，便擁戴在新軍中有一定聲望的第二十一混成協統領黎元洪為軍政府都督，推舉湖北諮議局議長、立憲派首領湯化龍為總參議。一開始黎元洪認為革命不會成功，所以裝病不肯上任，直到五天後才不情願地宣

誓就職。黎元洪上臺後立即改組軍政府，造成了以他自己為首的舊官僚、立憲黨人控制湖北軍政府的局面。

十月十二日，清政府派陸軍大臣蔭昌率北洋新軍兩鎮南下進攻革命軍。十一月一日，漢口失陷。三日，由上海趕來武昌不久的同盟會領袖黃興臨危受命，就任戰時總司令。十六日，黃興率部偷渡漢水，反攻漢口失敗，次日退守漢陽。二十一日，清軍進攻漢陽，黃興率革命軍奮勇抵抗，終因寡不敵眾，二十七日漢陽又告陷落，革命軍維持住與清軍隔江對峙的局面。雖然軍事上遭到敗績，但是在政治上革命軍卻取得了輝煌的成績。湖北軍政府成立後，立即宣布廢除清朝「宣統」年號，改國號為中華民國，又公布了《中華民國鄂州約法》，全國各地相繼響應，不到兩個月，全國有十四省宣布獨立，清政府統治土崩瓦解。十二月二十九日，

◆ **油畫〈辛亥三傑〉（黃興、孫中山、宋教仁）**

武昌起義爆發時，孫中山正在美洲為革命運動籌款，未能親自領導這次具有重大歷史意義的武裝起義。武昌起義成功後，孫中山奔走於美、法、英各國，開展廣泛活動，希圖得到列強支援。1911年十一月二十四日，在國內致電催促的情況下，孫中山從法國馬賽乘船回國，十二月二十五日抵達上海。1912年一月一日，正式就任中華民國臨時大總統。

十七省代表在南京舉行會議，選舉孫中山為臨時大總統，並於1912年元旦在南京成立中華民國臨時政府，成立臨時參議院，並通過《中華民國臨時約法》。二月十二日，清帝被迫宣布退位，從順治帝建都北京開始的清朝二百六十八年的封建專制統治宣告結束。這次革命推翻了最後一個封建王朝，建立了共和政體，但沒有推翻帝國主義和封建主義的壓迫，中國人民反對帝國主義和封建主義的民主革命，還遠未完成。

大事年表 Chronology of Events

朝代	時間	中國史
傳說時代夏商西周	有巢氏	構木為巢，反映原始社會巢居、穴居的情況。
	燧人氏	鑽木取火，教人熟食，反映原始社會從使用天然火發展到人工取火的情況。
	伏羲氏	教民結網捕魚，創制八卦。
	神農氏	傳說嘗百草，發現草藥，為中醫學鼻祖。
	黃帝	姬姓，號軒轅氏、有熊氏，與炎帝合稱「炎黃」，為中華民族人文始祖。
	堯	陶唐氏，名放勳，邦國聯盟首領。
	舜	有虞氏，名重華，邦國聯盟首領。
	禹	夏后氏，姒姓，名文命，因治水有功，舜死後即位，成為邦國聯盟首領。
	啟	禹死後，原定的繼承人伯益讓位於禹之子啟，啟嗣位，開創父死子繼的世襲制度，建立夏王朝。
	太康	啟之子，好田獵，被有窮氏（在今山東平原一帶）首領后羿驅逐。
	少康	少康擊殺寒浞，夏朝中興。
	約前1600年	夏桀戰敗於鳴條，夏亡。
	約前1600年	商湯用伊尹執政，建立商朝，定都於亳。
	約前1300年	商王盤庚將都城自奄遷殷。
	前1075–前1046年	商王帝辛即紂王在位，被周武王所滅。
	前1046–前1043年	武王姬發滅商建周，分封諸侯。
	前1042–前1021年	周成王在位，周公旦輔政。
	前1020–前996年	周康王在位。
	前995–前977年	周昭王（一作邵王）在位。
	前976–前922年	周穆王在位。
	約前877–前841年	周厲王在位。
	前841年	國人暴動，攻入王宮，「共和」政治開始。
	前828年	厲王死於彘，周宣王即位，「共和」時代結束。
	前782年	宣王死，其子宮立，即幽王。宣王時，周號稱中興。
	前780年	鎬京大地震，三川（涇、渭、洛）枯竭，岐山崩。
	前776年	九月六日，發生日食（蝕）。《詩經》對此次日食（蝕）的記載，是世界上最早、最確切的日食（蝕）記錄。
	前774年	幽王廢申后和太子宜臼，立褒姒為后，其子伯服為太子。太子宜臼逃亡申國。

	前771年	申侯聯合繒、犬戎攻破鎬京,殺幽王,擄走褒姒,西周滅亡。諸侯立太子宜臼,是為平王。
春秋戰國	前770年	秦襄公派兵護送周平王東遷洛邑,平王封襄公為諸侯。
	前722年	《春秋》開始記事,鄭伯克段于鄢。
	前685年	齊國公子小白先入齊國,是為齊桓公,任管仲為相。
	前679年	齊、宋、陳、衛、鄭五國會盟於鄄,齊國開始稱霸。
	前651年	齊召集諸侯為葵丘之會。
	前636年	秦穆公發兵送晉國重耳歸國,是為晉文公。
	前632年	晉楚城濮之戰,楚國大敗。
	前624年	秦穆公伐戎,開地千里,稱霸西戎。
	前606年	楚莊王觀兵於周疆,問鼎輕重。
	前522年	伍子胥奔吳國。
	前506年	吳伐楚,在柏舉大敗楚軍,攻入郢都。
	前494年	吳王夫差率軍攻越,敗越於夫椒。
	前479年	孔子去世。
	前473年	越國滅吳,吳王夫差自殺。
	前453年	韓、趙、魏三家共滅智伯,三分其地。
	前412年	魏文侯任命李悝為相。
	前389年	吳起任楚國令尹,主持變法。
	前356年	秦用商鞅為左庶長,下令變法。
	前353年	齊國救趙,大敗魏軍於桂陵。
	前341年	齊國田忌、孫臏敗魏軍於馬陵,魏軍主將龐涓自殺。
	前338年	秦孝公去世,惠文王即位,商鞅遭車裂刑。
	前328年	秦任張儀為相。
	前307年	趙武靈王開始推行「胡服騎射」。
	前284年	樂毅率五國之師攻齊,破臨淄。
	前279年	燕以騎劫代樂毅為主將。齊田單敗燕軍於即墨。
	前266年	范雎為秦相。
	前260年	秦將白起大敗趙軍於長平,坑降卒四十萬。
	前240年	呂不韋招賓客著《呂氏春秋》。
	前237年	秦下逐客令,李斯上書諫止。
	前232年	韓非入秦,受李斯讒言入獄後被毒死。
	前227年	燕太子丹使荊軻刺秦王,失敗被殺。
	前225年	秦將王賁攻魏,魏王假降,魏亡。

大事年表 Chronology of Events

	前223年	秦軍攻入楚都壽春，楚亡。
	前222年	秦將王賁攻遼東，俘燕王喜，燕亡。
	前221年	秦將王賁攻入齊都臨淄，齊亡。
秦漢	前221年	秦王嬴政稱始皇帝，統一車軌、文字、度量衡、貨幣。
	前213年	始皇下焚書令。
	前210年	始皇病死沙丘，趙高、李斯矯詔立王子胡亥為帝。
	前209年	陳勝、吳廣率九百戍卒在大澤鄉起義。
	前207年	項羽大破秦軍於巨鹿。
	前206年	劉邦軍至灞上，子嬰降，秦亡。
	前202年	劉邦圍項羽於垓下，項羽自刎於烏江。劉邦稱帝，是為漢高祖。
	前195年	劉邦卒，惠帝劉盈即位，呂后掌權。
	前180年	呂后卒，周勃、陳平誅殺諸呂，迎代王劉恆為帝，是為漢文帝。
	前154年	晁錯議削藩，吳楚七國叛亂。
	前141年	景帝劉啟卒，太子劉徹即位，是為漢武帝。
	前138年	張騫出使大月氏，開始西域「鑿空」之旅。
	前134年	董仲舒上天人三策，罷黜百家，獨尊儒術。
	前104年	司馬遷始著《史記》。
	前74年	霍光立衛太子孫劉詢（病己）為帝，是為漢宣帝。
	前34年	呼韓邪單于朝漢，漢元帝以後宮良家子王嬙嫁呼韓邪單于。
	5年	王莽毒死平帝，立宣帝玄孫孺子嬰為太子。
	8年	王莽自稱皇帝，改國號為新。
	23年	劉秀、王匡大破莽軍於昆陽城下。商人杜吳殺王莽於漸臺。
	25年	劉秀稱帝，是為光武帝，赤眉軍攻入長安。
	73年	班超鎮撫西域諸國，西域與漢絕六十五年，至此重歸漢廷。
	89年	竇憲破北匈奴於稽落山，出塞三千餘里。
	91年	置西域都護、騎都尉、戊己校尉官，以班超為都護。
	92年	和帝與中常侍鄭眾合謀誅殺竇憲，宦官自此弄權。
	132年	太史令張衡做地動儀。
	141年	梁商卒，以梁冀為大將軍。
	159年	漢桓帝與宦官唐衡、單超誅殺梁冀。
	166年	第一次黨錮之禍起。
	168年	宦官曹節等殺竇武、陳蕃。
	169年	第二次黨錮之禍起。
	184年	黃巾起義，張角自號天公將軍，全國響應。

	189年	宦官張讓等人殺大將軍何進，袁紹等人引兵入宮，殺宦官兩千餘人。
三國兩晉南北朝	220年	曹丕稱帝，國號魏。
	221年	劉備稱帝，國號蜀。
	229年	孫權稱帝，國號吳。
	249年	司馬懿發動高平陵政變。
	263年	曹魏滅蜀漢。
	265年	司馬炎稱帝，國號晉。
	280年	西晉滅吳，統一全國。
	291年	八王之亂開始。
	308年	匈奴首領劉淵稱帝。
	316年	匈奴漢國攻陷長安，俘晉愍帝，西晉亡。
	317年	司馬睿於建康稱帝，東晉建立。
	319年	石勒稱王，以趙為國號，史稱後趙。
	328年	東晉、前涼、成漢、前趙、後趙并存局面形成。
	356年	桓溫收復洛陽。
	370年	秦王苻堅遣兵滅前燕。
	383年	淝水之戰。
	386年	拓跋建北魏，建都平城。
	417年	劉裕入長安，後秦亡。
	420年	劉裕建立劉宋王朝，東晉亡。
	439年	魏太武帝統一北方。
	466年	馮太后臨朝稱制。
	479年	蕭道成代宋建齊。
	485年	魏孝文帝頒行均田制。
	494年	魏孝文帝遷都洛陽，推行漢化改革。
	502年	蕭衍代齊建梁。
	524年	北魏爆發六鎮起義。
	528年	爾朱榮發動河陰之變。
	534年	北魏分裂為東、西魏。
	548年	侯景之亂爆發。
	550年	高洋代東魏稱帝，建立北齊。
	557年	陳霸先建立陳朝，宇文覺代西魏稱帝，建立北周。
	577年	北周滅北齊，統一北方。
	581年	楊堅稱帝建隋。

大事年表 Chronology of Events

	585年	頒行「大索貌閱」和「輸籍定樣」。
	589年	隋滅陳，南北統一。
	604年	隋文帝死，太子楊廣繼位，是為隋煬帝。
	605–610年	開鑿大運河。
	610年	王薄起兵於長白山，隋末農民起義爆發。
	617年	李淵起兵於太原，進軍關中，攻占長安。
	618年	李淵稱帝建唐，是為唐高祖，改元武德。
	626年	玄武門之變，李淵傳位於太子李世民，是為唐太宗。
	630年	西北各族酋長尊唐太宗為「天可汗」。
	635年	李靖大敗吐谷渾。
	640年	置安西都護府。
	641年	文成公主入吐蕃和親。
	646年	《大唐西域記》撰成。
	655年	唐高宗廢王皇后，立武則天為皇后。
隋唐五代	690年	武則天廢睿宗李旦，稱帝，改國號為周。
	705年	張柬之等發動政變，唐中宗李顯復位，復國號唐。
	709年	金城公主入藏與吐蕃贊普和親。
	753年	高僧鑑真東渡成功，抵達日本。
	755–763年	安史之亂。
	780年	廢除租庸調制，實行「兩稅法」。
	805年	永貞革新。
	813年	李吉甫撰成《元和郡縣圖志》。
	817年	李雪夜襲蔡州。
	835年	甘露之變。
	874–875年	王仙芝、黃巢起義。
	907年	朱溫稱帝，建立後梁，唐亡。
	923年	李存建後唐。
	936年	石敬瑭建後晉。
	937年	李昇建南唐。
	947年	劉知遠稱帝，定國號為漢，史稱後漢。
	951年	郭威稱帝，次年定國號為周，史稱後周。
	959年	周世宗柴榮北伐。
	960年	陳橋兵變，趙匡胤稱帝，國號宋。
	961年	杯酒釋兵權，罷石守信等典禁兵。
	975年	曹彬克金陵，江南主李煜降，南唐亡。

	976年	宋太祖卒，弟光義即位，是為宋太宗。
	979年	宋遼高梁河之戰，宋軍慘敗。
	993年	王小波、李順起義。
	1004年	宋遼和議成，宋歲以銀、絹三十萬予遼，史稱澶淵之盟。
	1033年	劉太后卒，仁宗親政。范仲淹請削冗兵，削冗官、減冗費。
	1038年	元昊稱皇帝，國號夏。
	1041年	宋夏大戰於好水川，宋軍大敗，大將任福戰死。
	1044年	宋夏和議成，宋歲賜銀、絹、茶二十萬，史稱慶曆和議。
	1069年	宋神宗以王安石為參知政事，開始變法。
	1084年	《資治通鑑》書成。
	1094年	恢復熙寧舊法，打擊舊黨。
	1100年	哲宗死，弟趙佶立，是為徽宗。
	1102年	宋徽宗命童貫置蘇杭製作局。立元祐黨人碑於端禮門。
	1120年	方臘起義於青州。
	1122年	童貫伐遼，為耶律大石所敗。
宋	1127年	靖康之變，康王趙構稱帝於南京，是為高宗，改元建炎，史稱南宋。
	1130年	鍾相起義失敗。韓世忠大破金兀朮於黃天蕩。
	1140年	岳飛軍破金兵於潁昌。
	1142年	岳飛被害。
	1161年	宋虞允文大敗金兵於采石。
	1163年	宋軍大舉伐金，大敗於符離。
	1164年	宋金和議成，宋尊金主為叔，割讓海、泗、唐、鄧等州。
	1177年	朱熹《論語集注》、《孟子集注》成。
	1178年	宋賜岳飛諡曰武穆。
	1206年	開禧北伐。
	1207年	韓侂胄被殺。
	1208年	宋以史彌遠知樞密院事。
	1234年	宋蒙聯軍滅金。
	1239年	蒙古攻宋重慶。
	1249年	宋以賈似道知江陵府。
	1258年	蒙古大舉攻宋。
	1265年	宋加賈似道太師，封魏國公。
	1267年	蒙古攻襄陽。
	1279年	張世傑兵敗厓山，陸秀夫負帝投海，宋亡。

大事年表 Chronology of Events

	907年	耶律阿保機任契丹部落聯盟首長。
	916年	契丹阿保機稱帝，是為遼太祖。
	926年	阿保機病故，述律后攝政。
	927年	耶律德光即位，是為遼太宗。
	938年	取得幽、雲十六州，升幽州為南京。
	947年	耶律德光改契丹為遼。
	951年	遼世宗為察割所弒，遼穆宗即位。
	982年	遼聖宗即位，皇太后蕭燕燕攝國政。
	1004年	遼宋訂立澶淵之盟，約為兄弟之邦。
	1032年	西夏李元昊即位，改姓嵬名氏，自稱「兀卒」。
	1040年	夏宋三川口之戰，夏勝。
	1041年	夏宋好水川之戰，夏勝。
遼	1042年	夏宋定川寨之戰，夏勝。
金	1044年	夏宋議和成，元昊向宋稱臣，宋冊元昊為夏國主。
西	1063年	遼平定重元叛亂。
夏	1101年	遼道宗逝於混同江行宮，耶律延禧即位，是為遼天祚皇帝。
	1115年	阿骨打稱帝，國號「大金」，是為金太祖。
	1125年	遼天祚帝為金將婁室所獲，遼亡。
	1126年	金克汴京，擄宋徽、欽二帝。
	1142年	金宋議和。
	1153年	金遷都燕京。
	1206年	蒙古鐵木真即大汗位，稱「成吉思汗」。
	1211年	蒙古南下攻金，逼近中都。
	1223年	金宣宗病故，太子完顏守緒即位，是為金哀宗。
	1227年	蒙古軍破西夏城邑，夏末帝利屈出降，被殺，夏亡。
	1232年	蒙古攻陷金中京洛陽，金哀宗出逃歸德。
	1234年	宋蒙聯合攻金，蔡州城破，金亡。
	1206年	大蒙古國建立，鐵木真稱成吉思汗。
	1207年	成吉思汗征西夏。
	1215年	蒙古取金中都。
	1219年	成吉思汗西征。
	1227年	成吉思汗去世，蒙古滅西夏。
	1229年	窩闊臺即大汗位。
	1234年	蒙古滅金。
	1235年	始建和林城，長子西征。

	1236年	耶律楚材奏立中原賦稅制度。
	1251年	蒙哥即大汗位。
	1253年	旭烈兀西征，忽必烈征服大理。
	1259年	蒙哥死於釣魚城之役。
	1260年	忽必烈即汗位，建元中統。
	1264年	改元至元，改燕京為中都。
	1271年	建國號「大元」。
	1272年	改中都為「大都」。
	1273年	元軍破樊城，宋襄陽守將呂文煥降。
	1274年	伯顏率大軍攻宋。
	1275年	馬可波羅來華。
	1279年	元軍取厓山，南宋亡。
元	1282年	王著刺殺阿合馬。
	1293年	大運河通航。
	1313年	下詔行科舉。
	1333年	妥歡貼睦爾即帝位，是為順帝。
	1335年	唐其勢政變被誅。伯顏罷科舉。
	1340年	罷黜伯顏，復科舉，脫脫出任中書右丞相。
	1343年	詔修宋、遼、金三史。
	1350年	更改鈔法。
	1351年	賈魯治河。紅巾軍起義爆發。
	1355年	劉福通立韓林兒為小明王，建國號宋，改元龍鳳。
	1360年	陳友諒殺徐壽輝，稱帝，建國號漢，改元大義。
	1363年	鄱陽湖大戰，陳友諒死。
	1368年	明軍攻入大都，元朝滅亡。
	1368年	朱元璋稱帝，國號大明，建元洪武，是為太祖。
	1369年	定分封諸王制。
	1370年	《元史》修成。
	1371年	罷李善長，以胡惟庸為相。
	1373年	《大明律》成。
	1375年	始印大明寶鈔，立鈔法，禁民間金銀交易。
	1376年	改行省為承宣布政使司。
	1380年	胡惟庸獄起。罷中書省，廢丞相，改大都督府為中、左、右、前、後五軍都督府。
	1381年	改國子學為國子監。

大事年表 Chronology of Events

	1382年	置錦衣衛。
	1393年	窮治藍玉案，頒《逆臣錄》。
	1397年	頒布《大明律誥》。
	1398年	朱元璋卒，葬孝陵。皇太孫朱允炆即位，即建文帝。議削藩。
	1399–1402年	靖難之役。
	1402年	朱棣攻入南京，即帝位，是為成祖。
	1403年	改北平為北京。
	1405年	鄭和首次下西洋。
	1407年	《永樂大典》修成。
	1409年	設立奴兒干都司。
	1410年	成祖親征韃靼。
	1411年	宋禮疏通會河，通南北運河。
	1414年	成祖親征瓦剌。
	1420年	始設東廠。
	1421年	遷都北京。
	1424年	朱棣第五次北征，歸途中卒於榆木川，葬於長陵。太子朱高熾即位，是為仁宗。
	1425年	朱高熾病卒，太子朱瞻基即位，是為宣宗。
	1430年	鄭和第七次下西洋，於1433年回國。
明	1435年	宣宗卒，太子朱祁鎮即位。
	1449年	土木之變，英宗被俘。其弟王朱祁鈺即位，即景泰帝。于謙組織北京保衛戰取得勝利。
	1450年	朱祁鎮自瓦剌還京，被幽禁於南宮。
	1457年	英宗復辟，於謙等被殺。
	1461年	曹石之亂。
	1477年	設西廠，由太監汪直領之。
	1497年	《大明會典》修成。
	1506年	朱厚照即位，是為武宗，改元正德。
	1508年	設內行廠，以太監劉瑾領之。
	1511年	劉六、楊虎起義。
	1519年	寧王朱宸濠叛亂。
	1521年	武宗朱厚照卒。迎興獻王世子朱厚熜即帝位，以明年為嘉靖元年，是為世宗。大禮議開始。
	1542年	壬寅宮變發生。
	1567年	張居正入閣。隆慶開關。

	1571年	封俺答汗為順義王。
明	1572年	穆宗卒,朱翊鈞即位,改元萬曆,是為神宗。張居正升任首輔。
	1577年	葡萄牙人賄賂明朝官員,入據澳門,並以澳門為據點,從事仲介貿易。
	1581年	在全國推行一條鞭法。
	1592年	明朝出兵援朝抗日。
	1596年	始派礦監稅使。
	1611年	東林黨爭起。
	1615年	梃擊案。
	1616年	努爾哈赤即汗位,國號金(史稱後金),建元天命。
	1618年	後金攻陷撫順。明廷加派遼餉。
	1619年	楊鎬以四路明軍進攻後金,大敗於薩爾滸。
	1620年	朱常洛於八月即位,改元泰昌,是為光宗。九月,紅丸案發,朱常洛卒。移宮案發。
	1621年	朱由校即位,是為熹宗,改元天啟。
	1622年	廣寧之戰。
	1623年	魏忠賢提督東廠。
	1625年	六君子之獄。努爾哈赤遷都瀋陽,更名盛京。
	1626年	袁崇煥寧遠大捷。努爾哈赤卒,皇太極即汗位。
	1627年	朱由校卒,朱由檢即位,次年改元崇禎。
	1628年	陝北王二起義,明末農民大起義正式爆發。
	1635年	高迎祥等十三家義軍滎陽召開大會。
	1636年	皇太極稱帝,改國號為清。李自成為闖王。
	1637年	宋應星撰成《天工開物》。
	1642年	明軍於松錦大敗。
	1643年	李自成破西安,定為西京。張獻忠破武昌,稱大西王。
	1644年	大順軍攻入北京,明思宗朱由檢自縊身亡,明政權覆滅。
	1644年	多爾袞率兵入山海關。清兵與明降將吳三桂聯手擊敗大順農民軍於石河西岸。清定都北京,建立清王朝。
	1645年	清兵屠揚州城,史可法殉難,福王政權亡。
	1646年	南明桂王朱由榔於肇慶稱帝,建元永曆。
	1651年	順治帝親政。
	1652年	達賴喇嘛至北京朝覲。
	1661年	順治帝卒,玄燁即位,即康熙帝。鄭成功從荷蘭殖民者手中收復臺灣。

大事年表 Chronology of Events

	1662年	平西王吳三桂殺南明永曆帝，南明政權覆亡。
	1663年	莊廷瓏《明史案》。
	1664年	施琅進攻臺灣。
	1673–1681年	三藩之亂。
	1682年	兵部規定每年九月於木蘭圍坊舉行秋獮。
	1683年	統一臺灣。
	1685年	雅克薩之戰。
	1689年	中俄《尼布楚條約》簽訂。
	1690年	康熙帝第一次親征噶爾丹，在烏蘭布通將噶爾丹擊敗。
	1696年	康熙帝第二次親征噶爾丹，在昭莫多將其擊敗。
	1697年	康熙帝第三次親征噶爾丹，迫其自盡。
	1699年	順天考官受賄事發。
	1711年	戴名世因《南山集》獲罪被殺。
	1713年	清廷封班禪呼圖克圖為「班禪額爾德尼」。
	1716年	《康熙字典》修成。
	1721年	臺灣朱一貴起義。
清	1722年	康熙帝卒，胤禛即位，以明年為雍正元年。
	1723年	除山西、陝西樂戶籍，削除紹興惰民籍。
	1724年	攤丁入地。定耗羨歸公和養廉銀制。
	1725年	年羹堯、隆科多獲罪。《古今圖書集成》修成。
	1726年	開始在雲貴五省改土歸流。
	1729年	呂留良案，頒《大義覺迷錄》。
	1731年	於內廷設軍機房，後發展為軍機處。
	1735年	雍正帝卒，弘曆即位，以明年為乾隆元年。
	1747年	第一次金川之役開始。
	1751年	乾隆帝第一次南巡。
	1759年	新疆平大、小和卓木叛亂。
	1771年	渥巴錫率土爾扈特部返回祖國。第二次金川之役開始。
	1773–1782年	《四庫全書》修成。
	1781年	甘肅通省官員折捐冒賑案發。
	1790年	四大徽班進京。
	1792年	金瓶掣簽制度制定。
	1793年	頒布《欽定藏內善後章程》。定西藏與廓爾喀（今尼泊爾）疆界。英使馬戛爾尼來華。

	1794年	造廣東水師戰船。
	1795年	乾隆帝禪位於十五子顒琰,改明年為嘉慶元年。
	1796–1804年	白蓮教起義。
	1799年	太上皇乾隆卒,嘉慶帝親政,賜令和珅自盡。
	1805年	試辦海運。
	1813年	天理教李文成起義,林清等攻入紫禁城。
	1815年	定查封鴉片章程。
	1820年	嘉慶帝卒,次子旻寧即位,次年改元道光。英輸入鴉片增至五千餘箱。
	1839年	林則徐虎門銷煙。
	1840年	鴉片戰爭爆發。
	1842年	中英《南京條約》簽訂。
	1850年	太平天國起義爆發。宣宗旻寧卒,奕詝即位,以明年為咸豐元年。
	1856年	天京事變。第二次鴉片戰爭爆發。
	1860年	英法聯軍侵入北京,火燒圓明園。《北京條約》簽訂。設立「總理各國事務衙門」。
清	1861年	咸豐帝奕詝卒,載淳即位,以明年為同治元年。贊裏政務王大臣肅順等人被殺,兩宮皇太后垂簾聽政。恭親王奕訢奏請舉辦「洋務」以「自強」。
	1864年	天京陷落,太平天國失敗。
	1874年	同治帝載淳卒,慈禧太后立載湉為帝,以明年為光緒元年。
	1884年	中法戰爭。新疆設省,以劉錦棠為首任巡撫。
	1885年	鎮南關(今友誼關)大捷。臺灣改為行省,劉銘傳任首任臺灣巡撫。清政府設海軍衙門。
	1894年	中日甲午戰爭爆發。孫中山成立興中會。
	1895年	《馬關條約》簽訂。康有為發動公車上書。
	1898年	維新變法失敗,六君子就義,光緒帝被囚禁。
	1900年	義和團進入京津。八國聯軍侵占北京。
	1901年	《辛丑條約》簽訂。頒布「改弦更法詔」,啟行「新政」。
	1905年	中國同盟會成立。廢止科舉制度。
	1908年	光緒帝、慈禧太后死,溥儀即位,以明年為宣統元年。
	1911年	武昌起義。各省代表選舉孫中山為中華民國臨時大總統。
	1912年	孫中山在南京就任中華民國臨時大總統。溥儀下詔退位,清亡。